港口与航运类一流专业规划教材
交通运输与物流系列丛书

租船运输理论与实务

主编 孙 明

·上海·

内 容 提 要

本书分为7章,主要内容包括租船运输概述、国际航运与租船市场、租船业务法律基础、航次租船业务、航次租船合同、定期租船合同、光船租赁合同。此外,本书还以附录形式提供了部分合同和单证范本,以供参考。

本书以散杂货租船运输实务为基础,涵盖租船运输的基本概念、市场机制、实务运作、业务管理、合同条款等;主要面向和适用于管理学、经济学及工学等非法学专业学生,具体包括交通管理(国航)、交通运输、物流管理等,法学(海商法)等专业学生也可选用参考,还可作为外贸运输与国际物流等行业从业人员的职业培训教材及业务参考用书。

图书在版编目(CIP)数据

租船运输理论与实务 / 孙明主编. --上海:同济大学出版社,2025.8. -- ISBN 978-7-5765-1739-2

Ⅰ. U695.2;D997.1

中国国家版本馆 CIP 数据核字第 20252NZ993 号

租船运输理论与实务

孙 明 主编

| 责任编辑 | 朱 勇 | 责任校对 | 金梦莹 | 封面设计 | 陈益平 |

出版发行	同济大学出版社　www.tongjipress.com.cn (地址:上海市四平路1239号　邮编:200092　电话:021-65985622)
经　销	全国各地新华书店
排　版	南京文脉图文设计制作有限公司
印　刷	启东市人民印刷有限公司
开　本	787mm×1092mm　1/16
印　张	18.25
字　数	433 000
版　次	2025年8月第1版
印　次	2025年8月第1次印刷
书　号	ISBN 978-7-5765-1739-2
定　价	68.00元

本书若有印装质量问题,请向本社发行部调换　　版权所有　侵权必究

前　言

自2016年6月入选教育部交通运输类专业教学指导委员会水路运输与工程教学指导分委员会第二批"交通运输(水路运输)核心课程精品教材"以来,本教材历经八载有余的编写、试用与修订,终于得以付梓,与广大读者见面。

"租船运输"作为国际航运业务的重要组成部分,主要服务于铁矿石等大宗散货以及工程设备等件杂货的运输,其业务量占世界总海运量的七成左右。"租船运输理论与实务"是航运特色课程体系中的一门高级课程,主要面向交通管理(国航方向)、交通运输、物流管理等国家级一流本科专业学生。教材内容系统阐述了租船运输的基本概念、市场机制、实务运作、业务管理及合同条款等核心知识,具有显著的抽象性、国际性、实务性及动态性特征。

以往,"租船运输实务与法规"课程的教学模式,使得管理学与法学专业的学生长期沿用同一教学大纲,历经四十余载。这种模式下,教学时数大致均分于"概念"讲解与"条款"解析,导致学生难以深入理解其背后的理论原理,难以将所学知识与市场动态紧密结合以指导实务操作,更难以应对地区冲突、航道拥堵等突发事件所引发的国际航运复杂业务问题。

为解决上述问题,笔者编写了这本面向管理学、经济学、工学等非法律专业学生的"租船运输理论与实务"课程的教材,在内容上进行了整合与优化,吸纳了航运管理、航运经济与海商合同等关键章节。此举旨在促进学生的跨学科思维融合。同时,通过重构教学内容,并在混合式教学的线下环节引入专题式探究与翻转课堂相结合的教学模式,着重培养学生的综合应用能力,使其能够运用航运管理理论进行国际航次成本与效益的估算,运用航运经济理论分析国际租船市场的供需关系与价格波动,以及运用海商合同理论进行国际租船合同的谈判与执行。

根据课程调整方向,本教材以租船运输业务中的航次租船为主要研究对象,全书共分七章,依次为租船运输概述、国际航运与租船市场、租船业务法律基础、航次租船业务、航次租船合同、定期租船合同、光船租赁合同。

近年来,笔者将在首批国家级一流本科课程"多式联运组织与管理"及第二批国家级一流本科课程"运输代理实务"建设中积累的经验与成果,应用于本教材同名课程——上海市一流本科课程"租船运输理论与实务"的教学创新实践。此项工作始于自建的国际航运类特色共享课程资源库(包含77个教学视频,总时长931分钟,辅以合同范本等资料,并配套章节测验、期末考试等完整教学环节,网址 https://coursehome.zhihuishu.com/courseHome/1000013093#teachTeam),旨在突破时空与资源数量的限制,使学习活动更加灵活有趣,并能惠及更广泛的受众。在课程思政的引领下,笔者采取了三大创新举措:多学科融合导向,

构内容、建基地、析案例;国际化视野并进,融专英、引原版、试小班;全过程多维共生,强资源、优手段、促评价。学生的深度学习与成长、教师的教学实践与成果,以及教学创新成果在国内外的应用与推广,均有效印证了这些举措的积极作用。2024年,该课程荣获上海市高校教师教学创新大赛新文科组一等奖。

在编写本教材的过程中,笔者参阅了大量的国内外相关著作与学术论文,在此向所有文献作者致以诚挚的谢意!同时,要感谢上海海事大学国际航运、海商法、交通运输、物流管理等相关专业的硕士研究生及部分本科生——袁克镖、尤珂、石明晶、江海伦、穆麒羽、王宏宇、韩明江、邬天宇、洪国皓、蒋林玲、侯一帆、倪俊洁、李尹哲、高钫仁、王韫泽、沈乐言、李俨锦、徐诗韵、周菁等,他们协助收集、整理了大量宝贵资料。此外,上海海事大学国航专业20级全体学生在教材付印前进行了试用,并提出了许多宝贵意见,在此一并表示感谢!

特别感谢上海海事大学国航系原系主任王学锋教授、上海功承瀛泰律师事务所高级合伙人戴玉鑫先生、BIMCO亚洲区总经理庄炜先生以及上海海事大学经济管理学院副院长陈舜教授,他们在本书的结构设计与内容完善方面给予了极其宝贵的指导与意见。

最后,恳请使用本教材的教师、同学及广大读者不吝赐教,对书中可能存在的疏漏或不妥之处批评指正,以便在再版时予以修订完善。

孙 明
2024年12月于海大智慧湖

目 录

前言

第一章 租船运输概述 ··· 1
    第一节 租船运输与班轮运输 ·· 1
    第二节 租船船舶与货物 ··· 3
    第三节 租船业务的主体 ··· 9
    第四节 租船业务的种类 ··· 14

第二章 国际航运与租船市场 ··· 21
    第一节 国际航运市场及细分 ······································ 21
    第二节 租船市场的概念 ··· 25
    第三节 租船市场的供需及价格 ··································· 27
    第四节 租船市场统计与报告 ······································ 36

第三章 租船业务法律基础 ·· 40
    第一节 合同法基础 ··· 40
    第二节 租船相关法规与惯例 ······································ 43
    第三节 租船合同范本 ··· 44
    第四节 租船合同纠纷解决 ··· 48

第四章 航次租船业务 ··· 52
    第一节 航次的划分及其成本构成 ································ 52
    第二节 航次估算 ·· 56
    第三节 租船合同的磋商与订立 ··································· 67
    第四节 航次租船合同的履行 ······································ 76
    第五节 油轮航次租船业务 ··· 109
    第六节 液体化学品船航次租船业务 ····························· 140
    第七节 液化气船航次租船业务 ··································· 150

第五章	航次租船合同	155
第一节	船舶概况	155
第二节	船东责任	158
第三节	装卸港口与装卸费用	162
第四节	货物与运费	167
第五节	装卸时间	171
第六节	滞期费与速遣费	182
第七节	其他条款	185
第八节	包运合同主要条款	197
第六章	定期租船合同	202
第一节	船舶、港口和货物说明	202
第二节	合同租期和交还船	209
第三节	租金支付和撤船权利	215
第四节	停租条款	219
第五节	其他条款	224
第六节	油轮期租合同主要条款	230
第七节	航次期租合同主要条款	239
第七章	光船租赁合同	247
第一节	光船租赁合同概述	247
第二节	光船租赁合同主要条款	249
第三节	光船租购合同	255
附录一	GENCON 94 范本	260
附录二	CONGENBILL 94 范本	264
附录三	NYPE 93 范本	266
附录四	《2013 年租船合同装卸时间定义》原文及参考译文	278
参考文献		286

第一章 租船运输概述

第一节 租船运输与班轮运输

一、海运船舶营运方式

海上运输随着航海贸易的发展而逐步兴盛。海运船舶的营运方式必须与国际贸易对海上运输的需求相适应,并且符合相关法律法规。

根据《中华人民共和国国际海运条例》及其实施细则,"国际船舶运输业务"是指国际船舶运输经营者使用自有或者经营的船舶、舱位,提供国际海上货物运输和旅客运输服务以及为完成这些服务而围绕其船舶、所载旅客或者货物开展的相关活动,包括签订有关协议、接受订舱、商定和收取客票票款和运费、签发客票和提单(bill of lading,B/L)及其他相关运输单证、安排旅客上下船舶、安排货物装卸、安排保管、进行货物交接、安排中转运输和船舶进出港等活动。

在租船业务的具体种类中,光船租船等方式主要用于船东之间互相调剂运力需求,其租船合同也非货物运输合同的性质。国际船舶运输经营者既可以通过新建、购买等方式,也可以通过光船租船等方式获得船舶的经营权。

为了满足不同贸易合同下的货物运输需要,也为了合理利用船舶运输能力,并获得良好的营运经济效益,国际船舶运输经营者可将其自有或者经营的船舶按定期船运输(班轮运输)和不定期船运输(租船运输)这两大类方式投入营运。

(一) 班轮运输

班轮运输(liner shipping),也称定期船运输,是指班轮公司将船舶按事先制定的船期表(liner schedule),在特定航线的各挂靠港口之间,经常地为非特定的众多货主提供规则的、反复的货物运输服务,并按运价本(tariff)或协议运价的规定计收运费的一种营运方式。

(二) 租船运输

租船运输(charter shipping),又称不定期船运输(tramp shipping),这是相对于定期船运输而言的另一种船舶营运方式。由于这种营运方式需在市场上寻求机会,没有固定的航线和挂靠港口,也没有预先制定的船期表和费率本,船舶经营人与需要船舶运力的租船人是通过洽谈运输条件、签订租船合同(charter party，C/P)来安排运输的,故称之为"租船运输"。

租船运输主要根据租船人的要求来安排营运,通常由租船人租用整船或部分舱位进行货物运输,而且根据租船人的不同要求,又可细分为不同的租船方式。

本书对于不涉及法条及合同内容的部分,为更加贴合实际业务与行业惯例,船舶出租人、船舶经营人等均用"船东"表示,承租人和租船人等均用"租家"表示。

二、两种营运方式的特点

(一) 班轮运输的特点

班轮运输与租船运输相比,具有以下特点:

(1) 承运人与货主之间在货物装船之前通常不会直接书面签订具有详细条款的运输合同,而是在货物装船后,由承运人或其代理人签发提单或海运单。这些单证上记有详细的有关承运人、托运人或收货人的责任以及权利和义务的条款。

(2) 在杂货班轮运输中,除非订有协议可允许托运人在船边交货和收货人在船边提货外,通常承运人是在装货港指定的码头仓库接收货物,并在卸货港的码头或仓库向收货人交付货物;在集装箱班轮运输中,通常承运人是在装货港集装箱堆场接收货物,并在卸货港集装箱堆场交付货物。拼箱货则由集拼经营人在装货港集装箱货运站接收货物,并在卸货港集装箱货运站交付货物。

(3) 班轮公司一般负责包括装货、卸货和理舱在内的作业和费用。在杂货班轮运输中,班轮公司通常不负担仓库至船边或船边至仓库搬运作业的费用;在集装箱班轮运输中,通常采用CY/CY(堆场/堆场)的运输条款,由班轮公司负责堆场与船边之间的搬运作业。

(4) 承运人与货主之间不规定装卸时间,也不计算滞期费和速遣费。在堆场或货运站交接货物的情况下,会约定交接时间,而不规定装卸船时间;在船边交货或提取货物时,也仅约定托运人或收货人需按照船舶的装卸速度交货或提取货物,否则,货方应赔偿船方因降低装卸速度或中断装卸作业所造成的损失。

(二) 租船运输的特点

在租船运输中,船舶的营运是根据船东与租家双方签订的租船合同来进行的,一般进行的是特定货物的运输。船东提供的是货物运输服务,而租家按约定的费率支付运费或租金。因此,区别于班轮运输,租船运输具有以下特点:

(1) 按照船东与租家双方签订的租船合同安排船舶就航航线,组织运输;没有相对于班轮运输的船期表和航线。

(2) 适合大宗散货运输,货物的特点是批量大、附加值低、包装相对简单。因此,租船运输的费率相对于班轮运输而言较低。

(3) 舱位的使用一般以提供整船或部分舱位为主,主要是根据租约来订立。另外,租家一般可以将舱位或整船再转租第三人。

(4) 船舶营运中的风险以及有关费用的负担、船东与租家之间的权利和义务是通过租船合同(又称为"租约")来确定的。随之,运价或租金水平也会相应变化。

(5) 租船运输中,提单的性质与班轮运输大不相同。它不是一个独立的文件,对于租家和船东而言,仅相当于货物收据,这种提单要受租船合同的约束。但是,当租家将提单转让第三人时,提单在第三人和船东之间的关系有所不同,可能会受到提单法的强制适用。

(6) 租船运输中,船舶港口使费、装卸费及船期延误费用等,按租船合同的规定由船东和租家分担、划分及计算,而班轮运输中船舶的一切正常营运支出均由船方负担。

第二节 租船船舶与货物

一、租船运输船舶

(一) 干货船

干货船可以分为件杂货船、滚装船、冷藏船、多用途船、干散货船和集装箱船等不同类型。

1. 件杂货船

件杂货船(general cargo vessel),也称普通杂货船、杂货船,主要用于运输各种包装和裸装的普通货物。其通常设有双层底,并采用多层甲板以防止货物因堆装过高而被压损;一般设置3~6个货舱,每个货舱设有货舱口,货舱口两端备有吊杆或起重机,吊杆起重量相对较小(通常为2~20吨),若配置塔形吊机,则可起吊重件。

2. 滚装船

滚装船(roll on/roll off ship, Ro/Ro ship)是采用将装有集装箱或其他件杂货的半挂车或装有货物的带轮的托盘作为货运单元,由牵引车或叉车直接在船岸之间进行装卸作业形式的船舶。其主要特点是将船舶装卸作业由垂直方向改为水平方向。滚装船上甲板平整全通,下面的多层甲板之间用斜坡道或升降平台连通,以便车辆通行;有的滚装船甲板可以移动,便于装运大件货物。滚装船的开口一般设在船尾,有较大的铰接式跳板,跳板可以35°~40°角斜搭到岸上,船舶航行时跳板可折起矗立。滚装船的吨位大多为3 000~26 000吨。

3. 冷藏船

冷藏船(refrigerated ship)是使鱼、肉、水果、蔬菜等易腐食品处于冻结状态或某种低温条件下进行载运的专用运输船舶。受货运批量限制,冷藏船吨位一般都不大,通常为数百吨到数千吨。冷藏船的货舱为冷藏舱,常隔成若干个舱室,每个舱室是一个独立、封闭的装货空间,舱壁、舱门均为气密,并覆盖有泡沫塑料、铝板聚合物等隔热材料,使相邻舱室互不导热,以满足不同货种对温度的不同要求。

4. 多用途船

多用途船(multi-purpose ship)是具有多种装运功能的船舶。多用途船按货物对船舶性能和设备等的不同要求,可分为以载运集装箱为主的多用途船,以载运重大件为主的多用途船,兼运集装箱和重大件的多用途船以及兼运集装箱、重大件和滚装货物的泛多用途船四种。

5. 干散货船

干散货船(dry bulk carrier)是运输粉末状、颗粒状、块状等无包装大宗货物的船舶。由于其所运输货物的种类较少,对隔舱要求不高,所以仅设单层甲板,但船体结构较强。为提高装卸效率,货舱口很大。按所载运的货物种类不同,其又可分为运煤船(coal carrier)、散粮船(bulk grain carrier)、矿石船(ore carrier)以及其他专用散装船。

6. 集装箱船

通常所说的集装箱船(container ship)是指吊装式全集装箱船(full container ship),或称集装箱专用船,是一种专用于装载集装箱以便在海上运输时能安全、高效地大量运输集装箱而建造的专用船舶。全集装箱船的结构特点:①一般为大开口、单甲板船,且常为双船壳,以利于集装箱的装载和卸载;②船舱内设置格栅结构,以固定集装箱,防止集装箱在运输途中发生前、后、左、右方向移动,从而保证航行安全和货运质量;③舷侧设有边舱,可供载燃料或作压载用;④甲板上设置能装载多层集装箱的特殊结构;⑤多采用尾机型;⑥因为在舱内设有永久性的格栅结构,所以只能装运集装箱而无法装载杂货;⑦目前大多数全集装箱船都依靠港内的装卸桥装卸,故都不设装卸设备。

(二) 液货船

液货船是指载运散装液态货物的船舶,主要有油轮、液体化学品船和液化气船三种。

1. 油轮

油轮(tanker)是专门载运石油及成品油的船舶。油轮有严格的防火要求,在货舱、机舱、泵舱之间设有隔离舱。油舱设有纵舱壁和横舱壁,以减少自由液面对船舶稳性的不利影响。有专门的油泵和油管用于装卸,还有扫舱管系和加热管系。甲板上一般不设起货设备和大的舱口,但设有桥楼。就载重吨而言,油轮在各类船舶中位列第一。世界上最大的油轮曾达 600 000 多载重吨,一般油轮的载重吨为 20 000~200 000 吨。

2. 液体化学品船

液体化学品船(chemical tanker)是载运各种液体化学品(如醚、苯、醇、酸等)的专用液货船。由于液体化学品大多具有剧毒、易燃、易挥发、易腐蚀等特点,因此对防火、防爆、防毒、防腐蚀有很高的要求。为了满足这些要求,液体化学品船通常设有多个分隔舱和货泵。此外,船舶还采用双层底和双层舷侧设计,翼舱宽度不小于船宽的 1/5。当载运腐蚀性强的酸类液货时,货舱内壁和管系多采用不锈钢或辅以橡胶等耐腐蚀材料。液体化学品船的吨位多为 3 000~10 000 吨。

3. 液化气船

液化气船(liquefied gas carrier)是专门装运液化气的船舶,可分为液化天然气船(liquefied natural gas carrier,LNG carrier)和液化石油气船(liquefied petroleum gas carrier,LPG carrier)。

液化天然气船按液货舱的结构,分为独立储罐式和膜式两种。独立储罐式是将柱形、筒形、球形等形状的储罐置于船内,液化气装载于储罐中进行运输。膜式液化天然气船采用双层壳结构,内壳就是液货舱的承载体,并衬有一层由镍合金钢制成的膜,可起到阻止液货泄漏的屏蔽作用。

液化石油气船按液化的方法,分为压力式、半低温半压力式和低温式三种。压力式液化石油气船是将几个压力储罐装在船上,在高压下维持液化石油气的液态。半低温半压力式和低温式的液化石油气船采用双层壳结构,液货舱用耐低温的合金钢制造并衬以绝热材料,船上设有气体再液化装置。

液化气船的吨位通常用货舱容积来表示,一般为 60 000～130 000 立方米。

二、租船运输货物

凡是经由运输企业承运的原料、材料、工农业产品、商品以及其他产品或物品都称为货物(cargo 或 goods)。海运货物则是特指经由海上运输企业承运的货物。租船运输货物多为大宗、低价货物以及纸浆、原木等。

(一) 货物的分类

1. 按货物装运形态分类

货物按装运形态可分为件杂货和散装货。

件杂货通常是一种按计件形式装运和交接的货物。件杂货包括包装货物(packed cargo)、裸装货物(unpacked cargo 或 non-packed cargo)和成组化货物(unitized cargo),其中包装货物又可按包装形式加以分类。随着件杂货的集装箱化,成组化货物中的集装箱货物已经与件杂货并列成为单独的一类货物,即集装箱货物(containerized cargo)。

散装货通常是一种按计量形式装运和交接的货物。散装货包括干质散装货(solid bulk cargo)和液体散装货(liquid bulk cargo)。

2. 按货物性质分类

按货物的性质不同,货物一般分为普通货物(general cargo)和特殊货物(special cargo)两大类。

(1) 普通货物

① 清洁货物(clean cargo)。清洁货物是指清洁、干燥的货物,也可称为精细货物(fine cargo)。如:运输保管中不能混入杂质或被玷污的棉纺织品;供人们食用的食品(food stuffs)中的糖果、粮食、茶叶;不能受压、易于损坏的易碎品(fragile cargo)中的陶瓷器、玻璃制品等;各种日用工业品等。

② 液体货物(liquid cargo)。液体货物是指盛装于桶、瓶、坛等容器内的流质或半流质货物。液体货物在运输过程中,包装容器易破损而使液体滴漏。如:油类、酒类、药品和普通饮料等。

③ 粗劣货物(rough cargo)。粗劣货物是指具有油污、水湿、扬尘和散发异味等特性的货物。如:能散发气味的气味货物(smelly cargo)中的生皮、骨粉、鱼粉、烟叶、大蒜等;易扬尘并使其他货物受到污染的扬尘污染性货物(dusty and dirty cargo)中的水泥、炭黑、颜料等。

(2) 特殊货物

① 危险货物(dangerous cargo)。危险货物是指具有易燃、易爆、毒害、腐蚀和放射性等

性质，在运输过程中可能引发人身伤亡和财产毁损，必须按照有关危险货物运输规则的规定进行运输的货物。危险货物还可以进一步分成若干种类和不同等级。

② 冷藏货物（reefer cargo）。冷藏货物是指在常温条件下易腐烂变质和其他需按指定的某种低温条件运输的货物。如：易腐性货物（perishable cargo）中的需处于冷冻状态运输的肉、鱼、鸡等，处于低温状态运输的水果、蔬菜等；需处于低温状态下运输的药品等。

③ 贵重货物（valuable cargo）。贵重货物是指价值昂贵的货物。如：金、银等贵重金属、货币、高价商品、精密仪器等。

④ 活的动植物（livestock and plants）。活的动植物是指具有正常生命活动，在运输中需要特别照顾的动物和植物。如：牛、马、猪、羊等家畜以及其他兽类、鸟类、家禽、鱼类等活的动物；树木等植物。

⑤ 长大、笨重货物（bulky and lengthy cargo，heavy cargo）。长大、笨重货物是指单件货物体积过大或过长，重量超过一定界限的货物。按照港口费收规定和运价本规定，通常将单件重量为5吨以上的货物称为重件货物，将长度超过9米的货物视为长大件货物。

海运货物还可以有其他分类方法，如按货物在船上的装载场所分类、按货物载运状况分类等。

（二）货物的计量和积载因数

1. 货物的计量

货物的体积和重量不仅直接影响船舶的载重量和载货容积的利用程度，还关系到有关库场堆放货物时如何充分利用场地面积和仓库空间等问题，而且还可能是确定运价和计算运费的基础，同时与货物的装卸、交接也有直接的关系。货物的计量包括货物丈量和衡重。

货物的丈量又称量尺，是指测量货物的外形尺度和计算体积。货件丈量的原则：按货件的最大方形进行丈量和计算，在特殊情况下可酌情予以适当的扣除，某些奇形货件可按实际体积酌情考虑其计费体积。货物的量尺体积是指货物外形最大处的长、宽、高之乘积。

货物的衡重是指衡定货物的重量。货物的重量可分为净重、皮重和毛重（总重），货物衡重应以毛重计算。在海上货物运输中，货物衡重使用的衡制，即货物重量的计重单位为公吨（metric ton，M/T）。美洲国家有时使用短吨（short ton），欧洲国家则有时使用长吨（long ton）。货物的重量原则上应逐件衡重，但因条件或时间限制，不具备逐件衡量时，可采用整批衡重、分批衡重或抽件衡重等方法进行测量。货物衡重可使用轨道衡、汽车衡（一种地秤）、吊钩秤、皮带秤、定量秤，对于散装运输的大宗货物还可以采用水尺计重（或称水尺检量，draft survey 或 draught survey）。

2. 货物的积载因数

货物积载因数（stowage factor，SF）是每一吨货物在正常堆装时实际所占的容积（包括货件之间正常空隙及必要的衬隔和铺垫所占的空间），单位为立方米/吨（英制单位为立方英尺/吨）。货物积载因数的大小说明货物的轻重程度，反映一定重量的货物须占据船舶多少舱容或占多少箱容，甚至仓储时须占多少库容。货物积载因数的实测方法为：将1吨货物堆积成近似正方体的形状，丈量该货堆最大外形尺度，由此计得体积（其中包含货件之间的空隙及必要的衬垫）。如货件较重，仅几件成堆无法反映出件与件之间的装载空隙，则应采用9

个货件打底、堆高3层(共27件)的方法成堆,丈量货堆最大外形尺度及27个货件的总重量,通过计算即可得到1吨货物正常堆装的实际体积数值。散装货物的积载因数可用测量单位容量的方法求得。

(三) 货物的性质

1. 货物的化学性质

货物的化学性质是指在特定条件下,货物的组成成分所表现出的化学反应特性。例如,钢铁的氧化、肥料的分解以及黑火药的爆炸等现象,均是由于其内在化学成分所引发的化学反应。

2. 货物的物理性质

货物的物理性质是指其在外部温度和湿度条件作用下所表现出的物理变化特征。物理变化虽不改变货物原来的组成成分,但它会导致货物减少或品质降低,为生物化学变化提供条件,甚至可能引发作业困难或危险事故。固体的软化、熔化或溶解,液体的气化、凝固或冻结,气体的压力变化与爆破,固体物质在水路运输过程中吸收或散发水分等现象是常见的物理变化。例如,橡胶或松香等货物的装载部位受热,会使货物软化变形。

货物的吸湿性对运输质量有着显著影响,这一特性受多种因素影响。首先,货物的表面积是关键因素之一。多孔性物体和粉粒状物体因其较大的表面积,展现出较强的吸湿性。其次,货物的化学成分同样会影响其吸湿能力,特别是那些含有亲水性原子团的成分,它们更易于吸收水分。物质的易溶性也是一个重要因素,通常易溶于水的物质更倾向于吸湿。

此外,货物蒸发水分时的气压也会影响其吸湿性。蒸发水分时处于较低气压状态的货物,其吸湿性会更强。同时,货物的纯度也是一个不可忽视的因素,因为杂质的存在会降低蒸发所需的气压,进而增强货物的吸湿性。

货物的吸湿程度还受到环境温度和湿度的影响。在高温和低湿度的环境中,货物更易失去水分;相反,在低温和高湿度的条件下,货物则倾向于吸收水分。值得注意的是,货物的吸湿过程并非无止境。在一定的温度和湿度条件下,货物的吸湿和散湿会达到一个平衡点,此时的水分含量被定义为平衡水分。以小麦为例,在20 ℃的温度和60%的相对湿度下,其平衡水分含量为13.1%。

3. 货物的生物性质

货物的生物特性是指有机体具有的生命活动,能够分解营养成分的性质。这涵盖了货物自身的生命活动(如呼吸过程消耗养分)以及微生物在有机营养基质中的活动两个方面。

粮食、豆类、油籽、果蔬以及禽蛋等食品均具有维持生命活动的能力,它们通过缓慢的氧化过程(即呼吸作用)来维持生命。鲜果和肉类等食品则主要因为微生物的活动导致营养成分的分解。呼吸作用的强度和微生物活动的程度与食品的温度和水分含量紧密相关:在温度较高且水分含量充足的情况下,生命活动更为活跃;而在低温和干燥的环境中,这些生命活动能在一定程度上受到抑制。

4. 货物的机械性质

货物的机械性质是指在遭受外力作用时,货物所展现出的抵抗变形或破坏的能力。通过采用不同的包装方式,货物可以具备不同程度的抗变形或抗破坏能力。因此,货物的机械性能既与货物本身性质有关,又与其包装质量(材料及形式)有关。

货物的抗压能力,即抗压强度(亦称耐压强度),是常用的机械性能指标之一。它代表了货物单位面积上能够承受的最大压力,这一指标直接决定了货物的堆码高度或其耐压性能。至于货物抵抗冲击的能力,也称之为韧性。货物所承受的冲击力大小与货物的质量和加速度紧密相关;当韧性不足时,货物会表现出脆性。通常,通过包件跌落试验可以直观地反映这一特性。

(四) 危险货物

为了推动各国和国际层面上不同运输方式危险货物运输规则的统一发展,联合国危险货物运输专家委员会根据科技进展、新物质与材料的涌现,以及现代运输系统的需求,特别是为确保人员、财产和环境安全,制定了《关于危险货物运输的建议书》(简称"橙皮书")。采用"橙皮书"制度,即普遍实施危险货物的分类、列表、包装、标记、标签、揭示牌和运输单证制度,旨在简化运输、装卸和管理流程,减少手续,节省时间,从而造福承运人、发货人和检查当局,同时减少国际运输危险货物的障碍。"橙皮书"的内容包括分类原则和各类别的定义、主要危险货物列表、一般包装要求、试验程序、标记、标签、揭示牌和运输单据。此外,它还提供了关于特定类别货物的特别建议。然而,由于大多数国家对散装危险货物有特别的规则,所以这些建议不适用于散装危险货物。

鉴于海上运输在国际贸易中的重要地位,为了确保危险货物能够在各国之间顺畅流通,有必要就危险货物的危险性、包装、运输和储存等方面形成国际统一的认知。基于联合国《关于危险货物运输的建议书》和国际海事组织《国际海上人命安全公约》第七章中关于危险货物装运的相关规定,国际海事组织制定了《国际海运危险货物规则》(简称《国际危规》,International Maritime Dangerous Goods Code,IMDG Code)。我国政府于1982年正式承认并开始在国际海运中执行《国际危规》。

1. 危险货物的分类及特性

鉴于危险货物的种类繁多,性质多样,且危险程度各不相同,许多危险货物甚至具有多重危险性,加上新型危险货物的不断涌现,为了确保运输的安全与高效管理,对危险货物进行科学分类显得尤为重要。《国际危规》依据危险货物的物理化学性质及其对人体的潜在危害,将危险货物细致划分为九个大类。值得注意的是,这种分类方法是灵活的,允许同一货物根据其主要危险性被归入某一类别,同时运输过程中也必须考虑到该货物的其他危险特性,以确保全面的安全措施得到实施。

第1类——爆炸品(explosives);

第2类——气体(gases);

第3类——易燃液体(inflammable liquids);

第4类——易燃固体、易自燃物质和遇水放出易燃气体的物质(inflammable solids, spontaneously combustible substance and substances emitting inflammable gases when wet);

第5类——氧化剂和有机过氧化物(oxidizing substances and organic peroxides);

第6类——有毒物质和有感染性物质(toxic and infectious substances);

第 7 类——放射性物质(radioactive substances);

第 8 类——腐蚀性物质(corrosives);

第 9 类——杂类危险物质和物品(miscellaneous dangerous substances)。

2. 危险货物的包装和标志

(1) 危险货物运输包装

危险货物运输包装的要求分为一般要求(通用包装)和特殊要求(专用包装)。

一般要求的包装适用于第 3 类、第 4 类、第 5.1 类、第 6.1 类、第 8 类和第 9 类货物。特殊要求的包装适用于第 1 类、第 2 类、第 5.2 类、第 6.2 类和第 7 类货物。

特殊要求的包装应符合的条件更为严格,需要时还应查规则。

经过试验合格的包装,都应在包装的明显部位标注清晰持久的包装试验合格标志。联合国统一规定了包装试验合格标志。

(2) 危险货物的标志

危险货物的标志由危险货物的标记、图案标志(标签)和标牌组成。

标记是指标注在包装危险货物外表的简短文字或符号,包括危险货物的完整学名、联合国编号、海洋污染物标记、可免除危险货物图案标志的 1.4 类及配装类 S 货物的"1.4"标记,以及明细表中确定为低度危险而只需标注其他类别的标记(如"Class 4.1")等。

图案标志是指以危险货物运输规则中规定的色彩、图案和符号绘制成的菱形标志。用它可以醒目地标示包装危险货物的性质。凡具有次要危险性的货物,除要有主要危险性的图案标志外,还要有次要危险性的图案标志。主、次图案标志的不同之处在于:前者标注类别号,而后者不标注类别号。

标牌是指放大的图案标志(250 毫米×250 毫米),适用于如集装箱、可移动罐柜等较大的运输单元。

《国际危规》规定,危险货物的所有标志均须满足至少 3 个月海水浸泡后既不脱落又清晰可辨的要求。

第三节 租船业务的主体

在租船业务与租船合同中,船舶出租人(含船舶经营人等,实务中称为"船东")和船舶承租人(含租船人等,实务中称为"租家")分别是租船服务的卖方和买方。由于租船业务的复杂性,船东和租家大多通过中间人来开展业务,租船经纪人也就应运而生,成为租船业务不可或缺的主体之一。此外,涉及船舶进出港手续、货物堆存与装卸、船港货衔接等问题的处理,还离不开船舶代理人(船代)、货运代理人(货代)等所提供的服务,本书不详细阐述。

一、船东

租船业务主体之一是运输服务的卖方,即船东(owner)。船东是指按照租船合同的约

定,向租家出租船舶的全部舱位或者船舶的部分舱位进而从事货物运输的人,或者将船舶出租给租家,由租家从事货运经营的人。

租船业务中的船东既可能是将自有船舶用于租船运输的船舶经营人,也可能是以定期租船或光船租船甚至航次租船的形式将其租用的船舶再次转租用于租船运输的船舶经营人。在租船业务中,分别将这两种出租船舶的人称作船东和二船东。

船东是指将其所拥有的船舶进行出租的人。二船东(disponent owner)是指在船舶租赁合同中,不拥有船舶所有权的租船人。他们通过定期租船或光船租船甚至航次租船等方式租用船舶,并有权将租用的船舶转租出去,此时原租船合同中的租家就成为新租船合同中的船东,因而被称为二船东。

需要指出的是,在租船运输业务中,一条船可能同时涉及几个不同的租船合同,形成链条式关系(charter chain)。如 A 是船舶的登记人或实际所有人,由于 A 只对投资航运感兴趣,那么其可能与另一方 B 签订光船租船合同。而当 B 将船舶以定期租船形式转租给另一方 C 时,B 是二船东,C 是定期租船的租家。若 C 再将船舶以航次租船的形式租给另一方 D,则此时的 C 为二船东,而 D 为航次租船的租家。

此外,出于规避风险的需要,许多船东会将旗下船舶分别置于各单船公司下开展业务。

二、租家

在租船业务中,租家(charterer)是租船服务的购买方,根据租船合同的规定,租家可以从船东那里租赁整艘船舶或租用部分舱位,然后由船东或租家本人负责货物的运输。租家的身份可能是国际贸易合同中的卖方或买方,也可能是专门从事租船业务的经营人或船公司。此外,一些拥有大型自有船队的货主,如大型石油公司,在需要时也会租用额外的船舶来满足其运输需求。

在定期租船合同下,许多船舶被用于班轮运输,有些是为了补充班轮运输的运力,而有些班轮经营者完全依赖租船,自己并不拥有船舶。在其他情况下,租家可能是介于卖方和买方之间的中间人,即为买卖双方的运输需求提供安排的第三方。在几乎所有的运输实例中,存在大量的中间人参与租船业务,如货运代理人、租船经纪人和多式联运经营人,他们都有可能成为租家。

三、租船经纪人

租船业务的一个基本要素是信息交换。船、港、货等方方面面的信息,其准确性、可靠性和及时性都非常重要。随着租船业务和信息技术的发展,从业人员主要通过电子邮件、传真、电话以及各种即时通信方式传递与处理各类租船信息,如货盘信息、船舶动态、磋商谈判、签约执行、往来函电等。

航运市场中存在着大量专门从事船舶的租赁、订舱、买卖以及保险等中介业务的船舶经纪人(shipbroker)。其中,租船经纪人(chartering broker)专门从事租船业务,其受船东或者租家的委托,是代表船东或者租家专门从事磋商租船业务的经纪人。专门从事磋商船舶买卖(船舶贸易)业务的经纪人则被称为 S&P(sale and purchase)broker。当然,也有的船舶经纪公司同时从事这两块业务。本书主要涉及租船经纪人及其业务。

(一)租船经纪人的作用

租船经纪人是海运租船市场上最活跃的经营者,是实现船与货、船与船之间供需结合功能,实现市场交易运作的中间人,其主要作用有:

(1) 为委托人提供最合适以及最有利的生意。因为他们有广泛的业务渠道和航运专业、租船运输业务与法规等专业知识,最了解船舶和货运供需情况,所以能够提供最合适的对象以供洽租。

(2) 为委托人提供市场行情和当事人资信等。因为他们掌握航运市场信息,特别是船与货、船与船之间供给与需求的大量信息,也熟悉世界各国港口情况和国外的有关法律以及租约条文的解释等,所以可以随时向委托人提供当事人的资信情况和各种信息。

(3) 为交易双方斡旋解决争议。由于租船过程中双方对运价或租金率和租船合同中各种条款经常要讨价还价,在执行合同过程中也会发生纠纷,有了中间人,就可以由中间人从中调解斡旋,这将有利于租船当事人之间"背靠背"谈判,以获得双方满意的解决。

(4) 为委托人办理有关业务。交易达成以后,通常由中间人根据双方同意的条件,草拟租船合同。有时,中间人在委托人授权的情况下,代表委托人在合同上签字。

(二)租船经纪人的分类

在租船运输业务中,租船经纪人通常包括以下几种类型:

(1) 船东经纪人(owner's broker),是指根据船东的授权和指示,代表船东利益,在租船运输业务中从事船舶出租或承揽货源的人。

(2) 租家经纪人(charterer's broker),是指根据租家的授权和指示,代表租家利益,在租船市场上为租家洽租合适船舶的人。

(3) 双方当事人经纪人(both parties' broker),是指以中间人身份尽力促成船东和租家双方达成船舶租赁交易,从中赚取佣金的人。

一旦船东或租家指定了租船经纪人,那么他们便成为委托人(principal),拥有对租船经纪人进行任何有关租船业务指示的权利。对于这些指示,租船经纪人都必须如实照办,不得损害委托人的任何权益。租船经纪人应该保持向船东和租家提供关于市场情况及市场的发展、装运货物的可能性和运输可行性的信息。租船经纪人应该在各方面忠实地为委托人工作,仔细地进行洽谈,以及其他与租约有关工作。租船经纪人应严格在授权范围内从事洽谈。除非经委托人授权,否则他们无权就船舶或货物询价。租船经纪人不得隐瞒任何来自委托人的信息或发错消息给委托人。

此外,对租船经纪人还有一些其他分类方式。例如,根据其业务细分市场不同,分为干散货经纪人(dry cargo broker)和油轮经纪人(tanker broker)。

(三)租船经纪人租船业务洽谈的方式

租船经纪人的个数取决于各方的意愿和市场情况。一份租船合同可以涉及两个租船经纪人,一个代表船东,另一个代表租家;或者只涉及一个租船经纪人。租船经纪人进行租船业务洽谈的方式有以下三种情况。

一种是由船东和租家各自指定一个租船经纪人,由其代表各自委托人的利益进行洽谈。这时,双方租船经纪人处于代理人的地位,完全在委托人的授权下代表其利益进行谈判,在就租船业务所及的条件共同达成一致意见后,在征得各自委托人的同意后,代表其委托人在租船合同上签字。

另一种情况是,船东和租家共同指定一个租船经纪人进行洽谈。这时,租船经纪人就是居间人(中介人)。在这种情况下,船东和租家通过居间人在场进行面谈或通过往来函电进行谈判,租船经纪人不再代表任何一方的利益,而是利用自己的知识,协调洽谈双方的意见,促成谈判并达成合约。

再一种情况是,船东或租家的一方与他方指定的租船经纪人进行租船业务洽谈。这时,一方的租船经纪人完全在其委托人的授意下,代表其利益进行谈判,并在征得其委托人的同意后,代表其委托人在租船合同上签字。

当租船经纪人以代理人的身份出现,且代表其委托人在租船合同上签字时,必须在合同上注明其代理人身份,实际的合同当事人仍然是船东或租家。租船经纪人超出授权范围或在没有得到授权的情况下采取的决定,其后果应由租船经纪人承担。因此,在委托人的授权范围内从事租船业务洽谈是租船经纪人的工作原则。相应的授权文件也就成为区分责任的依据。同时,租船经纪人对委托人还具有忠实的义务,不得向委托人提供错误虚假信息,也不得向任何第三方泄露委托人的业务机密。

(四) 租船经纪人的佣金

在通过租船经纪人成功签订了租船合同后,通常由船东向租船经纪人支付"经纪人佣金"。佣金的多少在国际上没有统一的标准,一般为运费或租金的1%～4%。航次租船时,一个经纪人的佣金通常为1.25%,有两个经纪人时的佣金通常为2.5%。在签订租船合同后,船东按照租船合同中佣金条款规定的时间支付经纪人的佣金。

如果合同规定"佣金在签订合同时支付(on signing the contract)",则租船经纪人无论合同的执行情况如何,均可获得佣金。

如果合同规定"佣金在货物装运时支付(on shipment of cargo)",则当合同于货物装运前被解除时,租船经纪人通常不能获得佣金。

如果合同规定"佣金在赚取运费时支付(on freight earned)",则租船经纪人只能在租船合同得以履行且船东获得运费后,方可获得佣金。

当租船业务洽谈没有达成协议时,租船实务惯例是按照"无效果,无报酬"的原则,此时租船经纪人一般不能获得佣金,也不得就所支出的通信、交通等费用要求补偿。

当租船业务洽谈达成协议后,因为一方当事人的过错,导致租船合同不能履行时,为了保护租船经纪人的利益,应当在合同中载明如何处理租船经纪人的佣金问题。"GENCON 94"范本就规定(详见本书附录一),在这种情况下由过错方支付原定佣金的1/3。

(五) 互联网、数字化发展的影响

散杂货租船运输市场是完全竞争市场,核心是不定期船运输。通常,船东是为某一个、

某一类或数量较少的多个租家提供专门的运输服务,其所控制的运力在运输时间和航线上较为分散。同时,有的租家地位相对强势,尤其是大宗散货运输,多为钢厂、矿山等大型企业。同时,租船运输长期存在着租船经纪人这一深入提供居间业务的角色。

租船经纪人是租船市场的实际参与者,也是市场的主要调节者,通过他们的运作与协调,使整个市场的船货供求关系趋于平衡。大多数租船经纪人具有扎实的专业素养、高超的谈判技巧、丰富的实践经验、灵通的信息渠道和良好的服务意识。当委托人需要时,他们可以迅速提供洽租机会及业务咨询。在租船经纪人为客户提供的服务中,很大一部分是信息服务,因为信息不对称,经纪人的价值和作用就得到了充分体现。

然而,随着社会和科技的进步,特别是互联网技术的应用与迅速发展,人类社会的生活方式发生了巨变,用户都可以通过各种工具访问各种信息源,查询各种信息库、数据库,获取自己所需要的信息资料。对于租船经纪人而言,他们赖以生存的信息在互联网上得到更全面、更透明的公布,船货双方因此有了更多获取信息的途径和发布信息的平台,也就有了更多的选择和合作对象,信息不对称的情况正在逐渐减少。

实务中,租船经纪人会利用网络来搜集一些船、港、货等方面的信息,或是借助电子邮件和即时通信手段来谈判租约和处理商业文件。他们一方面享受着信息化、数字化带来的便利与高效,另一方面也不得不面对信息透明带来的业务挑战。

在互联网上,许多船东公司与外贸公司都纷纷建立了自己的网站,因此只要获得任何一点关于船舶或租家背景的信息,利用一些航运软件或网络搜索引擎就可能查到租家或船东的联系方式。作为船东或代表船东利益的经纪人,从自身的利益出发也会希望直接联系租家,这样不仅可以提高合作的可能性,还可以省去一大笔佣金,这就造成了对经纪人生存空间的挤压。

同时,因为大量信息被发布到网上,当事人要了解市场行情、咨询运价租金走势等都更为便捷,也更准确,这将导致部分以签订"背靠背"合同赚取运费或租金差价为主要经营手段的经纪人(此时已非纯粹经纪人身份,实际上是二船东身份)愿望更难实现,可以运作的空间也更为狭小。

当今时代,信息传播的速度和广度往往超乎想象,租船经纪人很难像过去一样垄断某些货盘信息或船舶动态,这也意味着将有更多的租船经纪人加入同一货源或船源的竞争行列。在竞争加剧的情况下,顺应时代发展、提供专业和优质服务的租船经纪人方能得以生存。

随着互联网和数字化的发展,有些大型船东、租船经纪人甚至大货主凭借掌握的船、货资源搭建了租船交易平台,相关创始人或管理人员都拥有航运从业经验或对航运业比较熟悉。不过,相比于集装箱班轮领域的航运电商平台,散杂货租船领域的交易平台发展较为缓慢,主要存在以下几个方面的问题:

(1) 租船交易平台所展示的交易信息(包括用户名、货种、货量、受载期等),对租船交易方来说还远远不够。作为租船业务的信息收集,货盘或者船盘的内容要求非常详细,而且在这些内容中,无论船东还是货主(贸易商),更加注重的是诸如装卸条款、装卸港信息、是否危险品以及货物积载因数等。而这些专业的基础信息在租船交易平台通常需要用户注册后再和信息发布人进行二次联系,甚至人工联系才能获取,这与不使用平台而直接进行租船业务联系没有太大区别。

（2）目前，租船交易平台的成交量并不具有压倒传统交易方式的优势。航运公司的业务人员普遍对交易平台开发的免费航运工具非常满意，但他们很少在平台上进行交易，最主要的原因是"不信任"——既没有一定数量的业界知名企业（个人）注册，对已注册企业（个人）也不甚了解。租船业务所涉及的标的额巨大、业务流程烦琐复杂，加之国际航运是跨国（地区）合作，生意伙伴的信誉和背景十分重要。而且，各租船平台对用户的认证与评价体系还不是十分完善。平台应当是垂直的社交网络，租船交易平台应该将真实的、具有实力的航运业者和航运企业作为重点服务对象，即权威、准确、全面的信息是成交的基础。

（3）根据历史纠纷案例，技术性和法律性是两个主要的原因。首先，技术性风险，如计算机系统本身的脆弱性、黑客攻击技术以及签字和盖章的伪造，这些都可能给交易带来不确定性和安全隐患；其次，法律性滞后，指相关法律法规可能无法及时适应新兴交易模式，导致产生的交易纠纷难以解决。

第四节　租船业务的种类

在租船业务中，由于租家所要运输的货物可能是一次性的、单向的，也可能是长期的、往返的，此外租家有时并不是要运输自己的货物，而是租进一艘船舶进行揽货运输，这样就带来了租船业务的多样性。目前，国际航运市场上主要的租船业务种类有航次租船（voyage charter，V/C）、定期租船（time charter，T/C）和光船租船（bareboat charter，B/C 或 demise charter）三大类，以及在此基础上出现的一些混合式做法，如连续航次租船（consecutive voyage charter）、包运租船（contract of affreightment，CoA 或 COA）、航次期租（time charter on trip basis，TCT）、舱位/箱位租用（space/slot charter）等业务。其中，最基本的租船方式是具有运输承揽性质的航次租船。

一、航次租船

（一）航次租船的概念

航次租船又称"航程租船""程租船"或"程租"，是指由船东向租家提供船舶全部舱位或部分舱位，在租船合同上指定的港口之间进行单向或往返的一个航次或几个航次，用以运输租船合同上指定的货物的一种租船运输方式。航次租船是租船市场上最活跃、最为普遍的一种租船方式，其对运价水平的波动最为敏感。在国际现货市场上成交的绝大多数货物（主要有液体散货和干散货）通常都是通过航次租船方式运输的。

在航次租船下，船东负责船舶的营运调度，同时需要负责船舶的港口使用费、燃料费、保险费、税费等。船长也是由船东任命，由船长管理船舶，船舶仍由船东占有和支配。从这一点上来讲，航次租船类似于班轮租船，都是以承揽货物运输为目的的运输方式。需要指出的是，船东应负责有关货物的费用，货物装卸费用应根据租船合同规定进行划分。

航次租船合同主要包括船东和租家的名称、船名、船籍、载重吨、包装或散装容积、载物说明、装货港和目的港、受载期、装卸时期、运费、滞期费、速遣费以及其他有关事项。

航次租船合同范本要比其他方式的租船合同范本多,"金康"是一个最为普及、使用范围比较广,适用于各类货物的航次租船合同的标准格式。当使用这些范本时,往往需要增加一些附加条款以弥补标准合同范本中的未尽事宜。

(二) 船东的强制性义务

在航次租船下,《中华人民共和国海商法》(以下简称《海商法》)规定,船东必须履行适航义务和不得不合理绕航的义务,这也是航次租船的特点之一。

《海商法》相关规定如下:

第四十七条 承运人在船舶开航前和开航当时,应当谨慎处理,使船舶处于适航状态,妥善配备船员、装备船舶和配备供应品,并使货舱、冷藏舱、冷气舱和其他载货处所适于并能安全接受、载运和保管货物。

第四十九条 承运人应当按照约定的或者习惯的或者地理上的航线将货物运往卸货港。

第九十四条 本法第四十七条和第四十九条的规定,适用于航次租船合同的出租人。

(三) 航次租船的形式

在航次租船中,根据租家对货物运输的需要,而采取不同航次数来订立航次租船合同。航次租船方式可分为以下几种形式:

(1) 单航次租船(single trip or single voyage charter)。单航次租船是指船东与租家双方约定,提供船舶完成一个单航次货物运输的租船方式。船东负责将指定的货物从起运港运至目的港,货物运抵目的港交付后,船东的运输合同义务即告完成。

(2) 往返航次租船(return trip or return voyage charter)。往返航次租船是指船东与租家双方约定,提供船舶完成一个往返航次货物运输的租船方式。往返航次的出发港及到达港并不一定与往返航次的相同,也就是说,同一船舶在完成一个单航次后,会根据货物运输需要在原卸货港或其附近港口装货,返回原装货港或其附近港口。卸货后,往返航次租船结束,船东的合同义务完成。从本质上讲,一个往返航次租船包括两个单航次租船,由于很少有租家可以保证往返航程上均有货载,所以这种租船方式主要运用在当一个租家只有去程货载,而另一个租家有回程货载时,两个租家联合起来向船东按往返航次租用船舶。在这种情况下,因为船东在回程货载上有了保证,可避免回程空航,在运费方面,租家可获得一定的优惠。

(3) 连续单航次租船(consecutive single voyage charter)。连续单航次租船是指船东与租家约定,提供船舶连续完成几个单航次的租船运输方式。被租船舶在相同两港之间连续完成两个或两个以上的单航次运输后,航次租船合同结束,船东的合同义务完成。这种运输经营方式主要应用于某些租家拥有数量较大的货载且一个航次难以运完的情况下。在连续单航次租船中,连续单航次租船合同可按单航次签订若干个租船合同,也可以只签订一个租船合同。在只签订一个租船合同的情况下,合同中适用于第一个航次的各项条件和条款同样适用于以后的各航次,但是需在合同中注明船舶第一航次的受载期和后续的航次数,也可以为后续航次规定受载期等。在不影响航次任务的完成和下一航次受载期的情况下,船东可以承揽其他回程货载,搭载航行。

值得一提的是,连续单航次租船和包运租船有一定的相似之处,都是为了满足大量货物同一方向多航次运输的需要,其合同持续时间较长,兼具"航次"和"时间"两方面要素。不过,包运租船更具灵活性,二者合同内容和条款大不相同。

(4) 连续往返航次租船(consecutive return voyage charter)。连续往返航次租船是指船东与租家约定,提供船舶连续完成几个往返航次的租船运输方式。被租船舶在相同两港之间连续完成两个以上往返航次运输后,航次租船合同结束,船东的合同义务完成。由于作为租家的货方很难同时拥有较大数量的去程和回程货载,因而在实务中较少出现。

(四) 航次租船的特点

航次租船运输,首先要签订租船合同。航次租船合同的条款反映了船东和租家的意愿,是一项详细记载双方当事人的权利和义务,以及航次租船各项条件和条款的承诺性运输契约。航次租船的特点主要表现在以下几个方面:

(1) 特定船舶、特定货物、特定港口和特定航线。航次租船合同下,对于履行货物运输的船舶和待装运的货物,装货港和卸货港以及航线都作出专门的规定。通常情况下都由特定的船舶在特定的装货港来装运特定的货物,按照约定的或者习惯的或者地理上的航线运至特定的卸货港。

(2) 航次租船合同是确定船东与租家的权利、义务和责任的依据。航次租船合同的船东和租家"完全"处于同等的谈判地位,根据租船市场行情和其他条件进行讨价还价,商谈合同条款。无论英美法系的国家,还是大陆法系的国家,都无强制制约航次租船合同的成文法,即使大陆法系国家制定的有关租船合同的规定,也多属非强制性或弹性规定,可以用双方协议的其他合同条款予以排除。航次租船合同的船东不是公共承运人(common carrier),而是专门承运人(private carrier),即承运与其签订租船合同的租家。

(3) 租家负责完成货物的组织、支付运费及支付相关的费用。

(4) 船东占有和控制船舶,负责船舶的营运调度、配备和管理船员。

(5) 船东负责船舶营运所支付的费用。这些费用包括船舶资本费用、固定营运费用和可变营运费用。

(6) 船东出租整船或部分舱位,按实际装船的货物数量或整船舱位包干计收运费。

(7) 租家向船东支付的运输费用通常称为运费(freight)而非租金(hire)。

(8) 航次租船合同中通常会详细规定可用于在装卸港口装卸货物的时间、装卸时间的计算方法、滞期和速遣以及滞留损失等内容。

二、定期租船

(一) 定期租船的概念

定期租船,又称"期租船"或"期租",是指由船东向租家提供约定的,由船东配备船员的船舶,由租家在约定的时间内按照约定的用途使用并支付租金的一种租船方式。这种租船方式以约定的使用期限为船舶租期,而不以完成航次数多少来计算。在租期内,租家利用租用的船舶既可以进行不定期船货物运输,也可以投入班轮运输,还可以在租期内将船舶转租,以取得运费收入或谋取租金差额。在定期租船中,租期的长短完全由船东和租家根据实际需要约定,少则几个月,多则几年或更长的时间。

与航次租船相比,在定期租船中,虽然船长、船员也是由船东任命,船舶也是由作为船东的代理人的船长进行管理,船东仍可通过船长对船舶行使占有权,但是由于定期租船在租期内船舶是由租家使用的,由租家负责营运调度,揽货订舱不再是船东的事情,因而定期租船不再完全是一种承揽运输的营运方式。一方面船东将船舶交由租家使用,包含了一定成分的财产租赁的性质;另一方面,船东仍然对船舶拥有占有权,对驾驶船舶和管理船舶负有责任,而且当租家本身就是货主时,船东就是承运人,这时定期租船具有运输承揽的性质。

定期租船合同范本数目比航次租船要少很多,其中两个主要范本是土产格式(NYPE)和波尔蒂姆格式(BALTIME),前者使用较广。当使用这些范本时,往往增加一些附加条款,以弥补标准合同范本的未尽事宜。

(二) 定期租船的特点

(1) 船东负责配备船员,并负担其工资和伙食。
(2) 租家在船舶营运方面,拥有对船长和船员的指挥权。
(3) 租家负责船舶的营运调度,并负担船舶营运中的可变费用,包括燃料费、港口使费、引水费、货物装卸费、运河通行费以及租船合同规定的其他费用等。
(4) 船东负担船舶营运的固定费用,包括船舶的船用物料费、润滑油费、船舶保险费、船舶维修保养费等。
(5) 船舶租用以整船出租,租金按船舶的载重吨、租期以及商定的租金率计收。
(6) 租船合同中往往订立有关交船和还船以及停租的规定。

三、光船租船

(一) 光船租船的概念

光船租船又称船壳租船,是指船东向租家提供不配备船员的船舶,在约定的时间内由租家占有、使用和营运,并向船东支付租金的一种租船方式。这种租船方式实质上是一种财产租赁方式,船东不具有承揽运输的责任,法律意义上更为准确的称法为"光船租赁"。在租期内,船东只提供一艘空船给租家使用,船舶的配备船员、营运管理、供应以及一切固定费用或变动的营运费用都由租家负担。船东在租期内除了收取租金外,对船舶及其经营不再承担任何责任和费用。

光船租船起源于战争时期政府对船舶的征用,以这种方式达成的租船合同并不是很多,但近年来有所增加,其背景是由于船舶信贷、船舶融资租赁的发展和方便旗船被广泛利用。光船租船的船东往往是运力过剩或缺乏船舶管理经验的一些经营人。其经营效率较之直接经营船舶业务要低,同时还存在着租金的支付风险。因此,出租船舶时,应掌握租家的资信和商业信誉,并拥有较为可靠的租金回收手段。另外,租家也应了解船舶的债务状况,避免租赁期间因债务而引起的船舶债权人对船舶的扣押或抵押。

光船租船合同标准范本经常使用的是波罗的海国际航运公会的"贝尔康"格式。该版本中的一些条款通常也与定期租船合同条款相同,尤其是有关交还船、解约日、航区限制、检验、租金、共同海损、战争、佣金和法律及仲裁等条款。

(二) 光船租船的特点

(1) 船东提供一艘适航的空船,不负责船舶的运输。
(2) 租家配备全部船员,并负有指挥责任。
(3) 租家以船舶经营人身份,负责船舶的经营及营运调度工作,并承担在租期内的时间损失,包括船期延误、修理等。
(4) 租家负担除船舶的资本费用外的全部固定及变动成本。
(5) 以整船出租,租金按船舶的载重吨、租期及商定的租金率计算。
(6) 船舶的占有权从船舶交予租家使用时起转移至租家。

四、包运租船

(一) 包运租船的概念

包运租船是指船东向租家提供一定吨位的运力,在确定的装卸港口之间,按事先约定的时间、航次周期和每航次较为均等的运量,完成合同规定的全部货运量的租船方式。包运租船方式所签订的租船合同称为"包运租船合同"(contract of affreightment,CoA),或称"运量合同"(quantity contract/volume contract)。

包运租船方式是在连续单航次程租船的基础上发展而来的。与连续单航次程租船相比,包运租船不要求一艘固定的船完成运输,船东在指定船舶上享有较大的自由。同时,包运租船并不要求船舶一个接着一个航次完成运输,而是规定一个较长的时间,只要满足包运租船合同对于航次的要求即可。在这段时间内,船东可以灵活地安排运输,对于两个航次之间的时间,船东完全有权自由地安排一些额外的运输。

对于船东而言,包运租船时货运量大,较长时间内有较充足的货源,基本保障了稳定的运费收益,而且包运租船中船东可以根据自有的船舶运力灵活地安排船舶,在保证按合同规定完成货物运输的前提下,船东通过对船舶的适当调度,可利用航次间的多余时间装运其他货物,提高运力利用率,从而获得更大经营效益。

对于租家而言,包运租船可以保证在较长时间内满足货物的运输需求,而且可以在很大程度上摆脱租船市场行情的变动所带来的影响,确保运力将货物运往最终市场,从而保障生产和销售活动的正常进行。

(二) 包运租船的特点

(1) 包运租船合同中一般不确定具体船舶,仅规定租用船舶的船级、船龄和技术规范等。

(2) 租期的长短取决于运输货物的总运量及船舶的航次周期所需的时间。

(3) 货物主要是运量较大的干散货或液体散装货物。租家通常是货物贸易量较大的工矿企业、贸易机构、生产加工集团或大型国际石油公司。

(4) 航次中所产生的航行时间延误风险由船东承担,而对于船舶在港内装、卸货物期间所产生的延误,与航次租船相同,一般是通过合同中的装卸时间和滞期条款来处理船舶在港的时间损失。

(5) 运输按船舶实际装运货物的数量及约定的运费费率计收,通常采用航次结算。

(6) 装卸费用的负担责任划分一般与航次租船方式相同。

五、航次期租

(一) 航次期租的概念

国际航运实务中还经常使用着一种介于航次租船和定期租船之间的租船方式,即航次期租(time charter on trip basis,TCT),又称为日租租船(daily charter)。航次期租是指由船东向租家提供船舶,在指定的港口之间,以完成航次运输为目的,按实际租用天数和约定的日租金率计算租金的租船运输经营方式。其基本概念可以从以下两个方面理解:

(1) 租期的计算以船舶所完成的本航次任务为基础,类似于航次租船,一般是从船舶抵达第一装港的引水锚地时起租,直至该船于最后一个卸货港卸完货后,并由引航员引至引水锚地,引航员离船为止。当然,具体交还船时间及地点,可由双方当事人在租船合同中订明。

(2) 尽管租期的计算类似于航次租船,但是船东收到的不是航次租船中的运费,而是类似于期租方式中的租金,一般为每15天预付一期租金。

(二) 航次期租的特点

航次期租是一种独特的租船方式,它结合了定期租船和航次租船的特点。航次期租的主要特点是没有固定的租期,而是与特定的航次相关。这种租船方式为租家提供了灵活性,既避免了定期租船中可能出现的长期固定货源不足的风险,又能保护商业机密。

在航次期租中,由于装、卸港的代理由租家指派,船东通常无法了解货物的详细信息。同时,只要船舶的装载能力允许,租家可以尽可能多地装载货物,以实现更大的利润。对于船东而言,采用航次期租方式的最大优势是减少了船期损失的风险,因为船舶在港口作业或在锚地等待泊位时可能产生的时间损失,均由租家承担。

六、不同租船形式的异同点

在航次租船和包运租船下,双方签订的合同均属于"货物运输合同",以"货物"为合同标的,报酬方式为"运费"。而在定期租船、光船租船和航次期租下,双方签订的合同或多或少具有"船舶租赁合同"性质,以"船舶"为合同标的,报酬形式为"租金"。

租家在上述五种租船方式的任何一种方式租用船舶后,除非租船合同明确规定不允许租家转租船舶与第三者外,租家均有权将租用船舶再次租出,即所谓的转租(subletting),船东一般无权限制转租。在存在转租的情况下,船东和租家都必须按照双方之间所签订的合同履行义务,而不论双方是否为真正的船东或者真正拥有货物。根据合同的相对性原则,双方不得依据其他运输合同来抗辩本合同项下其应该承担的义务与责任。

上述五种租船方式的区别主要体现在船东和租家对船舶的支配权、占有权的不同,从而也表现在营运过程中所承担的责任及风险不同。如与船员的雇佣关系、保证船舶适航的责任、对第三者的法律关系等方面都有所差异。负担营运费用的差别则反映在运费或租金水平上,不是本质的差别。

从船东对船舶的支配、占有程度由强到弱,五种租船方式的排序为包运租船、航次租船、航次期租、定期租船、光船租船。

本章思考题

1. 租船运输和班轮运输在哪些方面存在不同?
2. 租船业务与租船运输是否为同一概念?
3. 租船经纪人的主要作用是什么?
4. 简述航次租船的概念与特点。
5. 简述定期租船的概念与特点。
6. 简述光船租船的概念与特点。
7. 简述包运租船的概念与特点。
8. 简述航次期租的概念与特点。
9. 五种租船运输方式有何异同?
10. 光船租船合同中船东和租家关于费用和相关事项分担的通常规定有哪些?

第二章 国际航运与租船市场

第一节 国际航运市场及细分

一、狭义和广义的航运市场

国际航运市场的概念可分为狭义和广义两种。狭义上的国际航运市场特指实体的国际航运市场，即遍布各地的航运交易所。广义上的国际航运市场指一个交易体系，其中需求方作为买方，供给方作为卖方，双方围绕国际航运服务这一交易标的物建立商业关系。广义的国际航运市场既包括有形市场也包括无形市场。随着现代通信技术的不断发展，无形市场在国际航运市场交易活动中的重要性持续增强。

二、航运市场的发展和分化

（一）班轮运输市场

最早的班轮运输是 1818 年美国黑球轮船公司开辟的纽约—利物浦的定期航线，用帆船进行运输，用以运送海外移民、邮件和货物。英国于 1824 年开辟了伦敦、汉堡以及鹿特丹之间以蒸汽机船经营的班轮航线。到了 19 世纪中期，科技与经济的进一步发展使得船舶经营者能够开展规则化的定期运输服务。在技术层面上，轮船的普及加快了航行速度，并减少了气候和风浪对航行的影响，尤其是航行时间变得更加可预测，为实施固定班期的运输业务创造了条件；在经济层面上，随着世界经济和国际贸易的迅猛增长，对工业制品、半成品、生鲜食品以及邮件和包裹等货物的海上运输需求持续上升。这些货物通常批量较小，发货和收货人众多且分散，往往需要将几个货主的货物集中于同一艘船进行运输，这促使了对规律性海上运输服务的迫切需求。在这样的背景下，班轮运输应运而生。

班轮运输的特点可以概括为"四定一负责"：航线、停靠港口、船期、运费率固定；承运人负责装和卸。

（1）具有"四固定"的特点，即固定航线、固定港口、固定船期和相对固定的费率。这是班轮运输的最基本特征。

（2）班轮运价内包括装卸费用，即货物由承运人负责配载装卸，承托双方不计滞期费和速遣费。

(3) 承运人对货物负责的时段是从货物装上船起,到货物卸下船止,即"船舷至船舷"(rail to rail)或"钩至钩"(tackle to tackle)。

(4) 承运双方的权利、义务以及责任豁免,主要依据签发的提单,并受到提单法的规范。

(二) 租船市场

在航运市场发展的过程中,租船业务也在不断发展,形成了租船市场,是航运市场的重要组成部分。虽然不定期运输的营运是通过租船业务来开展的,但租船业务不等同于不定期船运输(tramp shipping)业务。租船业务除了是不定期船运输业务外,还是船东之间互相调剂船舶的途径之一。

(1) 在不定期船运输业务下,通过船东和租家之间签订运输合同或者船舶租用合同进行货物运输。船东提供船舶的全部或者部分舱室给租家使用,具体的责任、义务、费用、风险等均由双方在租船合同中商定。

(2) 在调整船舶配置的情况下,船东可能是从事不定期运输的船东,抑或是从事班轮运输的船东;船舶的类型可能是用于不定期船运输的,抑或是用于班轮运输的。因此,不定期船运输业务仅仅是租船业务的一部分。

此外,早在班轮运输市场出现之前,航运市场主要就是租船市场,其中包括租家作为货主,以运输货物为目的的不定期船运输市场,以及租家作为船东,以调剂船舶为目的的租船市场。尽管班轮运输的兴起使得租船市场依然存在,但班轮运输所使用的船舶类型也开始参与租船市场的调节。与此同时,一个相对独立的班轮运输市场也应运而生。

需要注意的是,本书中提到的租船业务主要指租家是货主的情况下,以运输货物为目的的不定期船运输业务。

租船运输具有以下特点:

(1) 没有固定的船期表、航线和挂靠港,运输完全按照合同进行。

(2) 适合大宗散杂货运输,如粮食、矿石、化肥、钢材、木材、石油、液化气等,货物没有或者仅需要简单包装。

(3) 承租双方的责任义务全部依据租船合同的类别和条款。

(4) 有明确的、书面的租船合同。

(三) 班轮运输市场的进一步分化

随着集装箱运输的兴起,班轮运输市场逐渐分化为专门的集装箱班轮运输市场和传统的件杂货班轮运输市场。然而,鉴于目前大多数件杂货既能够通过集装箱运输,也能采用传统方式进行运输,因此这两个市场实际上难以完全独立。此外,市场上的件杂货船一部分投入班轮市场,而另一部分投入不定期船运输市场,二者所提供的服务、面向的客户群有很大的区别。

1. 集装箱班轮运输市场

集装箱班轮运输自20世纪50年代第一艘经改造而成的集装箱船投入使用以来,其发展速度极快。集装箱船的装卸效率比普通杂货船大大提高,船舶停港时间大为缩短,并减少了运货装卸中的货损量。

集装箱船多为尾机型,内部没有甲板,用垂直导轨分为小舱。当集装箱下舱时,这些装置起着定位作用,船在海上遇到恶劣天气时,它们又可以牢牢地固定住集装箱。因为集装箱都是金属制成,而且是密封的,所以里面的货物不易受雨水或海水的侵蚀。集装箱船一般停靠专用的集装箱码头,装卸效率很高。

2. 件杂货班轮运输市场

从事件杂货班轮运输的船舶大多是双层或多层甲板的多用途船(包括重吊船)。近年来,多用途船大型化趋势明显,新船中2万吨以上的船舶明显增多。特别是从2003年开始,拥有重型吊机的多用途船数量不断增加。

件杂货船运输具有以下特点:

(1) 主要由2万～3万吨的小船来承担,可运输的货物种类多而单种量小。

(2) 货物本身的重量和尺寸超重或超长。

(3) 航速较慢,运输时间长。

这些特点决定了传统件杂货船的独特优势。比如,传统件杂货船的航速相对较慢,但反而使其在航行中更加安全。

(四) 不定期船运输市场的进一步分化

干散货一直是传统不定期船运输的主要货源,而第二次世界大战之后,石油资源愈发受到重视,经过加工提炼得到的产品能够用在人类日常生活的各个角落。为了满足海上石油运输供给,在不定期船运输市场上出现了专门运输石油的油轮。随着时代的发展,专门运输化学品和液化天然气的船舶也相继出现,因此不定期船运输市场便进一步分化为干散货运输市场、油轮运输市场、液体化学品运输市场以及液化天然气运输市场等。

1. 干散货运输市场

干散货主要指各种初级产品、原材料。通常,根据运输批量的大小,干散货又分为大宗散货和小宗批量散货两类。大宗散货主要有煤炭、金属矿石、粮食等;小宗批量散货包括钢铁、木材、化肥、水泥等。

干散货船的主要船型如下:

(1) 好望角型(Capesize)。其指载重吨为80 000吨或以上的干散货船,也称海峡型船。该船型主要承运煤、矿石等大宗货载,营运航线相对单一。

(2) 巴拿马型(Panamax)。其指载重吨为60 000～79 999吨,船宽不超过32.3米的干散货船(仅略小于巴拿马运河船宽限制32.6米)。

(3) 大灵便型(Handymax)与小灵便型(Handysize)。前者载重吨居于40 000～59 999吨,而后者载重吨居于10 000～39 999吨。这两种船型尽管大小不同,但均有吊杆,能自装/自卸,可在港口条件相对较差的港口间从事小批量货载的运输。

此外,OBO船舶(ore/bulk/oil多用途船)在油轮运输市场和干散货运输市场也占有一定的份额。这种船型因船龄偏高,成本较低,且吨位较大,在市场中有一定的竞争力。

2. 油轮运输市场

油轮运输市场是指以油轮运输服务为交易对象的需求者与供给者的交易关系。油轮运输市场的主要特点：

① 油轮运输的货种单一。油轮属于为特定的货种、特定的航线所设计的专用船，在货源方面常受到限制，只能运输石油及其制品。

② 油轮运输的运距长。世界石油的供应地主要在中东地区、加勒比海、西北非、墨西哥和印度尼西亚；世界石油的消费国（地区）主要是美国、西欧、日本、中国。石油产地与消费地之间距离不一。但从运距来看，油轮的平均运距比其他货类的平均运距要长。

③ 货主的集中度更高，货主参与工业航运更多。

这些特点主要表现在以下三个方面：

① 1973 年成立的石油输出国组织（Organization of Petroleum Exporting Countries，OPEC）是一个国际卡特尔组织，作为石油出口者，它在总出口中占绝对优势。

② 世界油田的国有化使产油国控制了石油的生产，但跨国公司却通过与产油国签订长期合同控制了石油的贸易和运输。

③ 从石油消费方面看，进口国的政府往往通过石油储备的战略性计划和能源保护计划来影响石油贸易，并进而影响油船运输市场。

油轮的主要船型如下：

① 阿芙拉型（Aframax）。其指载重量在 80 000～119 999 吨级的油轮，该船型的船舶设计吃水一般控制在 12.20 米，可以停靠大部分北美港口，并可获得最佳经济性。

② 苏伊士型（Suezmax）。其指在满载状况下可以通过苏伊士运河的最大油轮，该船型载重量一般在 120 000～200 000 吨，满载吃水不超过 20 米。

③ 大型油轮/超大型油轮（Very Large Crude Oil Carrier/Ultra Large Crude Oil Carrier，VLCC/ULCC）。VLCC 最早出现在 1967 年，载重量一般小于 300 000 吨；ULCC 于 1969 年问世，载重量多在 300 000 吨以上。

大型油轮和超大型油轮这两种船型的出现是受当时的中东战争影响，苏伊士运河被迫关闭，导致中东的石油输出必须绕道非洲南端的好望角，经大西洋才能到达北美和欧洲各国。因此，运距的大幅度增加，导致了运输船舶在数量和主尺度上的增大。目前的 VLCC 多用于中东—远东航线，而 ULCC 大多改作海上储油船使用。

3. 液体化学品运输市场

液体化学品由于其有毒、易燃和强腐蚀性的特性，使得液体化学品船在设计上具有一些独特的结构特点。首先，这些船只配备了许多小型水密货舱，其舱壁采用具有强防腐性能的不锈钢等金属材料。其次，为了防止化学液体的泄漏，船舶还设置了双层底。

考虑到液体化学品的不同危险性和对环境的潜在威胁，运输液体化学品的专用船舶被分为三种类型：Ⅰ型船，用于运输最具危险性的化学品，其破损标准最为严格，并采取最有效的预防措施以防止化学品泄漏；Ⅱ型和Ⅲ型船则用于运输危害性较低的化学品。

此外，根据货舱的结构，液体化学品船还可以分为整体型货舱和独立型货舱两种。按船型大小，它们又可分为小型化学品船（150～2 000 载重吨）、中型化学品船（2 000～10 000 载重吨）和大型化学品船（10 000～33 000 载重吨）。

目前，全球已知的化学品超过 700 万种，其中已有 10 万余种作为商品上市，经常使用的有 7 万多种。每年全球还会新出现 1 000 多种化学品。化学品已经渗透到人类生活的各个领域,从日常生活中的化妆品、食品添加剂到染料等,再到与国家命运紧密相关的高科技领域(如航空航天等),都离不开各种化学品的支持。

4. 液化天然气运输市场

液化天然气(liquefied natural gas,LNG),是由天然气经加压降温液化处理得到的,相同质量前提下,LNG体积仅为常温常压下天然气体积的1/600。

LNG船按舱容可分为以下三种类型:

(1) 大型船舶:舱容一般在12万立方米以上。

(2) 中型船舶:舱容一般为3万~12万立方米。

(3) 小型船舶:舱容在3万立方米以下。

我国LNG进口来源地高度集中,其中前五大LNG进口来源国分别为澳大利亚、卡塔尔、马来西亚、印尼和巴布亚新几内亚。对我国而言,航程较近的进口国主要有澳大利亚、马来西亚、印尼及阿曼等。

第二节 租船市场的概念

一、狭义和广义的租船市场

租船市场的概念也可以分为狭义和广义两种。狭义上的租船市场特指设立于各地的航运交易所,这里是需求船舶运力的租家与提供船舶运力的船东进行协商、洽谈租船业务,并签订租船合同的专门场所。这些交易所通常位于世界范围内货主和船东聚集、国际海运贸易和运输业务繁荣的地区。广义上的租船市场是以船舶运输服务或船舶的使用为对象的船东与租家之间的一种交易关系。

二、租船市场作用

租船业务通过租船市场进行,租船市场是需求船舶的租家与提供船舶运力的船东洽谈租船业务、协商租船合同内容并签订合同的场所。

租船市场的作用体现在以下几方面:

(1) 专门为船东和租家提供开展各种租船业务的交易机会。租船市场是船、租双方进行集中交易的场所,双方都可以根据自己的需求选择洽租人,以取得有利的经济效果,满足各自不同的需要。

(2) 租船市场拥有分布在世界各地的船东、租家、租船经纪人,组成了庞大的业务网络,加强了信息沟通。

(3) 世界贸易的绝大部分要通过海运进行,但是分布在世界各地的运力与需求并不平衡,租船市场为整个世界航运市场平衡发挥着调节作用。

(4) 为租家和船东积累、搜集、整理了大量的租船市场信息,掌握着市场的行情动态和发展趋势。

三、国际主要租船市场

（一）英国伦敦租船市场

英国伦敦的波罗的海航运交易所（The Baltic Mercantile and Shipping Exchange）是公认的世界上历史最悠久、租船业务最多的散杂货租船市场。它有一个固定的集中场所，供船东、租船经纪人和租船代理人聚集面谈租船业务，其成交量约占世界租船总成交量的30%以上，是世界上其他租船市场的重要关注和参考对象。

波罗的海航运交易所的业务以洽谈租船合同为主。船东经纪人和租船代理人在交易大厅内公布的资料中可了解当天的租船行情、货物及船舶的种类及数量，从而寻找合适的对象商洽。这里的租船交易一般是通过租船经纪人进行的。交易完全公开，其成交租约最终也将被船东和租家获悉。只有个别洽谈的业务对外保密。交易所的租船活动可以代表世界各地船货供求状态，也可反映世界航运市场的状况。这里供应的船舶主要是希腊船东的船舶或受其控制的方便旗船。另外，还有美国船东控制的方便旗船。由于希腊是世界上最大的经营不定期船的国家，因而在伦敦市场供应的船舶最多，其租船行情的变化对世界上其他地方的租船市场有着决定性的影响。因此，这里的交易动态受到世界各地的船东和租家的密切注意。

（二）美国纽约租船市场

纽约租船市场在第二次世界大战前只是一个地区性交易市场。第二次世界大战后，美国的经济发展较快，进出口货物增多，美国作为重要的货主国家，对租船及航运市场产生了重要的影响，现已发展成为仅次于伦敦租船市场的世界第二大租船市场。主要地点虽然设在纽约，并命名为航运交易所（N.Y. Maritime Exchange），但是它没有专门的场所，而是通过电话、传真、计算机通信等方式进行租船业务洽谈。该交易所也采用会员制度，以船东、货主、租船经纪人和各种有关人员为会员。

纽约租船市场上的顾主一般是谷物、铁矿石、煤炭的进出口商和希腊及挪威的船东。成交的船舶主要是油轮、散装粮船和其他干散货船。其中，油轮成交量约占世界同类船舶成交总量的30%左右。由于时差的原因，通常国际性的租船活动每天先在伦敦进行，然后再转向纽约。

（三）北欧租船市场

北欧租船市场包括挪威的奥斯陆、瑞典的斯德哥尔摩、德国的汉堡、荷兰的鹿特丹等专业化船舶租船市场，均属于地区性租船市场。该租船市场是以租赁特殊的高技术船舶为主，如冷藏船、液化石油气船、滚装船和吊装船等。在租船方式上，船东以长期期租为主。

（四）亚洲租船市场

亚洲租船市场包括日本东京，中国香港、上海和东南亚的新加坡等租船市场，也属于地区性租船市场。该租船市场上成交的主要是短程近洋运输船舶的租赁。随着亚洲经济的发展和区域性贸易的繁荣,以及亚洲航运业的日益壮大,这些租船市场发展较快,规模不断扩大。

1. 新加坡租船市场

新加坡成为国际航运中心,得益于两个重要因素:一是其地处国际航运战略要道马六甲海峡一端,是连接着欧洲与亚洲海运的中点;二是亚太经济的高速增长,加速了亚洲与世界其他地区的货物流动。

新加坡与其他国际航运中心相比的特点主要包括以下几个方面:

(1) 集装箱国际中转功能突出。

(2) 国际航运配套设施完善。新加坡围绕国际集装箱中转业务,积极做好配套服务,在空运、炼油、船舶修造等方面具备明显的产业优势。例如,新加坡是世界第三大炼油中心,壳牌、美孚等著名的石油公司均把新加坡作为石油提炼和仓储基地,并发展成为国际船舶燃料供应中心。同时,新加坡积极发展集装箱的管理和租赁业务,现已形成一个国际性的集装箱管理与租赁服务市场。

(3) 自由港政策发挥重要作用。

2. 香港租船市场

香港地处中国与邻近亚洲国家的要冲,是珠江三角洲入海口,拥有太平洋西岸屈指可数的深水良港——维多利亚港,因此香港成为国际航运中心有了得天独厚的地理条件。从香港成长为国际航运中心的历程可以看出以下几个方面的特点:

(1) 拥有充沛的物流。
(2) 积极发展货物加工。
(3) 完善的国际航运服务。

第三节 租船市场的供需及价格

一、影响租船市场需求的主要因素

国际航运租船市场需求是指在一定时期内,在特定运价水平下,租家对海上运力的总需求。这种需求是由国际海运贸易所派生的,而国际海运贸易又直接受到世界经济形势的影响。因此,世界经济形势和国际海运贸易是影响国际租船市场需求的两个关键因素。

早期的经济学家亚当·斯密(Adam Smith)已经认识到航运在经济发展中的重要作用,它提供了促进经济发展所需的运输服务。实际上,航运、贸易和经济是相互关联、协同发展的。航运业的发展可以促进贸易的扩张,进而推动经济的增长;而经济的增长也会增加对航运和贸易的需求,从而带动航运业的发展。

(一) 国际海运贸易

自古以来,航运一直是运输大宗国际贸易商品最有效的方式之一。这是因为船舶运输具有众多优势,包括历史悠久、运量大、运价低、运输范围广、运输距离灵活、适货性强、运输技术和运输过程完善发达、国际合作最为密切等。

国际航运作为国际贸易的衍生品,与世界经济和国际贸易有着不可分割的紧密联系,也是国际市场的重要组成部分。因此,国际航运需求或国际租船市场需求直接受到国际海运贸易的影响。这种影响可分为短期影响和长期影响。

短期影响主要是季节性影响和货物储备的影响。例如,农产品(如谷物和糖等)的国际海运贸易对国际航运的影响存在季节性。以谷物为例,美国墨西哥湾沿岸的谷物出口,9月至来年3月是出粮季节,出口增加,于是在新奥尔良港口每年9月份到年底期间的航运业务量比平常多50%。石油贸易也有类似的影响。因为冬季能源消耗大,秋季和初冬的石油运输需求比春季和夏季大。个别商品储备的增加也会在短期影响国际航运需求,往往商人增加货物储备是由于担心某一商品受战争或其他因素影响而发生短缺和价格上涨。

长期影响主要来自某些商品的海运贸易结构发生变化。在油轮市场,石油海运贸易需求变化是一个典型的例子。在20世纪60年代,西欧和日本都用石油替代煤炭作为第一能源来源,因而世界石油的需求量增长迅速。然而,这种趋势在70年代面临石油价格上涨时发生逆转,原油的需求量先是停止增长,再到下降,而煤炭又恢复了一部分的市场份额。与此同时,新的油田在石油主要消耗国附近投产,如北海油田和阿拉斯加油田,这使世界远距离石油贸易量减少,这些变化都对海上石油运输有着巨大的影响。

(二) 世界经济形势

在世界贸易中,超过80%的货物是通过海运运输的,这表明国际航运在全球化经济中的核心作用。国际贸易直接受到世界经济形势的影响,当世界经济呈现高速增长时,国际贸易量也会相应大幅增加;相反,在世界经济衰退期间,国际贸易量会减少。因此,世界经济形势是影响国际航运租船市场需求的关键因素,主要体现在以下两个方面:

第一,租船市场受到世界经济周期波动的影响。商业周期为货运周期奠定了基础,经济增长率的波动会传导至海运贸易,从而造成船舶运力需求的周期性变化。

第二,租船市场受到世界经济结构转变的影响。自20世纪70年代以来,世界主要工业国家的经济结构发生了转变,从主要依赖本国资源转变为利用国外资源,导致进口量的增长速度超过了经济增长速度,使得国际航运的增长速度也快于世界经济增长。此外,随着科技进步,工业化国家从传统产业向新兴产业过渡,导致原材料需求减少,使得国际贸易量的增长速度慢于世界经济增长速度,从而在一定程度上影响了国际航运的增长速度。

(三) 政治动荡

在分析海运需求和租船市场需求时,不考虑政治因素的影响会导致分析不完整。政治事件,如地方性战争、革命、外国资产政治国有化或罢工等,可能会对贸易产生扰乱作用。虽然这些事件不一定直接影响到船舶需求,但它们的间接后果往往是非常严重的。例如,中东地区各国之间的摩擦和战争,可能会对苏伊士运河和波斯湾等战略性要地产生影响,进而对航运业造成重大影响。因此,政治动荡也是影响国际租船市场需求的一个重要因素。在进行海运需求和租船市场需求分析时,必须充分考虑政治因素的影响,以便更全面、准确地了解市场动态。

(四) 平均运距的变化

平均运距的变化对航运需求的影响是呈正向变化的。运距长,国际航运需求增长;运距短,航运需求下降。平均运距的变化主要取决于产品的消费国是从附近产地输入产品还是从远处进口。

(五) 运输费用

单位运输费用即运价。运价与国际航运需求负相关,运价上涨,航运需求减少;运价下降,航运需求增加。

(六) 其他

影响国际航运需求的其他因素主要有自然环境、科学技术进步等。自然环境因素是指国家(地区)的自然地理位置、资源分布、气候条件等。例如,气候条件的差异,造成粮谷及农产品需求发生变化。

二、影响租船市场供给的主要因素

国际租船市场运力供给是指在一定时期内,拥有船舶的全体承运人,在各种运价条件下,能够而且愿意提供的船舶吨位量。也即一定时期内,国际租船市场所能提供的船舶总净载重吨。租船市场供给主要由船队规模决定,同时也受船队利用率和市场运费价格因素的影响。

(一) 船队规模

国际现有船队规模是决定航运供给的最主要因素。一定期间内世界船队规模的大小,决定了该期间内航运业所能提供的航运供给的上限。按照所属国船队价值总和计算,世界排名靠前的船东国主要有希腊、日本、中国、美国、挪威、新加坡、德国、英国、韩国以及丹麦。

(二) 船队利用率

当船队规模一定时,租船市场的运力供给还受到船队利用率的影响,而决定船舶营运效率的限制因素有船舶的设计航速、年营运天数、平均停港时间等。船舶维修保养越好,维修期越短,船舶安全生产做得越好,则营运率越高。因此,提高营运率的主要途径是做好平时维修保养工作和安全预防工作,延长修船间隔时间和缩短修船时间。

(三) 市场运价水平

国际航运市场运价与航运供给成正向变化。当航运市场不景气、运价下跌时,航运供给量也会随之下降;反之,当市场繁荣、运价上涨时,航运供给量则随之增加。短期来看,会影响船东调整船舶运营速度,班轮运营商调整服务。从长远来看,运费的变化会影响拆解船舶和订造新船等投资决策。

三、影响租船市场价格波动的主要经济因素

用于解释租船市场价格波动机制的三个主要的经济要素是供给曲线、需求曲线和均衡价格。

（一）供给曲线

如图 2.1 所示，单艘船舶的供给曲线呈 J 形，描述船东在每个运输水平下能提供的运输量。以一艘 28 万载重吨的大型油轮（VLCC）为例，当运价下降到 155 美元/百万吨海里以下时，船东会将船舶闲置。当运价上涨，超过 155 美元/百万吨海里时，船东选择提供运输服务，但是为了节约成本，将以 11 节的最低航速航行。假设在此航速下，满载运行天数为 137 天/年，一年的运力供给为 101 亿吨海里。当运价超过 220 美元/百万吨海里时，船舶可达到最大航速 15 节，每年运力供给为 138 亿吨海里。因此，通过提升运价，市场可以额外获得 36% 的运力供给。

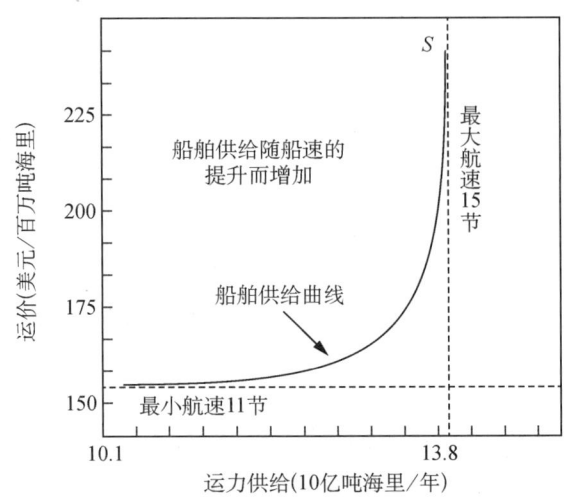

图 2.1 单艘船舶的供给曲线

船舶供给曲线的形状可以通过经济理论加以解释。假设市场是完全竞争市场，船东可以通过调整船舶航行速度使得利润最大化。然而在实际中，船舶供给曲线要复杂得多。船速并不是供给随运价变化的唯一途径。当市场持续低迷时，船东可以闲置运力，或者签订短期租船合同。当市场持续高涨时，船东可以通过改变航线来提高船舶利用率。例如，油轮从大西洋空放回波斯湾，可以经由航距更短的苏伊士运河，也可以在低油价时期绕行好望角，这些决策都会影响船舶供给。同样的，运价不是市场调整船东收益的唯一途径。当运力过剩时，船东将不得不减速或抛锚等货，又或者接受零散的货物，这些都会减少营运收益。

图 2.2 所示为包含 10 艘 VLCC 船队的供给曲线。这些曲线包含多条船龄和性能各不相同的单一船舶供给曲线。图中船龄从第 1 艘船的 2 年船龄到第 10 艘船的 20 年船龄，以 2 年船龄为间隔依次增长。

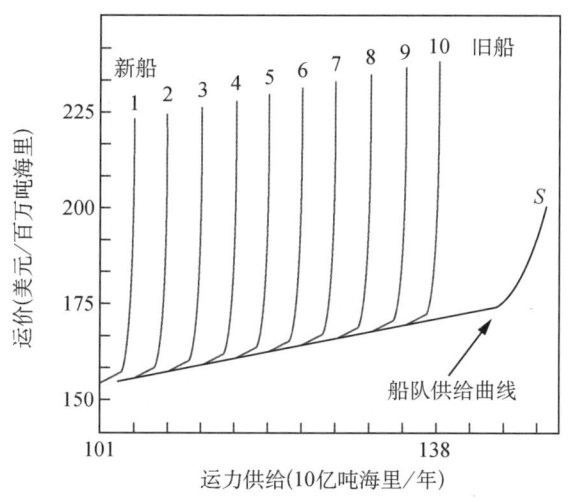

图 2.2　多艘船舶的供给曲线

图 2.2 表明，船舶的供给可以随着运价变化而相应增减。如果运价跌破第 10 艘船的营运成本，船舶便会退出营运进入闲置状态，此时船舶的供给量少了 1 艘。如果第 9 艘船处在保本状态，则其余 8 艘船舶将有所盈利，此时的盈利水平取决于不同船舶的营运性能。如果租家仅需要 5 艘船舶，船东便会降低报价至 160 美元/百万吨海里，从而把闲置的船舶控制在 5 艘。通过这种方式，船舶供给随运价而发生变化。长期而言，供给量可以通过建造新船或拆解旧船而增加或减少。

船舶供给曲线的斜率取决于三大因素：

（1）营运成本。旧船通常具有较高的营运成本，因此旧船闲置时需要较高的市场运价。

（2）规模经济效应。大船的单位运输成本比小船低，因此如果大船和小船同时竞争一票货物，大船的闲置成本较低，具有价格优势。一般情况下，租船市场低迷时，小船首先会被迫闲置。若船舶尺寸逐步大型化，则船舶大小和船龄相互关联，此时船舶供给曲线具有较高的斜率，这点在经济危机时尤为明显。

（3）船速。船舶供给可通过增加或减少航速而得以改变。

（二）需求曲线

租船市场需求曲线反映了租家对船舶需求随运价变化而变化的趋势。在某种假设情况下，如图 2.3 所示的需求曲线几乎是垂直的，这种情况在散装货物运输市场中并不罕见。这是因为在散货运输市场，当租家需要运输货物时，除非有足够的时间来安排其他运输方式，否则海运通常是唯一可行的选择。因此，海运在散货运输市场中通常具有很强的竞争力，并且海运成本通常只占货物总成本的一小部分。

当市场供给量和需求量达到平衡时，市场处于均衡状态，此时的价格被称为均衡价格。在均衡点，买卖双方找到了一个双方都能接受的价格。如图 2.4 所示，市场均衡价格为 170 美元/百万吨海里。在这一价格水平上，租家愿意租用 10 艘船舶，而船东也愿意提供 10 艘船舶，从而使得市场的供需达到暂时的平衡状态。

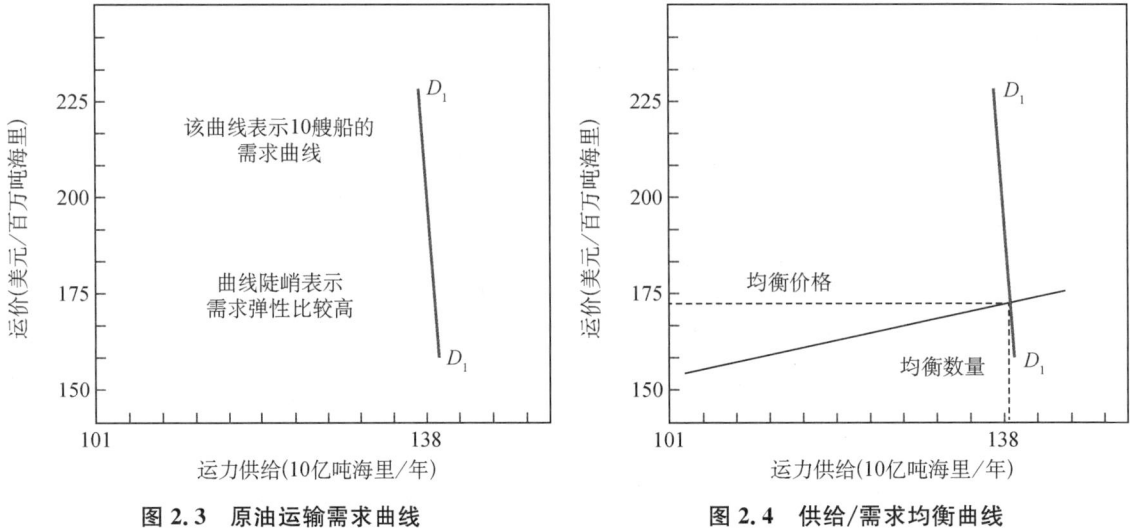

图 2.3 原油运输需求曲线　　　　　图 2.4 供给/需求均衡曲线

(三) 均衡价格

实际情况下,租船市场供需平衡远非如此简单。在租船市场,买卖双方愿意接受并交易的价格,取决于双方调整策略的时间。基于此,市场均衡状态分为瞬时均衡、短期均衡和长期均衡。

1. 市场瞬时均衡

市场瞬时均衡表示即期船舶和货物之间达成的均衡价格。一方面,船舶准备就绪等待装货;另一方面,货物亦备妥等待运输。此时,双方必须进行交易。这种情况在高度细分的航运市场比较常见,比如阿拉伯湾、加勒比海区域和美国太平洋沿岸区域等;当某一区域船舶供给不足或过剩时,会造成暂时性的市场运价的高峰或低谷。而市场短期的波动,给船东提供了选择装载货物或者选择装载装货区域的时机。一旦船东做出了决策,调整的空间就比较有限。船东可以锁定租金或运价,或者坐等亏钱,而此时有货在手的租家面临同样的选择,双方通过协商找到供需均衡的价格。

如图 2.5 所示,需求曲线以 D_1 表示,供给曲线以 S 表示。假设需求方面:一个月以内有 75 票货,即当需求为 75 时,与平行轴相交。当运价上涨时,曲线平移至左侧。因为在高运价时期,一些货物可能会解约。假设供给方面:共有 83 艘船舶等待装货,此时供大于求,运价回落至船舶供给和需求的相交点达到平衡,均衡价格为每桶 18 美分。若需求上升至 85 票货,供小于求,租家相互竞价促使运价上涨至每桶 1 美元的均衡价格。在实际航运市场中,10 票货的波动很常见,但是可以看出需求的波动对于运价的影响十分明显。

短期内市场情绪也可以使运价剧烈波动。当运力过剩时,一些船东相信运价将会上涨,于是决定继续持船等待。有时船东故意隐瞒一些运力或者让船舶在装货区外等待以造成运力减少的假象。在这种短期看涨的市场情绪影响下,一旦运力需求突然上升,租船市场的价格将会有短暂的拉升,使得船东可以较高的价格租出船舶从而获利。这就是图 2.5 中的期望曲线。但是当运力过剩的情况持续存在,船东持有的一些空船无法全部成交时,则运价将会迅速回落。

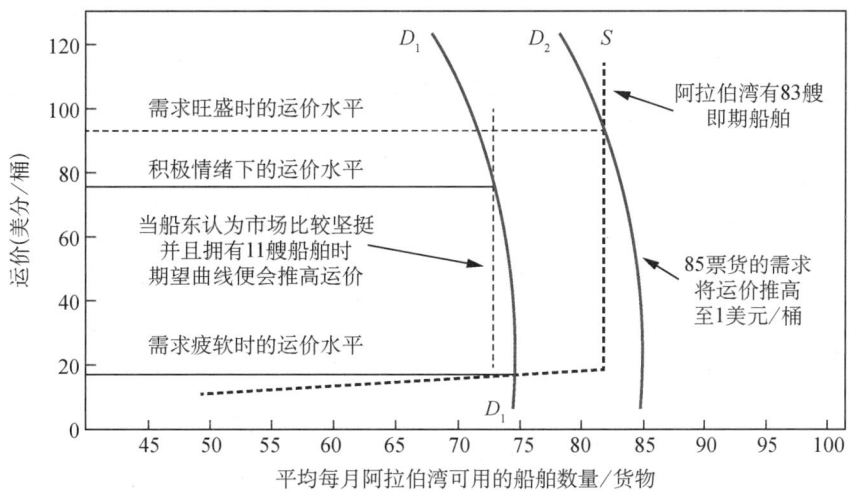

图 2.5　大型油轮(VLCC)市场的瞬时均衡

2. 市场短期均衡

市场短期均衡指短期内,船东和租家通过促使船舶投入或退出营运从而有时间应对运价或租金的波动。图 2.6 表示一定规模的船队的短期供给曲线。不同的运力供给对应不同的运价水平。

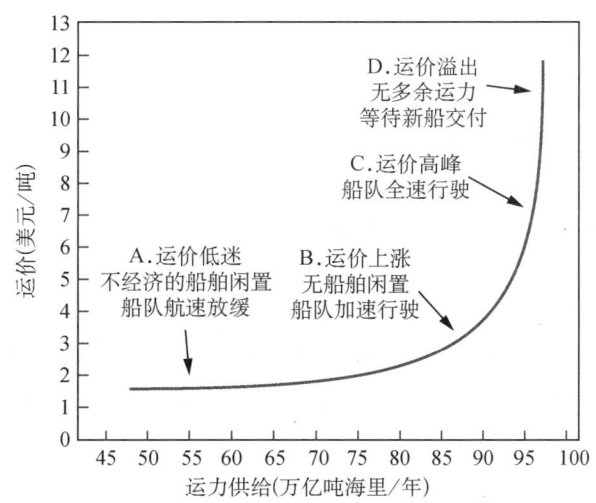

图 2.6　短期供给曲线

A 点处,由于性能极差的船舶处于闲置状态,运力仅有 500 万亿吨海里/年;B 点处,所有的船舶投入营运,运力上升至约 850 万亿吨海里/年;C 点处,所有的船舶以最大速度行驶;D 点处,由于运价持续上涨,运力无法增加,因而供给曲线几乎完全垂直。繁荣的租船市场能使一些老旧船舶获得超额收益。例如 1956 年市场繁荣期,许多 50 多年船龄几乎不适航的老旧船舶,能获得 5 倍于一年前的运价水平。

如果在供给曲线图中加入需求曲线,就能清楚地看到运价变化情况。当市场运力供给等于运力需求时,市场处于均衡状态。图 2.7 显示了不同的均衡点 A、B、C。在 A 点处,需求疲软,均衡运价定于 F_1 以下。当需求由 A 大幅度增长至 B 时,运价小幅上升,因为原本闲置的船舶开始投入营运以满足额外的运力需求。然而,当需求由 B 小幅攀升至 C 时,运价增长了约 2 倍。此时需求增长大于运力的增长。许多船龄大、性能差的破旧船都能获得较高的运价。当市场上没有多余船舶可供选择时,租家便开始为现有运力互相竞价。运价飙升的水平取决于租家对所需运力的迫切程度。然而,这一状态并不稳定,因为租家可能会开始寻找其他成本较低的运输途径;另外,飙升的运价总是能够吸引船东和租家大量投资造船,所以供不应求的局面迟早会得以改变。

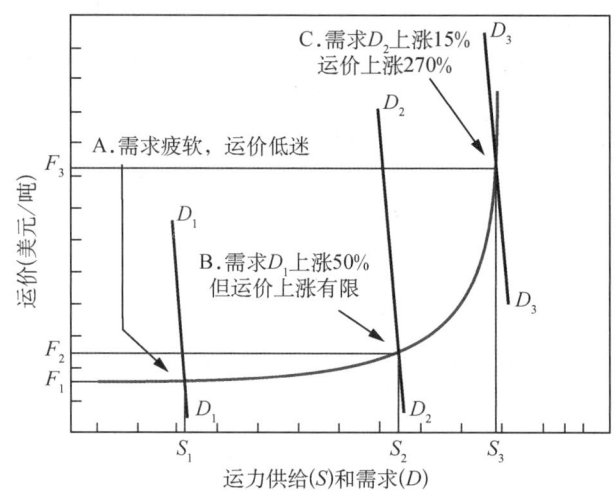

图 2.7 市场短期调整

3. 市场长期均衡

长期来看,租船市场的船队规模可以通过新船建造和旧船拆解来调整。市场的长期供需平衡可以通过二手船市场、新造船市场和拆解船市场来实现。当市场不景气,运价下跌时,船舶的盈利能力也会下降。当性能较差的船舶价格低于拆解价格时,这些老船将被拆解,从而减少市场上过剩的运力。随着二手船价格的下降,一些船东开始寻找二手船的新用途,例如将大型油轮改造为原油储存设施,或将散货船用作转运设施,以此减少船舶供给。相反,当运力紧张,运价上涨时,船东开始购买二手船。当二手船市场供不应求时,价格不断上涨。当二手船价格高于新船价格时,船东转向新船市场,新船订单量迅速增加。2~3 年后,随着新船的陆续下水,船舶供给又开始增加。

以 1980—1991 年的油轮市场为例,我们可以看到市场供需的长期调整过程。图 2.8~图 2.11 反映了不同年份油轮市场的供需走势,图 2.12 显示了 1980—1994 年的运价水平。1980 年,油轮市场运价维持在 15 000 美元/天;到 1985 年,由于大量老船拆解,油轮市场船队规模从 3.2 亿万载重吨下降至 2.51 亿万载重吨。但由于 1979 年原油价格飙升导致原油贸易崩盘,油轮市场需求跌至 1.50 亿万载重吨以下。因此,1985 年油轮市场供大于求,导致 0.6 亿万载重吨的油轮闲置,大量船舶减速航行,需求曲线向左平移,与供给曲线相交于 7 000 美元/天,接近营运成本。

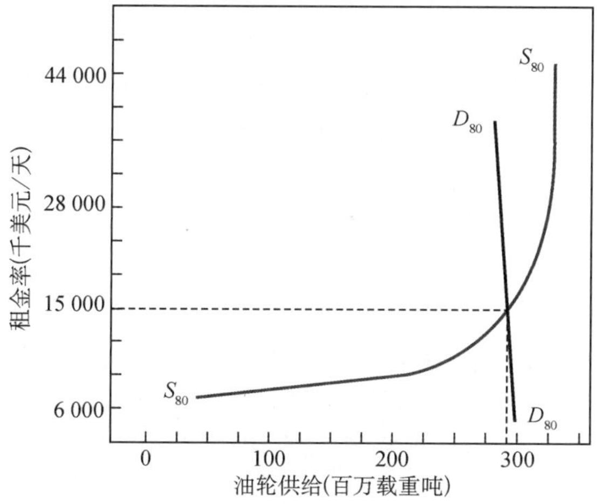

图 2.8　1980 年油轮市场供需关系

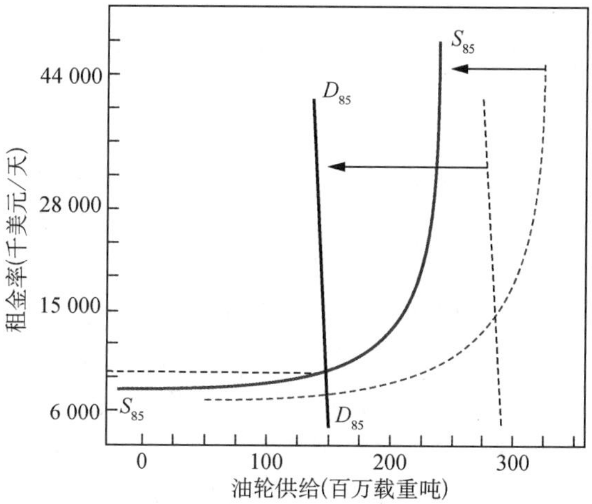

图 2.9　1985 年油轮市场供需关系

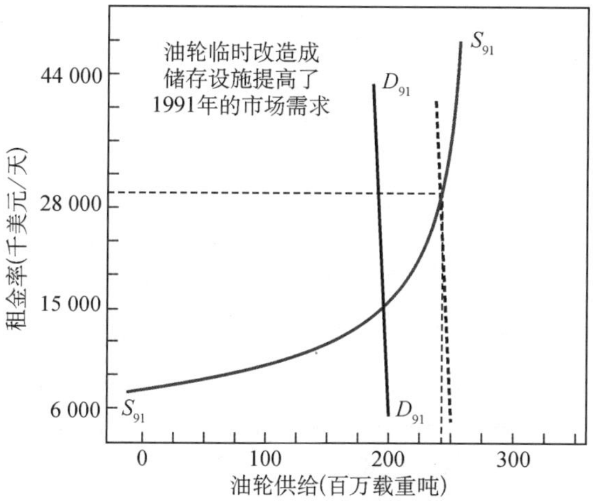

图 2.10　1991 年油轮市场供需关系

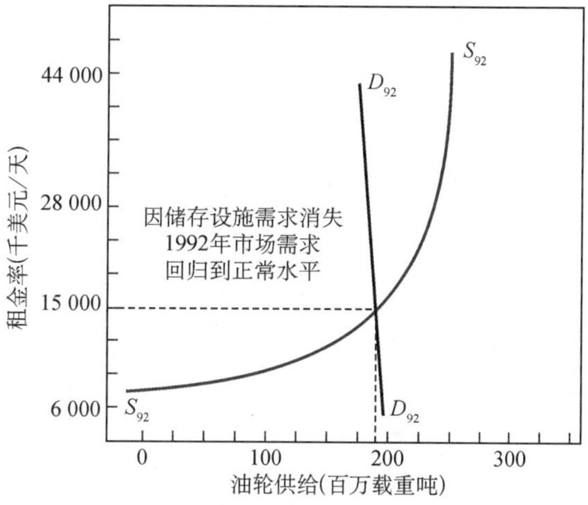

图 2.11　1992 年油轮市场供需关系

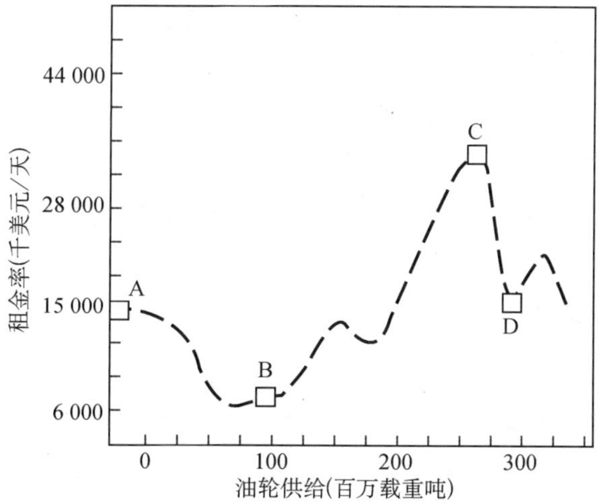

图 2.12　1980—1994 年油轮市场租金率变化

1985—1991年,尽管大量旧船拆解,但由于20世纪80年代后期大量新船的订造与交付,油轮供给仅下降了700万载重吨。结果供给曲线略向左移至S_{91},但由于原油贸易的复苏导致油轮市场需求提高了30%,需求曲线向右移至D_{91},使得均衡价格维持在15 000美元/天左右。然而,1990年8月开始的海湾战争对1991年油轮运输市场产生了重大影响,大量原油贸易商将油轮作为临时存储原油的设施,需求曲线暂时向右平移,运价上涨至29 000美元/天。随后,1992年随着大量新船交付,供给增加,需求曲线回归至正常水平,运价再次调整至15 000美元/天。

从这些曲线的变化可以看出,油轮市场需求在不断变动,而长期供给相对于需求的调整受造船周期影响,出现明显的推迟。需求和供给的相互变化导致航运市场周期性波动。船东通常根据航运市场现状进行投资决策,即在运价高涨时订造较多船舶,而在运价低迷时订购较少船舶。但由于新船建造需要时间,订购的新船实际交付时市场需求情况已经改变,使得航运市场周期性波动更加明显。

第四节 租船市场统计与报告

一、常用的统计分析报告

(一) 德鲁里市场分析报告

德鲁里(Drewry)提供了包括各个航运市场的最新统计分析报告。德鲁里市场分析报告主要包括以下系列的内容:Drewry Monthly Analysis of the Shipping Markets、Dry Bulk Forecaster、Tanker Forecaster、LPG Forecaster、Chemical Forecaster、Container Forecaster、Dry Bulk Insight、Tanker Insight、LPG Insight、Container Insight。

报告按频率可分为月度报告(insight)和季度报告(forecaster)。

其中,德鲁里公司LPG Insight报告自2009年开始不再出版。

(二) 克拉克森海运情报

Shipping Intelligence Network(SIN)是Clarkson Research Services公司开发的以航运市场行情为主要内容的资讯平台。Clarkson常规的出版物资料包括主要市场部门的周报告、月报告和半年期报告,其中包含有关船舶、船东、设备装置、合同租约等方面的统计数据和图表。

(三) 全球港口拥塞指数报告

全球港口拥塞指数(Global Port Congestion Index,GPCI)报告以周报的形式发布,详细及时地统计反映全球滞留主要港口的煤炭、矿石等干散货船数量,分析由于船舶压港、港口拥塞对干散货市场供求关系以及散货船租金所带来的影响,及时追踪全球主要港口煤炭、矿石等干散货船滞期情况,覆盖了全球不同国家80个煤炭、矿石码头的拥塞情况,包括澳大利亚、巴西、中国、印度以及南非等。

(四) 波罗的海国际航运公会

波罗的海国际航运公会(Baltic and International Maritime Council,BIMCO)成立于1905年,目前是世界上最大的、运营最多样化的国际航运组织,会员遍布120多个国家。BIMCO通过发行杂志、开展讲座、研讨会等形式,向成员提供全世界港口和海运方面的信息、咨询和培训等服务;颁布反映国际航运总体利益的新法规、政策,制定规范的标准单证;提供船舶、设备设施、MARPOL公约、船价、船期等方面的信息以及海事领域的相关资料。

二、如何进行有效的预测

有效的预测并不意味着能够准确地预测,而是帮助决策者通过获取和分析关于现在的正确信息来减少不确定性,并展示这些信息如何有助于了解未来。所有的预测分析应满足三个简单的标准:与决策相关;理性且经过论证;以重要的细节为基础。

(一) 预测的准备工作

首先,需要明确所做的决策。决策者会面临多种需求,这些需求应用于各种不同的目标,如投资、预算制定和产品开发等。此外,预测的时间范围也非常关键,因为不同的时间范围需要采用不同的预测方法。一般有如下四个不同的时间范围:

(1) 即时,几个小时甚至几天。
(2) 短期,一个月、一个季度甚至1~3年。
(3) 中期,涵盖典型的运输周期,如5~10年。
(4) 长期,跨越船舶的使用寿命。

(二) 建立预测模型的五个阶段

理论上,供需模型可以应用于航运产业链的任何环节,但其有效性取决于是否能够对关键变量进行量化。实际上,由于多种客观原因,建立供需模型并非易事。在航运细分市场中,油轮和散货船等市场的建模相对容易,而集装箱船、滚装船和化学品船等由于信息匮乏,建模较为困难。因此,通常只对复杂环节中的某些部分进行建模。建立预测模型一般分为以下五个阶段。

1. 设计模式

绘制流程图有助于思考结构,确保考虑对因变量所有可能性的影响。同时,要思考哪些变量很重要,该模型是否具有经济意义。

2. 定义关系并收集数据

在此阶段,模型的结构被构建为一组相互关联的方程。由于模型的适用性受数据质量的影响,所以数据收集与模型构建同样至关重要。结构方程一旦建立,通常通过代数变换将模型重写为简化形式,以便每个内生变量都关于外生变量有独立的方程。这样做有助于避免统计上的问题。

3. 估计方程和测试参数

在这个阶段,通常会利用计算机软件来估算参数,并自动生成一系列测试统计信息。除了相关系数和 t 检验外,还会采用多种统计量来检验特定的计量经济学问题。例如,使用 Durbin-Watson 统计量来检测自相关性。这些测试的结果将决定方程的有效性。

4. 验证模型

除了统计测试外,最好通过模拟分析来测试模型,理想情况是使用未用于估计方程的数据。在这个阶段之后,模型将最终被确定。

5. 准备预测

为了预测因变量的值,需要对外生变量的未来值进行预测。这通常包括对工业生产、商品贸易和船舶投资等前提条件的预测。因此,研究外生变量的合适值是一个关键阶段。

预测在市场中至关重要,因为目标是减少运输中的资源浪费,同时为消费者提供更优质的服务。与依靠猜测和运气的赌徒不同,航运投资者会进行充分的研究,计算赔率,以减少不确定性和降低风险。因此,通常来说,航运投资者的决策更为明智。在市场情绪极度乐观或悲观时,预测可以发挥一定的作用。清晰的分析和深思熟虑是专业投资者的标志。

(三) 判断预测是否有用的三个原则

1. 相关性

进行任何预测的首要步骤是明确决策者对未来哪个方面感兴趣。例如,造船厂可能并不关心未来五年全球新造船的数量,而更关注新造船的价格,以便计算可能的利润和市场占有率。在这种情况下,相关的预测应专注于价格、竞争对手的活动以及新造船的需求。

2. 理由

必须提供充分的理由来解释为什么预测的情况可能会发生,这可以通过多种方法实现。例如,可以使用模型进行定量预测,或者信用评级机构可以采用统计学方法来量化特定事件(如违约)发生的概率。

3. 调查

为降低预测的不确定性,进行细致的调查研究也是至关重要的。这有助于收集更全面的信息,验证假设,从而提高预测的可靠性。

本章思考题

1. 租船市场的作用是什么?
2. 国际上主要的租船市场有哪些?
3. 试比较班轮运输市场和不定期船运输市场的异同。
4. 试按货类(集装箱、干散货、原油等)分析国际航运市场的特征。
5. 阐述船舶货运市场、新造船市场、二手船买卖市场以及拆船市场各自的供求关系。
6. 阐述船舶货运市场、新造船市场、二手船买卖市场以及拆船市场的内在联系、相互影响。

7. 在实际租船业务谈判中参考运价指数时要注意什么？
8. 为什么高价货的海运需求价格弹性较小？
9. 影响租船市场需求的主要因素有哪些？
10. 船舶航速是否会影响航运市场的供给？
11. 如何理解航运市场"有效运力"的概念？
12. 二手船交易是否会影响航运市场的供给，为什么？
13. 对船东来说，面对一个特定运价水平的航次租船合同和一个特定租金水平的定期租船合同，如何对比二者收益高低并做出选择？
14. 查阅一份 Dry Bulk Market Report，阐述其主要内容。
15. 查阅一份 Tanker Market Report，阐述其主要内容。

第三章
租船业务法律基础

第一节 合同法基础

在国际商务活动的"游戏规则"中,合约法是基础。这是由作为当事人权利、义务之本的合约所起到的不容争议的作用所决定的[①]。事实上,绝大部分的国际经贸、航运活动都是基于合约而产生的。它是一切商业法律、实务的基础,是人们在国际经贸、航运业务中分析、判断问题的思想指导。

一、合约订立的三个基本要求

第一个要求是要有对价或约因(consideration)。一般而言,商业合约都会有。

第二个要求是双方必须对每一条款及条件达成明确的共识(agreement on all terms)。如果还有一条或两条条款未达成一致,双方仍然处于谈判阶段,有效的合同尚未形成。除非双方明确同意某些细节可以在合同生效后,甚至在履行过程中再进行协商。

第三个要求是双方客观地看是否有意图去订立有效合约(intention to create contract)。如果一方有意图而另一方没有,这是不足够的。必须双方都持有意图,并且这些意图在某个特定的点、某个特定的时间交汇,才能形成有效的合约。而这个特定的点和时间,正是英国法律所强调的"双方想法一致"(meeting of minds)。

以上三个要求,缺一不可。

从法律角度来看,在双方的商谈过程中所承诺的内容,无论是以书面形式还是口头形式表达,均具有法律约束力。在商业交易中,判断合约是否成立,是否已经谈妥了所有双方同意的条款和条件,并不取决于双方是否已经在合约上签字,而是看当一方发盘(offer)后,另一方是否已经受盘(acceptance)。换言之,一旦发出要约并得到承诺,即可宣布合同正式成立。此时,双方当事人的权利与义务将受到合同条款的约束。因此,如果对方发出要约后,你尚未作出承诺或仅提出了附加条件的承诺,合同实际上并未生效。反之,如果你已经明确表示接受要约,但随后认为自己处于不利地位或情况有所改变,试图撤销承诺,那么对方有

---

① 杨良宜.国际商务游戏规则——英国合约法[M].北京:中国政法大学出版社,2000.

权控告你违反合同。例如,在进行一笔商业谈判或租船交易时,若市场价格出现变动,特别是价格上涨,发盘方可能会反悔。此时,关键在于他的发盘是否已被对方接受。若尚未被接受,他完全有权重新提出发盘,给出更有利的价格,或者调整之前已同意的条款。然而,一旦对方接受发盘,发盘方就必须对已达成的合同负责,否则可能会遭受违约的指控及相应的索赔。在特殊情况下,如果金钱索赔不足以保障受害方的利益,受害方甚至可以向法院申请下令强制执行合约(specific performance)。因此,客观地评估一个合约是否已经成立,将决定一方或双方是否能够合法地撤销交易而不必承担后果的关键。特别是在业务中,当我们自身无法确保履行合约,或者内部沟通存在障碍,或者相关的其他合约尚未敲定,货源尚未明确等情况下,都应避免最终签订该合同。应尽量保持在谈判阶段,以便能够随时合法退出。能否实现这一点,取决于多种因素,包括对方是否足够精明、对方是否有其他选择而不会被我们牵制、市场可能发生的变化、自身的谈判资本和能力,以及是否还有其他替代方案等。

在实际业务中,洽谈合约的过程通常包括邀盘、发盘、还盘、受盘等几个环节。当然,不是所有的洽谈都必须经过这些环节,但发盘和受盘是合约成立的必要过程。

二、合约相互关系

(一) 相互关系的概念

合约相互关系(privity of contract)这一概念主要有两层含义:
(1) 除了订约方,第三者不得主张合约的权力(to acquire right under a contract)。
(2) 不得强加合约责任给订约方之外的第三者。
究其原因,主要体现在以下四个方面:
(1) 合约是私人的事务,其影响应仅限于订约方之间。
(2) 如果第三者可以合法地要求合约的权利,并据此提起诉讼,将导致不公平的情况。具体来说,第三者可以控告合约当事方,但合约当事方却不能反过来控告第三者。
(3) 如果第三方有权对合同当事人提起诉讼,这将与合同当事人自由取消或协商变更合同的权利发生冲突。例如,当第三方提起诉讼要求合同权利时,合同当事人可能已经协商终止了合同,导致所有债务被一笔勾销。
(4) 当第三方仅作为受益人或接受捐赠者时,承认第三方的合同权利将与合同必须基于约因或对价才有效的传统原则相抵触。

(二) 相互关系概念带来外贸航运的困难

这个概念的重要性不仅体现在航运与外贸领域(例如 Beswick v. Beswick① 的先例)。以下仅探讨几个航运领域比较经典的问题,在具体业务中应引起重视,寻求解决办法。
1. 提单
众所周知,提单作为物权凭证早在 1794 年的"Lickbarrow v. Mason, 5 Term Rep. 683"

---

① 杨良宜.国际商务游戏规则——英国合约法[M].北京:中国政法大学出版社,2000.

已获得英国法院确认,但其作为一个运输合约却面临"相互关系"的困难,以致无法与实务配合。通常,CIF(cost, insurance and freight,成本、保险费加运费)或CFR(cost and freight,成本加运费)下的运输合同(提单),订约方是发货人(即卖方是租家)与船东。在这样一种简单的一买一卖国际贸易合同中,买方也只是第三者,很难直接以提单起诉船东,指出其未做到恪尽职责使船舶适航等。反之,船东也无法要求买方支付滞期费等运输合同才有的责任(不得强加合约责任给订约方之外的第三者)。

2. 货物保险

除了提单外,CIF贸易下的货物运输保险也是一样。投保人是发货人(卖方),其向保险人投保并订立保险合同,而作为第三者的买方即使持有保单,也无法直接向保险人主张保险合同下的权利。因此,需另行立法来解决这个问题。

3. 转租或转售等情况

若船长/原船东违反合同,导致分租家(sub-charterer)遭受损失,并且该违约行为与侵权疏忽相一致,即便分租家与原船东之间不存在直接合同关系,分租家仍可基于侵权行为向原船东提出索赔。这一点在"The 'Antonis P. Lemon' (1985) 1 Lloyd's Rep. 283"案件中得到了确认。然而,如果违约行为与侵权疏忽不一致,例如违反了合同中的严格责任条款或未能履行应尽的职责,分租家则无法采取行动。尽管理论上可以分别起诉二船东,再由二船东对原船东提起诉讼,但这种方法同样面临挑战,比如二船东可能是一家空壳公司或遭遇财务困境,这将导致原船东无法为其不当行为承担相应的责任。

转租如此,国际买卖上的转售也是如此。

4. 经纪人佣金

租约与国际买卖合约通常都会有经纪人参与,并在合约中有一条佣金条款,说明船东(或租家)和租家(卖方或买方)要付多少佣金给某些经纪人。但是,经纪人不是订约方,只是第三方,有时会出现争议。虽然经纪人佣金可以引用信托关系来解决[如The "Panaghia P"(1983) 2 Lloyd's Rep. 653 和 Atlas Shipping V. Suisse Atlantique (1995) 2 Lloyd's Rep. 189],但经纪人最好能与应付佣金一方直接订约(如使用FONASBA International Broker's Commission Contract 的标准格式),特别是涉及大额佣金的,还能够加入仲裁条款,以便将来需要时直接起诉索赔。在租约和国际买卖合约中,通常会有经纪人参与,并在合约中包含一条佣金条款,明确指出船东(或租家)和卖方(或买方)需向特定经纪人支付多少佣金。但是,经纪人并非合同的一方,而是作为第三方存在,这有时会导致争议的产生。尽管可以通过信托关系来解决经纪人佣金的问题[如The "Panaghia P"(1983) 2 Lloyd's Rep. 653 和 Atlas Shipping V. Suisse Atlantique (1995) 2 Lloyd's Rep. 189],但为了减少纠纷,经纪人最好能与应支付佣金的一方直接签订合同(如使用FONASBA国际经纪人佣金合同的标准格式),特别是在涉及大额佣金的情况下,加入仲裁条款也有助于在必要时直接提起诉讼索赔。

第二节　租船相关法规与惯例

租船运输下签订的合同不像班轮运输下的提单那样有国际公约予以调整,而是由双方当事人在合同中规定权利、义务。只要这些合同不违反本国法律的基本原则,且双方在平等、互利的基础上签订,不存在有意欺诈的情况,那么在解决双方争议时,应当以有关租船运输的合同作为依据。

目前尚没有关于租船合同的国际公约,大都由各国国内法律予以调整。世界上许多国家制定的海商法典对租船运输设专门规定。但这些条款大多是任意性条款,只有当合同没有规定时,海商法才予以适用。

如《海商法》第九十四条规定:"本法第四十七条和第四十九条的规定,适用于航次租船合同的出租人。本章其他有关合同当事人之间的权利、义务的规定,仅在航次租船合同没有约定或者没有不同约定时,适用于航次租船合同的出租人和承租人。"这表明海上货物运输合同的内容只有关于船东提供适航船舶的义务及不得进行不合理绕航的义务是强制适用于航次租船合同的,其他的条款可以由双方约定,不属于强制性条款。

《海商法》第一百二十七条也明确规定:"本章关于出租人和承租人之间权利、义务的规定,仅在船舶租用合同没有约定或者没有不同约定时适用。"这说明《海商法》关于定期租船合同和光船租赁合同的规定也是非强制适用的。

需特别注意的是,我国现行《海商法》(1992年通过,1993年施行)第四章关于航次租船合同的规定仅适用于国际海上货物运输,并不适用于沿海或内河航次租船合同。

在有些国家,特别是英、美法系这样的判例法国家,并没有关于租船合同的特定法规,因此有关租船运输合同方面的争议,完全遵照"遵守先例原则"和"契约自由原则"进行处理,双方拟就条款的自由性更大。

在我国,如果租船合同中没有明确规定,而《海商法》也不适用或者没有相应规定的情况下,可以适用《中华人民共和国民法典》(以下简称《民法典》)等基本法律。为了解决租船合同当事方争议,还可以参照有关这方面的国际惯例。如《海商法》第二百六十八条规定:"中华人民共和国法律和中华人民共和国缔结或者参加的国际条约没有规定的,可以适用国际惯例。"

租船合同方面的国际惯例,实践中主要表现为业务中采用的各种租船合同范本以及有关国际组织关于租船合同的解释规则及释义(例如《2013年租船合同装卸时间定义》,详见本书附录四)等。因此,加强对这些合同范本中主要条款的学习和研究,就显得十分重要。

此外,租船业务虽以租船合同为主要依据,但还会涉及提单的签发和使用。一旦提单流转至租家以外的善意提单持有人手中,则船东与该持有人之间的提单关系很可能要受到有关提单的国际公约(如《海牙规则》)或国内法(如美国《海上货物运输法》)的强制约束。具体详见本书第五章中有关提单条款的讨论。

第三节 租船合同范本

一、租船合同范本的概念

通过租船方式实现船东与租家双方当事人的商业目的,表现为船东与租家签订租船合同,且每一笔租船交易均需订立租船合同。租船合同的签订是一项非常细致和严密的工作,双方为了各自的利益,在谈判和订立合同时必然要对租船合同的条款逐项推敲,这样势必造成长时间的谈判,不利于迅速成交。为了简化洽商租船合同的步骤、加快签约的进程和节省签约费用,也为了能通过在合同中列入一些对自己有利的条款,以维护自己一方的利益,国际航运市场上一些航运垄断集团、大的船公司或货主垄断组织先后编制了供租船双方当事人选用、作为洽谈合同条款基础的租船合同范本。

租船合同范本中罗列了事先拟就的主要条款。为了便于洽商租船合同,双方通过往来函电对范本所列条款进行删减、修改和补充。每一租船合同范本都为其名称规定了代码,代码通常与该范本的预期用途有关。例如,"POLCOALVOY"是一个航次租船合同范本(VOY),用于煤炭贸易(COAL),是与波兰航运组织(POL)合作起草的。

租船合同范本为每一条款编了代号,并且大多数范本还在每一行文字前(或后)编了行次顺号,这样在洽商租船合同的过程中,只需在往来函电中列明所选用的范本的代码、指明对第×款第×行的内容增加、删除、更改的意见,就能较快地拟就双方所同意的条款。

虽然采用租船合同范本可以极大地方便租船合同条款的拟订,但是由于这些范本多数是由代表某一方利益的航运组织或货主组织单方面制定的,许多条款可能偏向某一方利益,这是在选用租船合同范本时不能不考虑的问题。在租船实务中,双方当事人在选用租船合同范本时,往往会对合同条款及其内容做出修改并增加许多附加条款,以弥补标准合同范本的不足和未尽事宜。

标准租船合同范本在租船实务中发挥相当重要的作用。使用标准的租船合同范本规范了许多经常使用但在不同业务中变动的条款,并方便了当事人,因为只需要填写一些事项,如当事人的名称、船舶、港口、货物、有关船舶资料、装卸时间、通知时间、租金等数据即可。

通常租船合同的当事人居住在不同国家,双方的洽谈在很大程度上是通过一个或几个经纪人进行,且在时间紧迫的条件下完成。基于一个标准范本的洽谈,其内容是众所周知的,或可以随时提供给双方,双方可以把精力放在他们需要单独注意的地方,让所有其他问题由标准范本解决。标准范本的使用,意味着对各方来说没有不寻常的条款,也不会给任何一方带来不合理或意外的负担承担风险。相反,这通常会导致更便宜的运费,因为船东的运费计算可以不考虑这些风险。总的来说,使用标准范本减少了误解和由此产生的纠纷。从一般的法律角度上看,使用国际租船标准范本具有重要意义,因为它有助于实现国际一致性。

二、租船合同范本的分类

租船合同范本根据是否得到公认和广泛采用而分为标准租船合同格式、非标准租船合同格式和厂商租船合同格式。标准租船合同是指由英国航运公会、波罗的海国际航运公会、纽约土产交易所等组织机构所制定或认可,并被公认和广泛采用的合同格式。非标准租船合同是指不属于标准租船合同范围,但其格式有一定的规律,并常被采用的合同格式。厂商租船合同则是一些大型货主为租用船舶而制定的特殊合同格式。

租船合同范本根据租船业务种类的不同又可分为航次租船合同范本、定期租船合同范本、光船租船合同范本这三大类,此外还有一些混合式租船合同范本。

三、主要的租船合同范本

(一)航次租船合同范本

BIMCO(波罗的海国际航运公会)参与制定的航次租船合同范本主要有 GENCON、BALTCON、SOVCOALVOY、SCANCON、NUVOY 等。其中,GENCON(Uniform General Charter,统一杂货租船合同,简称"金康")范本最为出名,其最早制定并公布于1922 年,分别于 1939 年、1950 年、1966 年、1976 年、1994 年(详见本书附录一)和 2022 年进行了修订,目前实际使用以"GENCON 94"为主。"金康范本"是一个不分货种和航线,使用范围比较广泛的航次租船合同范本,我国航次租船实务中大多使用"金康范本"。

油轮航次租船合同范本大多由大型石油公司主导制定,例如有壳牌(Shell)的 SHELLVOY、英国石油(BP)的 BPVOY 等。另外,还有国际独立油轮船东协会(International Association of Independent Tanker Owners,INTERTANKO)的 TANKERVOY、EXXONVOY、ASBATANVOY 等。

以下按不同货种和船型列出可供选用的航次租船合同范本名称及其主要版本(年份):

(1)动植物油脂:BISCOILVOY '86。

(2)水泥:CEMENTVOY 2006。

(3)化学品:ASBACHEMVOY、BIMCHEMVOY 2008、CHEMTANKVOY。

(4)煤炭:AMWELSH '93、AUSCOAL、BALTCON、COAL-OREVOY、GERMANCON-NORTH、NIPPONCOAL、POLCOALVOY、RICHARDS BAY、SAFANCHART No. 2、SOVCOAL 1987。

(5)化肥:AFRICANPHOS、FERTICON 2007、FERTISOV、FERTIVOY '88、QAFCOCHARTER、MUNTAJATCHARTER。

(6)气体:GASVOY 2005、LNGVOY。

(7)杂货:GENCON '94、MULTIFORM、NUVOY '84、SCANCON、WORLDFOOD '99。

(8)谷物:AUSTWHEAT 1990、AUSBAR、BFC(BALTIMORE FORM "C")、BULKON、CENTROCON、GRAINCON、GRAINVOY、NORGRAIN '89、SYNACOMEX 2000。

（9）重大件货物：HEAVYCON。

（10）硝酸盐：HYDROCHARTER、YARACHARTER。

（11）坚果：ARACON。

（12）原油：ASBA Ⅱ、ASBATANKVOY、BPVOY 5、EXXONMOBILVOY 2012、EXXONVOY '90、INTERTANKVOY '76、MOBILVOY、OMVOY、SHELLVOY 6、STBVOY、TANKERVOY '87、TEXACOVOY '94。

（13）矿砂：COAL-OREVOY、C（ORE）7、MURMAPATIT 1987、NIPPONORE、SOVORECON 1987。

（14）盐类：COASTSALT。

（15）石子：PANSTONE。

（16）糖：AUSTRALIA-JAPAN BULK RAW SUGAR、BULK SUGAR CHARTER PARTY U.S.A.、CUBASUGAR、FIJI SUGAR、MSS FORM、SUGAR CHARTER PARTY。

（17）木材/原木：BALDRIA、BLACKSEAWOOD、NANYOZAI 1997、NUBALTWOOD、RUSSWOOD、SOVCONROUND。

（二）定期租船合同范本

BIMCO发布的定期租船合同范本有BALTIME（BIMCO Uniform Time-Charter，统一定期租船合同，简称"波尔蒂姆"）、LINERTIME（Liner Time Charter，班轮定期租船合同）和GENTIME（General Time Charter Party，通用定期租船合同，简称"金的姆"）。其中，BALTIME范本最早发布于1909年，经过多次修订，目前实际使用以"BALTIME 2001"为主；LINERTIME范本最早发布于1968年，经过1974年和2015年两度修订，补充了适合班轮运营的一些条款；而GENTIME发布于1999年，设计于适应各类不同需求，可用于干散货船的定期租船业务，也可用于集装箱船的定期租船业务，其更加兼顾船东和租家双方利益的平衡。

在干货船市场上，使用最为广泛的定期租船合同范本仍然是NYPE（纽约土产交易所定期租船合同，简称"土产格式"）。该范本最初是由美国纽约土产交易所于1913年制定的，先后于1921年、1931年、1946年、1981年、1993年（详见本书附录三）和2015年进行了修订。

"NYPE 2015"反映了行业最新发展，美国船舶经纪和代理人协会（Association of Shipbrokers and Agents，USA，ASBA）、BIMCO和新加坡海事基金会（Singapore Maritime Foundation，SMF）共同参与了编制工作。

与较早版本的"NYPE 46""ASBATIME 1981"以及"NYPE 93"相比，"NYPE 2015"更新、更全面，包含57个条款和1个附录。当然，不同范本及其不同版本是并存的，像"NYPE 46"这样的老版本，市场上至今仍有不少企业在用。"NYPE 2015"最终能否取代之前的"NYPE 46"和"NYPE 93"，也无定论。

总体来说，BALTIME传统上被认为较有利于船东，而NYPE被认为较有利于租家。也有观点认为，"NYPE 93"较好地平衡了船东和租家双方的利益。

此外，国际船舶经纪人联合会（International Shipbrokers Federation）在20世纪70年

代推出了一种定期租船合同范本FONASBATIME,不过行业采用不多。中国租船公司也于1980年制定了中租期租船合同范本(SINOTIME 1980,简称"中租1980"),专门用于中国租船公司从国外期租船舶。

油轮定期租船合同范本也大多由大型石油公司主导制定,例如有BP-TIME、MOBILE-TIME、SHELLTIME等。另外,还有国际独立油轮船东协会(INTERTANKO)的INTERTANKTIME。

以下按不同货种和船型列出可供选用的定期租船合同范本名称及其主要版本(年份):

(1) 化学品船:BIMCHEMTIME 2005。

(2) 集装箱船及班轮:BOXTIME 2004、LINERTIME 2015。

(3) 干货与杂货船:ASBATIME、BALTIME 1939(2001年修订)、FONASBATIME、GENTIME、NYPE 2015、SUPPLYTIME、ROPAXTIME。

(4) 气体船:GASTIME、SHELLNGTIME 1。

(5) 油轮:ASBATIME、BPTIME 3、EXXONMOBILTIME 2005、INTERTANKTIME '80、MOBILTIME、SHELLTIME 4、STB TIME、TEXACO TIME。

(三) 光船租船/租赁合同范本

光船租船/租赁合同范本数量不多,使用较为广泛的是BIMCO的BARECON(简称"贝尔康")。该范本最早发布于1974年,包括BARECON A和BARECON B两种格式,前者主要涉及现有船舶的光船租赁,不论船舶上是否设有抵押;后者用于通过抵押融资的新建船舶的光船租赁。这两种格式的第三部分都是关于船舶租购的规定,一旦被选用,则成为船舶租购合同。后来,这两种格式被合并了,在1989年、2001年和2017年均有修订,现最新版本为"BARECON 2017"。

BIMCO还制定了驳船光船租船合同BARGEHIRE。该范本于1994年制定,2008年重新修订为"BARGEHIRE 2008",主要用于光租无动力、无船员的驳船。

油轮光船租船合同范本较为典型的有壳牌公司制定的SHELLDEMISE。

因其合同性质为财产租赁而非运输承揽,本书以"租船运输"为研究对象,后文对光船租船/租赁业务与合同条款仅作简要介绍。

(四) 混合式租船合同范本

包运租船合同范本中,较受欢迎的是GENCOA,由BIMCO于2004年发布,是一种通用型的干散货包运租船合同。此外,市场上还有INTERCOA(INTERTANKO于1980年发布的范本)和VOLCOA(BIMCO于1982年发布的范本)等合同范本,但使用较少。

连续航次租船合同范本主要有INTERCONSEC 76、SHELLCONSEC。

舱位/箱位租约多用于班轮运输下的班轮公司之间及其和货运代理人、大型货主等约定一定数量舱位/箱位使用的目的,市场上常使用SLOTHIRE等合同范本。

租船运输理论与实务

第四节　租船合同纠纷解决

在货物运输过程中，纠纷引发诉讼的情况并不罕见。一方面，货主可能会因货物在运输途中遭受的损失而向承运人提出索赔；另一方面，承运人也可能因货主未支付运费或其他应付费用而向货主提出索赔。并非所有索赔都源于承运人的过失。以短量索赔为例，它可能是因为承运人在运输过程中对货物的管理不当，或者是在装卸港口由于其他原因导致的，例如托运人提供了错误的重量信息而理货人员未能发现，或者是理货人员自身在计算上出现了失误。在货物装载过程中，装卸工人或其他相关人员的盗窃行为是导致货物短少的常见原因之一。此外，不当装卸导致的货物泄漏等问题也不容忽视。要妥善解决这些纠纷，关键在于不仅要查明真正的责任方，还要明确承运人或托运人中谁应对该过失承担责任。这不仅牵涉货物运输法，还往往涉及代理法、合同法等许多法律。

在我国，解决运输纠纷通常有四种途径，即当事人自行协商、调解、仲裁和诉讼。仲裁和诉讼属于准司法或司法解决方式。运输纠纷发生后，基于双方多年来的良好合作关系及商业利益考量，通常会相互妥协，努力通过友好协商达成调解协议，从而解决争议。然而，也存在一部分情况，即便经过双方长时间的协商，或是在行业协会及其他组织介入调解后，纠纷仍然无法得到妥善解决，此时双方不得不寻求仲裁或诉讼等准司法或司法途径。

一、诉讼

诉讼作为解决货运事故纠纷的关键手段之一，涉及法院在当事人及所有诉讼参与者的参与下，依法审理并解决争议的过程，以及在此过程中形成的各类法律关系的综合。审判权专属法院，任何未经法院参与的活动均不得称之为诉讼。

若双方未就纠纷的解决方式达成共识，或事后无法就解决方式达成一致意见，则诉诸法院成为解决纠纷的最终途径。各种运输纠纷可以按照我国的诉讼程序，先由一方或双方向有管辖权的法院起诉，然后由法院根据适用法律和事实进行审理，最后作出判决。

当然，如果一方或双方对一审判决持有异议，可以依照诉讼法规定提出上诉或申诉。通过法院解决争议往往耗时久且成本高昂。为了更高效地处理运输相关纠纷，我国特别设立了专门审理海事案件的海事法院，并颁布了专门适用于海事案件审理的程序法——《中华人民共和国海事诉讼特别程序法》。此外，铁路运输纠纷案件也由专门的铁路运输法院负责受理和管辖。

诉讼中的主要参与者包括：法院作为诉讼的组织者和指挥者，诉讼当事人即原告和被告双方，以及诉讼参加人，后者涵盖证人、诉讼代理人、鉴定人和翻译人员。

诉讼管辖涉及法院之间在案件受理上的分工与权限划分。通常情况下，运输案件由始发地、目的地或被告住所地的法院管辖；船舶碰撞案件则由碰撞发生地或船舶最先抵达的地点的法院管辖；共同海损案件由船舶最先抵达地、共同海损理算地或航次终止地的法院管辖;港口作业相关的诉讼则由港口所在地的法院管辖。

(一) 索赔时效和诉讼时效

当纠纷必须提交给准司法或司法机构解决时,索赔时效和诉讼时效就显得尤为重要。时效制度旨在鼓励当事人及时行使权利,尽快消除法律关系的不确定性,这是由法律明确规定的特定时间段。若当事人未能在时效内提出索赔或诉讼请求,通常会失去胜诉的机会。

我国《海商法》第二百五十七条规定:"就海上货物运输向承运人要求赔偿的请求权,时效期间为一年,自承运人交付或者应当交付货物之日起计算;在时效期间内或者时效期间届满后,被认定为负有责任的人向第三人提起追偿请求的,时效期间为九十日,自追偿请求人解决原赔偿请求之日起或者收到受理对其本人提起诉讼的法院的起诉状副本之日起计算。有关航次租船合同的请求权,时效期间为二年,自知道或者应当知道权利被侵害之日起计算。"

(二) 诉讼的基本程序

诉讼的基本程序包括起诉与受理、审理前的准备、开庭审理、诉讼中止与终结、判决和裁定。起诉即提起诉讼主体即为原告,法院接受原告的起诉并发动民事诉讼程序的行为叫受理。审理前的准备在于使当事人做好法庭辩论的充分准备,保证审判的顺利进行;开庭审理是指法院在当事人或其他诉讼参与人的参加下,依照法定的程序和形式,在法庭上对案件实体审理的诉讼活动的过程。审理程序有宣布开庭、法庭调查、法庭辩论、合议庭评议、宣告判决。诉讼中止与终结是指若出现一方当事人死亡、丧失诉讼行为能力等情况,诉讼将中止;若诉讼不可能再次恢复正常的情况,诉讼将终结。判决与裁定中的判决是指法院通过法定程序,根据认定的案件事实和适用的法律所做出的解决当事人民事权利义务争议的判定,主要适用于不予受理、财产保全、对管辖权有异议等情况。

二、仲裁

仲裁作为一种关键的争议解决方式,涉及当事人双方基于共识,同意将相关争议提交至双方共同选定的仲裁机构进行裁决。该裁决具有最终性,对双方均具有法律约束力,必须得到双方的遵守和执行。

仲裁的形式包括机构仲裁与临时仲裁、国际仲裁与国内仲裁、依法仲裁与友好仲裁。机构仲裁,亦称制度仲裁,是目前国际社会中最主要的仲裁方式,它依托于特定的常设机构,并遵循既定的仲裁规则和程序。相对地,临时仲裁不依赖于任何常设机构,而是由争议双方共同选定的仲裁员自行组建临时仲裁庭来执行仲裁程序。根据仲裁事项所涉及的法律关系是否包含国际因素,仲裁可进一步划分为国际仲裁和国内仲裁。涉及我国香港、澳门、台湾地区的争议,参照涉外纠纷的处理方式,也被归类为涉外仲裁。

当纠纷双方在争议发生后达成共识,选择通过仲裁来解决争议,或者在签订运输合同时已预先约定仲裁作为争议解决方式时,他们可以向约定的仲裁机构提交仲裁申请。申请人需指定一名或多名仲裁员,这些仲裁员应具备与该行业相关的商业或专业背景。根据仲规则,仲裁员对争议作出的裁决对双方均具有约束力。只要仲裁过程遵循既定规则,该裁决即为最终且具有约束力的决定。利用仲裁解决争议的优势在于,仲裁员凭借其行业专业知识、丰富经验以及相应的法律知识,作出的裁决往往更贴合商业实际,同时仲裁程序更为迅速,成本也较诉讼低。

仲裁所涉及的核心问题涵盖了仲裁协议的有效性、仲裁程序的合法性以及仲裁的司法监督等方面。在我国,规范仲裁活动的主要法律是自1995年9月1日起实施,并经过多次修订的《中华人民共和国仲裁法》(以下简称《仲裁法》)。

鉴于仲裁裁决具有终局性,依据该裁决执行便成为解决争议的最终步骤。在我国,执行仲裁裁决相对简便,然而,将我国的仲裁裁决在国外执行,以及外国仲裁裁决在我国执行的过程则较为复杂。目前,关于仲裁裁决的国外执行通常依据1958年颁布的《承认及执行外国仲裁裁决公约》(简称《纽约公约》)。该公约1987年4月22日对我国生效。因此,在我国与公约其他签署国之间的仲裁裁决相互执行应依照该公约的规定进行,在与未加入公约的国家之间的裁决执行则遵循对等原则。

我国设有两个主要的仲裁机构:中国国际经济贸易仲裁委员会,主要处理国际贸易纠纷;中国海事仲裁委员会,专注于海运货运纠纷。这两个机构均设有分会。在国际上,知名的仲裁委员会包括国际商会国际仲裁院、英国伦敦国际仲裁院、美国仲裁协会、瑞典斯德哥尔摩商会仲裁院和瑞士苏黎世商会仲裁院。在亚洲,有日本社团法人国际商事仲裁协会、新加坡国际仲裁中心和香港国际仲裁中心等机构。

仲裁规则包括仲裁管辖、仲裁组织、仲裁的申请、答辩和反请求程序、仲裁庭的组成、仲裁的审理和裁决程序、仲裁机构等。

仲裁协议构成了仲裁活动的法律基础。当合同当事人在协议中明确约定了仲裁条款时,仲裁程序才能得以启动;缺乏有效的仲裁协议,将无法进行有效的仲裁。以中国海事仲裁委员会提供的示范条款为例:所有因本合同产生的或与本合同相关的争议,均应提交至中国海事仲裁委员会,依据当事人申请仲裁时该委员会现行有效的仲裁规则进行裁决。该仲裁裁决具有最终效力,对双方当事人均具有约束力。

仲裁的基本原则有当事人自愿原则、仲裁独立原则、公平合理原则、一裁终局原则。

三、诉讼和仲裁的比较

(1) 管辖权基础不同。诉讼属于法定管辖范畴,体现了国家司法权力的行使;而仲裁具有民间性质,基于双方签订的仲裁协议进行。

(2) 组织机构不同。仲裁通常是由民间组织进行的,仲裁员并非由国家直接任命,而是由仲裁机构提供名单,双方当事人从中选择仲裁员,共同组成仲裁庭以解决争议。相较于诉讼,仲裁在程序上具有更高的灵活性。

(3) 审判原则不同。诉讼遵循二审终审制,允许上诉和申诉;而仲裁实行一裁终局制,当事人不得就同一事实再次申请仲裁,亦不能向法院提起诉讼或上诉。

(4) 审理方式不同。诉讼通常遵循公开原则,除非存在特殊情况,否则必须公开审理;而仲裁倾向于不公开审理,以确保当事人隐私的保护。

四、调解

从解决货损索赔的成本以及货主、货代、承运人等相关各方继续合作并开展业务来看，调解的成本更低。但当事人如果各执己见、互不妥协，那只能依靠法院的裁决。调解达成的协议必须是双方自愿的。

本章思考题

1. 判断合约是否已订立的三个基本要求是什么？
2. 租船合同适用的法律依据有哪些？
3. 一个有效的发盘应具备哪些条件？
4. 一个有效的受盘主要有哪些条件？
5. 在租船业务中，为什么要使用合同范本？
6. 航次租船合同有哪几种常见的合同范本？
7. 定期租船合同有哪几种常见的合同范本？
8. 光船租船合同有哪几种常见的合同范本？
9. 包运租船合同有哪几种常见的合同范本？
10. 租船合同履行若产生纠纷，有哪些解决方法？各方法有何区别？

第四章
航次租船业务

第一节　航次的划分及其成本构成

一、船舶航次

航次是船舶运输生产活动的基本单元，是考核船舶运输生产效率和经济效益的基础。

航次是船舶从事客货运输的一个完整过程，是一种生产过程，包括装货准备、装货、海上航行、卸货等完成客货水上运输任务的各个环节。这一过程也称为船舶运输的生产周期。

对于客船、货船或驳船，航次起止时间的规定是：自上一航次终点港卸空所载货物（或下完旅客）时起，至本航次终点港卸空所载货物（或下完旅客）时止，计为本航次的时间。

对于运输推（拖）船的航次起止时间的规定是：将驳船送达指定港的锚地，或将驳船转交另一推（拖）船换推（拖）船，本船收毕拖缆，或将驳船送达终点港并使驳船分别靠好岸的时间作为本航次结束新航次开始。运输推（拖）船自航的航次时间计算，以上一航次结束时起，至本航次到达终点港调度码头系好第一根缆或系好新的被推（拖）船舶的第一根缆时止。

航次可分为简单航次和复杂航次两种。简单航次是指船舶仅在两个港口间进行一次货物或旅客运输的全过程；复杂航次是指船舶不仅运输从始发港到终点港的货物或旅客，而且途中还要停靠一个以上的港口进行货物装卸或上下旅客。

此外，在运输生产中还有往返航次的说法，即船舶从始发港出发，到终点港（或中途港）后又重返始发港。根据航次的定义及航次时间界限的规定，往返航次可分成两种形式：一种为单向有货、返程空载（大多数专用散货船及石油运输船属于这一类），这时，一个往返航次计为一个航次；另一种为去向及返向都有货（班轮航线基本上都属于这一类），这时，船舶在一个往返航次中完成了两个运输生产周期，计为两个航次。往返航次的共同特点是船舶完成了一次空间位移的循环。

二、航次租船航次阶段划分

在航次租船中，租期的长短取决于被租船舶完成一个航次或几个航次所需要的时间。航次租船不设定完成航次的时间限制，但船东非常关注完成航次所需时间。在这一过程中，船东与租家之间按航次的不同阶段分别承担不同的风险。通常,国际上将这一过程分为四个阶段。

(一) 预备航次阶段

预备航次阶段是指船舶开往装货港的航行阶段。在船舶抵达装货港前,船舶在船东的控制之下,船舶所发生的风险和费用由船东承担。

(二) 装货阶段

装货阶段是指船舶抵达、停靠装货港后,待泊和装货的整个阶段。这一阶段的主要风险源于船舶延误导致的损失。如果船舶延误是由船东造成的,则由其承担相应的延误损失风险。如果是租家所造成的,则应由租家承担延误损失风险。通常情况下,承担的方式是通过支付"滞期费"来进行补偿。因此,在租船合同中,除了对船舶概况、船舶位置、装卸港口、受载期和解除合同日、货物、运费及其支付方法、装卸费分担、船东责任等做出约定外,还规定了相应的滞期费分担、船舶的装卸速度(或装卸货物所需的时间)、装卸时间的计算方法,以及滞期费和速遣费率的标准和计算方法。

(三) 航行阶段

航行阶段是指船舶装货离港后,抵达卸货港前的整个阶段。在这段时间内,船舶和货物均处在船东的控制之下。因此,所发生的一切风险和费用通常由船东承担。

(四) 卸货阶段

卸货阶段是指船舶抵达、停靠卸货港后,待泊和卸货的整个阶段。在这一时间段上所发生的风险的处理原则同装货阶段。

三、船舶航次时间的划分

对船舶航次时间进行精确划分,有助于船东合理规划运输活动,科学分析营运经济效益,并准确核算与船期延误相关的费用。同时,船东可以有效预估船舶抵港时间,为货物获取更大的盈利空间。航次时间由航行时间、装卸时间及其他时间三部分组成。仅在两个港口间进行一次货物或旅客运输的简单航次,其航次时间的计算公式为

$$t_{次} = \frac{L}{v} + \frac{2\alpha_{发} D_{定}}{M_{纯}} + t_{其他} \tag{4-1}$$

式中:$t_{次}$——航次时间(天);

L——航行距离(海里);

v——船舶航速(海里/天);

$\alpha_{发}$——船舶发行装载率(%);

$D_{定}$——船舶定额装载量(吨);

$\overline{M}_{纯}$——港口平均装卸纯定额(吨/天);

$t_{其他}$——航行和装卸作业时间以外的其他作业时间(天)。

在这三部分时间里,船舶需要执行两类主要任务:

第一类被称为基本作业,涵盖了具有周期性特征的装卸货物和航行等活动。

第二类被称为辅助作业,涵盖了装卸前的准备工作、提供燃油和物料、处理相关文件以及组织和解散拖船队等活动。

显然,从船东的视角来看,应尽可能减少基本作业的时间,努力实现辅助作业与基本作业的并行,这是缩短航次周转期的重要途径。

四、航次成本的构成

船舶成本的结构比较复杂,而且出于不同目的,其成本也略有不同。在进行航次估算时,其成本分类也因国家不同而有所不同。比如,我国把航次成本分为两大部分——固定成本和变动成本。而西欧的英国、法国等把成本细分为三大部分——资本成本、营运成本和航次变动成本。其关系是:固定成本 = 资本成本 + 营运成本;变动成本 = 航次变动成本。下文将采用西欧的分类方法,进行简要的分析。

1. 资本成本

资本成本构成了船舶的实际成本。一般将资本成本除以一个适当的年金因子,将其转换为等值年金,这涵盖了资本的折旧和利息。在进行航次成本估算时,年度资本成本可以被视为等效的"折旧"成本,这通常是通过"直线折旧法"来计算的。在这种方法中,年度折旧额是通过将船舶的资本成本除以船舶的预期经济寿命来确定的。因此,计算出的折旧额并不包含资本回收的部分。

2. 营运成本

当船舶处于运营状态时,这类成本主要由一系列不可避免的费用组成。这些费用不会随着特定航次的变化而改变,因此在一定程度上,这些成本可以被视为固定成本。运营成本主要包括以下几项:

(1) 船员薪资、补贴、伙食,加上教育、福利开支、差旅费以及其他杂项费用。

(2) 保险赔偿金。进行船舶保险时,船东必须支付的费用即为保险费。保赔费涵盖了船东参与保赔协会的开支以及因疏忽导致的索赔费用。

(3) 维护修理成本。涵盖了涂装与清洁开销、设备检修费用以及入坞船检费,我国通常称之为大修理基金提存。

(4) 物料备用品费。

(5) 润滑油费。

(6) 企业运营成本。

3. 航次变动成本

(1) 航行燃料费。

(2) 港口使费,包括拖轮费、引航费、航道费、靠泊费、代理费和灯塔费等。

(3) 运河通行费,即船舶通过特定运河(例如苏伊士运河和巴拿马运河)时需支付的费用。

（4）货物装载及物料费。

（5）装卸费（根据租船合同规定执行）。

（6）速遣费和赔偿费。

（7）船员航行津贴和佣金。

【例】　××物流公司海运分公司7月份Y轮实际完成的运输周转量为75 000千吨海里，Z轮实际完成的运输周转量为69 000千吨海里。根据该公司的"主营业务成本——运输支出"明细账资料编制"船舶运输成本计算表"（表4.1）。

表4.1　船舶运输成本计算表（2015年7月31日）

项目	本月实际数		
	合计	Y轮	Z轮
一、船舶航行费用（元）	2 123 500	1 093 000	1 030 500
1. 燃料费	1 371 600	705 600	666 000
2. 港口费	261 400	134 500	126 900
3. 货物费	18 300	95 800	90 500
4. 中转费	81 400	42 200	39 200
5. 垫隔材料费	17 150	8 820	8 330
6. 速遣费	20 400	10 500	9 900
7. 事故损失	10 320	5 500	4 820
8. 船舶航行其他费用	174 930	90 080	84 850
二、船舶固定费用（元）	2 194 470	1 130 120	1 064 350
1. 工资	292 500	150 000	142 500
2. 职工福利费	40 950	21 000	19 950
3. 润料费	123 950	64 100	59 850
4. 船舶材料费	100 020	51 740	48 280
5. 船舶折旧费	800 460	411 800	388 660
6. 船舶修理费	159 940	82 180	77 760
7. 船舶保险费	314 700	161 720	152 980
8. 车船使用税	2 625	1 400	1 225
9. 船舶非营运期间费用	153 035	79 170	73 875
10. 船舶共同费用	138 240	72 000	66 240
11. 其他船舶固定费用	68 050	35 010	33 030

(续表)

项目	本月实际数		
	合计	Y轮	Z轮
12. 船舶租赁费	—		
三、集装箱固定费用(元)	790 030	412 880	377 150
四、船舶费用合计(元)	5 108 000	2 636 000	2 472 000
五、营运间接费用(元)	485 260	250 420	234 840
六、运输总成本(元)	5 593 260	2 886 420	2 706 840
七、运输周转量(千吨海里)	144 000	75 000	69 000
八、运输单位成本(元/千吨海里)	38.84	38.49	39.23

第二节 航次估算

在航次租船实务中,对于运价变化的掌握程度较高的一方会在洽谈中占有一定的优势。船东和租家都需要进行航次估算,这不仅有利于租船合同的洽谈,而且船东可以评估航次盈利情况,租家可以预估货物运输的具体费用。因此,航次估算是双方进行航次租船决策的基础。

在本质上,航次估算过程并不复杂,但是由于众多影响因素的存在,必须在估算过程中全面考虑诸多细节问题。此外,进行准确估算需要估算者具备丰富的经验和良好的判断力,这使得精确的航次估算成为一项挑战。为了评估不定期船舶特定航次的盈利潜力,基本的航次估算应遵循以下步骤。

一、收集、调查有关数据和资料

船东和租家都必须对航次估算所需资料进行深入了解,包括船舶信息、货物数据、港口详情、航线资料、燃油价格以及上一航次的终点港等方面。但是船东和租家掌握的信息并不一样,船东对自己掌控船舶信息的了解必然要比租家更加详细,而租家则对货物的情况更加了解。

(一) 基础数据

在进行航次估算时,仅需参考与运输能力和成本相关的船舶参数,这些参数包括船名、夏季和冬季载重线下的总载重及相应吃水深度、散装和包装货物的舱室容量、船舶在满载和空载(压载)状态下的航速、航行期间以及停泊期间的燃料油和柴油消耗量、船舶常数、每日营运费用(包括经营费用)以及每日资本成本(即资金成本)。

船舶资本成本指用于购置船舶的资金,包括贷款、利息、税金等各项费用。在进行航次成本估算时,年度资本成本可视为等额的"折旧"。若采用"直线折旧法"进行计算,年折旧额为

$$D = (P - R)/N \qquad (4-2)$$

式中:D——船舶年折旧额;

P——船舶投资额;

R——船舶残值;

N——船舶使用年限。

船舶每天的资本成本可根据年折旧额平均分摊。

租家向船东提供的货物信息包括货物数量、船东可选择的货物数量变动范围、货物种类、积载因数、装货港与卸货港、装卸时间及例外条款、货物装卸费用的分摊规定、运费率以及佣金。一旦双方达成协议,这些条款将构成租船合同的主要内容。

港口和航线的相关资料包括各港口之间的距离、它们的地理位置、装货港与卸货港的限制水深、港口使用费、装卸费用、港口拥堵状况、燃油价格以及运河通行费等。

运价的确定关系到所有相关人的利益,但由于立场不同,船东与租家估算的目的和方式也不同。船东的需求是航次每天净收益(net daily surplus)最大化,而租家的需求是用最低的运费将货物安全运到目的港。

(二) 基础数据收集

1. 询盘信息

所有询盘都带有货物在港口之间运输的信息、船东与租家期望达成租约船舶的信息。这些询盘在船东和租家及双方经纪人之间相互传递和交换,以完成信息的交流与收集。租家需通过经纪人或直接向市场发布询盘,然后等待有意向的船东做出回应。

2. 市场报告

市场报告通常由经纪人编制,它分别介绍世界租船市场行情以及各种信息,例如干散货船市场、油轮市场、二手船市场。报告对于不同地区的市场发展趋势分别做分析和预测,例如欧洲/地中海、北太平洋、大西洋、远东、南美和北美等。同时还介绍各主要货物的运费率以及伦敦波罗的海交易所运费指数,如粮食、煤炭和石油等。航次租船作为其中一个单门类别进行介绍。各租船经纪公司所制作的市场报告基本形式大致相同,但市场报告发行时间不尽相同,有些为周刊,有些为月刊等。有些经纪人编制的市场报告中还详细列出一周内每天成交的订租确认(fixtures),有些则笼统地介绍行情。

3. 谈判信息

双方洽谈中交换的信息也具有重要的参考价值。这些信息不但能影响市场动态,也代表着同谈判标的物相似的市场行情。这类信息对判断市场动态同其他信息来源一样重要。无论谈判最终能否达成,谈判所涉及的许多信息内容,如询盘、发盘、还盘都会间接反映市场动态。

4. 一般信息

经营性租船的船东与租家,除了需掌握租船市场的行情,还必须了解其他相关信息。这

些信息对于他们在谈判租约时确定租金率或运费率,以及在新合同中修改和增加条款都非常有帮助,有助于争取到更有利的合同条件。例如,他们需要了解各港口的装卸费率、港口使用费、运河费、燃油价格、港口的拥挤程度、冰情、运河的通行情况、重要水道的通航状态、港口允许的最大船舶吃水深度、港口装卸设备的状况和效率、装卸工人的工作情况,以及全球范围内的突发事件、法律变化和经济发展趋势等。

5. 租船市场每日动态

船东每天同世界各主要租船市场保持信息联系。例如,伦敦、纽约、东京等主要市场上的经纪人每天给船东提供租船信息,船东可以从中了解到最新信息。

6. 波罗的海国际航运公会

位于丹麦哥本哈根的波罗的海国际航运公会(BIMCO)为国际航运界所熟悉的船东组织,它主要工作之一是起草各种标准租约范本以及推荐条款。此外,BIMCO 也为船东提供信息服务。例如,提供某个港口的拥挤信息、港口使费、港口规章和当地的习惯等。①

二、航次时间与燃油消耗计算

若船舶无需额外停靠加油港,也无需通过运河,那么航次通常由空载和重载两个阶段构成。通过考虑港口间的距离、空载时的航速、重载时的航速,以及燃料油和柴油的日消耗量,能够分别估算出各阶段的航行时间以及燃料油和柴油的消耗量。

在某些特定情况下,如前一航次的卸货港或本次航次的装货港无法提供加油服务,或者加油成本过高,船东可能会寻求一个更具成本效益的加油港口。例如,不同港口之间的燃油价格差异可能高达每吨数十美元。在这种情况下,应根据航次中挂靠港口的顺序,计算每个航段的航行时间和燃油消耗。

若航次中需要通过运河,由于船舶航速将会有显著变化,故应根据过往经验或相关统计数据,单独估算通过运河所需的时间。可以将运河的两端看作两个独立的港口,而运河本身可视为一个单独的航段。此外,在船舶减速航行时,其燃油消耗率也会有所变化,这一点在计算燃油消耗时必须予以特别关注。

在进行航次估算时,每个航段的航行距离通常是依据港间距离表或航海地图来确定的。然而,若船舶选择不同的航行路线,这些距离值可能会有显著的差异。因此,必须依据所选定的航线方案来精确计算航行距离。

在规划航段的航行时间和燃油消耗时,海上风浪是一个不可忽视的重要因素。在恶劣的航行条件下,例如北大西洋的冬季,通常需要依据经验或统计数据预留额外的备用时间,并相应地增加燃油储备。船东必须依据这些因素对常规的航行时间和燃油消耗进行恰当的调整。另外,船舶的航速同样会对航行时间和燃油消耗产生影响。若选择减速航行以节约燃油成本,或加速航行以节省时间,这些策略上的调整都应在航次规划阶段就予以明确考虑,便于更精确地预估航次的总体成本和时间安排。

在探讨租船合同时,船舶在装货港和卸货港的停留时间是一个至关重要的因素。这个

---

① 杨良宜.国际商务游戏规则——英国合约法[M].北京:中国政法大学出版社,2000.

时间通常涵盖了双方协商一致的装卸天数,以及周末和法定节假日。此外,港口的拥堵状况也可能导致停泊时间的延长。有时,装卸时间会依据每日平均装卸的货物吨数来计算。在这种情况下,首先需要估算航次的货物量,然后据此确定港口的停泊时间。若航次中包含加油港,其停泊时间应单独计算。最终,将船舶在港口的停泊时间总和乘以每日的燃油消耗量,即可得出船舶在港口停泊期间的燃油消耗量。

基于上述计算,可对船舶在单一航次内的总航行时长及燃油消耗量进行估算。该数据对于后续航次成本评估具有至关重要的作用。

三、航次载货量计算

在航次租船中,若租家所能提供的货物量远低于船舶的载货容量,那么实际的航次载货量应以租家提供的货物数量为准。在某些情况下,航次租船合同中会约定采用一次性总付的方式计算运费,即包干运费(lump sum freight)。在这种情况下,无需对航次的载货量进行精确计算,只需确保完成约定的货物数量。通常情况下,租家提供的货物数量与船舶的载货能力大致匹配,并给予船东一定的百分比变化范围以供选择。此时,船东必须仔细考虑影响船舶载货能力的多种因素,力求最大化地装载货物,从而获取更高的运费收入。由于船舶所有者旨在尽可能多地装载货物,因此在估算航次收益时,应以预期的最大货运量作为计算基础。在综合考虑所有影响船舶载货能力的因素后,确定最大载货量的流程如下:

(1)在规划重载航段的停靠港口时,首要任务是明确是否存在吃水限制。在此前提下,确定本航次船舶可采用的载重线。依据限制水深和载重线,可以分别确定船舶相应的总载重量。

(2)确定船舶在重载航段所携带的燃油量。船舶在重载航段所携带的燃油量需满足该航段的运行需求,并且必须考虑到燃油的安全储备,以备不时之需,如恶劣天气条件或主机故障等情况。通常情况下,尽管一个航次可能包含多个航段,但仅对航次的最后一个航段进行燃油安全储备的考量,其储备量约为该航段正常消耗量的25%。在某些情况下,基于过往经验,船东在了解本航次卸货港信息的基础上,能够大致预测下一航次船舶可能航行的区域。若存在下一航次加油困难或油价过高的风险,船东可考虑在当前航次为下一航次额外携带一定量的燃油。

(3)在进行航次估算时,为了简化计算过程,船员行李、备品、润滑油、淡水以及船舶常数等重量通常会被合并视为一个固定的总值,这些统称为常定重量。

(4)在计算船舶满载吃水时,必须考虑卸货港海水密度的变化。当船舶从海水区域驶入淡水或淡海水区域的港口时,其吃水深度会有所增加。增加的吃水深度可以通过以下公式近似计算:

$$\Delta d = d_{海}(\rho_{海} - \rho_{淡})/\rho_{淡} \qquad (4-3)$$

式中:Δd——吃水变化量(米);

$d_{海}$——船舶在海水中的吃水(米);

$\rho_{海}$——海水密度(吨/立方米);

$\rho_{淡}$——淡水或淡海水的密度(吨/立方米)。

因此,在海水港装货时,必须确保船舶能够按照允许的吃水深度进入淡水港卸货。

(5) 货物积载因数对航次载货量大小也有影响。当积载因数 μ 小于船舶舱容系数 ω 时,表明船舶具备装载该种货物的充足舱容,航次载货量可依据船舶的载重能力来确定;当积载因数 μ 大于船舶舱容系数 ω 时,表明船舶的舱容不足,载货量 D 将受限于货舱容积 W,即

$$D = W/\mu \tag{4-4}$$

将此数值与依据载重线或限制水深计算得出的航次载货量进行比较,二者中的最小值即为本航次能够实现的最大载货量。

四、航次费用估算

(一) 航次费用构成

每个航次的费用都有所差异。航次费用属于可变成本,主要包括燃油费、港口使费、运河通行费、附加保险费、货物装卸费以及其他相关费用。

1. 燃油费

航次燃油消耗量包括航行期间及停泊时所使用的燃料油和柴油总量,这些数据已在航次燃油消耗部分详细计算。若上一航次剩余的燃油量超过了本航次实际需求,则船舶在本航次中无需再次加油。通过上一航次的燃油单价,可以准确计算出相应的燃油成本。

若在航次开始时,船舶剩余的燃油不足以支撑整个航程,则必须计算本次航次所需的加油量。通过参考上一航次剩余燃油的成本以及本次航次计划加油地点的油价,可以估算出本次航次的燃油开支。加油地点可能位于上一航次的卸货港、本次航次的装货港,或者可能需要绕航至专门的加油港进行加油。船舶的加油地点可能是一个,也可能是多个。在存在多个加油地点的情况下,应根据各处的油价分别计算出相应的燃油费用。

2. 港口使费

港口使费主要包括船舶吨税、停泊费、码头费、饮水费、拖船费、解缆费、检疫费、海关检验费、灯塔费、代理费等。这些费用有的是根据船舶的净吨位来征收,有的则是根据实际服务发生的情况来计收。由于各港口的使费经常发生变动,船舶在港口的停留时间和作业情况在每个航次中也有所不同,这在一定程度上增加了估算航次费用的难度。因此,拥有可靠的港口使费资料是非常重要的。一般来讲,船东可通过三个渠道取得港口使费数据:一是依据船公司保存的该港口过往的使费记录;二是可以参考波罗的海国际航运公会提供的港口费用信息;三是向港口当地代理查询。

3. 运河通行费

运河通行费是根据船舶的运河吨位来征收的。大多数运河会针对满载和空载的船舶征收不同的费用。此外,运河管理机构有时还会对运输的货物征收额外费用。因此,船东在签订租船合同前,必须仔细审查合同条款,明确了解谁将承担这些费用,并与租家就费用责任达成明确的共识。

4. 附加保险费

船舶保险费构成了船舶营运成本的一部分,通常被视为固定费用。但是,在特定情况下,由于航次的独特性,船舶可能需要承担额外的保险费用。这类费用是针对特定航次而产生的,因此,它们通常被计入航次费用项目。这些特定情况包括:

(1) 船舶本航次挂靠的港口或行驶的区域超出了保险合同规定的地理区域。

(2) 船舶驶往战争险条款明确禁止抵达的区域。

(3) 针对超过 15 年船龄的老旧船舶,货物保险人会征收额外费用。在航运市场低迷时期,租船人在合同中通常会加入一项条款,要求船东承担这些额外费用。

在上述几种情况下,船东必须加保,并向保险人支付额外的保险费用。

5. 货物装卸费

货物装卸费主要包括交货、装货、平舱、积载以及卸货等费用。这笔费用是否由船东承担,取决于租船合同谈判的结果,通常在谈判初期就已明确责任归属。在大多数情况下,船东不负责这项费用,因为合同中通常包含 FIOST 条款。然而,在某些情况下,租家可能会要求船东承担部分、全部或一定比例的费用。在估算航次费用时,必须将需要承担的货物装卸费用考虑在内。

6. 其他费用

其他费用涵盖了除前述各项费用外,与本次航次直接相关的所有费用。例如,包括但不限于船舶洗舱费用;若航次涉及寒冷地区,船东需承担船员额外费用以购置保暖装备;可能产生的速遣费等。

(二) 航次成本测算

航次成本测算的基本公式如下:

$$f = \frac{Kt_{次} + P + F + X + D}{(1 - CMR - t_{营业税})Q} \quad (4-5)$$

式中:f——最低限度的运费率;

K——船舶每营运天固定成本;

$t_{次}$——航次时间;

P——航次港口费用;

F——航次燃油费用;

X——其他费用;

D——速遣费或滞期费;

CMR——佣金占运费收入百分比;

$t_{营业税}$——营业税率;

Q——航次货运量。

在估算成本时,可以将 X 和 D 这两项先略去不计(因为不是每个航次都可能发生的常规性费用),将船舶的三项主要开支列出来,这样大致可以估计出本航次的保本线价位,至于要盈利多少或准备亏损多少要以当时的客观情况来决定。船舶最主要的三项开支分别是港口使费、燃油费和固定成本(包含船舶的资本成本、折旧、船员工资、伙食、船舶保险、经营管理成本等)。

五、盈利性分析

经过上述计算,已经确定了航次时间、载货量以及航次成本。结合本航次预期的运费率和每日营运成本等关键数据,可以计算出航次估算盈利的关键指标——每天净收益。该指标的计算公式如下:

航次总收入 = 预计的运费率 × 航次货运量 + 滞期费 + 亏舱费

航次净收入 = 航次总收入 − 佣金 − 营业税

= 航次总收入(1 − 佣金占运费收入的百分比 − 营业税率)

航次毛收益 = 航次净收入 − 航次费用

每天毛收益 = 航次毛收益 ÷ 航次时间

每天净收益 = 每天毛收益 − 每天营运费用

若航次运费采用一次性总付方式结算,计算航次总收入时,直接代入该值即可。佣金涵盖支付给租家的佣金(address commission)以及支付给经纪人的佣金(brokerage),此类费用通常由船东根据运费收入的特定百分比来支付。

为了比较程租与期租哪一个对船东更为有利,必须计算航次租船的相当期租租金率。所谓相当期租租金率,指在航次租船中船舶每载重吨每月所能产生的毛收益,即

$$相当期租租金率 = \frac{(航次总收入 − 航次费用) \times 30}{船舶夏季总载重量 \times 航次天数} \quad (4-6)$$

当相当期租租金率大于可能的期租租金率时,船东从事航次租船更为有利。

上面的计算结果可以作为航次租船决策的重要参考依据。一般来讲,每天净收益大的航次自然对船东具有较高的吸引力。需要明确的是,每天净收益并不等同于每天净利润,因为还没有考虑船舶的资金成本。所以,不能简单地将每天净收益大于零的方案视为可行方案。每天净利润的计算公式如下:

$$每天净利润 = 每天净收益 − 每天资金成本 \quad (4-7)$$

若将每天净利润设定为零,根据上述计算公式推导出的运费率,即为所谓的保本运费率。对船东而言,掌握保本运费率是非常重要的,因为它清晰地揭示了在谈判过程中与租家就运费率问题进行协商的空间。

当然,每天净利润等于零不是船东所希望的。对于每个航次,船东都会设定一个利润目标,即期望利润。若将每天的期望利润与航次时间相乘,得出的结果即为船东的航次期望利润。由此推导出的运费率称为期望运费率。掌握期望运费率是很重要的,因为船东在报盘时可以依据期望运费率来设定价格。当然,在实际操作中,还必须考虑市场状况和竞争因素。期望运费率与船舶投资效果评价指标体系中的必要运费率存在差异。期望运费率需考虑市场行情,因此具有较大的主观性,而必要运费率基于既定的基准收益率进行计算。

期望运费率的计算公式为

$$f_c = \frac{VEP + (CCPD + RCPD) \times t_{次} + VE - DUM - DF}{(1 - CMR - t_{营业税}) \times Q} \tag{4-8}$$

式中：f_c——期望运费率；

VEP——航次期望利润；

$CCPD$——每天资金成本；

$RCPD$——每天营运费用；

$t_{次}$——航次时间；

VE——航次费用；

DUM——滞期费；

DF——亏舱费；

CMR——佣金占运费收入的百分比；

$t_{营业税}$——营业税率；

Q——航次货运量。

六、航次估算实例

航次成本（voyage cost），也被称作可变成本（variable cost），会随着航次的不同而有所变化。下面以一个实例来阐释如何进行下一航次的估算（voyage estimate）以及需要考虑的相关因素。

船舶：22 000 吨

船速：14 节

货物：散粮

船舶当前位置：Chicago

装港：Toledo（大湖区）

加油港：装货后到 Montreal

卸港：Las Palms & Teneriffe

运费率：按 FIOT 条件每吨 16.70 美元

受圣罗伦斯水道 26 英尺水深的限制，只能装载 13 650 吨的货物

运费的总收入：16.70 × 13 650 = 227 955（美元）

（一）计算航次所需时间

如表 4.2 所示，航次所需时间共计 29.5 天。

表 4.2 计算航次所需的时间

航线	海上时间	港口时间
Chicago-Toledo	690 海里＝2 天	Toledo 5 天

(续表)

航线	海上时间	港口时间
Toledo-Montreal	690 海里 = 2.5 天	Montreal 0.5 天
Montreal-Las Palmas	2 930 海里 = 9 天	Las Palmas 5 天
Las Palmas-Teneriffe	57 海里 = 0.5 天	Teneriffe 5 天
	14 天	15.5 天

准确的航次时间计算需要综合考虑多种因素,包括天气、海上情况、港口规定、自然条件以及经验和专业知识。

(1) 天气和海上情况:掌握航程中可能遇到的天气及海上情况对于准确计算航程及装货时间至关重要。航线距离图通常只显示直线距离,而在实际航行中船舶可能会偏离航线,因此在计算时应考虑增加3%~5%的额外距离。此外,天气和涌流也会对航行时间产生一定影响,如冬季横渡大西洋可能比夏季花费的时间更长。

(2) 装卸港停留时间:在装卸港的停留时间涵盖了固定的装卸作业时间以及进出港口/泊位所需的时间。然而,船舶也可能会遭遇其他不可预测的延误,例如港口拥挤,这通常不会被纳入航次时间的计算。为了减轻这一风险,船东通常会在租约中将延误的风险转嫁给租家,并据此要求租家支付滞期费。

(3) 特殊港口规定:某些港口可能存在特定的规定。以 Toledo 为例,其进出水道上设有悬桥,要求空载船舶必须注入压舱水才能安全通过。通过后,还需将压舱水泵出,并吹干货舱以便装载货物,这一系列操作可能耗时两三天。

(4) 港内航行时间损失:在计算港内航行时间及其他相关损失时,除了装卸时间外,还应将湖季结束前的轮候时间等额外损失考虑在内。

(5) 自然条件影响:进出口及装卸货地点的降雪、风暴、冰封等自然状况同样会对航次时间产生影响。

(6) 经验和专业知识:为了准确计算航线时间,必须对相关航线拥有丰富的经验,并且熟悉所有可能发生的状况。班轮运营商和拥有长期货运合同的企业通常对特定航线的情况更为了解,因此能够做出更为准确的时间估算。在缺乏经验的情况下,也可向当地代理商或 BIMCO 等专业机构寻求咨询。

(二) 计算航次费用

航次费用由燃油费、港口使费和其他费用组成。准确计算燃油费用至关重要,因为燃油消耗量的估算在整个航次成本中占据核心地位。在燃油价格高涨期间,其重要性尤为显著,因为燃油成本甚至会占整个航次成本的80%。其他航次费用的重要性相对较低,即使存在一些误差,一般也不会对整体产生重大影响。需要注意的是,各种成本的价格处于持续变动之中,因此在不同的时间段,需要考量的关键因素也会有所差异。

1. 燃油耗量

海上时间为14天,其间每天消耗燃油24吨,共计336吨;使用柴油(主要是圣罗伦斯水道)共计 40 吨。

靠泊时间为 15.5 天,其间每天消耗燃油 1 吨(用于辅助锅炉),共计 15.5 吨;每天使用柴油 1 吨,共计 15.5 吨。

总计:燃油 351.5 吨,柴油 55.5 吨。

说明与注意事项:

① 确保航程距离和时间的准确计算是准确计算燃油耗量的关键。

② 船舶的油耗水平是随航速递增的,较快航速可以节约航行时间,但油耗水平增加的代价也较大。

③ 应考虑主机的状态及天气。

④ 一些船舶的发电机即使在海上也需要消耗柴油,因为它们无法由主机驱动。一些船舶缺乏辅助锅炉,这也会影响到船舶的燃油效率。在航程中,经常需要进行变速操作(例如在圣罗伦斯水道航行时),无法使用燃油也会导致柴油消耗量的增加。若船舶抵达的是内河港口,则柴油消耗量会比海港更高。

⑤ 燃油的质量也是考虑的因素之一。随着国际海事组织"限硫令"的实施,未采用脱硫塔等措施的船舶需消耗价格更高的低硫油。

2. 港口使费

(1) Toledo 估计港口使费 12 500 美元。

(2) 圣罗伦斯水道通航费 16 315 美元。

(3) Montreal 估计港口使费 2 500 美元。

(4) Las Palmas 估计港口使费 9 000 美元。

(5) Teneriffe 估计港口使费 9 000 美元。

说明与注意事项:

① 为了准确计算港口使费,必须对目标港口有深入的了解。若缺乏经验,也可以通过向港口代理查询或咨询 BIMCO 等专业机构来弥补。此外,国际航运公会、国际油轮船东协会、船舶经纪学会等组织也经常发布港口费用变更的最新信息,这些信息需要密切关注。例如,在进行费用估算时,必须考虑圣罗伦斯水道即将增加的费用和巴拿马运河的收费调整。同时,可以参考各种指南(guide book),但务必注意资料的时效性。

② 圣罗伦斯水道的费用仅计算单程(由于上一航次是从芝加哥出发,已经支付了进入水道的费用),而本次航程的费用是按照载货状态来计算的(与空载状态不同),其计费依据是货物的吨位。

③ 船舶的吨位有时会根据特定目的而被调整,例如在计算巴拿马运河通行费时。此外,某些港口针对方便旗船舶会额外征收 25% 的附加费,这也需要纳入考虑。

④ 应考虑船舶滞港时间的长短。

(6) 经纪费 3%～4%(包括 2.5%、约 8500 美元的洽租佣金):227 955×4% = 9 118(美元)。

注意:经纪费是只基于运费或有时亦包括滞期费的。

(7) 保险费(驶往 IWL 的加保费)共 2 482 美元。

说明与注意事项：

① 应对船舶保险及保赔保险有所了解，了解保险价值、IWL 等概念是如何运作的。

② 要准确估算船舶停留时间和日期，并结合航线目的地来确定保费金额。当然，还需考虑船龄、吃水等其他因素。

(8) 杂费（sundry）每日 50 美元，共 1 475 美元。

(9) 本例中，根据船员雇佣条款，应支付船员额外工作的酬金共 1 200 美元。

(10) 洗舱酬金共 750 美元。货物有清洁货物和污染货物之分。若上一航次装载的是煤炭，而本次航次装载的是粮食，则必须将洗舱费用计入本次航次费用估算中。

(11) 燃油：40 687.78 美元。

燃油：$351.50 \times 95.86 = 33\,694.79$（美元）。

柴油：$55.50 \times 126 = 6\,993$（美元）。

说明与注意事项：

① 在进行航次规划时，应详尽比较装卸港及途经港口的油价，并选择在油价较低的地点进行加油。例如，在本航次中选择了在蒙特利尔（Montreal）加油，因此油价将按照蒙特利尔的市场价格计算。如果航程中需要在多个地点加油，则应分别计算各处的加油成本。

② 某些地区还应考虑税收相关的问题。

③ 除了油价之外，有时需要使用加油船或停靠码头进行加油，这些服务可能涉及额外费用，也应当计入成本。

(12) 洗舱时需 100 吨淡水，而船上的造水机造水量不足，需要另外供应。每吨淡水 1.50 美元，共 150 美元。

整个航次估计使费：

燃油费 + 港口使费 + 佣金 + 加保费（保险）+ 杂费 + 船员额外工作报酬 + 洗舱费 + 洗舱用淡水费 = $40\,687.78 + 49\,315 + 9\,118 + 2\,482 + 1\,475 + 1\,200 + 750 + 150 = 105\,177.78$（美元）。

3. 总运费

运费率：FIOT 条件每吨 16.70 美元。因圣罗伦斯水道水深限制为 26 英尺，故船舶只能装 13 650 吨。总运费：$16.70 \times 13\,650 = 227\,955$（美元）。

说明与注意事项：

① 应考虑载重线（热带、夏季、冬季载重线）的限制及地区性（北大西洋、淡水）的限制。

② 关于吃水限制，除装货港、卸货港外，还应考虑航线途中各个阶段的限制条件。

③ 应考虑船舶舱容，在运输轻泡货物时，船舶舱容便成为决定载货量的关键因素。

④ 可能存在的船舶内在缺陷，例如是否存在无法排出的压舱水，以及气温是否会导致压舱水结冰而无法排出等，这些问题都会影响到载货量。

（三）评估与决策

要计算船东接受本航次任务是否有利可图，可比较其他市场价格，方法如下：

（总运费额（收入）− 总航次使费）/ 总航次时间 = 每天的期租同等收入

应用于本例,即

(227 955 − 105 177.78)/29.5 = 4 161.94(美元)。

每日 4 161.90 美元的收益也可称作"等价期租租金"(time charter equivalent,TCE)。换言之,当与航运市场上的其他货运合同相比较时,若存在期租租金能够达到或超过这一数额,船东理应考虑不接受当前航次租船合同,转而选择该期租合同。同时,租家也应认识到这一价格在谈判中的重要性,这有助于在商讨租金时达成一个双方都满意的协议。

第三节 租船合同的磋商与订立

租船业务通常是通过船东和租家之间的租船合同来实现的。然而,在大多数情况下,租船合同的谈判和签订都是通过租船经纪人来进行的。租船经纪人通常与船东和租家保持着密切的联系,对市场行情有着深入的了解,并且掌握着详细的货源和运力情况,拥有丰富的租船业务经验。

租船经纪人通常作为船东或租家的代表参与租船程序的整个过程,为双方提供谈判和洽谈服务。他们能够迅速且合理地满足双方的需求,简化租船手续的繁琐环节,从而促进合同的顺利签订。

从租家开始询盘到双方签订租船合同的整个过程被称为"租船程序"。租船程序通常包括询盘、发盘、还盘、受盘和签约等几个阶段。

一、询盘(inquiry)

询盘的主要目的是让对方了解发盘人的意向和需求。对于租家来说,询盘的目的是以合适的租赁条件,直接或通过租船经纪人寻找合适的船舶来运输货物。而船东发出询盘的目的是承揽货物运输业务。

1. 租家询盘的主要内容

(1) 租家的名称及营业地点。

(2) 货物种类、名称、数量、包装形式。

(3) 装卸港口或地点、装卸费用条件。

(4) 受载期及解约期。

(5) 租船方式和期限。

(6) 船舶类型、载重吨、船龄、船级。

(7) 交船和还船地点、航行范围。

(8) 希望采用的租船合同范本等。

2. 船东询盘的主要内容

(1) 船东的名称及营业地点。

(2) 船舶概况,包括船舶类型、船名、船籍、吨位、航行范围。

(3) 装卸港口或地点名称。

(4) 受载期和解约日。

(5) 船舶的各种包装状态下的积载容积。

(6) 装卸时间和装卸费用条件。

(7) 运费率及运费支付条件。

(8) 希望采用的租船合同范本等。

上述内容描述了询盘的一般情况,但询盘人可以根据实际需要、不同的租船方式以及内容等进行适当的调整。在询盘阶段,通常不会进行具体的租船业务洽谈,其主要目的是收集运输市场对询盘内容的反馈。

询盘可以分为两种类型:一般询盘(general inquiry)和特别询盘(special inquiry)。一般询盘主要是为了了解市场情况,通常会向多个方发出询盘,以获取更多的报盘,从而做出最佳选择。特别询盘则是针对一个具体的合适对象进行深入洽询,这种询盘不会向市场公开。

询盘可以发给船舶经纪人或租船代理人,通过他们在租船市场上寻找合适的租船对象。此外,也可以直接向船东或租家发出询盘。

3. 询盘实例

- ×××矿石有限公司。
- 25 000 吨散装铁矿石,10%增减由船东选择。
- 1/2 安全泊位,1/2 安全港口,澳大利亚。
- 1/2 安全泊位,1/2 安全港口,中国。
- 5 个晴天工作日星期天节假日除外,即使已使用。
- 受载期和解约日为 6 月 30 日至 7 月 10 日。
- 通常条件依照"金康94"。
- 1.5%洽租租金。

二、发盘(offer)

发盘,也被称为报价,是租家或船东对询盘内容中关于租船主要条件的答复。当一方发出发盘时,这通常意味着他们对询盘内容感兴趣。因此,在发盘时,应考虑对方接受发盘内容的可能性。

发盘的内容通常包括租船业务的主要条件,这些条件也构成了租船合同的基础内容,其主要内容包括:

(1) 对船舶技术规范和船舶状况的要求。

(2) 租船洽谈的方式及期限。

(3) 受载期及解约日。

(4) 滞期和速遣条件。

(5) 运费、租金及支付条件。

(6) 货物种类、数量、要求的包装形式。

(7) 装卸港口及航线。

(8) 交还船地点、航行范围。
(9) 采用的租船合同范本以及要增添或删减的条款。

由于租船合同涉及的项目众多,不可能在发盘中列出所有条款。因此,为了简化洽租过程,租船业务中的一方通常会事先准备一个租船合同样本,以便在正式发盘时使用。在这个合同样本中,特定的可变项目,如船东名称、船名、货物名称、数量、装卸港口、受载期和运价等,都会留待洽租时具体商定。在每次洽租时,首先会列出上述主要租船条件,一旦就这些主要条件达成协议,双方才会进一步商议次要条件。

不同的发盘形式具有不同的约束力和不同的法律效力。现行的发盘形式有绝对发盘(absolute offer)和条件发盘(conditional offer),习惯上也分别称之为实盘(firm offer)和虚盘(offer without engagement)。

(一) 绝对发盘

一项写有"firm"字样的发盘均可视为绝对发盘。例如,"We COSCO Shipping offer you firm … "。

绝对发盘是一种具有绝对成交意图的发盘方式,其中主要条款明确、肯定、完整且无保留,具有法律效力。在绝对发盘中,发盘方不能撤回或更改发盘中的任何条件,接受发盘的一方也不能试图让发盘方改变条件。

在绝对发盘时,发盘人会规定对方接受并答复的期限,即时限(time limit for reply)。发盘人在时限内不得再向第三方做出相同内容的发盘。接受绝对发盘方要在时限结束前,就发盘中的条件给予明确答复,否则无效。时限的长短在租船业务中没有统一标准,是由发盘人决定的,主要取决于发盘方的意愿和市场的行情。时限的长短可能从几天到只有十几分钟,甚至要求立即答复。在决定时限时,应当考虑到时限的合理性,尤其应注意以下几点:

(1) 不同地区的时差。国际上公认的原则是,以答复到达发盘方时的当地时间为准。
(2) 船舶的受载期或交船期。受载期较近,则从快;受载期较远,则从慢。
(3) 市场因素。若市场运价平稳,时限可长些;运价变化剧烈时,租家与船东的想法相悖。
(4) 洽租进程。在洽租开始阶段,时限可长些,后期阶段则可短些。

绝对发盘的发出意味着租船业务洽谈进入决定时刻。如果接受发盘方认可发盘中的条件,并在时限内予以同意的答复时,该项租船业务即告成交。如果接受发盘方不接受发盘中的条件,或明确表示不接受发盘中的条件,或在时限内不予答复,该项租船业务即告失败。这时,发盘方可向第三方发盘。

(二) 条件发盘

条件发盘是指发盘方在发盘中对其内容附带某些"保留条件(subjects)",所列各项条件仅供双方进行磋商,接受发盘方可对发盘中的条件提出更改建议的发盘方式。

在条件发盘中,没有"firm"字样,也不规定答复时限。在双方就发盘中的各项条件达成协议之前,条件发盘对双方不具约束力。因此,发盘方可以同时向几个不同的接受方发出内容相同的条件发盘,就其内容进行反复的探讨和修改。一般而言,按照国际航运惯例,发盘方应遵循"先复先交易(first come, first served)"原则,即与第一个答复的发盘方进行洽谈。

条件发盘中所附的常见"保留条件"（俗称"SUB 条款"）有：

（1）以船舶未租出或货未定船为条件（subject open）。在洽租过程中，有时船东为了尽快给船舶寻找合适的货载，可能会将同一条船同时报给两家或更多的租家。但是，为了避免一条船被多家租用的可能性，船东会对其中一家租家发出一个绝对发盘，而对其他租家发出以船舶未租出为条件的条件发盘。如果一个条件发盘被接受时，该船尚未租出，那么这个接受是有效的。然而，如果船已经租给了接受绝对发盘的租家，那么这个条件发盘的接受就是无效的。租家在使用这种条件报盘时，其意图也是如此，即以货未定船为条件。

（2）以发货人接受船舶的受载期为条件（subject stem）。这是租家常用的一种条件发盘方式。有时租家不能确定船舶的受载期是否能被发货人接受，因此会提出这个条件。租家在等待其他租船条款谈妥后，会将船和受载期通知发货人。如果发货人认为受载期合适并确认接受，租家才会与船东签订租船合同。然而，船东通常不愿意接受这种发盘，因为在运价下跌时，租家经常以发货人不接受受载期为借口，撤回发盘。

（3）以再确认为条件（subject reconfirmation）。这个保留条件没有说明条件的具体内容，是一个含糊不清的条件。发盘人可以不说明任何理由确认或不确认已经做出的发盘。

（4）其他条件。如以细节内容为条件（subject to details）、以董事会批准为条件（subject to board's approval）、以收货人同意为条件（subject to receiver's approval）、以足够商品为条件（subject to enough merchandise）、以取得信用证为条件（subject to L/C obtainable）、以政府批准为条件（subject to government approval）等。

任何带有上述条件的发盘都可以被视为条件发盘。这些条件通常是当事人出于某种需要或策略而提出的，例如发盘时受到保留条件的限制，或者认为成交时机不成熟，需要进一步观察市场变化以获得更大利益，或者为了在洽谈中掌握主动等。条件发盘往往具有一定的投机性，因此在接受发盘时应予以注意。例如，船东开出船尚未租出的发盘，可能是企图利用几个租家之间的竞争来达到待价而沽的目的。因此，租家一般不宜做出积极反应。

条件发盘中的保留条件的有无以及放弃与否决定了发盘的法律效力。在放弃保留条件之前，条件发盘不构成一项具有约束力的合同，对于租船业务洽谈双方不具备限制力。

三、还盘（counter offer）

还盘是指接受发盘的一方对发盘中的一些条件提出修改，或提出自己的新条件，并向发盘人提出的工作过程。

还盘的目的在于要求对方更改对自己不利的或合同执行上不可行的洽租条件。这时，要仔细审查对方发盘的内容，决定哪些可以接受，哪些不能接受，要进行修改和补充并逐一提出。还盘中没有涉及的对方发盘中的条件，都被认为是可以接受的条件。

还盘也有虚实之分：还实盘时，对方一经接受，合同即告成立；还虚盘时，必有附带条件，这时，还盘反复多次，直到双方达成协议或终止洽谈。

在租船过程中，并非对所有的发盘予以还盘。如果对方的发盘完全不能接受或者可以接受的条件很少，另一方也可以采用发盘形式要求对方还盘。这表明接受最初发盘的一方不予接受对方的绝大多数条件，但仍有继续洽谈的意愿。

四、受盘(acceptance)

受盘是租船程序的最后阶段,它意味着明确接受或确认对方所报的各项租船条件。

当最后一次还实盘的全部内容被双方接受时,这标志着租船业务的成交,此时各种洽租条件对双方都具有法律约束力。

有效的受盘必须在发盘或还盘规定的时限内,且不能有保留条件。如果时限已过,那么想要接受的一方必须要求另一方再次确认才能生效。

当发盘方放弃"保留条件"而要求对方受盘时,受盘方应确认收到的是一项不附带任何保留条件的实盘(clean fixture)。若发盘方要求对方先予以受盘,之后再取消保留条件,受盘方为保护自己的利益,避免不必要的法律纠纷,必须规定发盘方在接受受盘后取消保留条件的时间限制(all subjects to be waived ×× hours after confirmation of fixture)。如果发盘方没有在该时间限制内正式放弃保留条件,受盘方的受盘将不具备任何约束力。

五、签约(conclusion of a charter party)

正式的租船合同是在合同主要条款被双方接受后开始拟制的。一旦受盘,双方共同承诺的实盘中的条款就已经产生了约束双方的效力。按照国际惯例,在条件允许的情况下,双方应签署一份"订租确认书(fixture note)"(又称确认备忘录、租船确认书等),作为简式的租船合同。

订租确认书没有固定统一的格式,一般包括以下内容:

(1) 订租确认书签订日期。
(2) 船名或可替代船舶。
(3) 签约双方的名称和地址。
(4) 货物名称和数量。
(5) 装卸港名称及受载期。
(6) 装卸费用负担责任。
(7) 运费或租金率、支付方法。
(8) 有关费用的分担(港口使费、税收等)。
(9) 所采用标准租船合同的名称。
(10) 其他约定特殊事项。
(11) 双方当事人或其代表的签字。

以下是一份订租确认书的样本及部分中文释义,供参考。

FIXTURE NOTE
租船确认书

IT IS ON THIS DATE DECEMBER MUTUALLY AGREED BETWEEN THE UNDERSIGNED PARTIES FOR THE FOLLOWING TERMS AND CONDITIONS:

1. PERFORMING VESSEL PARTICULARS:

载货船舶状况：

NAME：

船名：

OWNER HAS THE RIGHT TO CHOOSE SUBSTITUTE VESSEL UPON ADVANCED ADVICE AT LEAST 3 DAYS BEFORE LAYCAN.

船东有权选择替代船舶，但必须于解约日前至少3天通知租家。

2. OWNERS：

船东：

3. CHRTERERS：

租家：

4. CARGO：50 000 MT（5% MOLOO）IRON ORE IN BULK

货物：散装铁矿石50 000公吨（可增减5%，由船东选择）

5. LAY/CAN：SEP 15-23，2024

受载期/解约日：2024年9月15—23日

6. LOADING PORT：

装港：

DISCHARGING PORT：

卸港：

7. FREIGHT RATE：USD　　/MT，FIOST，BSS 1/1

运费率：　　美元/吨，船东不负责装货、卸货、理舱和平舱，一港装一港卸

7.1　30% DOWN PAYMENT BY T/T WITHIN 3 WORKING DAYS FROM DATE OF THIS C/P.

30%的海运费作为保证金，在签完此合同3天之内以电汇的方式打到船东的指定账户。

7.2　EXACT CARRYING QUANTITY TO BE DETERMINED BY DRAFT SURVEY. TOTAL FREIGHT LESS 30% PREPAID SHALL BE PAID THROUGH T/T WITHIN 2 BANKING DAYS AFTER COMPLETION OF LOADING.

实际装运的数量由水尺计重决定。总运费扣除30%预付款后在装货完成后的2个银行工作日内电汇支付。

7.3　FREIGHT DEEMED EARNED ONCE CARGO ON BOARD, NON-RETURNABLE, NON-DEDUCTABLE, WHETHER CARGO/VESSEL LOST OR NOT.

一旦货物装船，运费视为已赚取，不返还、不折扣，无论货物/船舶灭失与否。

8. LOADING RATE：8 000 MT PWWD FSHINC

装货率：每晴天工作日8 000公吨，星期五、星期日和节假日包括在内。

DISCHARGING RATE：12 000 MT PWWD SSHINC

卸货率：每个晴天工作日12 000公吨，星期六、星期日和节假日包括在内。

9. DEMURRAGE：USD　　PER DAY OR PRO RATA. ONCE ON DEMURRAGE, ALWAYS ON DEMURRAGE. DEMURRAGE INCURRED AT LOADING PORT TO BE PAID THROUGH T/T WITHIN 2 BANKING DAYS FROM COMPLETION OF LOADING. DEMURRAGE INCURRED AT DISCHARGE PORT TO BE PAID THROUGH T/T WITHIN 3 BANKING DAYS FROM COMPALETION OF DISCHARGE.

滞期费：每天　　美元，不足一天按比例计算。一旦滞期，永远滞期。装货港产生的滞期费在装货完成后的2个银行日内电汇支付。卸货港产生的滞期费在卸货完成后的3个银行日内电汇支付。

10. NOR SHALL BE TENDERED ON VESSEL'S ARRIVAL AT PILOT STATION OR QUARANTINE ANCHORAGE OF LOADING/ DISCHARGING PORT AT ANY TIME DAY OR NIGHT, SUNDAY&HOLIDAY INCLUDED, WHETHER IN BERTH OR NOT, WHETHER FREE PRATIQUE OR NOT, WHETHER CUSTOMS CLEARED OR NOT.

装卸准备就绪通知书在船舶到达装/卸港引水站或检疫锚地时提交,无论白天和黑夜,包括节假日和星期天,无论是否检疫、是否清关、是否靠泊。

11. LAYTIME CALCULATION: LAYTIME FOR LOADING AND DISCHARGING SHALL COMMENCE 12 HOURS AFTER TENDERING NOR. TIME ACTUALLY USED BEFORE COMMENCEMENT AND TIME LOST IN WAITING FOR BERTH TO BE COUNTED. SEPARATE LAYTIME FOR LOADING AND DISCHARGING.

装卸时间的计算:装卸时间在递交装卸准备就绪通知书后的12小时开始起算。装卸时间开始前实际使用的时间和等泊位的时间计入装卸时间。装货与卸货时间分开计算。

12. CHARTERERS GUARANTEE THAT CARGO, DOCUMENTS AND GEARS SHALL BE READY UPON VESSEL'S ARRIVAL AT THE PORT. OTHERWISE, IF LOADING NOT TO BE COMMENCED 96 HOURS AFTER VESSEL'S ARRIVAL BECAUSE OF ABOVE MENTIONED REASONS, OWNERS SHALL HAVE THE RIGHT TO WITHDRAW VESSEL AND CLAIM RELEVANT LOSS.

租家保证船舶抵港时,货物、单证和装卸设备已备妥。否则,在船舶抵达装港48小时后,因为租家的上述原因仍不能进行装货作业,船东有权撤船,并索赔相关损失。

13. IN ABSENCE OF ORIGINAL BS/L AT DISCHARGING PORT, MASTER/OWR/ OWR'S AGENT SHALL ALLOW CARGO TO BE DISCHARGED AGAINST CONSIGNEE OR NOTIFY PARTY'S LETTER OF INDEMNITY IN OWR'S STANDARD P&I CLUB WORDING WITHOUT BANK GUARANTEE OR ENDORSEMENT.

如果正本提单无法在船舶到达卸货港时交还,船长/船东/船东代理应允许凭收货人或通知方的按照船东互保协会格式的无银行担保的保函卸货。

14. TAXES/DUES ON CARGO TO BE FOR CHARTERER'S ACCOUNT, SAME ON VESSEL/ FREIGHT TO BE FOR OWNER'S ACCOUNT.

因货物产生的税费由租家承担,因船舶和运费产生的税费由船东承担。

15. OWNERS SHOULD ADVISE CHARTERER 5/3/2/1 DAYS BEFORE ARRIVAL AT LOADING/ DISCHARGING PORT.

在船到达装港或卸港前,船东需提前5/3/2/1天向租家通报船舶预抵动态。

16. LIGHTERAGE/LIGHTERING/SHORE CRANE/FLOATING CRANE/SHIFTING, IF ANY, SHALL BE FOR CHARTERERS' TIME AND ACCOUNT AT BENDS.

如果在装卸港需要安排驳船/过驳/岸吊/浮吊/移泊,由租家承担时间和费用。

17. OWR'S AGENT AT BOTH ENDS.

装卸港代理由船东指定。

18. DISPUTES, IF ANY, TO BE SETTELED AT GANGDONG SUB-COMMISSION OF CHINA MARITIME ARBITRATION COMMISSION, ENGLISH LAW TO APPLY.

如发生争议,应在中国海事仲裁委员会广东分会解决,适用英国法。

19. ON DISCREPANCY BETWEEN ENLISH AND CHINESE, ENGLISH TO APPLY.

中英文如有差异,以英文为准。

20. OTHERS AS PER GENCON94.

其他未尽事宜依据"金康94"。

21. COMM: 2.5%

佣金率:2.5%

END

SIGNED BY OWNER: SINGNED BY CHATERER:
船东签字: 租家签字:

签约可由租家或船东自己签约，也可以授权租船代理人签约。租船代理人签约时要说明由谁授权代表当事人（租家或船东）签约以及代理人的身份。若代理人不表明自己的身份，在发生法律问题时，则被认为是当事人，从而负有履行租船合同的法律责任。

租船合同通常制作正本两份，签署后由船东和租家双方各持一份存档备用。

为了规范租船市场采用的航次租船合同订租确认书的格式及内容，中国国际商会（China Chamber of International Commerce）制定了《航次租船合同确认书（2000 年标准格式）》，供当事人选择使用。其特点表现在：

（1）该确认书采用中英文两种文种，由当事人根据情况决定采用何种文种。

（2）对同一事项，确认书有多个条款予以规定并供当事人选择使用，未选中的部分内容可以划掉或删除；已经选择的条款，也可根据具体情况进行修改和补充。

（3）允许当事人在确认书规定条款以外增加特别条款。

（4）关于法律适用和争议解决的问题，确认书明确规定应适用中国法律并根据中国法解释，同时规定租船合同自签订确认书时成立；因确认书产生的或与之有关的任何争议应提交中国海事仲裁委员会在北京仲裁。

（5）如果确认书中的条款与 1976 年"金康"租船合同或 1994 年"金康"租船合同的条款发生抵触时，确认书中的条款优先于 1976 年"金康"租船合同或 1994 年"金康"租船合同条款适用。

《航次租船合同确认书（2000 年标准格式）》的主要内容包括双方当事人的名称与地址、承运船舶的规模、货物及其数量、受载期、装卸货率、装卸时间、运费率及运费支付、滞期/速遣费、其他税费、代理的制定、佣金条款、法律适用及争议解决条款等，其中文版内容如下所示。

航次租船合同确认书（2000 年标准版）

　　　　　　年　　　　　　月　　　　　　日

出租人：
（地址：_____　传真：_____　电话：_____）
承租人：
（地址：_____　传真：_____　电话：_____）
双方同意按下列条款和条件履行本确认书：

第一条　承运船舶的规范：
船名：_____　船旗国：_____　建造时间：_____
船级：_____　登记船东：_____
总吨/净吨/载重吨：_____/_____/_____吨
夏季干舷：_____米
总长/型宽：_____米/_____米
散装舱容/包装舱容：_____立方米/_____立方米
舱/舱口：_____/_____　吊杆：_____　二层甲板：_____
[可根据需要增加项目]

第二条　货物和数量：[使用√标明选择（A）或（B）]
［　］（A）_____公吨_____[袋装或散装]货物_____，增加或减少_____%，由_____[出租人或承租人]选择。
［　］（B）_____立方米货物_____，增加或少_____%，由

[出租人或承租人]选择。

第三条　受载期：

_____年_____月_____日／_____年_____月_____日。

第四条　装货/卸货港：[使用√标明选择(A)或(B)]

[　]　(A) 在_____／_____的_____个安全港口。

[　]　(B) 在_____港／_____港的_____个安全泊位。

第五条　装货/卸货率：[使用√标明选择(A)或(B)或(C)]

[　]　(A) 每晴天工作日_____公吨／_____公吨,星期日、节假日除外,除非已经使用(PWWD SHEX UU)。

[　]　(B) 每晴天工作日_____公吨／_____公吨,星期日、节假日除外,即使已经使用(PWWD SHEX EIU)。

[　]　(C) 在_____[装货港或卸货港]按港口习惯快速装／卸货(CQD)。

第六条　装卸时间的计算：[使用√标明选择(A)或(B)]

[　]　(A) 装货时间与卸货时间分别计算。

[　]　(B) 装货时间与卸货时间合并计算。

第七条　运费率：[使用√标明选择(A)或(B)或(C)或(D)]

[　]　(A) 包干运费_____,出租人不负担装卸、堆舱及平舱费。

[　]　(B) 每_____[净或毛]公吨_____,出租人不负担装卸、堆舱及平舱费。

[　]　(C) 每_____[净或毛]公吨_____,出租人不负担装货费,卸货费按班轮条件。

[　]　(D) 每_____[净或毛]立方米_____,出租人不负担装卸、堆舱及平舱费。

第八条　运费的支付：[使用√标明选择(A)或(B)或(C)]

[　]　(A) 运费应于装货结束后_____个银行工作日内支付。

[　]　(B) 运费应于装货结束后_____个银行工作日内支付,但至迟应在开舱卸货以前。

按照以上(A)或(B)已收取或应收取的运费,在货物装上船后即为出租人所赚取；不论船舶／货物灭失与否,承租人必须支付,无需返还,不得扣减。

[　]　(C) 运费应于卸货结束后_____个银行工作日内支付。

第九条　滞期费/速遣费：

滞期费／速遣费为每天_____／_____,不足一天按比例计算,于卸货结束后_____天内结算,但出租人如有留置货物的权利,不受本条规定的影响。

第十条　税费/规费/费用：

船舶／运费的税费／规费／费用由出租人负担,不论其计算方法如何。货物的税费／规费／费用由承租人负担,不论其计算方法如何。

第十一条　代理：[使用√标明选择(A)或(B)]

[　]　(A) 装卸港均为出租人的代理。

[　]　(B) 装货港为出租人的代理,卸货港为承租人的代理。

第十二条　佣金：[使用√标明选择(A)或(B)]

[　]　(A) 运费、亏舱费和滞期费的佣金包括洽租佣金合计_____%。

[　]　(B) 运费、亏舱费和滞期费佣金合计_____%,另加_____%付给_____。

第十三条　法律和仲裁：

本确认书适用中国法律并根据中国法律解释,自签订之日起租船合同成立。本确认书产生的或与本确认书有关的任何争议均应提交中国海事仲裁委员会在北京仲裁。仲裁裁决是终局的,对当事人均有约束力。

第十四条　金康租船合同：[使用√标明选择(A)或(B)]

[　]　(A) 其他条款和条件按1994年金康租船合同,但第二条除外。

[　　]（B）其他条款和条件按1976年金康租船合同,但第_____条除外。

第十五条 特别条款:

出租人签字: 承租人签字:

第四节　航次租船合同的履行

一、预备航次的履行

预备航次是指船舶在上一个卸货港时完成上一个租船合同,驶往本航次租船合同装货港接受货载的一个空放航次。预备航次的履行情况,对本航次租船合同的顺利履行具有较大影响。

下文内容既包括预备航次的履行,也包括船舶抵港手续以及船舶卸货港的同类事务。

(一)装卸港指定

虽然航次租船合同范本都有相应栏目用于明确装卸港口或泊位,但在实践中,合同条款是由租船双方商定的,其中关于装卸港指定是一项常见的问题,由于各种原因导致实际合同中未指明具体港口。

航次租船合同中有关装卸港的约定方法主要有三种。

(1)明确指定具体的装货港和卸货港。

在合同中只记载装货港和卸货港的港口名称,而没有确定该港的具体泊位。

(2)规定某个特定的装卸泊位或地点。

在租船合同中除指定港名外,还要指明港内的装卸泊位或地点。

(3)由租家选择装货港和卸货港。

当租船合同涉及两个或两个以上的装货港或卸货港,或是某个区域内的选择时,租家被赋予在约定范围内进行选择的权利。然而,如果选择权涉及更广泛的区域,这将引入众多不可预测的变量。

若租船合同未明确指明一个具体的港口,租家必须承担在合同约定的时间内或在一个合理的时间内(无约定时间的情况下)指定具体港口的责任。若租家未能在此期间给出明确的指示,船舶将不得不等待,直至这种延误导致整个航次失效。在这段等待期中,船东无权将船舶驶向任何其他港口。

若租家所选港口超出了租船合同规定的范围,这种选择将构成违约。如果船东在未放弃损害赔偿权利的情况下遵循了该指示,其有权索赔由此产生的损失。相应地,船东也可以根据提供的额外服务要求"按服务计酬"。

(二) 船舶能安全抵达的最近处所

一艘被承租用于在特定港口、码头、泊位或"船舶能安全抵达的最近地点"装卸货物的船舶,如果由于"受阻"无法到达这些地点,则船东在考虑选择其他装卸地点之前,有责任等待一段合理时间,以期船舶能够进入原定的港口、码头或泊位进行装卸。

这段合理时间的界定取决于商业考量及该船被租用航次的性质。在决定何为合理时,应从商业角度出发,兼顾当事双方的利益。因此,在受潮汐影响的河道和港口,船舶通常需等待直至下一次普通大潮;在冰封的河流或海洋,需等待直至冰面融化;在港口拥挤导致延误的情况下,应等待直至从商业角度来看合理的时间。

(三) 安全地(safely)

"安全地"这一术语指"一艘满载的船安全地"。这意味着,船舶没有责任在港内装载一部分货物,然后到港外装载另一部分在港内无法安全装载的货物。同样,船舶也没有责任在抵达港口之前卸下部分货物,以便能够前往一个如果船舶满载时无法安全抵达的港口。在受潮汐影响的港口或有船闸的感潮河流中装船时,如果装载在小潮时完成,船长无权在未满载的情况下开航,即使船舶在这种情况下能够离开港口或河流。船长必须等待大潮,以便能够离开港口或河流,在此之前,他必须装载完全部货物。

(四) 受载期(laydays)

航次租船合同通常会规定船舶"前往某个港口并在那里装船",并明确船舶应抵达装货港的日期,即受载期。船东在预备航次中应尽力快速遣船,否则,若因延迟导致租家损失,船方需承担赔偿责任。

如果船舶无需立即前往装货港以在约定受载期到达,则船东有权签订另一份中间租船合同(利用订约日与实际抵达装船港日期之间的空档)。然而,船东需承担中间航次租船合同中遇到的海难风险,这些风险可能会妨碍他履行原始租船合同。通常情况下,原始租船合同中的除外条款并不能为船东提供保护。

(五) 解约日(canceling date)

在"金康范本"中,解约条款赋予租家在特定条件下终止合同的权力。若航次租船合同内含有解约条款,并且在预定的解约日期船舶未能到达装货港,租家有权无条件地终止合同。

从船东的视角出发,即便解约日期已至而船舶尚未抵达装船港,除非延迟是由于免责风险导致合同已终止,否则船舶仍需前往装货港。一旦解约日期已过,船东无权要求租家表明是否愿意继续装货。在实际操作中,租家往往也不会立即回应,而是依据市场状况决定是解除还是继续执行现有合同。若市场运价下降,租家可能会选择终止合同,并尝试以更低的运价与船东协商新的合同;若市场运价上升,租家则可能倾向于继续履行原合同。若租家拒绝表态,而船东也拒绝启航,租家不能强制船东启航,但可以向法院申请要求船东对可能产生的损害进行赔偿。

租家在解约日之前无权单方面终止租船合同,即使船东将无法按时抵达港口已是显而易见的事实。但是,如果租家在该情况下发出解约通知,并且船东未提出异议而接受,那么这可能被视为双方协议解除合同。

在判定租家是否依据解约条款拥有解除租船合同的权利时,租家必须正式声明其权利。若违约事件源于租家指定的港口问题,导致船舶在解约日期届满时无法到达,那么租家将无权终止合同。

在连续航次租船合同中,若无特殊措词针对,一条普通的解约条款有时可以导致整个租船合同的解除,而不仅仅是其中某个特定航次的解除。

若船东因疏忽或过失导致延迟到达,租家在行使解约权的同时,依然有权向船东索赔因未派船装货而产生的损失。

【案例】 在大连海事法院审理的"SKPPERN"一案中,租约中规定:受载期为1994年7月25日至7月30日;如果船舶抵达装港后自受载期内的时间起算10日内无货,原告(船东)有权解除合同,被告(租家)应付运费总数的80%作为损失赔偿金。船于7月23日到达装货港并递交了装卸准备就绪通知书,但租家未能提供货物,原告于8月9日通知解除租约,并于当日10时30分撤船离开装货港。

【判决】 租船合同约定自受载期内的日期起算10日内无货,原告有权解除合同。双方对解除合同的起算时间的意思表示虽不明确,但将受载期的最后一日作为解除合同的起算时间,当属合理。因此,原告1994年8月9日当地时间10时30分撤船,已超过约定的解除合同期限,原告提前撤船的违约事实并不存在。

(六)船舶抵港与申报进港手续

在船舶抵达港口之前,通常需要通过船东或其指定的港口代理人来完成船舶进港的申报工作。以下对船舶在我国口岸的进港或出港申报手续进行简要说明。

船舶在海上航行抵达目的地港口后,需申请办理进口手续,以便进港停靠并进行装卸作业。无论是外籍船舶进出一个国家的口岸,还是本国船舶航行于国际航线,都必须向相关口岸机构和单位提交进出港手续,并接受海关、边防检查机关(简称"边检")、国家卫生检疫机构(简称"卫检")、动植物检疫机构(简称"动植检")以及海事机构的检查。这些检查通常被统称为口岸检查机关的"一关三检"。

为加强对国际航行船舶进出我国口岸的管理,便利船舶进出口岸,提高口岸效能,根据《国际航行船舶进出中华人民共和国口岸检查办法》(2019年修订版)规定,"船舶进出中华人民共和国口岸,由船方或其代理人依照本办法有关规定办理进出口岸手续""船方或其代理人在船舶抵达口岸前已经办妥进出口岸手续的,船舶抵达后即可上下人员、装卸货物和其他物品"。

上述检查机构可依据有关法律法规规定进行登轮检查并办理船舶进出口岸联检手续。对于定期班轮、旅游船、废钢船、进出非开放港口或水域的船舶、不靠岸的海上作业船舶,以及船东或其代理人邀请的其他需要集体登轮办理进出口手续的情况,海事机构可与相关检查机构协商,共同登轮办理船舶进出口岸的联合检查手续。

各个口岸的各种申报单格式不一定完全相同,但所包含的内容是基本一致的。各种单证列举如下:
(1)《国际航行船舶入境检签证申报单》。
(2)《航海健康申报书》。
(3)《国际航行船进口岸申请书》。
(4)《总申报单》。
(5)《船员名单》。
(6)《货物申报单》。
(7)《船舶概况报告单(A)》。
(8)《船舶载运危险货物申报单》。
(9)《国际海事组织危险货物舱单》。
(10)《国际海事组织旅客名单》。
(11)《国际航行船舶进口载货清单》。
(12)《船用物品申报单》。
(13)《船舶入境卫生检疫证》。
(14)《船舶吨税执照申请书》。
(15)《船员物品申报单》。

抵达港口后,通常在港外或港内锚地,需办理"一关三检"联检手续。按照流程,首先是卫生检疫手续,接着依次进行边防、海事、海关等机构的检查。

(七) 卫生检疫手续

随着国家行政机构的改革,国境卫生检疫和动植物检疫的职能已整合入海关总署,不再作为独立机构存在。过去,海关负责货物检查,而卫生检疫机构执行检疫任务。现在,在登船检查时,这两个检查程序通常合并进行。为简化叙述,本书将继续使用"卫生检疫机构"和"动植物检疫机构"来指代承担这些职能的实体。

1. 卫生检疫

卫生检疫工作由专业的卫生检疫机构负责执行。我国的国境卫生检疫机构是国家在口岸设立的,负责执行国家卫生检疫法规的专门卫生职能部门。

依据国家相关法律法规,国境卫生检疫机构承担着防止检疫传染病的传入或传出、进行传染病监测和预防接种、实施卫生监督、执行卫生处理以及对进口食品进行检验等多项任务。

船舶在进出港口时应办理有关检疫、灭鼠和预防接种等手续。

(1) 检疫

关于船舶的入境检疫,按照《中华人民共和国国境卫生检疫法实施细则》的规定,必须在港口的检疫锚地或在卫生检疫机构同意的指定地点实施。船舶代理人在船舶抵达前应尽早向卫生检疫机构通报相关信息,包括船名、国籍、预计抵达检疫锚地的日期和时间、启航港、最终停靠港、船员与旅客数量以及货物种类等。若在航行过程中船舶发现检疫传染病、疑似检疫传染病病例,或有人非因意外伤害死亡且死因不明,船长必须立即向目的地卫生检疫机构报告船名、国籍、预计抵达检疫锚地的日期和时间、启航港、最终停靠港、船员与旅客数量、货物种类,以及病名或主要症状、患者人数、死亡人数,并说明船上是否有随船医生等情况。

《国际航行船舶进出中华人民共和国口岸检查办法》规定了类似且更为详尽的条款。船东或其代理人需在船舶预计抵达口岸前 24 小时(若航程少于 24 小时,则在离开上一港口时)根据船东的电报内容,向口岸卫生检疫机构报告以下信息:船名、国籍、预计抵达日期和时间;过去 10 天内停靠的港口及最后离开港口的日期;船员和旅客的人数以及健康状况;如有病人,需报告病人的主要症状;船舶卫生证书编号,以及除鼠证书和免予除鼠证书(自 2025 年 1 月 1 日起,除鼠证书和免予除鼠证书将被废止,取而代之的是《船舶免予卫生控制措施证书/船舶卫生控制措施证书》,简称《船舶卫生证书》)的签发日期和签发港口;货物的种类、数量以及装载港口和日期;饮水、食品、压载水的数量、装载港口及日期。

按照国际惯例,入境检疫的船舶在日间必须在显眼位置悬挂国际通信信号旗"Q"以表明本船未受疫情影响,请求发放入境检疫许可;而"QQ"信号旗则意味着本船可能存在疫情或有疫情嫌疑,需立即进行检疫。在夜间,船舶应在显眼位置垂直展示号灯,三盏红灯表示本船未受疫情影响,请求发放入境检疫许可;而红、红、白、红四盏号灯则表示本船可能存在疫情或有疫情嫌疑,需立即进行检疫。

在获得卫生检疫机构颁发的入境检疫证之前,不得降下上述检疫信号。悬挂检疫信号的船舶,除引航员和获得卫生检疫许可的人员外,禁止其他人员登船,同时禁止装卸行李、货物、邮包等物品,其他船舶亦不得靠近;船上的人员,除非船舶遭遇紧急情况,未经卫生检疫机构批准,不得离开船舶;引航员亦不得将船舶引离检疫锚地。

申请电讯检疫的船舶,首先由船东或其代理人填写"电讯卫生检疫申请书"并传真至卫生检疫机构,在入境前 24 小时应向卫生检疫机构报告以下信息:船名、国籍、预定抵达检疫锚地的日期和时间;发航港、最后寄港;船员和旅客人数及健康状况;货物种类;船舶卫生证书的签发日期和编号,《船舶卫生证书》的签发日期和签发港,以及卫生证件等事项。卫生检疫机构工作人员将根据申报内容,依据法律和相关规定作出锚地检疫、靠泊检疫或随船检疫的决定,并及时将处理意见通知船舶代理人。

入境船舶若出现以下任一情况,必须执行卫生检疫:

① 来自疫区;

② 船上载有或曾有过腹泻、呕吐、皮疹、黄疸、高热并附带淋巴结肿大等疑似检疫传染病症状的病人;

③ 船上载有非意外伤害死亡并死因不明的尸体;

④ 船上发现死因不明的啮齿动物;

⑤ 载有废旧物品或需要卫生处理的货物(包括核放射性物质);

⑥ 船舶除鼠证书或免予除鼠证书过期的。

对于未出现上述列出情况的船舶,卫生检疫机构将允许其直接靠泊。靠泊后,卫生检疫机构的工作人员将登船,并在船东或其代理人的陪同下进行卫生检疫,逐项填写船舶卫生监督登记表。只有当船舶符合卫生检疫标准时,方可签发入境船舶卫生检疫证书(free pratique),船东方可降下检疫信号。对于持有《船舶卫生证书》的船舶,卫生检疫机构在确认无需锚地卫生检疫的情况下,将准许船舶直接进港,并可降下检疫信号。船舶靠岸后,卫生检疫机构将实施卫生监督。

《船舶卫生证书》自签发之日起 12 个月内，船舶可申请电讯检疫。对于持有该证书的船舶，在确认无需进行锚地卫生检疫的情况下，将准许其直接靠泊。船东或其代理人需在 24 小时内前往口岸卫生检疫机构，完成进口岸手续的办理。

若船舶来自疫区，或在航行期间发现患有检疫传染病的患者或死者，或发现携带鼠疫病菌的鼠类，或有理由相信船舶可能已被检疫传染病菌污染，应采取隔离、封存、消毒、销毁、禁用、灭鼠和预防接种等措施，且这些措施应是合理且适度的。

只有在检疫结果未显示任何异常情况下，检疫人员方可向船东签发检疫证书或临时检疫证书。随后，该船舶方可开始与陆地进行交通往来。

（2）灭鼠

在港船舶的灭鼠工作，包括定期灭鼠和强制性灭鼠消毒。依据国际卫生条例的规定，所有在国际航线运营的船舶必须定期执行灭鼠和消毒程序，并且在完成这些措施后，由检疫人员颁发灭鼠证书（deratting certificate）。然而，如果检疫人员判定船舶的灭鼠工作已经彻底完成，他们可能会免除灭鼠消毒的要求，并直接发放灭鼠证书。在以下情况下，必须进行强制性的灭鼠消毒程序：若船舶发现携带有鼠疫病菌的鼠类，或存在携带该病菌的可能性；在检疫过程中，若发现船舶未彻底执行灭鼠消毒，或检疫人员判定需要重新进行消毒；以及当船舶来自或曾停靠在检疫传染病流行的地区。船舶的灭鼠消毒工作应由检疫机构指定或认可的人员负责执行，通常采用熏蒸消毒法。由于熏蒸气体的剧毒性、无色无味特性，以及对人体健康的重大威胁，熏蒸消毒必须在所有船员撤离船舶后进行。在未获得授权人员的明确许可前，船员不得重新登船，以确保操作安全。

（3）预防接种

为了最大程度地预防疾病在国际上的传播与扩散，确保全球公共卫生安全，同时尽量减少对国际交通的影响，世界卫生组织（World Health Organization，WHO）于 1969 年 7 月 25 日通过了《国际卫生条例》。根据该条例，出入境检疫的船舶船长或其代理人必须提交《航海健康申报书》，这份申报书的格式通常是各国依据《国际卫生条例》推荐的模板来制定的。申报书中所列的检疫传染病涵盖了鼠疫、霍乱以及黄热病等。

另外，各个国家的有关卫生检疫法规都规定，对于航行于国际航线船舶的船员，都必须进行检疫传染病疫苗的预防接种，并取得预防接种证书（International Certificate of Vaccination for revaccination against cholera, yellow fever, and smallpox）。这些预防接种主要包括针对伤寒和副伤寒、天花、结核、霍乱以及鼠疫等疾病的预防接种。

2. 动植物检疫

为防止病原体或害虫通过动植物的进出口活动传入国内或传播至国外，各国均制定了强制性检疫规定，要求在办理进出口货物报关手续前必须完成检疫程序。动植物检疫涵盖了对活体动物、死亡动物及其骨骼、肉类、皮毛以及相关容器和包装材料的检查，同时也包括对植物、种子、未加工果实及其包装容器的检查。

动植物检疫机构依照《中华人民共和国进出境动植物检疫法》等有关法律法规的规定，实施进出境动植物检疫。

根据《国际航行船舶进出中华人民共和国口岸检查办法》实施规定，船东或其代理人办理预申报时,应向动植物检疫机构报告船舶所载动植物、动植物产品或其他检疫物的具体名称、数量、装载港及原产地。

当船东或其代理人进行预申报的同时,若需处理进口岸手续,必须向动植物检疫机构提交包括《总报单》《货物申报单》以及《船舶物品申报单》在内的相关资料。

动植物检疫机构在接到预申报后,应决定船舶是必须在原地等待检疫,还是可以直接靠泊进行装卸货物。

在船舶抵达前或抵达时,船东或其代理人必须向动植物检疫机构提交所需资料,以便完成进口程序。动植物检疫机构将对提交的资料进行审核,并向满足入境条件的船舶颁发《船舶动植物检疫通知单》。

(八) 海事申报手续

中华人民共和国海事局是我国海事主管机构,负责对管辖水域的交通安全和防止船舶污染进行统一监督。中华人民共和国海事局及其下属地方海事机构根据《中华人民共和国海上交通安全法》等有关法律法规的规定,主要职责是贯彻国家有关水上交通安全和船舶防污染法规,制定具体管理规定,并监督有关各方遵照执行;对船舶进行注册登记,签发船舶所有权证书和国籍证书;监督船舶的人员配备,签发海员证、船员适任证书等有关证书文件;负责辖区内港口监督检查船舶安全检查工作;审批外籍船舶进入我国内水和港口的申请,负责航行船舶进出口岸查验、国内航行船舶进出港签证,监督执行国家强制引航制度;监督船舶的技术状况、运行情况,负责监督船舶装运危险货物和其他货物安全、防止船舶污染水域;监视港区水域污染情况,拟定和执行港口油污应急计划;维护水上交通秩序,组织指挥海难搜救,调查处理船舶水上交通和船舶污染事故;对违反我国水上交通监督管理有关法律法规及规章的船舶,海事机构有权给予警告、罚款和令其停航、改航、返航或在一定时间内禁止其离港或停止作业,对有违反水上交通监督管理行为的船员及有关人员,可给予警告、扣留或吊销适任证书、罚款等。

1. 申报手续

依据《国际航行船舶进出中华人民共和国口岸检查办法》(2019 年修订版)的规定,船舶所有者或其代理人需在船舶预计抵达口岸前 7 天(若航程少于 7 天,则在离开上一口岸时)提交《国际航行船舶进口岸申请书》,向抵达口岸的港务监督机构申请审批。目前,电子申报已成为主要的申报方式。对于计划进入长江水域的船舶,船舶所有者或其代理人应在船舶预计经过上海港区前 7 天(航程不足 7 天的情况下,在离开上一口岸时)提交《国际航行船舶进口岸申请书》,并获得抵达口岸港务监督机构的批准后,船东或其代理人应立即通知海关和边检部门进行审批。

依据《国际航行船舶进出中华人民共和国口岸检查办法》(2019 年修订版)所规定的要求,船舶所有者或其代理人需在船舶预计抵达口岸前至少 24 小时(若航程少于 24 小时,则在离开上一口岸时)向检查机关报告预计抵达时间、停泊位置、靠泊及移泊计划,以及船员和旅客的相关信息。

船舶所有者或其代理人,在处理船舶进入港口的手续时,必须向港口所在地的海事机构提供准确填写的《国际航行船舶进口岸申请书》《总申报单》《船员名单》《货物申报单》《船舶概况报告单》《船舶载运危险货物申报单》《危险品货物舱单》,以及上一港口的出口岸许可证和海事机构要求的其他单证、报表、船舶证件或资料各一份。

2. 港口国监督和船旗国检查

在处理上述海事手续的同时,依据相关国际公约的规定,海事机构将执行对船舶的港口国监督检查(port state control,PSC)、船旗国检查(flag state control,FSC)以及状况评估计划(condition assessment program/scheme,A/S)。

(九) 边防检查手续

中华人民共和国出入境边防检查站是我国在对外开放口岸设立的出入境检查管理机构,由中华人民共和国公安部边防局负责具体管辖和管理,依照《中华人民共和国出境入境边防检查条例》(国务院令第182号,1995年9月1日起施行)等法律法规的规定,执行维护国家主权、安全和社会秩序,便利出境、入境人员和交通工具的通行等任务。

船长需要事先向边防检查站报告出入境船舶抵达口岸的时间、预定停留地点以及载运的人员和货物详情。当船舶到达口岸时,船长或其代理人必须提交船员名单给边防检查站。

当船舶出入境时,必须接受边防检查。入境检查通常在船舶首次抵达的口岸进行,而出境检查在船舶最终离开的口岸执行。在特殊情况下,若获得主管机构的批准,检查可以在特定的授权地点进行。所有出境和入境的船舶在中国境内必须遵循既定的航线行驶。未经许可,外籍船舶不得在非对外开放的港口及水域停泊。出境船舶在完成出境检查至实际出境前,以及入境船舶在入境后至完成入境检查前,未经边防检查站的明确许可,不得进行人员上下或货物装卸。中国籍船舶若需搭靠外籍船舶,必须由船长或其代理人向边防检查站申请搭靠手续,未经批准不得擅自进行搭靠。

对于存在以下情况之一的出境或入境船舶,边防检查站有权延迟或禁止其出境、入境:

① 离、抵口岸时,未经边检同意,擅自出境、入境的;
② 拒绝接受边防检查、监护的;
③ 被认为载有危害国家安全、利益和社会秩序的人员或物品的;
④ 被认为载有非法出境、入境人员的;
⑤ 拒不执行边防检查站依法作出的处罚或处理决定的;
⑥ 未经批准擅自改变出境、入境口岸的。

当上述情形消失后,边防检查站应立即允许通行。对于因不可预见的紧急状况或不可抗力因素而不得不驶入非对外开放口岸区域的出境或入境船舶,必须立即通知最近的边防检查站或当地公安机关,并接受相应的检查与监护;一旦驶入原因消除,船舶应立即遵照通知的时间和路线离开。对于外籍船员及其随行家属,若需在港口城市登陆或住宿,船长或其代理人必须向边防检查站申请相关手续。获得批准后,外籍船员及其家属必须遵守规定,在指定时间内返回船上。此外,任何人员上下外籍船舶时,都必须向边防检查人员出示出境、入境证件或其他必需的证件,并在获得许可后方可进行上下船活动。

依据《国际航行船舶进出中华人民共和国口岸检查办法》的规定,准备进入我国口岸的船舶,其船东或代理人有权申请办理船舶入境边防检查的预检手续。在申请过程中,必须提供以下准确的文件:《国际航行船舶进口岸申请书》《总申报单》《船员名单》(外籍船舶需提供

两份)、《旅客名单》(外籍船舶若无旅客则可免交)以及《船员物品清单》。若船员需要办理登陆或住宿手续,还应一并提交《船员登陆证申请表》和《船员住宿证申请表》。

船舶若载有枪支弹药、偷渡人员、未持有效证件人员等情形,必须在申请办理入境边防检查预检手续之前,向边防检查机构报告。对于不靠岸的海上作业船舶、载有偷渡人员或未持有效证件人员的船舶、情报显示有犯罪嫌疑的船舶、携有枪支弹药的船舶、有严重违法犯罪记录的船舶,以及上级通知或当地边防检查机关认为需登轮检查的船舶,边防检查机关将不予办理预检手续。

对于已经完成入境边防检查预检程序的船舶,船东或其代理人必须在船舶靠泊后的4小时内,携带海员证等相关船员证件前往边防检查机关办理正式的入境手续。若船员需要办理登陆或住宿申请,应依照规定程序申请相应的登陆和住宿证件。手续完成后,人员上下船即可进行。然而,如果船舶抵达港口后未能在规定时间内前往边防检查机关办理正式入境手续,边检机关将有权暂停船舶的装卸作业以及人员上下。

对于未完成入境边防检查预检程序的船舶,船东或其代理人必须在船舶抵达港口后的24小时内,携带上述提及的资料以及船员的证件前往边检部门办理船舶入境手续。只有在获得许可后,方可进行人员上下和货物装卸。若逾期未办理相关手续,将被视为非法入境处理。

来自我国港口的外籍船舶,一旦抵达即可进行人员上下、货物及物品装卸。船东或其代理人必须在船舶抵达后,迅速携带前述相关资料前往边检机关办理进口手续。同时,外籍船舶还需向边检机关移交上一港口边防检查机关转交的"边封"。

(十)海关手续

1. 海关监管

中华人民共和国海关是我国进出关境监督管理机构。为促进对外经济贸易,方便进出境船舶运输,加强海关对进出境船舶及其所载货物、物品的管理,根据《中华人民共和国海关法》(2000年7月8日中华人民共和国主席令第35号通过,2001年1月1日起施行)和我国其他有关法律法规的规定,所有进出境运输工具自进入我国关境之日起至驶离我国关境之日止,均应该接受海关监管。

根据《中华人民共和国海关法》和海关总署制定的《中华人民共和国海关对进出境国际航行船舶及其所载货物、物品监管办法》等的规定,船舶应当通过设有海关的港口入境、出境、停泊、装卸货物或物品和上下人员,进出境应当向海关申报,且在停留期间,未经海关许可,不得擅自驶离停靠地点,保证申报入境地点与停靠地点相一致。若船舶需通过未设立海关的港口进行入境或出境,以及停泊、装卸货物或物品和上下人员,必须事先经过国务院或由国务院授权的机构与海关协商后获得批准,并接受海关的监管。船舶负责人或其代理人有责任提前至少24小时将船舶到港和离港的时间告知海关,并预先通知海关关于船舶装卸货物和物品的具体时间。

对于正常入境的船舶,船东或其代理人可以预先向海关提交进口岸手续,包括提交一份《总申报单》、一份《货物申报单》、一份《船员名单》和一份《旅客名单》。同时,他们需要通过网络将原有的《船舶进口报告》格式内容进行电子申报。海关将对船东及其代理人的预申请和手续办理申请,在船舶抵达港口前给予答复。

对于在抵达口岸前未完成口岸手续的船舶,允许在船舶靠泊后 24 小时内向海关提交相关单证。对于因船舶停靠时间短暂等特殊情况,经海关批准,可将进出口岸手续合并办理。

当船舶抵达港口时,船长或船舶负责人必须向海关提供真实准确的申报信息,并提交以下文件:《进口载货清单》(需提交 2 份,若无进口货物则提交"无货清单")、《旅客名单》(提交 1 份,若无旅客则无需提交)、《船员名单》(提交 1 份)、《船用物品申报单》(提交 1 份)、《船员物品申报单》(提交 1 份)、《船舶进出境(港)海关监管簿》(外籍船舶可免交此文件)、《国际航行船舶吨税证书》或《船舶不办理到吨税执照申请书》,以及海关监管所需的其他相关单证。

船舶在入境后前往境内其他港口之前,外籍船舶必须向海关提交转港报告书,并确保海关关封完好无损地转交给下一个港口的海关。对于国内船舶,在离港前,海关应在《船舶进出境(港)海关监管簿》上进行批注。

根据《国际航行船舶进出中华人民共和国口岸检查办法》的实施规定,船东或其代理人应当在船舶预计抵达口岸 24 小时前(若航程少于 24 小时的,则在驶离上一口岸时),将抵离港时间、停泊地点、靠泊计划及船员、旅客的有关情况报告海关。若船舶未能如期抵达,船东或其代理人应立即通知海关。同时,船舶装卸货物及物品的时间亦需依照海关规定提前进行申报。

当船舶抵达港口,若船东或其代理人未能及时提交完整的《进口载货清单》,必须向海关提供保函,并在获得海关批准后方可开始卸货作业。然而,必须在卸货完成后的 24 小时之内,补交完整的《进口载货清单》给海关。

对于来自我国境内港口的进出境船舶,一旦到港并提交了相关手续(外籍船舶需提交上一港海关制作的"关封",而国内船舶需提交《船舶进出境(港)海关监管簿》),便可进行货物和物品的装卸作业。

在船舶停靠港口期间,必须严格遵循我国的相关法律法规,并接受海关的监督与管理。例如,在卸载货物的过程中,海关官员通常会上船进行检查。因此,在装卸货物时,如有需要,应在装货前向海关官员展示装货单,在装货完成后展示收货单,在卸货完成后展示过驳清单以及其他卸货相关单证。

遵循国际惯例,国际航行的船舶在穿越各国边境时,除了需要依照各国海关要求提交相应的报关文件外,还必须附带一系列证明船舶在运营过程中所必需的书面文件,例如《船舶国籍证书》《吨位证书》以及《航海日志》等。

2. 船舶吨税

依据各国关于船舶吨税缴纳的法律规定,除了因紧急避难、检疫或维修需要临时进港的特殊情况外,所有从事国际贸易货物运输的外籍船舶,一旦进入对外开放的港口,都必须依照其吨位大小,按次、按月、按季度或按年度缴纳相应的船舶吨税。

《中华人民共和国船舶吨税法》(2018 年 7 月 1 日起施行,2018 年 10 月 26 日修正)规定了船舶吨税的缴纳办法,吨税的税目、税率依照该法所附的《吨税税目税率表》执行(表 4.3)。

表 4.3　吨税税目税率

税目 (按船舶净吨位划分)	税率(元/净吨)						备注
	普通税率 (按执照期限划分)			优惠税率 (按执照期限划分)			
	1年	90日	30日	1年	90日	30日	
不超过 2 000 净吨	12.6	4.2	2.1	9.0	3.0	1.5	1. 拖船按照发动机功率每千瓦折合净吨 0.67 吨。 2. 无法提供净吨位证明文件的游艇，按照发动机功率每千瓦折合净吨位 0.05 吨。 3. 拖船和非机动驳船分别按相同净吨位船舶税率的 50% 计征税款
超过 2 000 净吨，但不超过 10 000 净吨	24.0	8.0	4.0	17.4	5.8	2.9	
超过 10 000 净吨，但不超过 50 000 净吨	27.6	9.2	4.6	19.8	6.6	3.3	
超过 50 000 净吨	31.8	10.6	5.3	22.8	7.6	3.8	

吨税设置优惠税率和普通税率。拥有中华人民共和国国籍的应税船舶，若其船籍国（地区）与中华人民共和国签订了包含相互给予船舶税费最惠国待遇条款的条约或协定，则可适用优惠税率。对于其他国家和地区籍的船舶，吨税将按照普通税率进行计征。由于 90 天期的吨税收费标准大约是 30 天期的 2 倍，所以，那些频繁或定期挂靠我国港口的船舶，例如往返于远东及中东与我国之间的油轮，通常倾向于选择 90 天期的缴税方式，这样做既方便又经济。

应税船舶负责人必须在海关开具吨税缴款凭证后的 15 天内，向指定银行全额缴纳税款。若未能如期缴清税款，将从滞纳税款之日起，按日加收滞纳税款 0.5‰的滞纳金。

在我国，船舶吨税是由海关代表国家交通管理部门，在设关口岸对进出我国国境的船舶征收的，用于航行建设的一种使用税。凡自我国境外港口进入境内港口的船舶（应税船舶）均应当缴纳船舶吨税，但下列各种船舶均可免征：

① 应纳税额低于人民币 50 元的船舶；
② 自境外通过购买、受赠、继承等途径获得的船舶所有权，首次进口至港口的空载船舶；
③ 吨税执照期满后 24 小时内不上下客货的船舶；
④ 非机动船舶(不包括非机动驳船)；
⑤ 捕捞、养殖渔船；
⑥ 避难、防疫隔离、修理、终止运营或者拆解，并不上下客货的船舶；
⑦ 军队、武装警察部队专用或者征用的船舶；
⑧ 警用船舶；
⑨ 依照法律规定应当予以免税的外国驻华使领馆、国际组织驻华代表机构及其有关人员的船舶；
⑩ 国务院规定的其他船舶。

在完成船舶进口申报的基础上，有时还需要及时为船舶办理进出口岸的补充申报、签证和查验等手续。对于进口岸的船舶，除了卫生检疫由检疫官直接上船办理外，船方或其代理人需要前往海事、边检和海关等部门办理进口查验手续。边检部门将检查海员证和护照，并可能上船进行检查或出口时进行大规模检查,以确保没有偷渡者。海事部门需要检查相关船舶证书并执行港口国安全检查。卫生检疫部门负责检查船员的健康状况或测量体温。由于各口岸的情况略有差异,需要根据当地检查和查验部门的具体要求来办理相关手续。

我国口岸查验部门已基本实行电子申报,船方或其代理人必须以填报齐全的电子申报进行书面申报。查验部门通常要求电子申报数据与书面申报材料和文件完全一致,一旦出现差异,修改申报内容将变得复杂和困难,甚至可能导致罚款和船期延误。

总之,船舶进出各国港口时,由于各国具体情况和主管机关要求的不同,所需办理的手续和使用的单证也会有所不同。例如:各国可能使用不同名称的单证来表示同一性质和作用的文件;有些国家要求船舶出港地的使领馆对某些单证进行签证;各国对于手续的要求也有宽松和严格之分;甚至有些国家对单证上的小错误也会处以重罚。因此,在船舶计划进出某国港口之前,应广泛了解该国或港口的相关规定,除了搜集曾经验丰富的船舶资料外,还应要求船公司在该港的代理人或分支机构提供最新的手续资料和要求,并及时向船舶提供所需单证,以避免因手续延误导致的船舶滞留或其他纠纷,从而造成经济损失或其他后果。

此外,除了船舶需要办理进口手续外,发货方或其代理人(货代)也应在船舶抵达港口和装货之前,向海关、商检等机构申请并办理货物出口装船的相关手续。

二、装货阶段的履行

装货阶段是指船舶抵达、停靠装货港后,待泊和装货的整个阶段。

(一) 装货流程:船舶经纪人视角

1. 航次指示

船舶经纪人将合同主要条款、装卸港代理联系方式及装卸港港口指南通过传真方式发给船长,或在前一个卸货港发给船舶港口代理,由船舶港口代理转交给船长。

2. 指定装船港代理

由船舶经纪人将船舶规范与合同主要条款发给几家代理公司,咨询预计港口使费与港口一般情况(如港口概况、是否压港、是否有吃水限制、近期节假日安排、装货效率、天气情况等)。在得到港口使费报价后,参考报价、公司实力、可信程度等因素指定一家作为装港代理。如果是租家指定的代理,则需要船舶经纪人与租家指定港口代理商谈港口使费价格。

3. 货物准备情况

租船合同签订完毕后,船舶经纪人向租家索要发货人的联络方式,让装船港代理直接联络发货人,查询货物备妥时间及地点,以及货物是否还存在信用证或出口许可等其他方面的问题,拿到具有海关放行章的装货单后基本可以确定货物真实存在。对于货物未备妥或货物手续未办好而产生的延滞损失,船舶经纪人应制作发票给租家,并每天做一份当天延滞损失的发票;若96小时尚未支付,船方有权取消该运输并索赔损失。

4. 港口信息收集

及时关注港口作业船舶和靠离船舶的准确情况,到港前需要港口代理提供靠泊计划。对于港口压港严重,明显会产生高额滞期费的情况,双方需要及时沟通,港口代理需要及时处理港口工作。滞期费产生后,船舶经纪人需要制作发票给租家。

5. 证书的提供

确定代理后,船方及时咨询代理所需的船舶证书,并尽早将证书传给代理以供其在船舶到达装船港前及时报关。

6. 通报船舶动态

船舶经纪人需要将装船港代理联络方式告知租家,并每天向租家和代理通报船舶动态。

7. 监督和督促工作

船舶到达装港锚地后,关注靠泊、开始装货、结束装货、开航情况。对于订有"按港口当地习惯尽快装卸"(customary quick dispatch,CQD)条款的合同,船舶经纪人需要督促代理和发货人尽快装货。同时在装货过程中跟船长保持密切联络,随时了解具体情况。

8. 审核装船单据

船从装港开出后,应向代理索要相关装货单据(如提单、大副收据、舱单、积载图、NOR、事实记录、理货报告等),并仔细地审核这些单据。如发现与实际情况有出入或不符,应尽快通知代理进行更正。

9. 运费回收

船舶经纪人根据大副收据上的货物数量与航次租船合同制作发票,并传给租家索要运费。

10. 签发提单

根据租约或收到租家运费汇款或真实银行水单之后,船方代理签发提单。如果提单与大副收据不符,或者大副收据上有批注,或者需要换单等情况,都需要租家或发货人的保函才可签发清洁提单或换单(根据实际情况考虑是要发货人的保函还是租家保函)。一般情况下,不可倒签提单,更不得预借提单。

11. 安排港口使费

船舶经纪人安排港口使费支付问题,争取收到实际单据后付款,或在可能影响船舶离港的情况下,在港口代理的要求下预付港口使费。船舶经纪人需审核港口使费单据,包括费率及计算是否出错。

(二) 履行之中的问题

1. 租船合同下的装船——船东的责任

在装船港,船东的权利和租家的义务,除了受特殊规定影响而改变的一般原则外,主要取决于以下事实:

(1) 船舶必须在其有义务完成装船准备的地点,或在特定情况下,根据租船合同约定的"能安全抵达的最近地点"进行操作。

(2) 就船舶本身而言,必须确保其做好了装船准备。

(3) 必须通知租家上述事实。

一旦满足了这些条件,船舶便被认定为"到达船"(an arrived ship),并且"受载期"(layday)或允许的装卸时间(laytime allowed)开始计算,除非存在特殊条款指明装卸时间的起算点。

通常情况下,只要满足上述三个条件,租家就有责任装船。然而,在特殊情况下,租家仅在以下条件得到满足时,才负有装船的义务:

(4) 船舶已抵达租家有义务装货的地点。

换言之,上述条件中的情形(1)可与情形(4)同时发生,也可先于情形(4)出现。

上述关于在装船港的权利与义务的原则,同样适用于在卸货港或卸货地点的卸货过程〔在特殊情况下,可以省略情形(3)〕。

2. 船舶已做好装船准备——租家有义务装船

如前所述,必须明确区分情形(1)中船舶根据租船合同成为"到达船"以开始计算装卸时间的地点,与情形(2)中租家有责任将货物装上船的地点。在不同的案例中,这两个地点可能同时存在,或者情形(1)可能先于情形(2)发生,具体如下:

(1) 若租船合同明确指定了具体的"装船地点"(loading spot),比如一个特定的码头,或位于港区内的某个特定泊位,那么船舶只有在抵达该明确指定的"地点"之后,才能被视为"到达船"。在这种情况下,租家仅在船舶实际到达该指定地点(即船舶与指定地点同时存在)时,才有责任开始装船。仅仅船舶抵达该泊位的事实是不足够的,必须获得当局对该点到达的合法许可(如果需要的话)。

如果租船合同中规定船舶需前往"租家指定"的码头或泊位,情况将保持一致。此类条款的效力相当于将"指定的"泊位视为租船合同本身所确定的。

(2) 若租船合同明确指出船舶需前往特定码头(例如,一个包含多个潜在装船点的区域),或是一个"指定的"或"指名的"码头,那么在缺乏相关惯例的情况下,船舶一旦进入该指定码头即被视为"到达船",并就该船舶而言,已准备好进行装船。然而,租家保有选择具体装船泊位的权利,在船舶抵达所选泊位之前,租家并无装船的责任。

在这种情况下,码头和泊位并不位于同一地点。根据港口的惯例,在船舶抵达港区内的实际装卸泊位之前,而不仅仅是进入指定的港口区域,该船尚不能被视为一艘"到达船"。

(3) 如果租船合同规定航行至"某个港口",或至"某个特定的港口",或至比上文中提及的"码头"更广阔的区域,结论大致相同。在这种情况下,船舶受港口习惯法的约束,一旦进入指定的港区或租船人直接安排的实际区域,即被视为"到达船"。然而,租船人保有选择在哪个具体的泊位或"装船地点"进行装货的权利。

当船舶直接驶向租家指定的泊位时,一旦抵达该泊位,即被视为"到达船"。在抵达泊位之前,船舶不被认定为"到达船"。如果船舶需要等待泊位空出,但已进入租家安排的港区等待,那么在抵达泊位之前,它可以被视为"到达船"。然而,若船舶停靠在通常用于等待的地点,除非能被证明有特殊情况存在,否则船舶通常不会被视为"到达船"。如果船舶停靠在非通常地点,船东必须证明船舶是根据租家的直接和实际指示停靠的。通常情况下,船舶应停靠在排队等候的区域,并能够迅速接收到前往空出泊位的指令。

然而,即便船舶停泊在商业意义上的港口,港口的惯例有时也会阻止其被认定为"到达船"。依照惯例,船舶必须抵达港区内的特定地点或某个特定码头,方能被认定为"到达船"。

(4) 如果租船合同规定船舶应驶往特定的泊位、码头或港口,或"其能安全抵达的最近地点",在前三种情况下,船舶被认定为"到达船"的地点可以不是合同指定的实际地点,而是根据该条款所指的"最近的"替代地点。

（5）若租家拥有选择船舶必须前往的地点以使其成为一艘"到达船"的权利,他必须合理地行使这一选择权。他不必选择当时空闲且可进入的地点,只需选择一个在合理时间内可能变得空闲的地点即可。判断租家选择的装船地点是否合理,需考虑该地点的距离、租家设置的障碍或随后使用该船可能导致的延误或阻碍。因为,如果船舶因这些原因受阻,装卸时间将从船舶做好装船准备时开始计算,并将在该地点开始装船,除非受到这些障碍或使用的阻止。

若租家依据"泊位"租船合同未明确指定任何泊位,那么他将对因拒绝或延迟指定泊位而产生的任何损失承担责任。

当船舶转变为"到达船"时,租家依然保有选择装船泊位的权利。但是,租家选择装船泊位的时机或方式并不影响其责任:任何延误都将导致他承担滞期费或滞留损失的风险。若租家未能及时指定泊位,导致船舶未能在规定的装货期内装船,这将构成租家的违约行为。除非合同中有明确条款或存在行业惯例,否则船东没有义务自行承担费用,将船舶从一个泊位移至另一个泊位以便利租家。

3. 装船准备就绪

一艘准备就绪的船舶,必须确保所有货舱均处于最佳状态以供装船,确保租家能够全面控制船舶的每一部分用于装载货物。即使船舶尚未满足起算装卸时间所需的某些条件,只要其到达并准备就绪,租家就不可利用解约日条款终止合同。

船舶的准备就绪状态是根据租家或收货人的准备情况来评估的。因此,只要船舶能在租家或收货人准备开始履行装卸货义务的最早时刻完全准备好,即便租家或收货人尚未准备好履行其义务,船舶亦可被视为准备就绪。例如,若船舶上的所有设备均已调试完毕,准备就绪可进行装船作业,但根据港口惯例或船员的健康状况,免疫证明需稍后才能取得,该船已符合准备就绪的状态。同样地,即便船舶尚未完全满足当地的常规手续要求,只要它在商业和贸易层面上准备就绪,同样可以认定为准备就绪。不过,如果船舶到达时因需向锅炉加水而必须停止作业,那么它就不能被认为是准备就绪。

若货物可选择性装载,且存在多个装船港,租家若欲以船舶装备不足为由解除租船合同,必须证明在合同解除之日,船东无法在首选装船港或后续任何指定港口装载租家有权要求的货物。

除了前述条件之外,租船合同亦可设定在船舶准备就绪装货前需满足的额外条件。关于装船准备就绪通知,除非双方有其他约定,船东应以书面形式,并且在租船合同指定的地点向租家发出装船准备就绪通知书。

除非租船合同中有明确相反规定,否则当合同中规定了具体的通知时间要求时,这些时间可以从周日、节假日以及根据租船合同不计入装卸时间的其他时间开始计算。

当租船合同规定必须发出书面通知,并且装卸时间的计算应从某一特定时间开始时,不能仅凭在通知发出之前已经进行的装船或卸货活动,就推断装卸时间应该提前开始计算或放弃提交书面通知的要求。除非租船合同中有明确的相反规定,为了确保通知的有效性,通知所依赖的事实,例如船舶的准备就绪状态,必须在通知发出时就已经成立,而不仅仅是通知到期时。如果因为上述原因导致通知无效,在没有放弃权利或禁止反悔的情况下,装卸时间最早只能从装船或卸货实际开始的时刻起算。提交一份有效的通知通常是起算装卸时间的必要条件。然而,如果租家已经开始装船或卸货行为,这通常表明他们已经明确知道船舶确实已经准备就绪。

相反,租船合同可以规定装卸时间从送达通知后开始计算,即便船舶实际上尚未准备就绪,只要该通知是出于善意发出的即可。

除非存在欺诈行为,一旦租家收到通知,便不得撤销。

4. 特殊滞期费条款

租船合同中通常包含一些特定条款,这些条款规定某些或全部特定要求无需完成,或者规定在满足这些要求之前装卸时间不得起算。但在特定事件发生时,其他形式的时间计算将开始。

(1) 无须前提条件的"到达船"条款

即便未满足成为"到达船"的所有先决条件,装卸时间的起算仍可依据明确的条款规定而开始。在实际操作中,最典型的此类条款是确保一旦船舶抵达某一特定地点,装卸时间即起算,即便船舶尚未到达使其成为"到达船"的确切位置。

这些条款主要有:

① "当船舶向海关申报时,卸货时间开始起算"。即便船舶尚未成为一艘"到达船",根据此条款或类似格式条款,装卸时间可以有效地开始计算。

② "万一船舶抵达后……无法即刻靠泊……在船舶抵达锚地后下一个工作期间(next working period)开始起算装卸时间"。

③ "无论靠泊与否"(whether in berth or not,WIBON)。

④ "无论是否靠泊"(berth or no berth)。

⑤ "无论靠港与否"(whether in port or not,WIPON)。

此类条款规定了装卸时间从某个特定地点开始计算,这与那些装卸时间的起算点附带了前提条件的条款不同,它不受到船舶是否已经"到达"该地点的影响。在处理每个案件时,都必须对租船合同中的特定术语进行详细解释。

根据此类条款,装卸时间的计算通常不会引发特别的问题。因为这段时间仅是普通装卸时间的一部分,其计算方式与装卸时间相同,并且会受到装卸时间除外危险条款的影响而发生中断或延期。

(2) 规定等泊时间计算为装货时间或卸货时间的条款

"金康范本"明确指出"等待泊位的时间应计入装货时间"。在卸货港等待泊位的相关条款亦是如此。其他租船合同范本和实务操作中,也经常采用具有类似效力的条款。

在遇到节假日、恶劣天气或罢工等不可抗力因素导致船舶已经靠泊,或在港口租约中船舶被认定为到达船的情况下,本应能够中断装卸时间的连续计算。然而,当"等待泊位的时间计入装卸时间"这一条款适用时,它并不会使船东得以将上述不可抗力因素导致的延误时间也连续计入装卸时间。在后一种类型的租船合同中,如果通常的等候锚地处于港口范围之外,该条款可以适用,且与是否已经发出装船准备就绪通知书无关,因为这并非由于缺乏可供使用的泊位所致。

普遍的观点是,等待泊位的时间应当根据实际损失的时间分段累加到装卸时间中,而不是简单地将所有时间都计入装卸时间,包括那些由于非装卸原因导致的时间损失。例如,即使船舶未准备好进行装卸作业,且这并未引起装卸货物的延迟,装卸时间依然会因等待而损失。

(3) 要求为等候时间付费的条款

租船合同有时会明确指出,一旦船舶抵达某个特定地点,随后产生的所有等待时间都将被计费。因此,在"Austral"格式的租船合同中,其卸货条款规定:"如果卸货地点不能立即投入使用,那么随后产生的所有等待时间,都应按照滞期费率计费。"

此类条款与前述条款不同,其等候时间既不等同于装卸时间,也不应计入装卸时间。即便船舶不在港口的地理范围内,且未发出准备就绪通知,等候时间仍以对船东有利的方式计算。同样,即使船舶从开始等候的那一刻起,尚未准备好装船,等候时间也可以开始计算。由于这些条款并非旨在将等候时间并入装卸时间,所以,等候时间的计算将合乎逻辑地持续进行,包括节假日和星期日在内的所有时间。相比之下,装卸时间的计算则应排除节假日和星期日,或在这些日子暂停。等候时间是否因除外危险而被阻碍或中断,则取决于该除外条款的具体措辞。

(4) 要求即刻有可供使用泊位的条款

某些标准合同条款要求承租人指定一个"随时可供使用的码头泊位"或者一个"抵达即到达"(reachable upon arrival)的泊位。在后一种情况下,"抵达"一词并不意味着该船舶必须满足一艘"到达船"的所有条件,而仅仅是指到达了相应的地点。

由于泊位未"准备就绪"或未"可供使用",船舶所损失的时间不能计入装卸时间。在这种情况下,船东有权要求赔偿因延误而产生的损失。通常,在计算损失时,应考虑如果船舶能够立即靠泊,在任何情况下可能避免的延误。

普遍观点认为,装卸时间之外的时间(如周日和节假日)在计算损害赔偿时应予以考虑,尽管如此,特定的除外条款并不能免除租家未能指定一个准备就绪或可到达的泊位的责任。即便租家未能履行指定"抵达即到达"泊位的义务,一旦船舶成为"到达船",租家仍有权充分利用所承诺的装卸时间,而船东通常无法就这段时间内租家的违约行为索赔损失。

5. 滞期费和责任终止条款

在租船合同的装卸时间中,如果没有明确规定滞期费,但责任终止条款赋予了船东对滞期费的留置权,那么这种留置权将涵盖在装船港发生的滞留损失,租家不需要对此直接负责。

当租船合同的装卸条款中明确规定了滞期费时,这种滞期费适用于装货和卸货两个阶段。如果合同中包含了责任终止条款,并且授予船东对滞期费的留置权,这种留置权仅限于规定的滞期费,而不包括超出约定滞期时间后发生的滞留损失。因此,租家对装货港的滞期费责任终止,但仍需对装货港发生的滞留费损失承担责任。

如果租船合同中只规定了卸货港的滞期费而没有规定装货港的滞期费,那么"滞期费"一词仅适用于卸货港。在这种情况下,船东对发生在装货港的滞留费损失没有留置权,租家需要对此负责。

三、航行阶段的履行

航行阶段是指船舶装货离港后,抵达卸货港前的整个阶段。在这期间,船舶及其所载货物均处于船东的管理之下。因此,期间发生的所有风险和相关费用一般由船东负责。

(一) 最终启航

当一艘船舶已经驶离港口界限,并做好航次的准备工作,且没有返回的意图时,该船便正式从装船港启航。

即使船舶被拖回或因风暴被迫返回港口,但这并不影响其已经"最终启航"的事实。然而,如果出港证(clearance)不在船上,或者船舶并未做好出海的准备,那么仅仅驶离港口的行为,并不能被视为最终启航。

【案例】 一艘船已装船并已清关,已开航至×港3海里处抛锚,无意再返回港口。船上的导流管及电报未做好开航准备,提单尚未签发,大副不在船上。在弥补这些不足之前,船舶于同日灭失。

【判决】 船舶未最终启航。

(二) 航次中船长的权利及来源

在航次中,船长肩负着双重职责。首先,作为船东的代表,他必须采取一切必要措施以履行运输合同,并确保委托给他的货物得到妥善照料。在特殊情况下,如需出售货物、以船舶或货物作为抵押借款、签订救助协议、转运货物、抛弃货物、绕航或延迟航程,若无法及时与船东取得联系,船长有权采取行动,其行为将对船东产生约束力。然而,除非在特定情况下,船长成了一个必要的代理人,否则他并不具备代表货主签订救助协议的隐含授权,无论协议条款是否合理。

作为租家履行运输合同的一部分,船长所采取的必要行动亦可以约束租家,但除非有明示指示,他的行为不得超越这个范围。

依据"紧急代理"理论(agency of necessity),在缺乏明确指示的情形下,船长采取与常规运输合同相违背的措施处理货物,例如销售货物、抛弃货物或以货物作为抵押借款,其权利取决于两个条件:

(1) 该行为的必要性。
(2) 无法从其委托人处获得指示,无论是船东还是货主,也无法与他们取得联系。

紧急代理的设立意义并非一成不变。它可以确保委托人受到其与第三方签订的合同条款的约束。此外,代理人有权要求委托人对其已发生的必要开支进行补偿。紧急代理的存在,还可以为代理人提供针对侵权诉讼(如侵占动产,conversion)的辩护依据。

(三) 必要性

若要求采取某一行动,而这一行动得到了一个全面了解所有事实的审慎之人的认同,同时预计该行为对冒险活动有利,那么这种行动就是必要的。仅是船长出于善意行事是不足以证明其必要性的。即便他的行为最终对货主有利,或者他是基于某个有权力的人的指令,或者是因为他对雇主有关船舶安全的职责而采取行动,这些都不足以构成行动的必要性。

例如,如果船长能够从船东或货主在港口的代理人那里获得款项,或者能够凭借个人信用进行借贷,那么他将无法以船货作为抵押来限制船舶或货方的权利;然而,如果不用货物作为抵押贷款就无法完成对货主有利的货运,那么这种抵押贷款就是合理的。

例如,当羊毛受损时,面临两种选择:就地销售,或烘干、重装后发运。若处理这些受损羊毛超过其可能实现的价值,那么就地销售就产生了商业必要性;但如果货物已损坏却仍能以适合商销的状态运送和交付,船长将其销售即为不合理。

在出现必须处分货物的情况下,船长处分货物是作为货主的代理人进行的;如果不存在这种必要性,或者如果这种必要性是由于船长或其雇员的过错或疏忽造成的,或者如果船长声称是代表船东行事,那么他将被视为船东的代理人。

(四) 与货主联系

船长在考虑采取与合同不一致的措施处理货物之前,应尽可能地与货主取得联系,以确定最合适的应对策略。这是因为船长在紧急情况下必须立即采取行动以保护货物利益,而且除了船长外,没有人能决定是否采取行动。如果能够联系到货主并获得他们的及时指示,那么船长才可以按他们的指示行动。然而,若在紧急情况下无法联系到货主,船长在必要时仍可自主采取行动。

在考虑采取立即行动的必要性时,船长必须评估与货主之间的距离以及联系方式,考虑成本以及由此类联系可能带来的延误风险,以及即使尝试了各种方法仍可能无法取得联系的可能性。

在船长的行为对船舶产生较大影响的情况下,与货主的沟通需求可能就不那么迫切了。例如,若因维修船舶或紧急需求而需绕航导致延误,或者当船舶为杂货船时,船长在采取必要行动前,只需与货主进行沟通以获取或合理预期能够获得答复。若存在合理的期望基础,船长应在自己的职权范围内采取一切可能的措施,以确保能够得到这样的答复。

若船长已进行沟通并收到指示,且该指示与他对船东的责任相一致,他有责任遵循这些指示;反之,如果他能够进行沟通却未采取行动,那么他将无法代表货主采取任何合理的措施。

【案例】 一艘隶属于汉堡的船舶载运了英国货主的非易腐的货物,在自南非驶往伦敦的航次中,挂靠圣托马斯港(St. Thomas)修船。自圣托马斯发往伦敦的邮件为每周发送一次,在途时间需14天。船长未尝试与收货人取得联系,却在船舶抵达该港3个月后,以运费和货物抵押贷款支付了修船费。

【判决】 该贷款对货主无效,因为船长未征求货主的意见,尽管他有合理的机会这么做。

(五) 船东不得不合理绕航的义务

除非有明确的相反约定,船东应保证船舶按合理航线行驶,不得进行不合理绕航,也不得无故延迟行程。合理航线指承运人按照约定的或习惯的,或者地理上的航线将货物运送至卸货港。然而,某些航线在合同签订时是合理航线,但随后可能会出现阻塞等不可预见情况。除非这些情况导致合同无法履行,否则船东有责任按照当时通常和合理的航线进行航行。

在紧急情况下,若救助人命或与失事船舶联络成为必要,且该情况可能危及人命安全,例如由于紧急避险导致偏离既定航线,则此行为是合理的。然而,除非有明确的相反规定,仅为了救助他人财产而偏离航线是不被允许的,除非这种情况适用于英国1971年《海上货物运输法》等特定法律条款。

通过在合同中明确设定(例如"自由"或"绕航"条款)可以使得绕航行为合法化;然而,任何此类约定,无论其措辞多么广泛,都必须依据合同规定的航线,并根据前述原则进行解释。在解释这类条款时,必须区分绕航条款与那些说明当事人在遭遇超出他们控制范围的阻碍事件,阻止或妨碍其按合同最初条款履约时的权利和义务的条款。如果前者可以被自由解释,将使得船东能够有效地撤销合同。

(六) 在必要的情况下,船长延迟及绕航的权力

如果船舶关键设备故障影响航行安全,船长可延迟航行,以便进行必要的处理和维修。假如船或货面临即将到来的危险,诸如被敌方捕获、海盗、冰山或其他航行危险,船长有权也有义务合理绕航。这种危险不必同时对船和货构成威胁,只要对其中之一有影响便足够了。即便该必要性是由于不适航引起的,绕航也是合法的。

如果船长采取的延迟或绕航措施不合理,或超出了一个审慎之人在此种情况下会采取的措施的范围,货主有权视船长的行为构成毁约而终止合同;或视合同仍然有效,保留他的损害赔偿权利。

如果延迟或绕航措施是合理的,租家必须支付全额运费,才能在目的港提取货物。

(七) 船长照料货物的责任

船长作为船东的代理人,有责任对托付给他的货物进行妥善照料,并采取必要措施,确保航次期间船上货物的安全(如用泵抽送水、气,或其他适当的方式通风)。尽管需要承担一定的费用,船东仍有义务采取适当措施,以防止货物因意外事件导致的不可避免的损失或变质。根据这些提单,船东原本不承担此责任,但若船长对此类责任有所疏忽,船东则应负责。

船长有权根据各种可能的情况评估海上运输的延误范围。如果他基于这些情况合理地判断不会发生延误,那么即便他的预期最终被各种事件所误导,也不应因此而被认定负有责任。在考虑是否冒险运输时,必须综合评估地点、季节、货物的变质程度以及当前的机会。对于其他利益相关者来说,由于部分货物遭遇风险导致的延误可能会显得不公。因此,所有可能影响风险、危险、延迟和不便的因素都应当被仔细考虑。若涉及绕航,履行该义务将无法坚持。然而,为了保持与航次的联系,在一个挂靠港进行合理的延迟,即便它并非完成该航次所必需,也不应被视为绕航。

由于船长不得不行使自由决定权,除非能够明确地证明船长对违反义务负有责任,否则船东无须负责。

船长对于因履行此类义务所产生的费用,对货物享有留置权。

【案例】 一艘载运玉米的船,自普拉特(Plate)驶往伊丽莎白港途中,因船舶损坏驶入开普敦(Cape Town),船长与船东及货主进行了联系。因考虑船舶是否应修理继续航次,连同

货物一道拖带,或将货转运以赚取运费,由于这些不同利益之间的冲突导致不合理的延迟,导致留在船上的货物受损。

【判决】 船东应对货损向货主负责。

(八) 船长出售已损坏或易腐坏货物的权力

有时,货物的状况可能会使得立即出售才是维护货主利益最明智的办法。在这种情况下,船长若无法与货主取得联系或获得货主的指示,他有权也有责任出售货物。若船长无法确保货物在抵达目的港时仍具备商业价值,或者货物的运输成本显著超过了其抵达后的价值,那么就可能出现货物无法被有效运送的情况。然而,如果船长在出售货物之前有机会与货主联系却未采取行动,即便出售看似合理,货主仍有权要求船长承担侵占动产的损害赔偿责任。

【案例】 玉米装运于自X至Z航次的船上。在中途港Y发现玉米已发热并正在发芽;船长将其转装于驳船,并于3月10日和13日用电报通知托运人的代理人货物的状况,建议不宜继续运送。船长接到的两份回电表明托运人希望将玉米继续运送至目的港。3月27日,船长再次发电报称"已作检验,检验报告认为不宜运送,已定于明日拍卖"。3月28日,货物被售出。该出售货物的措施是谨慎的,但并无如此急迫必要而导致没有时间和机会与货主取得联系。

【判决】 这种情况下,船长无权售货,因为他有责任等待货主对他的销售建议做出回应。

(九) 船长转运的权力

对于已经装载货物的船舶,若因某些特定的除外风险而无法完成合同规定的航程,船东有责任采取一切可能的措施,包括合理费用的支出或合理时间的延迟,以克服这些障碍。只有当这些除外风险导致航程的完成在自然法则上变得不可能(physically impossible),或者从商业角度考虑,完成航程变得极度不合理时,船东才有权在不获得租船人或托运人同意的情况下,放弃该航程。

从商业角度上完成某航次是否可能的标准,取决于有效修复船舶的可能性或修船的费用。在两种情况下,都必须考虑的关键问题是:确保船舶能够完成特定货物运输任务的必要修船工作。若船东因无法克服的危险或不合理的修复成本而阻碍完成航次,则无须修船或转运。若不采取行动,应免受运费交货给货主或作为代理人处理货物。船东有权修复船舶或转运货物至目的港,并可合理延误运输。若延误不合理导致货物损坏,船东则需赔偿。

在船长作为船东的代表合理进行货物转运的情况下,货主仍需依照原合同的条款支付全额运费,即便船东实际上以更低的运费进行了转运。

在未获得明确授权的情况下,船长似乎无法将货主置于转运合同中更为不利的条款之下,例如更广泛的免责范围或要求支付高于原合同规定的运费,除非与货主无法取得联系,并且在合理人士看来,按照这些条件继续运输货物是对货物利益最为有利的措施。

假如妨碍船舶航次并非由某种除外危险所致,船东无权为他自己的利益而冒风险,以对托运人比原始合同附加更多义务的条件行使转运权(尽管他有义务为了货主的缘故这么做),但他应对延迟或不能交付负责。

注释:在许多提单(特别班轮提单和联运提单)中,通常有一条款明确规定船东可自由转船及"经任何其他航线"或"用任何其他汽船或多艘汽船"(by any other steamer or steamers)转运货物。此种条款的术语多种多样,但通常对它们的含义理解不会有太多的疑问。不过,当条款含有"由船方负担费用但由托运人承担风险"(at ship's expense but at shipper's risk)自由转船及转运的规定的情况下,"由托运人承担风险"一句曾被判定仅适用于转船过程,对于转船后至目的港的运输,并不能取代提单条款中的一般条款。

【案例】 F按照自X至Z航次约定的运费,将货装上S轮;船抵Y港后因故不得不转船,船长就将货运至Z港,订立的转运合同规定,按X至Y航段运费比例计,比原始合同运费更便宜。船抵达Z后,F拒付超出该比例的运费及转运费。

【判决】 F有义务支付原先约定的运费。

(十) 船长用货物筹集资金的权力

当船长无法用任何其他方式获得资金时,他将有权用货物筹集资金,使他能够完成合同预定航次。假如这种方法对货主最有利,且若无法与货主取得联系,或虽已取得联系,无论何故货主未发出任何指示,则资金可以经由下述两种方法之一筹集:

(1) 通过出售部分货物。在这种情况下,货主可以将此类销售行为视作向船东提供贷款。不论船舶是否抵达目的港,对于已售出的货物,货主无需承担运费;或者,一旦船舶到达目的港,货主可以支付相当于已售货物若被运至目的港本应赚取的运费金额,随后提出因该销售行为导致的任何损失赔偿。

(2) 通过用货物抵押贷款。

(十一) 抛货(jettison)

这是在必要的情况下船长抛弃适当积载的货物的权力,即一个审慎之人为了航行的利益可能会采取的措施。

在必须进行货物抛弃的情况下,船长作为货主的代表,有权决定执行抛货行动;然而,如果不存在此类紧急情况,或者被抛弃的货物是由于不当装载导致的,例如装载于甲板上,导致抛货行为不合法,那么船长此时仅作为船东的代表行事。除非有特定的免责条款适用,否则船东应对船长的这一行为承担责任。

(十二) 共同海损(general average)

为了保护船舶和货物所发生的各项特殊牺牲与费用,均视为共同海损,应由所有受益方按比例共同承担。

主张共同海损分摊(general average contribution)应具备以下条件:

① 必须存在某种真实的共同危险,而不能仅是船长理解的危险,无论其看似多么地合理;

② 必须有牺牲的必要；

③ 牺牲必须是自愿的；

④ 必须是真正的牺牲，而不是那些已经损坏及被丢弃的东西或没有价值的毁坏；

⑤ 必须通过牺牲来确保那些处于危险之中的财产得到救援；

⑥ 共同危险必须不是由于主张共同海损分摊利益的一方未能履行其应承担的法定责任所引起的，即使该责任未能履行是因为时间紧迫。因此，共同危险是由货物的特性（例如，煤的自燃）所引发的事件，除非货主在装船时违反了其义务，否则货主对货物的损失有权要求分摊，而不应承担法律责任。

若货主应当向承运人支付的共同海损分摊没有付清，又没有提供适当担保，那么船方可以在合理的限度内留置其货物。

在绕航的情况下，违反适航保证成为必然，运输合同并不会因此被毁约或被取代（displace）。然而，船东由于违反了适航保证（除非被除外责任免责），将被剥夺主张共同海损分摊的权利。例如，船东绕航所产生的避难港的费用，就无法要求分摊。同样，若绕航不适用除外条款，除非货主弃权，否则船东无法就船东绕航后发生的意外事故所产生的费用，追索共同海损分摊。

条款中诸如"对于能够由保险覆盖的任何损害不承担责任"并不能免除船东参与共同海损分摊的责任。

（十三）救助(salvage)

如果航次中受损或灭失的货物因不负有运输货物责任的人施救而获救，则救助者有权获得报酬和奖励(remuneration and reward)，即救助费(salvage)。救助船的所有者即使对导致必须进行救助的碰撞负有全部或部分责任，也不影响他们主张救助报酬的权利。

救助费是按获救货物的比例支付的，如果没有货物获救，则货主无需支付救助费。而且，船舶和货物必须各自支付其应分摊的救助费。一般情况下，除非有明示支付协议，否则任何一方均无需代为支付救助费用。

船长要求货主支付救助费的权力，源于紧急避险原则以及维护货主利益的需要。在货主提取货物前，船长可以要求按照获救货物价值的比例向货主索取救助费。货主也应该提供相应的押金或担保，以确保救助者的权益得到保障。

（十四）碰撞(collision)

在发生船舶碰撞时，货物本身通常不能作为独立的诉讼主体在海事法院提起损害赔偿之诉，即使该货物属于船东所有也不例外。对于船上货物的货主而言，如果船东因碰撞对货主提起诉讼，货主往往只能通过法庭判决，从应付给船东的运费中抵扣其货物所遭受的损失，而无法直接就货物损害另行索赔。

在双方共同责任的碰撞事件中，货物灭失的货主有权向承运其货物的船东索赔全部损失，除非受到提单中免责条款的限制。然而，货主也可以选择向他船(stranger ship)提出索赔，在这种情况下，可以根据过失比例向两艘船舶索赔相应的损害赔偿。如果责任在于他船的单方面过失，除非受到海上货物运输合同(contract of affreightment)的约束，则货主有权选择向他船或承运船索赔全部损失;反之,若责任归咎于承运船的单方面过失,货主同样可以索赔全部损失,除非受到海上货物运输合同的限制。货主因碰撞遭受的实质损害各异,他们有权向造成损害的对方追索应由承运船支付的共同海损牺牲或费用的分摊。尽管这种分摊责任可能仅源于海上货物运输合同中的特殊条款,例如承运船过失责任的免责条款。

四、卸货阶段的履行

卸货阶段是指船舶抵达、停靠卸货港后,待泊和卸货的整个阶段。在这一时间段所发生的风险的处理原则同装货阶段。

(一) 卸货流程:船舶经纪人视角

1. 指定卸货港代理

由船舶经纪人将船舶规范与合同主要条款发给几家代理公司,咨询预计港口使费与港口一般情况(港口概况、是否压港、是否有吃水限制、近期节假日安排、装货效率、天气情况等)。在得到港口使费报价后,参考报价、公司实力、可信程度等因素指定一家作为装港代理。如果是租家指定的代理,则需要船舶经纪人与租家指定港口代理商谈港口使费价格。

2. 单据的提供

指定卸货港代理后,需要及时咨询卸货港代理所需文件,并尽早将其传给代理,以供其在船舶到达卸货港前及时办理船舶通关手续。

3. 通报船舶动态

船舶经纪人需要将卸货港代理联络方式告知租家,并每天向租家和代理通报船舶动态。

4. 联系收货人

租家获取卸货港代理的联系方式后,让收货人联系卸货港代理或船舶经纪人直接向租家索要收货人的联络方式,通知给卸货港代理让其联络收货人,确认收货人的货物进口通关手续是否及时办理。

5. 港口信息收集

及时关注港口作业船舶和靠离船舶的准确情况,到港前需要港口代理提供靠泊计划。对于港口压港严重,明显会产生高额滞期费的情况,双方需要及时沟通,港口代理需要及时处理港口工作。滞期费产生后,船舶经纪人需要制作发票给租家。

6. 监督和督促卸货工作

船舶到达卸货港锚地后,需要关注靠泊、开始卸货、结束卸货以及开航情况。如果卸货率订立的是 CQD 合同,则船舶经纪人需要督促代理和收货人尽快卸货,并在卸货过程中跟船长保持密切畅通的联络,随时了解具体情况。

7. 卸货单据

船从卸货港开出后,船舶经纪人向卸货港代理要相关卸货单据(NOR、SOF 等)。

8. 放货安排

船方收到全款运费后,若收货人持有正本提单,且船东与租家无滞期费等纠纷,可以确认代理将提货单(delivery order,D/O)放给收货人。若收货人没有正本提单,则需收货人提供银行保函,特殊情况如贸易需现金交易的,最好取得收、发货人和租家的三方保函。若与租家有滞期费纠纷且数额较大的,可以暂时扣货不放,作为船方的保障。若无法确保货物安全,建议考虑不开舱卸货,并通过法律途径寻求解决方案。对于因货物手续未完成而导致的延滞损失,应在半天内向租家出具发票,并持续每日开具延滞损失的发票。若在96小时内款项未得到支付,可考虑拥有滞留货物的权利。对于在卸货过程中已累积的高额滞期费,应及时开具发票,并在必要时暂停卸货作业,保留船上剩余的货物。

9. 滞期费计算

船舶经纪人依据合同条款,在规定的时间内完成滞期费、速遣费及延滞损失的计算,并将计算文件连同装卸作业记录和NOR一并提交给租家,以便双方进行核算并达成一致意见。

10. 安排港口使费

尽量争取在见到实际单据后再进行付款,除非代理坚持预付且不这样做会妨碍船舶离港。仔细检查港口使费单据上的每一项,确保费率和计算无误。无论是包干港使费还是实际港口使费单据,都必须要求代理提供正本港口使费发票。值得注意的是,所有费用都必须有代理提供的书面报价作为依据,口头报价是不被接受的。

(二) 履行中存在的问题

1. 卸货

船长负有责任将船舶驶向海上货运合同所规定的卸货地点,若在未经合同约定的地点卸货,船东将面临禁令的约束。当货物需交付给多个收货人或提单背书人时,便会出现一个难题,即谁有权指定卸货泊位。在杂货船的情形下,这一权利通常赋予船长,但须遵守港口任何有效的惯例。而在船舶被租用的情况下,该权利则属于:

(1) 如果租家持有提单,则归租家。

(2) 如果租家不持有提单,则归提单持有人,前提是所有提单持有人均同意卸货地点,或对大多数提单持有人没有异议。

(3) 若无协议规定,则归租家或可能占更多利益的提单持有人。

除非存在特别约定,根据普通法,船东有责任将货物从船舱搬运至甲板或船舷,放置于卸货吊钩可及的适当位置。然而,一旦货物被移至甲板或船舷,提供足够卸货工具以及适当使用这些工具的责任通常落在承租人身上。在租船合同或提单条款未设限制的情况下,承租人或收货人必须按照以下规定的时间条件提取货物,并且必须从那时起,按照正常工作时间连续进行提货:

① 船舶已抵达运输航次终止地

当租船合同中规定船舶需在特定港口或指定地点卸货时,卸货港的指定原则与装货港相同。租船合同可能要求在既定时间内确定卸货港。指定卸货港或地点的行为可以通过签发或使提单生效,并明确指出该港口或地点。若已签发的提单中已明确指定了港口或地点,则无需再次进行此类指定。

无论是船长还是船东的任何代表,均无权在船舶抵达目的港之前要求收货人确认是否接受托运给他的货物。在船舶抵达之前,任何拒绝履行的行为,并非最终的违约行为,除非船东已接受此种违约行为,或在船舶抵达时仍未撤销该行为,在此种情况下,它已成为有别于预期违约的实际违约。

② 船舶已做好卸货准备

在缺乏明确条款的情况下，无需主动向租家通报上述事实，但当他们发出了卸货准备通知，允许的卸货期限便开始计算。

正如装船的情况，卸货的情形在运输合同遵循 1971 年《海上货物运输法》时，各方当事人可以有效约定由租船人或收货人承担卸货责任。

2. 不要求卸货准备就绪通知

在没有特别约定或惯例的情况下，船东无需向租家、提单下的托运人或收货人提供卸货准备就绪通知。

若船舶抵达时已处于滞期状态，滞期日将从船舶抵达之日开始计算。即便租船合同原本规定需提交卸货准备就绪通知以开始计算卸货时间，此规定亦适用。

【案例】 根据租船合同条款，"船舶应免费向租家的代理人发出通知"。然而，船舶未能遵守合同规定，船东错误地通知了另一代理人，而该代理人未能及时通知收货人，导致了延误。随后，船东提起了滞期费诉讼。

【判决】 船东无法索赔滞期费，因为这种责任是由其自身的违约行为所导致。

3. 船长在卸货港交货的义务

在缺乏法律条文、目的港惯例或租船合同、提单明确规定的条件下，船长在船舶抵达目的港时，应确保收货人有一段合理的时间来接收货物，并且不得在船舶抵达后立即卸货以立即解除其责任。

在规定的时间内交还提单的持有人，除非存在相反的习惯做法，并且已经满足了船方的留置权要求，否则有权直接要求船方交付货物。

若某人主张拥有货权，却无法出示提单，船长在该人提供相应担保或赔偿保证以防止其他潜在主张者的情况下，可以考虑将货物交付给他。尽管如此，根据提单合同的条款，船长似乎并无交付货物的义务，除非在特定的例外情形下。即便是在航次租船合同中，船长也不应被强制要求以这种方式交付货物。例如，在货物可以卸载至岸上并留置的情况下，如果船东无正当理由拒绝卸货，那么他将无法就因拒绝卸货导致的延误而索赔滞期费。

船长或船东可向首个交还提单的人交付货物，前提是货物可交付且无其他合理怀疑。若收到关于货物的其他通知或了解可能引起怀疑的情况，船长需承担向合法货主交付的风险或参与法律诉讼。未收回正本提单时，船长无权向指定收货人交货，否则将承担无单放货的风险。

4. 普通法下船长卸岸或续运货物的权力

作为一项基本原则，除非提交了提单，否则船长没有责任卸货。同样，如果未提交提单，他也没有责任将货物保留在船上。

若收货人或提单持有人未及时提货，船长可卸货存仓，费用由货主承担，同时保留留置权。船长采取此措施是其职责，除非收货人违约，否则船长负责滞期费。

在这种情况下，仓管员作为船东、收货人或提单被背书人的普通代理人，负责占有货物；作为船东的代理人，他有权留置货物以及对运费的留置权；作为收货人或提单被背书人的代理人,他控制货物,并在对方提交提单及支付运费后,将货物交付给他。

如果不存在法定仓库以保留他的留置权,仓管员则可以通过租赁一个仓库来达到保留其留置权的目的。

在船长进行卸货作业时,若因延误或收货人缺席导致提单上的货物描述不准确而引发问题,收货人将不得不承担由此产生的损失。

若港口当局禁止船长卸载货物至岸上,或无法寻找到合适的仓库,船长有权且应当采用既能保留其留置权,又符合最合理原则的方式处理货物。

注1:许多提单中包含如下条款:"船东在船舶抵达后有权立即将货物卸载至港区内的码头。一旦货物被卸至岸上,船东的责任即告终止。本条款构成提单的一部分,任何与之相抵触的表述均视为无效"(通常称为"伦敦条款")。

注2:根据合同条款,若船东有义务交货,则必须承担交货过程中所产生的所有必要费用。例如,若因咖啡豆包装破损而需重新装袋以确保顺利卸船,则必须支付相应供应袋子的费用。

注3:船舶责任终止通常在提单中明确,如货物卸离甲板或船舷后责任转移至托运人或收货人。若无明示规定,按卸货港习惯决定;无习惯证明时,一般规则是货物交付后,收货人可自由处置。

注4:提单通常包含一项条款,规定货物损失索赔必须在特定时间内提出,例如在提取货物之前,或货物卸载后7天内,或船舶抵达目的地后的1个月内。

(三) 保函的收取与审核

保函(letter of indemnity,LOI),是保函签发人的承诺,以换取保函接受方按照其要求进行作业,既包括无单放货、在提单标明的卸货港之外卸货、重签提单、在货物中增加添加剂等与货物作业相关的要求,也包括突发情况下应对方要求而签发的保函,如船舶碰撞后肇事方对被撞方出具保函。保函在现代航运业务中的应用非常广泛。一般认为,保函为非合同性文件,因此不需要经过要约与承诺的方式进行确定,同时也没有对价的要求,只需要保函本身的内容符合作为保函接受方的船东要求。保函的审核与收取需要注意以下几个问题。

1. 保函作业

船东在日常作业中,对其他方的作业要求是否同意采取保函方式进行风险管控,需要至少考虑以下几个方面。

(1) 符合合同性

一般而言,对于需要在航次任务执行过程中以保函方式进行风险管控的作业,船东需要在航次合同中予以明确。因此,对相关方的要求,船东首先需要确认,该作业是否符合合同规定。

(2) 是否构成侵权或欺诈

此种情况在涉及提单时尤为突出,提单签发进入流通环节后,从法理上讲,此时能够对货物行使权利的只能是提单持有人,租家此时无权对货物下达指令。如果作业要求构成对提单持有人的共同欺诈,即使出具的保函符合要求的格式,该保函也可能会被认定无效。

2. 保函出具方资信及授权资格确定

(1) 保函出具方资信

通常情况下,在处理合同或提单相关事务时,船东会事先评估出具方的信用状况。一旦合同达成一致,船东只需依照合同条款进行操作。

(2) 签署人授权资格

尽管保函出具方拥有良好的资信状况,但这并不意味着其签署人自动具备合法授权以签署保函。通常情况下,只有高级管理人员或拥有特定授权的人员才有权签署保函。如果是由普通工作人员签署的保函,其法律效力往往是不明确的,且极有可能被判定为无效。因此,在审核船东的授权时,应明确了解签署人的职位或是否存在明确的授权。在必要的情况下,应获取并附上授权书作为证明。

3. 保函的格式及条款

保函形式上需要对方单位的抬头(letter head)并尽量取得正本保函,但是具体条款需要按照保赔协会推荐格式,以下几个方面需要特别明确注意:

(1) 作业事实描述需要与要求及最终的作业事实相符,否则可能导致保函无效。

(2) 出具方的责任描述是否详尽,包括最终责任承担、无条件提供处理需要的资金、相关方是否连带责任、其有无责任限制、该责任限制是否事实上影响公司利益。

(3) 法律适用及管辖权条款。由于保函操作的特殊性,各国法律规定存在差异,因此应尽可能选择自己熟悉的法律进行适用,并选择其判决或裁定能够得到执行的管辖约定。

4. 保函产生的情况

在贸易迅猛发展的当下,经常出现的情况是船舶已经抵达卸货港,然而正本提单却尚未到达,有时甚至尚未签发。在这种情况下,通常的做法是船东依据租船人提供的保函来交付货物。

船东安全的做法是要求收货人提供正本提单以便顺利交付货物,但实际业务中有时很难做到,所以保函就应运而生。

5. 关于无正本提单交付货物的相关法律问题

参照《最高人民法院关于审理无正本提单交付货物案件适用法律若干问题的规定》,其相关条文如下:

为正确审理无正本提单交付货物案件,根据《中华人民共和国海商法》《中华人民共和国合同法》《中华人民共和国民法通则》等法律,制定本规定。

第一条 本规定所称正本提单包括记名提单、指示提单和不记名提单。

第二条 承运人违反法律规定,无正本提单交付货物,损害正本提单持有人提单权利的,正本提单持有人可以要求承运人承担由此造成损失的民事责任。

第三条 承运人因无正本提单交付货物造成正本提单持有人损失的,正本提单持有人可以要求承运人承担违约责任,或者承担侵权责任。

正本提单持有人要求承运人承担无正本提单交付货物民事责任的,适用海商法规定;海商法没有规定的,适用其他法律规定。

第四条 承运人因无正本提单交付货物承担民事责任的,不适用海商法第五十六条关于限制赔偿责任的规定。

第五条　提货人凭伪造的提单向承运人提取了货物,持有正本提单的收货人可以要求承运人承担无正本提单交付货物的民事责任。

第六条　承运人因无正本提单交付货物造成正本提单持有人损失的赔偿额,按照货物装船时的价值加运费和保险费计算。

第七条　承运人依照提单载明的卸货港所在地法律规定,必须将承运到港的货物交付给当地海关或者港口当局的,不承担无正本提单交付货物的民事责任。

第八条　承运到港的货物超过法律规定期限无人向海关申报,被海关提取并依法变卖处理,或者法院依法裁定拍卖承运人留置的货物,承运人主张免除交付货物责任的,人民法院应予支持。

第九条　承运人按照记名提单托运人的要求中止运输、返还货物、变更到达地或者将货物交给其他收货人,持有记名提单的收货人要求承运人承担无正本提单交付货物民事责任的,人民法院不予支持。

第十条　承运人签发一式数份正本提单,向最先提交正本提单的人交付货物后,其他持有相同正本提单的人要求承运人承担无正本提单交付货物民事责任的,人民法院不予支持。

第十一条　正本提单持有人可以要求无正本提单交付货物的承运人与无正本提单提取货物的人承担连带赔偿责任。

第十二条　向承运人实际交付货物并持有指示提单的托运人,虽然在正本提单上没有载明其托运人身份,因承运人无正本提单交付货物,要求承运人依据海上货物运输合同承担无正本提单交付货物民事责任的,人民法院应予支持。

第十三条　在承运人未凭正本提单交付货物后,正本提单持有人与无正本提单提取货物的人就货款支付达成协议,在协议款项得不到赔付时,不影响正本提单持有人就其遭受的损失,要求承运人承担无正本提单交付货物的民事责任。

第十四条　正本提单持有人以承运人无正本提单交付货物为由提起的诉讼,适用海商法第二百五十七条的规定,时效期间为一年,自承运人应当交付货物之日起计算。

正本提单持有人以承运人与无正本提单提取货物的人共同实施无正本提单交付货物行为为由提起的侵权诉讼,诉讼时效适用本条前款规定。

第十五条　正本提单持有人以承运人无正本提单交付货物为由提起的诉讼,时效中断适用海商法第二百六十七条的规定。

正本提单持有人以承运人与无正本提单提取货物的人共同实施无正本提单交付货物行为为由提起的侵权诉讼,时效中断适用本条前款规定。

若在国内遭遇无单放货的纠纷并提起诉讼,可依据合同及相关规定进行处理。司法解释的第7、8、9和10条明确了几种承运人可免除无单放货责任的情形:根据卸货港的法律规定,货物必须交付给海关或港口当局;当货物到达港口后超过法定期限无人申报,海关有权提取、变卖货物,或法院可裁定对货物进行拍卖;承运人签发了多份正本提单,并已向首个提交正本提单的人交付了货物;承运人按照记名提单托运人的指示中止运输、返还货物、改变到达地或向其他收货人交付货物。除上述情况外,船东在无单放货时应特别谨慎,以避免可能产生的责任和风险。

【案例】

2013年10月21日,SCIT Trading Ltd(以下简称"SCIT贸易")作为卖家,与Xiamen C&D Minerals Co. Ltd(以下简称"厦门建发")签订了CFR条款的货物买卖合同,装货港为Koolan Island,卸货港为中国主要港口。

合同第9条约定,卸货港的代理由买家指定。2013年11月6日,厦门建发同意把货物卖给其关联公司Cheongfuli Company Limited(以下简称"昌富利")。厦门建发的人通常代表昌富利来进行合同商议谈判,11月28日,昌富利同意把货物卖给Shanxi Haixin Internaitonal Iron and Steel Co. Ltd(以下简称"山西海鑫");合同第9条规定,卸港代理由买家山西海鑫指定。

按CFR合同,SCIT贸易执行的是与SCIT Services Ltd(以下简称"SCIT服务")的COA合同,因此SCIT贸易应该负责货物运输的责任,但结果SCIT服务在2013年11月19日与Oldendorff Carriers(以下简称"二船东")签订了一个程租合同,从Koolan Island装货到中国卸货。合同规定,由租家指定代理。合同第30条约定,如果正本提单到不了,船东/船长同意凭租家的保函卸货和放货。

Oldendorff Carrier和Oldendorff(以下也简称"二船东")之间有长期协议,后者执行前者的货载并派船,合同也均为背靠背。在2013年12月3日,Oldendorff与Zagora轮(以下简称"该轮")的原船东以NYPE租约格式签订了一个航次期租合同。该TCT合同第2条规定租家得提供和支付代理费,第8条规定船长在有关船舶使用和代理方面应服从租家的指示和命令。第43条规定租家代理如果给船东提供特定列明的服务则收取实际发生的费用。第61条规定,如果在卸港正本提单到不了,租家需提供保函;如果船东未收到保函则该轮不允许卸货。

同一天,二船东将该轮派给SCIT服务,12月9日,SCIT贸易将该轮派给厦门建发。

12月16日,山西海鑫通知厦门建发,卸港为岚山,代理为Rizhao Sea-Road Shipping Agency Co. Ltd(以下简称"海陆丰")。12月18日,该卸港及代理消息沿着租约链一直传递到二船东。二船东在同日给海陆丰发出指示,要求他们给船长、船员提供协助并及时更新船舶的靠泊卸货计划进度。

考虑到可能需要保函,2013年12月10日,二船东要求原船东提供他们标准的无正本提单交付货物的保函格式。原船东提供了对应的保函格式(收货人一栏为空),同时也要求二船东提供保函里通知方前去提货的那个人的名字及身份证号,还有授权书。12月11日,二船东认为租约中并没有此要求,因此拒绝提供。同一天,原船东答复说,需要授权书以便确认上船并要求船长卸货的那个人确实是代表收货人。原船东退一步,说他们也将同意收货人或者租家代理以电邮方式确认上船的那个人的名字及身份证号且是有被授权去提货的。但是二船东在12月12日,依然拒绝原船东此要求。

12月17日到18日间,原船东的保函格式在租约链上传递到山西海鑫,厦门建发确认货物需交付给海陆丰(or such part as is believed to be Rizhao Sea-Road … or to be acting on behalf of Rizhao Sea-Road …)。

然而,厦门建发给SCIT贸易的保函,里面需要交付的人改为了厦门建发;随后二船东也将相同内容的保函给了原船东。

12月19日,原船东要求提供当地将上船去提货的那个人的姓名及身份证号。SCIT服务和二船东之间有些交流讨论。12月20日,SCIT服务说,他们认为卸货港代理将负责卸货安排,并且不会放货直到出示正本提单。二船东想进一步澄清,是否仍需要使用LOI或货物在岚山将不会被释放直到有正本提单。SCIT服务答复说:"因为船舶抵港的时候,正本提单到不了,LOI是为了无正本提单卸货用;卸港代理会签发交货单,在正本提单到了才会放货"。二船东随后说:"原船东想知道谁将代表你们上船;正常情况下船长将收到正本提单,清楚知道货物会卸给正确的当事方;目前的情况,我们理解的是货物将被放给卸港代理/你指定的代理,是否这样?"二船东于是通知原船东,仅让卸港代理上船去处理卸货事宜,或者货物仍将在代理的监管之下直到正本提单可用,那时候货物才会被放给相关当事方。SCIT服务答复二船东:"租家要求船东把货卸给海陆丰,在其监管下,凭正本提单最终才会放给收货人。如果需要确切负责人的信息,请直接找卸港代理查核。"

最终原船东给二船东答复,声明他们想知道那个已经被授权有权利提取货物的人的姓名及身份证号,以确保货物交给正确的当事方。如果租家不愿意提供相关的信息,那么因错误交付货物产生的风险或索赔,将由租家独自承担。

12月20日,原船东通知船长说,他们已经收到租家的保函,要求依照保函里的条文把货物交付给厦门建发。同时要求船长做好记录,那个上船来要求船长卸货的人的姓名及身份证号。

12月25日,在船舶抵港前,海陆丰通知相关方,正本提单到不了。12月26日,海陆丰要求船长确认,无正本提单是否可以卸货。在12月27日,该轮抵达岚山,29日靠泊。一人上船,他介绍他自己为海陆丰的。很可能他给了船长名片,船长回忆说,那个人声称凭租家的保函无正本提单也可以卸货,他代表厦门建发来处理卸货事宜。船长于是同意卸货,该轮于12月31日卸完。至此,船长认为他已经依照保函LOI,把货物交给了厦门建发或其代理人海陆丰。

之后,山西海鑫在2014年1月13日到14日,收到海陆丰的提货单,这些货物随后在1月18日到2月8日期间通过铁路从岚山运走。2月18日,山西海鑫通知海陆丰,他们已经获得正本提单。2月20日,中国银行代表山西海鑫支付了买卖款,中国银行认为从2月21日起,他们将是正本提单的持有人。

在2014年8月27日,该轮再次挂靠岚山的时候,因中国银行提起诉讼而被法院扣押。原船东于是号召二船东依据其已签发的保函条款,提供担保使船舶尽快释放。同样,二船东要求SCIT贸易,SCIT服务要求厦门建发去处理该轮被扣押事宜。

2014年9月5日,二船东取得法院的临时强制令,要求SCIT服务采取必要的措施确保该轮能够被释放。SCIT贸易也取得类似的强制令,但是厦门建发并未采取任何行动。

二船东迫不得已打破僵局,同意提供担保以便该轮得以释放及减少原船东的损失,但不损害他们的权利。该轮于2014年9月24日解除扣押,被释放。

【争议焦点】

原船东的代表律师主张船东所提供的LOI与当时的处境相关,货物卸在中国,是因为原船东卸下及把货物交给了海陆丰,而海陆丰是代表了厦门建发来提货。二船东的代表律师同意原船东律师所提交的这些主张,并以此对抗SCIT服务。在辩护中,SCIT服务说:"货物卸给海陆丰,受其占有和控制和保函没有关系,因为此卸货并不等同于交付给了厦门建发;而且,海陆丰是以船东和或二船东代理的角色来监管货物,因此货物并没有交付给厦门建发。"在其辩护中,厦门建发声称他并没有为了提取货物指定海陆丰作为他们的代理,也没有指示 SCIT 贸易或 SCIT 服务把货物交给海陆丰。厦门建发接着声称,他们直到 2014 年 1 月 2 日从山西海鑫那收到事实记录的复印件才发现货物被卸下,在海陆丰占有之下。

山西海鑫为最终的买家,期望在岚山提取货物,因此可以预期他们在岚山港将委托代理;因此在 2013 年 12 月 16 日其指定了海陆丰为代理。此外,与昌富利和山西海鑫的买卖合同第 9 条代理任命条款相一致,买家指定卸港代理。在厦门建发和 SCIT 贸易之间的买卖合同第 9 条也可以找到同样的措辞,海陆丰是作为买家厦门建发的代理。代理任命也在租约链中一直传递到原船东,在与原船东的航次期租合同中,二船东提供及支付代理费(船东的事务期费用由船东直接支付给代理)。因此当船抵达岚山的时候,在本案中,可能海陆丰为租约链中的当事方扮演着一个或多个角色。那么,至关重要的问题便是,当从船上提取货物的时候,海陆丰是代表了原船东(或二船东),还是代表厦门建发。

【判决】

当厦门建发将所需要的保函格式给山西海鑫的时候,指定了海陆丰为无正本提单时交付货物的收货人。因此,海陆丰作为在岚山的指定代理,这一点没有疑义。然而,厦门建发向 SCIT 贸易出具的保函上面,收货人一栏填的是他们自己。厦门建发把他们自己列为无单放货保函中的指定收货人,可能是开具受益人是 SCIT 贸易的信用证的需要,他们还未收到受益人为他们自己的信用证。他们的关联公司昌富利也未收到信用证,一直到卸完货后很久。厦门建发这么做可以确保他们在岚山可以占有货物,避免当他们不得不偿还银行承兑信用证的时候遭受损失。由此,必然可以推断出,厦门建发指定他们自己为无单放货保函上的收货人,是因为厦门建发的意图为,指定的代理海陆丰将代表他们在卸港提取货物。这些货物将凭正本提单再转交给山西海鑫。

2013 年 12 月 20 日,海陆丰完成货物进口申报,收货人描述为山西海鑫,而交付人为昌富利。这个信息可能是从厦门建发、昌富利或山西海鑫获得;而不可能来自原船东或者二船东。同理,海陆丰在 2013 年 12 月 25 日通知相关方正本提单到不了,也不可能是从原船东或二船东得知。

该轮船长回忆,12 月 29 日有一个海陆丰的代表上船,声称他是代表厦门建发来处理卸货事宜的。船长对他当时是否出示了保函复印件并没有印象,但船长说凭他的经验,通常情况下代理会有保函附件在手。Teare 法官认为,没有理由去怀疑船长的证据,船长清楚保函的条款,因为他们在 2013 年 12 月 20 日发给船长了。在这种情况下,船长很可能想知道的是代理是否为厦门建发的代理人。船长绝不可能在未得知代理人是代表厦门建发的情况下同意去卸货。

这些问题显示,更可能的是厦门建发并不想海陆丰代表他们去提取货物,而海陆丰也清楚知道厦门建发意图,却在从船东处提取货物的时候仍选择代表厦门建发。相反,基本不可能的是在那个时候其代表船东。船东在卸货港关心在乎的是,如果收货人没有正本提单,将按保函的条款来卸货和交付货物。如果船东这么做了,就能得到保函的保护。船东没有任何动机,把货物卸给海陆丰受其占有且作为船东的代理。这种卸货将得不到保函的保护,因为船东并没有把货物交付给厦门建发;他们通过海陆丰仍将占有货物。

海陆丰代表二船东去提取货物是不大可能的,没有证据显示海陆丰那么做是代表二船东,二船东也没有动机从原船东那提取货物。二船东从厦门建发所收到的保函是把货物交付给厦门建发,此情形下二船东没有任何意图通过海陆丰自己去提取货物。既然保函认为约定把货物交付给厦门建发,那么很显然二船东一定会认为海陆丰将代表厦门建发提取货物。

厦门建发辩护称,他们并没有指定海陆丰作为他们的代理以便代表他们去提取货物,也未指示 SCIT 贸易或 SCIT 服务把货物交付给海陆丰。厦门建发的人员声称他们相信海陆丰是 SCIT 贸易或船东的代理,他们不相信把货物交付给代理会触发他们在其所签发的保函下的责任;但他们并没有解释为什么提供给 SCIT 贸易的保函里要求把货物交付给他们自己。因此,Teare 法官认为厦门建发这些陈述声明并不具有说服力。

基于以上这些原因,Teare 法官判货物已经通过海陆丰交付给了厦门建发。这是保函中所约定的,也是船东及获得保函的保护所应履行之事。因此,二船东得赔偿原船东关于该轮被扣的损失;鉴于供应链上的保函格式及内容一致,SCIT 服务得为二船东负责,厦门建发得为 SCIT 贸易负责,承担同等的赔偿责任。

【评析】

本案的案情其实并不复杂,收货人山西海鑫指定了海陆丰为卸港代理,代表他们去办理提货手续等事宜。在正本提单到不了的情况下,提供了无单卸货放货的保函,但是厦门建发基于他们自己的考虑,在他们给 SCIT 贸易提供的保函中,货物交付方改为了他们自己。之后因为中国银行认为其持有了正本提单,向法院申请扣船。随后船舶在再次抵达岚山港的时候被扣押,二船东提供担保,船被释放;之后二船东依据保函条款,找 SCIT 贸易索赔。最终,Teare 法官判货物已经通过代理海陆丰交付给了厦门建发,各方得依据保函里的条款负各自的赔偿责任。

在海上货物运输过程中,由于航程短,或者改港等原因,往往导致正本提单在正常的流转途中,在船东抵达卸港的时候,无法到达收货人手中。贸易合同中,通常也约定卸港的滞期费由收货人自己承担,那么收货人为了节省滞期费支出,便不可能让船舶一直等待正本提单,于是便提出用保函的方式以便让船舶先尽快完成卸货或交货;而如果条款中有无单卸货或无单放货条款,船东也只能接受此要求,要不就违约。船东在收到租家保函的时候,为了保函能够生效,以保护船东利益,就得按照保函中的约定,把货物交付给保函中指定的收货人或其代理人。

在当时的市场下,一般都是租家指定代理,最终往往也是收货人指定代理,和以前船东指定代理相反。虽然是租家指定代理,但船东为了节省不必要的费用开支,往往不会额外再委托船东自己的代理去处理一些费用,比如安排换船员,或者安排淡水,安排船员就医,等等。这个时候,租家指定的代理也在处理一些船东的事情,但如本案中的情况一样,法官认为,虽然海陆丰也在处理船东的事情,但在提取货物上面,仍然代表的是厦门建发,而不是船东。

本案中原船东的严谨做法,值得学习。在租家提供无单卸货保函的时候,反复要求租家提供具体上船前来提货的人的姓名及身份证号,以及授权书。虽然租家最终并未提供,但如果租家提供了,那么只要船方在靠泊办手续的时候,船方已经核对了来人的姓名及身份证号等信息,那么比保函条款的保护还多了另外一层保护,如果是 NYPE 租约的话,可以依据租约第 8 条,英国法下赋予的默示索赔权找租家索赔损失。以下两个注意事项值得以关注:

① 租家提供无单卸货或者放货保函的时候,船东务必要求租家确认上船办理手续以及提货人的姓名、身份证号及授权书;

② 船舶在靠泊后,船方需认真核对来访人员信息,记录好来办手续要求卸货提货人的姓名、身份证号,还要明确要求对方确认其代表哪一方,并做好登记手续。

做到以上两点,将更好地保护船东的利益不受损失。本案中 Zagora 轮的船东及管理公司为希腊的 GOULANDRISBROTHERSHELLAS。然而现实中,特别是国内的船东,几乎鲜有人采取这种做法;这也从另一个侧面揭示了为何希腊能被誉为全球最大的船东国,而大多数人往往处于被动的境地。从本案例中,一件小事便能体现希腊船东的专业素养,这确实值得大家学习。

来源:Oldendorff GmbH & Company KG("Oldendorff") v Sea Powerful II Special Maritime Enterprises("Head Owners"),案号:[2016] EWHC 3212(Comm)。

评析者:Dr. Michaela、Domijan-Arneri 等。

第五节 油轮航次租船业务

本节主要介绍油轮航次租船的基本知识、世界石油运输的主要航线分布、新世界油轮(基本)费率表等。关于航次租船业务,本章前四节已有详述,本节主要是以船东视角介绍油轮航次租船的环节及特殊操作。

一、油轮运输概述

(一)油轮种类

油轮是载运散装原油和成品油的专用船。油轮可以分为原油轮和成品油轮,一般吨位都比较大。油轮根据其载重吨位的不同,可以划分为多种类型:通用型油轮,载重吨位在 1 万以下;灵便型油轮,载重吨位介于 1 万~5 万之间;巴拿马型油轮,载重吨位在 5 万~8 万;阿芙拉型油轮,载重吨位在 8 万~12 万;苏伊士型油轮,载重吨位在 12 万~20 万;大型油轮(VLCC),载重吨位在 20 万~30 万;超大型油轮(ULCC),载重吨位超过 30 万。

(二)世界石油运输的主要航线

油轮运输已有 120 多年的历史,一直是世界原油贸易的主要运输方式之一。海上石油运输航线连接着世界上主要的产油地区和消费地区,有跨洋的国际航线,也有地区性的短程航线。从目前海上原油运输的基本流向看,主要出口地区为中东、西北非、中亚,主要进口地区为北美、西欧、东亚。世界石油运输的主要航线分布如下:

(1)波斯湾—好望角—西欧—美洲运输航线。该航线是西欧、北美的主要供油运输线,也是世界上最主要的海上石油运输线。

(2) 波斯湾—马六甲海峡—日本运输航线。这条航路的具体路线是印度洋—马六甲海峡—新加坡—太平洋—南中国海—日本(东京、横滨、神户、大阪)。

(3) 波斯湾—苏伊士运河—地中海—西欧—北美运输航线。这条航线由波斯湾沿岸各油港,出霍尔木兹海峡至阿拉伯海,经曼德海峡—红海—苏伊士运河,进地中海,出直布罗陀海峡,经大西洋北上至西欧各国,或横渡大西洋至北美东海岸各港。

中国的石油进口来自中东、非洲、东南亚地区,进口原油约 4/5 是通过马六甲海峡运输的。马六甲海峡已经与中国经济安全息息相关。

(三) 国际独立油轮船东协会

国际独立油轮船东协会(International Association of Independent Tanker Owners, INTERTANKO)成立于 1934 年,总部设在挪威奥斯陆,由来自各海运国家的独立油轮船东组成。当时正处于石油危机时期,它成功地将油轮闲置、集中起来管理,以便有关船东在竞争中紧密合作。20 世纪 30 年代末,随着油运市场的改善,这一组织的活动慢慢地减少,直到 1954 年正式解散。20 世纪 50 年代中期,该组织在伦敦重新成立,由于没有足够的能力来维护其成员的利益,处于一种半休眠状态。1970 年,一些独立油轮船东集聚在奥斯陆,由 10 个海运国家的代表再次组成了 INTERTANKO,于 1971 年 1 月开始工作。INTERTANKO 由 270 多个油轮船东会员,拥有世界油轮 80%的总吨位。石油公司和政府所拥有的油轮船队不准加入协会成为会员。

INTERTANKO 是非营利性机构,它成立的宗旨是为会员之间交换意见提供场所,促进自由竞争,维护独立油轮船东利益。加强技术和商业之间的交流。INTERTANKO 特别强调于它所提供的服务对它的成员具有实际价值。其业务主要包括以下几个方面:

(1) 港口信息方面。成员们每月收到包括最新港口状况和费用的公告。当发现某处滥收费时,代表其成员做出快速反应;在港口费、代理机构安排、运费税等方面给出专家建议。

(2) 运费和滞期费问题。该机构致力于协助油轮船东应对租船人和石油交易商在支付或未支付运费方面出现的拖延问题。在服务推出的前两年,已成功协助船东处理并回收了 150 万美元的资金。

(3) 租船合同。INTERTANKO 提供了各种标准的租船合同条款和文本,专家们给其成员各种实际可行的关于租船方面的建议。

(4) 市场研究。INTERTANKO 提供关于油轮市场供需方面独到的见解,出版了《油轮市场展望》《油轮经营风险和机遇》等图书。

(5) 关于船舶动态、海上安全、市场趋势、油轮费用、港口使用费等各方面的最新消息。INTERTANKO 凭借着优质的服务,给各独立油轮业主创造了更多的获利机会,同时也促进了自身的发展,对海运业和经济贸易发展起了一定的推动作用。

(四) 石油公司国际海事论坛

1967 年 3 月,MT"TORRE CANYON"油轮的灾难性事件促使全球主要石油公司开始重视原油及其产品的海上运输和终端接收的安全与防污染问题。作为回应,1970 年 4 月

8日,这些公司在伦敦自发成立了一个名为"石油公司国际海事论坛"(Oil Companies International Marine Forum,OCIMF)的非营利性组织。该组织最初由18家大型石油公司组成,几乎所有国际大石油公司都加入了这一行列。

由于OCIMF的成员公司在原油及其产品的海上运输和港口作业方面有着共同的利益,自成立以来,该组织一直致力于确保油轮和装卸终端的安全与环保操作,并制定改进的设计和操作标准。OCIMF在制定技术和操作指南方面发挥了权威作用,有时与其他相关组织合作。

OCIMF制定的船舶检查报告计划(Ship Inspection Report Programme,SIRE)自推出以来就获得了业界的广泛认可,并已成为全球油轮检查和报告的行业标杆。2004年,该计划进一步扩展到包括驳船和小型船舶的检验。

因此,掌握OCIMF制定的安全检查(SIRE)基本标准对于适应国际主要石油组织和石油公司的认证至关重要。OCIMF制定的"船东和船舶安全管理评审指南"是国际大石油公司对油轮公司和油轮管理的最高共同标准,涵盖了人力资源管理、公司管理与应急反应、船上的安全管理、维护和操作管理、航行计划和货物的监护及转驳程序等六个关键领域。通过这一指南的评估,意味着大石油公司认可相关油轮公司能够在国际海事领域承接油轮运输业务。

1977年,OCIMF在百慕大注册成立公司,并在伦敦设立了分支机构。同年,OCIMF被国际海事组织(International Maritime Organization,IMO)任命为咨询顾问和观察员。OCIMF在IMO会议上始终如一地介绍和传达其对石油行业的观察和见解,近年来,它还对欧盟关于油轮安全和环境法案的讨论和起草做出了重大贡献。截至21世纪初,OCIMF的成员规模已增长至60多个。

二、新世界油轮(基本)费率表

自1989年1月1日起,国际油轮租船市场在协商油轮航次租船运费时,普遍采用由伦敦国际油轮费率表协会和纽约油轮经纪人及代理人协会共同制定的《新世界油轮(基本)费率表》(New Worldwide Tanker Nominal Freight Scale,简称New Worldwide Scale或WS费率表)所规定的费率,作为基本费率的计算标准。然后,结合当时的租船市场行情和航次的实际费用水平以及合理利润水平,以指数形式(如"WS××")表示双方商定的增减百分比,作为商定的运费率,并记录在租船合同中。

以下将介绍《新世界油轮(基本)费率表》的形成过程、构成及使用方法,以及新世界油轮基本费率(WS100)的计算依据和计算方法。

(一)《新世界油轮(基本)费率表》的形成过程

第二次世界大战之前,油轮运输与其他不定期船运输一样,船货双方根据航次的航线实际情况和货运的油品数量,通过协商来确定一个双方都能接受的运价,通常每吨油品的运价用美元或英镑表示。这种方法需要花费较长时间来协商各航次的运价和各种条款,并且不便于与不同航线的油轮运价进行比较。随着海上油运数量的增加,传统的协商油轮运价方法的缺点日益暴露出来。然而,油轮航次租船具有整船满载承运、货种单一、流向稳定、装卸港条件差异较小等特点,这为改革油轮运价计算方法提供了条件。

第二次世界大战期间,英国政府对其被征用并转租给一些大型石油公司的油轮采用了一种由英国运输部颁布的费率表,向租用这些油轮的石油公司按航次收取运费。这一费率表于1946年1月生效,简称为MOT费率表或"MOT运价制度"。它对每一对装卸港的油运航线设定一个运价,此运价能确保任何石油公司所经营航线的每一艘油轮的每日净收益接近相等的水准。第二次世界大战结束后,虽然被英国政府征用的油轮重归各自的船东,但仍一直沿用此MOT费率表作为"基本运价",只是根据已经变化了的市场行情,加减某个百分比。

同样在第二次世界大战期间,美国也有一个类似的运价制度。最初,美国战时海运管理局以当时油轮运输成本为基准,按1936年世界各地间的油运航线规定了由国家统一控制的公定运价。直至1946年,美国的战时海运管理局被撤销,新成立的美国联邦海运委员会仍沿用这个非公开的费率表。直到1948年6月,应广大航运业经营者的要求,美国联邦海运委员会才将这个简称为USMC的费率公开。英国的MOT费率与美国的USMC费率本质上无太大差异,都适用于油轮的航次计费,只是前者以英镑作为计价单位,后者以美元作为计价单位。而且USMC费率较多地适用于MOT费率适用航线以外的其他航线。

随着时间的推移,上述这类费率表日益不能适应大部分油运航线的实际情况。于是,伦敦油轮市场经纪人在一些大型石油公司的支持下,于1952年11月1日发表了简称为Scale NO.1的伦敦市场油轮一号费率表,用以取代MOT费率表。之后,在1954年7月1日又发表了2号表,1958年12月5日发表了3号表。1956年,美国纽约油轮经纪人和代理人协会发表了新的美国油轮费率表,简称为ATRS Rate,以补正USMC费率表的不足。

进入20世纪60年代后,伦敦油轮租船市场经纪人为了使3号表(Scale NO.3)更加合理,也为了使油轮费率取得国际统一,组织了"国际油轮费率表协会"对之进行研究。随后,该协会发表了《国际油轮基本费率表》,并于1962年5月15日起开始生效,随后为伦敦及纽约的租船市场所接受,但是美国政府所租用的油轮和在美国国内港口间运输的油轮除外,这两类油运仍采用美国纽约油轮经纪人和代理人协会于1956年发表的ATRS费率表。

进入60年代的末期,由于油轮租船市场的发展,更需要有一个有权威的、能够正确标价、并有世界各油运航线费率的费率表。经过几年的酝酿和协商,伦敦国际油轮费率表协会和纽约油轮经纪人及代理人协会达成一致意见,共同颁布了从1969年9月15日生效的《世界油轮(基本)费率表》,简称为World Scale费率表,一直沿用至1988年年底。该费率表与以前各种费率表的区别主要在于选用载重量为19 500公吨的标准船舶,一些不随市场行情变化的诸如运河通行费、税金等费用计入运费的方法不同。

然而,经历了多年的使用后,普遍认为原先选定的夏季载重量为19 500公吨的标准油轮已不具有代表性;且按该标准油轮计算的每天租金标准1 800美元,已与此后的实际情况相差甚远。因此,伦敦国际油轮费率表协会和纽约油轮经纪人及代理人协会在20年后的1989年宣布采用于1989年1月1日起生效的新的世界油轮费率表,称为《新世界油轮(基本)费率表》。

(二)《新世界油轮(基本)费率表》的构成

该表中所列的基本费率,乃是指经过计算而得的世界油轮航线的标准费率即WS100的费率,以美元/吨为单位。表示一艘载重量为 75 000 吨的标准油轮,在该航线上完成一个标准航次(指满载到港、空载返回)的计费标准。

费率表由基本费率、附加差额、滞期费率和其他条款等构成。

1. 基本费率(Base Rate)

基本费率是费率表的主体,它分单港费率(1 港装/1 港卸)和多港费率(1 个以上港口装/1 个以上港口卸)两种。表中所列的费率系按卸货港的英文字母排列,以每一个卸货港为一组。该组内包括许多不同的装货港,每个装货港后面所列的费率便是从该组的卸货港到该装货港的基本费率。在基本费率表的右面,还可能注有 S、CS、P、CP 等字母,其含义分别是:

S——表示该航次重载与空载都是经过苏伊士运河的费率;

CS——表示该航次重载绕行非洲南端的好望角,而空载经过苏伊士运河的费率;

P——表示该航次重载与空载都是经过巴拿马运河的费率;

CP——表示该航次重载绕行好望角,而空载经过巴拿马运河的费率。

为排列方便,对于波斯湾、黑海等石油出口地区,每个地区列出一个代表性装油港的费率,对属于某一地区的其他装货港,则需另加地区附加费。例如,波斯湾地区的代表性装货港为 Quoin Island(位于波斯湾口,霍尔木兹海峡南岸的阿曼半岛之端)。若要查找科威特的艾哈迈迪港(Mina al Ahmadi)到某一卸货港的费率,则应先查某一卸货港到 Quoin Island 的费率,然后再从波斯湾地区的附加费率表中查找 Mina al Ahmadi 的地区附加费,则二者相加便是 Mina al Ahmadi 到这个卸货港的基本费率。

2. 附加差额(differentials)

对因过运河或其他原因,从而会增加船舶所有费用支出时,费率表中规定了附加差额,将其加在洽定的费率上,作为对船东的补偿。如租船时的洽定运价为 WS140,则

$$每吨运价 = (基本费率 \times 140\%) + 附加差额$$

或 $$每吨运价 = (基本费率 + 地区附加费) \times 140\% + 附加费差额$$

基本费率表中列出的须加上附加差额的地区有:通过苏伊士运河;通过巴拿马运河;冬季去芬兰(北欧)港口(船东须支付冰税);去阿巴丹(伊朗)、法奥(伊拉克)、巴士拉(伊拉克)等港口(船东须支付疏浚费);过恒比尔河(Humber River)(位于英格兰东北部);过曼彻斯特河(Manchester Ship Canal)(位于英格兰西北部);过墨尔西河(Mersey River)(位于曼彻斯特河的下游);过圣劳伦斯河(St. Lawrence Sea Way)与韦兰运河(Welland Canal)(前者位于加拿大东南部,自安大略湖流入圣劳伦斯湾,后者位于加拿大安大略省,它连接伊利湖与安大略湖)。

3. 装卸时间(laytime)和滞期费(demurrage)

费率表规定的装货和卸货时间共为 72 小时。若有例外情况,则应根据租船洽谈的各方面的条件与租船合同的其他条款来确定。

滞期费依据船舶夏季载重量的大小,按天计算。费率表中规定了油轮从夏季载重量 8 500 吨到 399 999 吨共有 106 组不同的滞期费率。滞期费的具体计算办法是:取其每一组船的中间吨位船,算出该船在基准航线上满载条件下的航次运费收入,减去航次成本(包括

航次燃料费、港口使费及运河通航费)再除以航次天数,然后再加上停航时间每天所消耗的燃料费和支付的港口费,即为每天的滞期费。

滞期费基本上可表示一定时间各种不同吨位油轮每天船期损失,它包括了船东的利润及滞期时间的实际费用。滞期费也可作为计算油轮事故索赔和船期损失时的参考。

应当指出,与散货租船不同,油轮租船合同中仅有滞期条款,而没有速遣条款。视租船合同的规定,油轮的滞期费亦可以采用其他计算方法,如滞期费率可用适当费率的百分比来调整。设油轮费率规定为 WS150,则租家每天应支付的滞期费为 150%×适用该船的滞期费率;又如合同中可规定按货量计收油轮的滞期费等。

4. 其他条款

其他条款实质上是指规定油轮在港口的一部分费用的分摊问题,尤其是有别于国际航运惯例的一些费用的承担办法,在费率表中都作为其他条款加以规定。例如,按照国际航运惯例,凡对船舶征收的税金或其他费用通常都由船东负担,凡向货物征收的税金或其他费用则由租家负担,油轮租船通常也是如此,但是实际上各港口和码头则有例外的情况,如码头费和停泊费通常由船东负担,而在阿尔及利亚、加拿大、法属圭亚那、日本、德国、墨西哥、荷兰、巴拿马运河区、秘鲁、菲律宾、留尼汪、沙巴、沙捞越、新加坡、特立尼达及德国、美国部分港口等则规定由租家支付;又如港口税在巴西、厄瓜多尔等也规定由租家支付。类似这些特例,在费率表中都作为其他条款加以规定。

(三) 新基本费率(WS100)制定依据及计算方法

1. WS100 制定依据

《新世界油轮(基本)费率表》中列出的费率(WS100)是按照前述的标准油轮在各航线上从事一个标准航次(指去航满载,回航空载)所发生的费用累计求得的。除了前面提到的标准油轮的技术特征和标准航次的作解释外,以下是对计算中所依据的内容及规定的进一步说明。

(1) 港口使费:尽可能按各个装货港及卸货港的最新费率进行计算。

(2) 燃油价格:它经历过几次变化。1976 年前有一种算法,1976 年以后,考虑到油价不断上涨,为使计算符合变化了的油价实际,从 1980 年起,凡当年 7 月 1 日生效的费率表按当年 3 月 31 日前半年的平均油价计算,而下一年度 1 月 1 日生效的费率表,则按上年度 9 月 30 日前半年的平均油价计算。1989 年生效的新费率表,燃油价格按当年生效前 9 月份世界范围内 380CST 等级油的平均价格计算。

(3) 多港挂靠时:在计算多港费率时规定,每增加一个装货港或卸货港,航次时间另外增加 12 小时。凡需经过苏伊士运河或巴拿马运河时,前者每次另增加 30 小时,后者每次增加 24 小时(1969 年费率表规定,过苏伊士运河或巴拿马运河每次均增加 30 小时)。

2. WS100 计算方法举例

(1) 航次资料:设油运航线为从 Ras Tanura(位于沙特阿拉伯的海湾沿岸,地理坐标为 $26°38′N,50°10′E$)到 Milford Haven(位于英国西南部,地理坐标为 $51°42′N,5°10′W$),两地间的往返航次距离为 23 601 n mile,按最新费率计算的两地间的往返航次港口费共计为 20 400 美元;两地按前述方法计算的平均油价分别为 150.5 美元/吨及 145 美元/吨。

(2) 航次时间计算：标准油轮航速为 14.5 节，规定的标准停港时间为 72 小时，故

航行时间 = 23 601/(24 × 14.5) = 67.8(天)

停泊时间 = 72/24 = 3.0(天)

航次时间 = 67.8 + 3.0 = 70.8(天)

(3) 燃料消耗及费用：每航行天及停泊天的燃料消耗量取自标准船舶，前者为 55 吨/天，后者为每港 5 吨。

航行时的燃料消耗量 = 55 × 67.8 = 3 729.0(吨)

停泊时的燃料消耗量 = 5 × 2 = 10(吨)

航次燃料费用 = (3 729 + 10) × (150.5 + 145)/2 = 552 437.3(美元)

(4) 船舶维持费及航次营运成本：按标准油轮规定计算，即

船舶维持费 = 12 000 × (67.8 + 3.0) = 849 600(美元)

航次营运成本 =（船舶维持费 + 航次燃料费 + 航次港口费）
= (849 600 + 552 437.3 + 20 400) = 1 422 437.3(美元)

(5) 基本费率 WS100 = (1 422 437.3 ÷ 75 000) × (1 + 2.5%) = 19.44(美元/吨)。

3. 基本费率表使用方法

《新世界油轮(基本)费率表》主要用作租船中商谈运价的基本费率和计算标准，自 1989 年 1 月 1 日生效之日起一直沿用至今。但是，有些情况常有变化，所以制定该费率表的伦敦国际油轮费率表协会和纽约油轮经纪人及代理人协会，每年的 1 月 1 日颁布一次修订后的适用当年的费率表(原 1969 年费率表每年公布两次，即：6 月公布一次，同年 7 月 1 日生效；12 月公布一次，翌年 1 月 1 日生效)。

每年颁布一次经过修订的新基本费率表分为两个部分，每次刊登 60 000 多种不同油运航线的油轮基本运价，涉及 1 000 多个港口。第一部分刊登本港费率(1 港装/1 港卸)；第二部分刊登多港费率(1 个以上港口装/1 个以上港口卸)。同时，还列出了不同吨级油轮的滞期费计算费率约 120 种。使用时，如需查询不同于自己所需的港口费率等问题，可通过向本费率表的发行人询问。

鉴于《新世界油轮(基本)费率表》还存在一些缺点，且现实情况复杂多变，船货双方洽谈运价时还应以指数形式(WS××)表示双方商定的增减百分比，作为商定的运费率载于合同中。例如，若 Ras Tanura — Milford 航线根据现时情况给定的运价为 WS125，则该航次的实际运价为 19.44×125% = 24.30(美元/吨)。

三、安全检查

若要为全球主要石油公司运输原油，通常在商谈租船合同之前，所选油轮必须先通过这些石油公司的安全审核，才有机会被选中租用。这一流程在业内通常被称为"Major Approvals"。

目前，全球各大石油公司均要求油轮公司及船舶通过行业安全检查和评估，以确保他们认定的安全船舶和船东能够承运其货物或产品，从而实现运输安全的目标。

国际油轮行业的安全检查标准由石油公司国际海事论坛(OCIMF)制定，分为 SIRE

(Ship Inspection Report Programme)检查和 CDI(Chemical Distribution Institute)检查两大类。SIRE 检查适用于油轮、液体化学品船以及液化气船的安全评估，而 CDI 检查则专门针对液体化学品船和液化气船的安全状况。

油轮行业的安全检查制度起源于 MT "Exxon Valdez"油轮触礁导致的溢油事件。该事件后，国际法规规定船东和租家需共同承担污染责任及费用，特别强调了租家即使未被告知使用了低标准船舶运输货物，也必须对油轮进行安全检查。

在租家决定租用船东的油轮进行货物运输之前，通常需要经过两个阶段的评估来确定是否接受该船舶。首先进行的是船舶检查(ship inspection)，随后是安全评估(vetting)，以决定是否最终接受该船。

(一) 船舶检查

OCIMF 制定的安全检查首先要求船东完成《油轮、化学品船及液化气船资料提纲(问卷)》。该问卷涉及超过 700 个独立问题，涵盖永久性或半永久性资料以及船文件方面，旨在确保安全和防污染。这些问题被系统编号，并逻辑性地分为 15 个独立章节，内容包括船舶概况、证书与文件、船员管理、航行、安全管理、防止污染、结构状况、货物与压载作业、惰性气体与原油洗舱、系泊设备、通信与电气设备、机舱与舵机、船互驳资料、化工品船资料和液化气船资料等。其目的是确保在船舶检查之前或检查期间，船舶经营人能够回答列出的问题，同时检查方能够获得所需的信息。《油轮、化学品船及液化气船资料提纲(问卷)》将使检查者能够掌握全面且尽可能最新的船舶概况手册，在检查过程中，通过该问卷，检查者可能会发现之前未察觉的、有价值的资料。

OCIMF 安全检查是由全球主要石油公司或货主委托持有相应证书的检查官亲自登船进行的全面检查。这些检查官通常具备远洋高级船员的背景，如船长或轮机长，并且大多数是独立第三方机构的成员，只有极少数来自大型石油公司。整个船舶检查过程大约需要 9 个小时，内容广泛，涵盖了船舶的各个领域。检查程序包括会议和问卷审查、驾驶台/雷达检查、外观检查、主甲板/系泊设备/泵间检查、货控系统检查、机舱检查、内部空间检查以及总结会议，共计八项。具体的检查内容可参考 SIRE(Ship Inspection Report Programme)或 CDI 的 SIR(Ship Inspection Reports)以及 VIQ(Vessel Inspection Questionnaire)船舶检查问卷。检查中发现的任何不符合项，在得到船长或船东代表的确认后，将出具一份书面报告供船长签字确认。之后，船公司会收到一份正式检查报告的电子邮件。在收到正式检查报告的两周内，船公司必须对所有问题进行回复，提供不符合项的纠正措施、预计完成日期以及完成后的证明材料等，以便大型石油公司对船舶进行进一步的安全评估。

(二) 安全评估

每家大型石油公司或货主都设有油轮安全评估委员会，而被指派的安全评估检查官并不隶属于安全评估委员会。一旦检查官提交了正式的检查报告，他们的任务即告完成，且他们对评估组织不再拥有发言权。

1. 油轮安全评估委员会的评估依据
(1) 船公司或管理公司"油轮管理自我评估"的自评得分。

(2) 通过评估船舶的检查报告来评估船舶的状况以及操作情况。

(3) 从码头方面反馈的船舶作业安全情况。

(4) 船级社或管理公司是否发生变更。

(5) 船舶的技术状况、流程或存在的缺陷是否会影响其满足客户的标准。

(6) 在运营过程中是否出现事故，以及对事故的控制、调查和处理情况。

(7) 港口国监督检查(PSC)的记录。

(8) 其他相关的报告(例如媒体的报告等)。

如果在安全评估过程中，国际大型石油公司或货主判定该船舶不符合要求，那么该船舶将无法被租用来运输这些公司或货主的货物。这可能会给油轮公司带来经营上的损失，甚至可能是灾难性的打击。因此，确保船舶通过检查和安全评估，以获得国际大型石油公司或货主的认可，是油轮公司承运这些货物的基本前提。

2. 国际大石油公司对船龄/船舶状况的要求

近年来，全球主要大型石油公司对油轮船龄和船舶状况评估程序(condition assessment program，CAP)的标准(通常由船级社执行检验)提出了新的要求：

(1) CEPSA、PETRONAS、Repsol、Sunoco、Statoil(2018 年更名为 Equinor)、TOTAL(2021 年更名为 Total Energies)不接受船龄超过 25 年的船舶。

(2) Conoco Phillips 不接受船龄超过 23 年的单壳船舶。

(3) Louis Dreyfus 不接受船龄超过 20 年的船舶。

(4) BP 在 2007 年接受船龄在 22 年之内的船舶、2008 年接受船龄在 20 年之内的船舶。

(5) Exxon Mobil 不接受船龄超过 20 年的船舶。

(6) Chevron Texaco 不接受船龄超过 18 年的船舶。

(7) BP、Stat oil 要求载重吨在 20 000 吨以上且船龄超过 15 年的船舶至少进行 AP Ⅱ 的检验。

(8) Conoco Phillips 要求船龄超过 15 年的单壳船舶至少进行 CAP Ⅱ 的检验。

(9) Repsol 要求船龄超过 20 年的船舶至少进行 CAP Ⅱ 的检验。

许多大石油公司如 BP 和 Inovene 已要求从 2007 年 1 月 1 日开始 5 000 载重吨以上、2008 年 1 月 1 日开始 600 载重吨以上的运输碳氢化合物的船舶必须是双壳船。

船舶检查与安全评估是定期进行的，目前几乎所有大型石油公司都规定每半年必须执行一次。油轮的安全检查和评估由各石油公司独立进行，其结果可能并不相同。例如，即便一艘油轮通过了 BP 的检查与评估，但 EXXONMOBIL、SHELL、CHEVRON、TEXACO 等公司可能并不完全认同。因此，若要运输 SHELL 的货物，油轮还必须通过 SHELL 的检查与评估。油轮需要根据不同的石油公司货源，分别完成相应的检查与评估，才能承运相应的货物。因此，许多船东每年都需要通过主要石油公司的检查与评估，这在洽谈货物运输时，能为他们带来更多的承运资格和机会。例如，同时拥有 EXXONMOBIL、BP、SHELL、CHEVRON、CONCOPHILLIPS 等大型石油公司的"major approvals"。

3. 港口国监督和船旗国检查

在处理上述海事手续的同时，依据相关国际公约的规定，海事机构将对油轮执行港口国监督检查(PSC)以及船旗国检查(FSC)，并进行状况评估计划(A/S)。以油轮 PSC 和 FSC

检查项目代码为索引,指导公约要求的具体条款检查项包括:

1810 检查货油区域的分隔,内容是货油区域与机器处所的分隔和货油区域与上层建筑、生活服务区和控制站处所的分隔,依照 2001 版 SOLAS74 第Ⅱ-12 章第 56 条 1 款和 2 款的规定要求。

1815 上层建筑、机器处所和控制站的出入门空气进口、开口和气密,内容是检查出入门、空气进口、开口和气密,依照 2001 版 SOLAS74 第Ⅱ-2 章第 56 条 8 款的规定要求和 2004 版 SOLAS74 第Ⅱ-2 章第 4 条 5.2 款的规定要求。

1816 驾驶室门、窗,依照 2001 版 SOLAS74 第Ⅱ-2 章第 56 条 8 款的规定要求。

1820 货泵间和装卸作业处所,检查透气系统和换气,依照 2001 版 SOLAS74 第Ⅱ-2 章第 59 条 1 款、3 款 1 项的规定要求。

1825 货油区域处所,检查透气系统、通道、电气设备,依照 2001 版 SOLAS74 第Ⅱ-2 章第 59 条 1 款、2 款的规定要求。

1830 货油输送,内容是检查货油软管、控制和方式、管系,依照 ILO134 号公约第 4 条 3e 项的规定要求。

1835 货油舱除气,依照 2001 版 SOLAS74 第Ⅱ-2 章第 59 条 2 款的规定要求。

1840 指示仪,检查氧气指示仪,依照 2001 版 SOLAS74 第Ⅱ-2 章第 62 条 17 款的规定要求。

1850 货油区域的防火,内容是检查货油甲板区域的防火,依照 2001 版 SOLAS74 第Ⅱ-2 章第 60 条、61 条的规定要求。

1860 人员保护,依照 2001 版 SOLAS 74 第Ⅱ-2 章第 17 条的规定要求。

1885 进入舱室的安全通道,依照 2001 版 SOLAS74 第Ⅱ-1 章第 A-1 部分第 3—6 条的规定要求。

1886 应急拖带装置,依照 2001 版 SOLAS74 第Ⅱ-1 章第 A-1 部分第 3—4 条的规定要求。

1887 进入液货船船首的安全通道,依照 2004 版 SOLAS74 第Ⅱ-1 章第 A-1 部分第 3—3 条的规定要求。

1705 船上油污应急计划,检查船上油污应急计划的执行,依照 2002 版 MARPOL73/78 附则Ⅰ第 26 条规定要求和统一解释。

1710 油类记录簿,检查填写是否符合实际和规定要求,依照 2002 版 MARPOL73/78 附则Ⅰ第 20 条规定要求。

1720 排油的控制,检查机器处所、货油舱/压载舱排放是否合法处理,依照 2002 版 MARPOL73/78 附则Ⅰ第 9 条 9.1 款、第 10 条 10.210.3 款和第 11 条规定要求。

1721 油类在船上的保存,检查货油舱/污水舱依照 2002 版 MARPOL73/78 附则Ⅰ第 15 条、第 17 条的规定内容和统一解释。

1725 油类与水压载的分离,检查燃油舱里不得装压载水(大于 150 总吨的新油轮)和货油舱里不得装压载水(所有具有 SBT 和 CT/装备 COW 设备的油轮),依照 MARPOL73/78 附则Ⅰ第 13 条 3 款的规定内容。

1730 滤油设备,按照大于 400 总吨小于 10 000 总吨和大于 10 000 总吨两个层次检查机器处所,依照 MARPOL73/78 附则Ⅰ第 16 条第 2 款、4 款和 5 款的规定内容。

1740 排油监控系统,一是按照大于 400 总吨小于 10 000 总吨和大于 10 000 总吨两个层次检查机舱中排油监控系统的工作状况,依据 MARPOL73/78 附则Ⅰ第 16 条 1 款 2 款和 5 款规定的内容;二是按照大于 150 总吨检查货油舱的排油监控系统的工作状况。

1745 15 ppm 报警装置,检查 15 ppm 报警装置工作状态。

1735 油轮的泵系、管系和排泄布置,检查与岸上对接的排泄管线、海上排放(对所有船)、不准海上排放(对新船)、小尺寸排放管线(具有 CBT 或 COW 的新油轮和现有油轮)依据 MARPOL73/78 附则Ⅰ第 18 条规定内容。

1750 油/水界面指示仪,依照 MARPOL73/78 附则Ⅰ第 15 条 3 款 b 项的规定内容。

1760 标准排放 MARPOL 接头,依照 MARPOL73/78 附则Ⅰ第 19 条的规定内容。

1770 CB、COW,检查隔离压载舱、洁压载舱及操作手册、原油洗舱及手册特定贸易的现有油轮,依照 MARPOL73/78 附则Ⅰ第 13 条 1 款、6 款、7 款、8 款、9 款、10 款和第 13A 条、第 13C 条、第 13D 条的规定内容。

1771 原油洗舱操作 MARPOL 和设备手册,依照 MARPOL73/78 附则Ⅰ第 13B 款的规定要求。

1772 双壳结构,检查是否符合双壳油轮的结构要求和压载舱保护要求,依照 MARPOL73/78 附则Ⅰ第 13G 条 4 款和第 13E 条、第 13F 条的规定要求。

1773 静力平衡装载,检查是否采用静力平衡装载,如采用是否取得主管机关的批准,依照 MARPOL73/78 附则Ⅰ第 13G 条 4 款和第 13E 条、第 13F 条的规定要求。

1775 状况评估计划(CAS),检查符合运营的单壳油轮《状况评估计划》《符合证明》和相关检验检测文件,依照 MARPOL73/78 附则Ⅰ,2003 年修正案的第 13G 条的规定要求。

1780 污染报告,检查排油记录,依照 MARPOL73/78 附则Ⅰ第 9 条 3 款和第 10 条 6 款、36 款的规定要求。

四、油轮航次租船业务

油轮航次租船业务始于船舶接受船公司的航次指令,随后通过配积载制定装载计划。根据预计抵达港口的时间,向发货人宣载并向代理人提出相关申报。抵达港口时,递交装货准备就绪通知,直至进港靠泊并准备装货前的各项业务。

(一)航次指令内容

无论是船东还是租家对油轮所下达的航次指令(voyage instruction or voyage order,也称作航次命令),都是船舶执行航次任务的具体内容和要求。航次指令通常包含以下主要内容:

(1)数量(quantity)。货物装载量与运费之间通常存在直接关联,目前常用的计费方式包括包船运费和按吨计费两种。在包船运费模式下,租船人在与船东签订合同时,会基于对油轮装载能力的了解,根据其贸易许可的范围,尽可能地充分利用油轮的最大装载潜力。因此,租船人通常要求船东在合同中承诺一个最低装载量,确保在约定的最小装货量与最大载货量之间,油轮的实际装载量可以灵活调整,而具体的装载数量则由装货港的码头方来决定。若码头方提供的计划装船数量未能满足合同规定的最低装货量,船东需提交声明并通知船东经营部门;同样,当船东在接到航次指令后,若根据油轮实际装载量无法达到最低装货量要求,亦应立即向船东报告。在按吨计费的情况下,装货数量通常约定为"×××±5%",油轮的实际装货量将直接影响运费收入。因此,在油轮装载前,宣布的载货量应为合同约定数量区间内油轮的最大载货量。

(2) 货油品种(product)。通常情况下,航次指令会向船东通报计划装载的货油的密度以及货油的温度。若船东对这些信息有疑问或无法确定密度,船长在宣载时有权仅声明在正常温度下货油的体积。

(3) 装货港和卸货港(load port & discharge port)。合约商定的装货港和卸货港。

(4) 受载日期(laycan)。船东需确保在受载期开始后及时提交 NOR(Notice of Readiness,准备就绪通知书)。未经租家和船东双方的通知与确认,油轮不得在受载期之前靠泊装货码头。

(5) 洗舱要求(cleaning)。船长需确保所有货油舱、货油管系及泵舱均符合装载要求,以确保验舱人员的满意并获得干舱证明。否则,可能会遭到拒绝装载,从而导致船东蒙受巨大的船期损失。

(6) 积载要求(stowage)。

① 在抵达目的港之前,船长与大副需依照航次指令的要求制定积载计划。若条件允许,他们应提前与目的港代理沟通,以进一步确认和落实装货相关事宜:
- 每票货是否需要完全隔离还是仅仅分舱隔离;
- 船舶使用的装油管线;
- 纵倾及吃水差,船舶的稳性及强度;
- 装卸港口有无吃水限制,若是几个卸港,其卸货顺序能否满足纵倾和吃水差的要求。

② 在抵达装货泊位之前,应确保准备了适当数量和尺寸的变径;积载计划应提供给代理和其他相关人员;对于多票货物,必须明确标示装货顺序以及船舶使用的装油管线,并获得码头或收货人的确认。

③ 抵达装货码头后,应组织人员对货舱进行彻底检查,以确保验舱过程的顺利进行;船东需获取托运人提供的关于货物数量和种类的书面确认文件,若发现与航次指令存在差异,船长应立即与公司航运部门取得联系。

④ 若需在锚地停泊,船东应与租船人或其代理人联系,以便适当安排在锚地进行验舱。若验舱不合格,将有足够的时间依照商检要求进行洗舱等处理。

⑤ 如需加油,应至少提前一周向公司航运部出书面申请,并尽量与代理或供应商配合,以减少时间损失。

⑥ 若条件允许,应该指派专人于梯口值守,以便在海关或代理登船时引导他们前往船长办公室处理相关业务。这样做不仅能节省时间,还能提升联检单位对船舶及船长的正面印象。

⑦ 当商检登船进行验舱时,大副或驾驶员在梯口迎接显得尤为重要。在验舱过程中,至少应有一名驾驶员和一名水手陪同,以便及时清除货舱内可能影响装货的任何痕迹和水迹。

⑧ 在货物装载完毕后,若船岸双方在数量上尚未达成一致,不得拆卸输油管(尽管船东

无法做出决定,但可以提出建议),因为货物计量是包含在装卸时间内的。

⑨ 若托运人无法依照船舶要求提供标明最小货物数量的货物,船长应提交海事声明,并需得到托运人、商检或其代理人的签字确认。

⑩ 如船岸数量有差异,根据其性质,按要求提交海事声明。

⑪ 当船舶装载多票货物时,应确保每票货物一旦装妥,立即进行计量,可建议码头或代理进行安排。

(7) 交货。在卸货港,船长在交付货物时必须格外谨慎。若将货物交付给非提单持有人,船东可能会面临赔偿货物损失及其他相关损失的风险,而此类赔偿并不包含在保赔协会的理赔范围之内。

① 通常情况下,船舶的交货程序遵循以下步骤:首先,依据交付给船长和船东的正本提单进行交货;然后,根据随船携带的正本提单进行交货;最后,依据提供的保函完成交货。

② 通常情况下,收货人需持正本提单至代理处以换取提货单(D/O),此时代理将负责确认收货人的身份。船长则依据船东及代理的指令执行卸货操作。为降低代理可能带来的风险,运营部门规定代理必须登船出示已收的正本提单,并加盖其印章,同时需注明完成航次的具体时间。

③ 在交货过程中,由于多种原因,收货人可能无法提供正本提单。在这种情况下,货物的交付将依据保函进行。保函是由租家或船东指定的银行出具,并在船舶抵达卸货港之前提交给船东。租家承诺,若指示船长依据保函交付货物而产生任何赔偿责任或费用,将由其承担。一旦公司收到保函,便会通知船长和代理,在货物抵达港口后,将货物交给无提单的收货人。值得注意的是,在凭保函交货时,必须从收货人那里获取货物收据。

(8) 卸货。船舶在卸货时船东应做好各方面的记录。

① 正确签发 NOR、时间表以及其他相关的货物操作文件,将直接影响滞期费的计算,因此船长必须给予高度重视。

② 在卸载同种货物时,边舱应优先于中舱卸空;在卸货过程中,若出现多个货舱同时将要卸空的情况,应在油位降至 1 米时暂停统卸,以确保能够依次完成每个货油舱的卸空。

③ 无论出于何种原因,一旦停止卸油作业,应立即将管线中的货油回收至舱内,以防止其凝固。

(9) 货油泵(pumping)要求。一般要求能在 24 小时内卸完货油,或者卸货期间保持喉管压力 7 kg/cm^2,或者是按照码头岸上的要求卸货。船上应保留货泵的工作记录,如受码头方面限制不能按照正常的速度卸货,应提交海事声明。

(10) 加温(heating)要求。若需将货物加热或保持在特定温度,托运人必须提供书面指示。若未收到此类指示,应立即与公司运营部门联系,这主要适用于某些动植物油和原油。在实际操作中,必须全面考虑几个关键因素:首先,船舶需根据油品类型及其凝固点特性进行调整。船应依据船舶的加热能力以及航行时间来规划,确保在卸货前每个货舱内的油品温度能够满足航次指令的要求。此外,船舶在任何时候都必须遵守合同中规定的温度维持标准,并且在卸货过程中保持这一温度。

(11) 发送船舶动态信息的要求。船舶需依照指定的各方名称/地址发送其动态信息以及所要求的内容,并且在装卸货物后,必须遵守发送信息的规定。

（12）装港和卸港的船舶代理。合约确定的装港和卸港的船舶代理人及联系方式。

（13）燃料（bunkers）。如有燃料添加计划，则明确加油规格和数量。

（14）报告 ETA 的要求。如果条件允许，应在到达装货港前 10/7/5/3/1 天和 12/6 小时向当地代理报告 ETA（Estimated Time of Arrival，预抵港口时间），或是按照租家规定的要求，船长应尽一切可能将 ETA 预报准确。

（15）关于当地代理的资料（agents information）。

（16）船舶签发提单的具体要求。

（17）其他（remarks）。

（二）船舶宣载

依据船东或租家的航次指令，船长在船舶抵达装货港并准备受载之前，会参照合同规定的装载货油的主要参数和受载数量范围，以及租家或船东的选择权。通过考虑油轮的燃物料、供应品、船舶常数、补给计划与数量等因素，进行详尽的计算后，船长将确定本次实际可装载货物的数量。只要这个数量处于合同规定的装载数量范围之内，船长即可迅速向租家或其代理宣布本船可受载货物的具体数量。这一过程即为受载油轮的宣载（declaration）。

宣载必须采用书面形式。通常情况下，宣载应在抵达装货港前的 1 至 3 天内完成，或者在提交装货准备就绪通知书之前进行，除非合同中有特别规定，此时应遵循合同指定的时间进行宣载。宣载通知书的格式如下：

DECLARATION

To the ××× or agency

  I hereby declare that the M/V ＿"TONGLI"＿ under my command has a (Deadweight Tonnage of Cargo) of 61,335 metric tonnes Summer/Winter. And a capacity of 68,970 CBM excluding slop tank at 98 pct.

  D/W ＿＿＿＿＿＿＿＿＿＿

  Bunker ＿＿＿＿＿＿＿＿＿＿

  Water ＿＿＿＿＿＿＿＿＿＿   Captain

  Constant ＿＿＿＿＿＿＿＿＿

  Dunnage ＿＿＿＿＿＿＿＿＿   M/V

所宣载的货物量必须与租船合同中规定的装货量范围及其选择权归属相符。若合同条款中装量的选择权归租家所有（more or less in charterers' option，MOLCO），则租家有权决定装船量是取上限还是下限；相反，若装量的选择权属于船东（more or less in owners' option，MOLOO），则船东拥有决定装货量上限或下限的权利。在后一种情况下，船长在宣载时应以该油轮的最大载货量为准，并且在确保安全的前提下，有权拒绝任何超出宣载量的装载要求。

（三）油轮配积载原则

由于原油货物和油轮结构及其设备的特殊性，油轮的配积载需要考虑以下四个方面的问题。

1. 确定航次货运量和载重线

所有船舶必须严格遵循《1966年国际载重线公约》(International Convention on Load Lines, 1966, LL66)的规定进行装载货物,油轮亦不例外。在装载油品时,必须考虑诸如吃水受限的港口、航线以及载重线公约所规定的季节性区域适应性、舱位分配等关键因素,确保船舶的吃水深度和干舷高度符合要求。船舶吃水是指从水线到龙骨的距离,而船舶干舷是从水线到最高通长甲板上缘的距离。船舶吃水及法定干舷之和应为一个常数,即干舷常数。合理利用载重线季区差和保证正确的干舷,可以确保油轮装载货油量既不会亏载也不会超载,达到正确的吨位。

油轮运输通常以满载状态进行,舱容设计上留有一定的余量。然而,也存在因货源不足而根据实际货物量来确定装载量的情况。因此,油轮每次航次的货运量通常等同于该航次的净载重量。确定油轮的航次货运量时应扣除上航次货油舱的油脚和残水的重量。在计算油轮的航次储备量时,除了考虑船舶航行和停泊的燃润料、淡水需要量外,还应考虑洗舱等特殊技术作业所需的燃料和淡水的储备量。确定航次货运量应按船舶实际舱容扣除膨胀余量,一般不能超过总舱容的98%。特别是当装运密度较小的油品时,要避免出现舱容不足。

2. 确定油轮配载

确定油轮的重量分配时,必须考虑船舶的稳性、吃水与吃水差、船体纵向受力、船体应力。

(1) 船舶稳性。当油轮各舱满载时,其稳定性通常能够得到保证。为了确保船舶的稳定性,货油舱的配舱原则是:除了用于调整吃水差的首尾少数几个舱室外,其他货油舱要么完全装满,要么保持为空。这种配载方式既能够降低自由液面对船舶稳定性的影响,又能够减轻货油对舱壁的冲击力。在亏载状态下,必须考虑自由液面的影响。现代油轮由于采用了纵长型舱壁和中舱顶中心线桁梁的设计,显著减少了自由液面的影响。

(2) 吃水与吃水差。为了便于排空压载水,油轮需要保持一定的尾倾。在舱容有余的情况下,通常会在船首和船尾各保留一个货油舱不完全装满,以便调整吃水差。此外,当装载多种不同类型的货油时,也可以通过调整不同油品的舱位分布来满足吃水差的要求。

油轮空载航行时一般处于压载状态,其目的是减小过大的中拱弯矩和船体振动,并能有利船舶航速的提高。因此,油轮压载舱一般选在船舶中部附近漂心前的位置和首部。

(3) 船体纵向受力。现代油轮普遍采用尾机型设计,满载状态下往往会出现中垂变形。因此,在进行货油配积载时,应充分考虑措施以减轻油轮的中垂变形。在需要留空舱的情况下,应优先选择油轮的中部位置,并且当存在两个或更多空舱时,应适当分散它们的位置。通常,油轮会配备专用的压载舱,这些压载舱通常位于船舶的中部,以便在满载时保持中部空间的空置。一般而言,油轮上都会提供各种装载状态下货油装舱和留空舱的推荐方案可供参考。

(4) 船体应力。在评估船舶稳性的同时,还需要确保货油在油轮中的重量分布保持均衡。否则,容易导致船体各部位应力不均,进而引发过度应力,这可能会导致船舶结构变形。然而,与其他类型的货船相比,油轮的稳性调整相对容易实现。许多现代油轮已经配备了力计算仪或装载指示仪,这些设备为船舶操作提供了便利,并由大副负责监管。

3. 确定合理的膨胀余量及空档高度

在确定了装舱位置之后,应依据航次路线上的气温潜在变化范围来设定各货油舱的适当膨胀余量。货油舱的膨胀余量通常以空档高度来表示。通常情况下,在满载状态下至少应保留2%舱容的空档。具体的空档高度将依据油品的膨胀系数以及航程中可能遭遇的温度变化范围,通过查阅相关表格和进行计算来确定。

当油轮从气温较低的地区驶向气温较高的地区时,应预留较大的空间;反之,若油轮从气温较高的区域前往气温较低的区域,可以预留较小的空间。然而,鉴于可能存在的气候异常情况,应适当增加预留空间的余量;对于需要加热的货油,必须确保预留足够的空间高度。

油轮上配备有货油舱的容量表,依据每个货油舱能够装载的最大体积可以在相应的舱容量表中查询到装油时必须保留的空档高度。在需要时,还应进行纵横倾角的修正。

4. 确定合理的装卸顺序

在执行油轮的装卸货油作业时,由于受到货油管线的限制以及不同货油品种的影响,各货油舱无法同时进行装载或卸载。因此,确定一个合理的货油舱装卸顺序至关重要。合理的装卸顺序需要考虑:

(1) 应当满足油轮的纵向强度要求和条件。
(2) 保证船舶具有适当的吃水差。
(3) 防止不同油品的掺混,尽可能同时使用所有的货油主管线,便于收舱、扫舱作业。

在油轮装载货油时,若优先考虑船体受力和吃水差的要求,一般应遵循以下顺序:首先装载中部货油舱,以减轻中拱变形;接着装载首部的货油舱,以减小吃水差;然后对各货油舱均衡地进行装货。如果油轮上有多条货油主管线,可以将全船货油舱分成前、后或前、中、后若干部分,各部分的货油舱分别按照先后顺序进行装油作业。

在装载单一品种货油时,可以在中部货油舱开装并正常进油后,进行全部货油舱的装油作业。当各货油舱尚有一定空档时,停止全面作业,改为逐舱按照要求装足。顺序是先边舱、后中舱,最后是首尾部位的中舱,以便调整吃水。

(四) 制订油轮装载计划

1. 制订油轮装载计划流程

通常情况下,船长在接到航次指令后,会向船东进行反馈,并指示大副根据航次指令中关于货物的要求、配积载原则以及船舶的实际情况来制订装载计划和配载图。需要注意的是,尽管航次指令中关于货油的要求对油轮而言仅为建议性指导,但大副仍需仔细核查并制订详细的配积载计划。此外,大副对货物的装载过程承担着直接的法律责任。

简而言之,经过船岸双方协商一致达成的协议,同样可以视为装载计划的一部分。装载计划实质上是经过岸方批准的,由值班驾驶员和泵工执行的详细装货程序,它是一份具有指导性的文件,应当涵盖整个装货过程。大副在接到油轮公司或经营人下达的装货指令后,应依据本船的设备状况以及码头提供的相关信息资料,制订一份详尽的装货计划。

2. 装货计划的内容

装货计划大体上包括以下几项主要内容:

(1) 货油配载图,即每舱预定装载的油种及数量、空档要求、总装货量。

(2) 使用的货油管系。

(3) 接管数即软管或输油臂的对接数、序号、规格尺寸等。

(4) 最初装货速率、正常装货速率和平舱作业时要求的装货速率、主管的最高压力和正常压力。

(5) 温度限制与通风方法,停止和应急程序。

(6) 压载作业程序。

(7) 纵倾和吃水调整。

(8) 防火防爆防污染工作的布置。

(9) 系泊管理。

(10) 其他安全防范措施等。

3. 原/渣油轮的洗舱

原/渣油轮主要运输脏油(dirty petroleum products,DPP),脏油主要为 VGO(vacuum gas oil)、燃油 FO(fuel oil)、原油(crude oil)和低硫蜡油 LSER(low sulfur waxy residue)等。大部分情况下,原/渣油轮装运上述脏油无洗舱要求,但有时租家会要求船舶用淡水或海水冲洗货油舱或舱底。是否要洗舱主要取决于以下几个方面:

(1) 查看租船合同中是否有清舱条款(cleaning clauses)。

(2) 查看上航次载货和将要装运货物的硫含量(sulfur content)和闪点(flash point),了解将要装运货物对这两个参数的敏感度。

(3) 与船长核实上航次载货的实际残余量(remaining on board,ROB)。

(4) 残货对装货是否有影响,以及如何处理。

4. 成品油轮的洗舱

船东收到船长的洗舱计划后,应先查看是否满足洗舱指南的要求,如按照壳牌洗舱指南的要求,船舶承载的上、下票货物无需洗舱,或对比上、下票货物的性质认为无需洗舱,或认为只需通过驱气(purge)、采用其他特殊的方法即可达到装货要求时,应事先与租家、船长和商检及时沟通,向租家出具船舶不洗舱保函。

如租船合同或航次指令中已注明了洗舱程序,需严格要求船舶按照租家洗舱程序进行洗舱并做好相应记录。中程运输成品油轮的备舱时间通常在 60～72 小时。如果航次任务时间紧迫,不允许船舶有充足的时间备舱,船东应及时与船长联系,在保证安全的前提下,优化船舶洗舱程序。

对内贸成品油运输,特别要注意由石脑油换装汽柴油时,需严格洗舱、通风、抹舱,防止铜腐蚀超标。

(五) 递交与接受 NOR

1. 递交 NOR

船长完成宣载后,按照合约规定的受载期使船舶按时抵达装货港口,并在受载期内尽可能早地向租家或其代理递交《装卸准备就绪通知书》,即关于本船在某时间已抵达装货港或卸货港并按合约的条款和条件准备受载或卸货的书面通知书。

如果合约有 NOR 递交形式的特别约定,则需采用合约约定形式递交。NOR 的通常样式如下：

装卸货物准备就绪通知书
NOTICE OF READINESS

To Messrs：_____
M/V "_____"
Date：_____
Port：_____
Dear Sirs,
This is to advise that the above named vessel arrived at _____ at _____ hours on _____
And the entry formalities for entering the port were passed at _____ hours on _____
Now she is in all respects ready and fit to commence loading/discharging in accordance with the terms and condition of the governing (relevant) Charter Party.
Notice of Readiness tendered at _____ hours on _____
Notice of Readiness tendered at _____ hours on _____
Remark：

Yours faithfully
Master of M/T _____
As agent only (Agent or Charter's agents)

由上可以看出，NOR 记录了油轮抵达、完成装货准备、租家可以随时进行装卸作业以及递交时间等关键信息。其核心意义在于证明船方已准备好进行装卸作业，并且随时可以开始装卸货物，同时标志着按照合同规定开始计算装卸时间，具有法律效力的证据作用。租家签署 NOR 并接受的时间，实际上是对递交时间的确认和证据，除非租家无正当理由拒绝接受，否则递交时间和接受时间应当是一致的，或者相差无几。

提交 NOR 的时间通常受到严格限制，必须在合同规定的受载期内进行，既不能逾期，也不可提前。租家依据合同的受载期来安排货物装船，若油轮未能在受载期内抵达装货港，租家不仅可能面临为准备装货而支付的费用损失，而且在市场价格波动的情况下，还可能遭受货物利润未能达到预期的损失。更严重的是，未能按时装船可能会导致贸易合同违约。因此，船舶必须按期到达，否则除了要承担由此给承租人造成的损害赔偿责任外，租家还有权取消租约。更为不利的是，在未收到租家的解约通知前，船舶仍有责任继续驶向装货港，不能擅自改变航线，否则可能会承担更严重的责任。

由此可见，船舶在合约规定的受载期内到达装货港并递交 NOR 至关重要。如果船舶在受载期之前到达装货港，却无法递交 NOR，这将违反合约规定，并可能导致额外的等待损失和移泊费用，从而大幅增加港口使费。在油轮运输实践中，租家和船东有时会在租约中特别约定一条"早装条款"，以处理提前抵达的问题。

NOR 是船东向货物相关利益方或协议对方出具的书面文件，证明其已根据相关协议履行了规定的义务。它通常涵盖滞期费、速遣费、租船合同、买卖合同以及其他协议的执行和费用核算，这些因素直接关系到船东、租船人、港口运营商、货主等多方的经济利益。即便在没有明确协议要求的情况下，出于自我保护的考虑，船东也经常向代理机构发送通知书。从原则上讲，通知书应当由船东通过代理机构递交至协议对方，并由对方签署确认后，再通过代理机构返回给船东。

通常情况下,船舶需要在每个装货港和卸货港分别提交 NOR。然而,在英国法下,如果合同中规定了多个装货港,船舶仅需在第一个装货港提交 NOR,后续的装货港则无需再次提交。同样地,在卸货港,除非合同中有特别规定,否则船舶也无需提交 NOR。

2. 接受 NOR

船方递交通知书后,代理有时无法向货方或租家转交,有时找不到接受方或对方不肯签署接受,因此只好由代理签署,这种情况下签署不是意味着接受,只是证明船方试图递交过,船舶代理人在此种情况下只能代表委托方签字作为一个递交时间的证明。在大多数情况下,即便通知书是由代理人签署且未获得协议对方明确授权,通常协议对方仍会予以认可。然而,也存在一些情况,通知书实际上并未发挥任何作用,船东仅仅是为了防患未然而向代理递交。

若协议对方(港方、租家或货主)书面委托船舶代理依据相关协议(必须向代理提供协议副本或条款摘要)接受并签署通知书,船舶代理应依照协议对方提供的协议或条款摘要规定的条件签署接受通知书。否则,在代表船方或委托方签署证明通知书递交情况时,船舶代理应遵循以下基本原则:通知书仅能在船舶抵达港内(公布的港界线内)后递接(通常是在下锚后),且一般应在船舶通过卫生检疫(包括电报检疫)后递接。通知书递接时,船舶必须处于适航、适装或适卸状态。通知书的递交和接受时间应尽可能保持一致。对于有受载期时间限制的,应在受载期范围时间内递接;若协议规定在法定办公日和办公时间内递接,则应在当地法定办公日和办公时间内进行。原则上,装货船舶应在验舱通过后方可递接通知书。然而,由于验舱通常需在船舶靠泊后进行,船舶在地等候时间的计算容易产生争议。通常的做法是,通知书递接时不考虑验舱是否已通过,仅在时间表上注明验舱时间和全部装货货舱验舱最后通过时间,并在计算时扣除从验舱开始(若未获通过)至最后通过之间的时间。

通常,船东或其代理会负责准备通知单的格式。无论是船东还是代理准备的格式,都必须涵盖以下必要信息:接收方的详细信息、递交地点、日期、船名、抵达港口的名称及日期、检疫通过的具体时间和日期、已准备就绪的货物名称及数量、通知单的递交时间、接收时间以及船长在装货单(NOR)上的签名,并附上接收方的名称和签名。通知单应准备多份(一般为 5~7 份),通常情况下,船方和委托方各需两份,船舶代理需保留一份,若协议中涉及其他方,则还需额外提供给这些相关方。

(六) 靠泊计划

在船舶抵达港口之前,除了通过船东或其在港口当地的代理人进行进港申报外,通常在离开上一港口时,会根据航程、船速以及海况等因素,计算出预计抵达装货港的日期和时间。随后,船舶会向船东或其装货港口的代理人以及根据租船合同指定的各方通报预计抵达日期和时间,确保能够及时获得靠泊和装货的计划安排以及确认。

船舶在装港的代理人的关键职责之一是高效安排泊位以节省船期。他们需要及时与船方、港方、货主(发货人)、货代以及其他相关方沟通,预先确定船舶抵达后的各项作业计划。这包括确保船舶、出口货油的准备情况以及装船码头泊位的可用性。代理应充分利用自身的优势和人脉资源,妥善安排泊位和船舶的装卸作业计划。在此基础上,代理应及时向船东和船方提供详尽的信息,并准备一份船舶抵港前作业安排报告书(Pre-Arrival-Arrangement Report),然后将其发送给船东和船舶。

(七) 船舶进港

1. 引航

引航分为强制引航和非强制引航两种形式。为了维护国家主权和确保港口及船舶的安全,多数国家会在特定水域对外国船舶实行强制引航。一些国家规定,超过特定吨位的船舶或自上次引航以来超过一定期限的船舶,必须由当地引航员进行引导。国家对进出其港口的外国船舶实施强制引航的权利被称为引航权。至于非强制引航服务,则需船方提出申请。在中国,强制引航是必须遵守的,外国船舶不得擅自进出港口或在港内进行航行、移泊。引航员在执行引航任务时,代表船长操控船舶。无论是否强制引航,引航员都受到船长的监督。双方应密切合作,交流航行相关信息。船长对船舶的航行安全负有最终责任,并有权在必要时纠正引航员的不当操作。引航员在面对不适航的船舶或环境条件威胁到人命或船舶安全时,不得拒绝或中断引航服务,对于船长提出的违反法规的要求也有权拒绝执行。持有相应资格证书,在特定水域受雇为船舶提供引航服务的航海技术人员,通常被称为引航员。根据引航水域的不同,引航员可分为港口引航员、内河引航员和沿海引航员。在我国,沿海港口引航员通常被称为领港,而长江引航员则被称为领江。

我国对外国籍船舶实施强制性的进出港引航和移泊引领服务。引航费用根据各港口实际引航距离进行分类(以 10 海里为分界线),并依据船舶的净吨位(拖轮则按马力)来计算。对于超出锚地范围的引领服务(在国际上亦称为深海引领,deep sea pilot),超出部分将按照标准费率加收 30%。地方小型港口可能会根据具体情况征收非基本港引航附加费,但该费用的上限为每净吨 0.30 元。引航费用是按照船舶首次进港和最终离港各计一次来收取的,而港内的引领作业则按照移泊费率来计算。引领船舶通过船闸时,需额外支付过闸引领费。拖带船的引航和移泊费用计算,是将拖轮的马力与被拖船的净吨位相加,其最低计费吨位为 500 净吨(马力)。引航和移泊过程中所需的拖轮使用费由提供拖轮的一方另行收取。若因船方原因导致引航员在船上等待,将额外收取引航员滞留费。

在船舶进行靠离码头或移泊的引领作业时,拖轮的功率大小和数量通常由引航员根据气象条件和水面航道状况来决定,并由其直接联系安排。船东和船长经常要求引航员尽可能地节约拖轮费用,有时甚至会采取一些特殊措施以降低成本。同时,船舶代理方在估算备用金时,也需注意向船东或船长进行告知和提醒。

2. 进港

在拖轮到达和引航人员登轮后,船舶开始进港、航道航行并靠泊。

(八) 油轮装货前的信息沟通

油轮在装货前,船方、港方、发货方等需要做下列准备工作。

1. 码头应提供给油轮的资料信息

获取码头资料信息的途径多种多样。例如,可以通过查阅"进港指南"来了解,也可以通过接收往来电报获得,或者在船舶抵达港口后与岸方接触时获取相关信息。总的来说,为了

顺利装载货物油,船舶必须掌握以下资料:
(1) 预定使用的装油管接头数目与标准和尺寸。
(2) 货油规格、特性、密度、各油品预期需要的温度。
(3) 油舱通风要求。
(4) 所期望的装载顺序(如是装两种货油以上的)。
(5) 拟装载货油的指定数量。
(6) 岸方最大的装载速率(和最大压力)。
(7) 正常停泵所需要的时间。
(8) 软管或输油臂的位移极限。
(9) 其他装载要求。

2. 油轮应提供给码头的资料信息

在装载货油开始之前,船方应在知晓装卸合同的条件下,向码头提供货油/压载水的货油配载图,并应提供下列资料信息:
(1) 船舶装货前的货载状况,货油舱、货油管路的现状。
(2) 当上款情况存在时,应告知岸方船舶所存货油的舱室、等级、容量和油舱分布情况。
(3) 船舶可以接受的最大装货速率和最后装货阶段平舱作业时所要求的装货速率。
(4) 装载过程中,总管对接处能承受的最高压力。
(5) 可以接受码头的各种油类的数量。
(6) 为各种油类制定的配载图示和装货顺序。
(7) 能承受的最高货油温度。
(8) 能承受的最高蒸汽压。
(9) 推荐通风方法。
(10) 压载布置,所含成分和数量以及卸压载所需的时间和空载干舷。
(11) 污油水的数量、品质和处理。
(12) 惰气的品质。

3. 船岸双方的议定与确认

船岸双方根据互相交换的信息,经过协商,应就下述事项达成协议或进行确认:
(1) 船名、港口泊位、靠泊日期和时间。
(2) 船岸双方主管人员的姓名和签字。
(3) 船舶抵港和出港时,船上的货物配载情况。
(4) 每种油品的情况:
① 数量;
② 预定输出货油的货岸罐;
③ 预定装载的货油舱;
④ 船岸间所使用的输油管路、管线;
⑤ 货油装载速度;
⑥ 装货作业时的最高压力;
⑦ 可承受的最高压力;

⑧ 可承受的温度极限和油温范围；
⑨ 通风系统、排气方式。
(5) 预计装货的总时数。
(6) 考虑以下诸因素而制定的各油舱装载顺序：
① 卸压载作业；
② 船/岸双方的油舱、油库的转换；
③ 避免货油掺混和沾污；
④ 装载管路的清洁处理（排空和处理）；
⑤ 可能影响流速的其他活动或作业；
⑥ 油轮的纵倾、吃水和干舷；
⑦ 所能承受的最大应力。
(7) 考虑以下诸因素拟定的装载初始速率和最高速率以及平舱作业时的速率：
① 预定装载货油的性质、规格；
② 船上货油管路和通风系统的布局和容量；
③ 船/岸软管或输油臂所能承受的最高压力和流速；
④ 防止静电聚集的预防措施；
⑤ 控制流速的其他限制。
(8) 避免或减少油气在甲板扩散的方法。
(9) 应急停止作业程序。
(10) 通信和使用的信号。

（九）油轮装货前的准备工作

1. 船岸接地电缆

通常情况下，一旦船舶完成系泊，为避免静电积累，在连接输油管之前，岸方需将一根电缆连接至船体，即船岸接地电缆（bonding wire）。使用绝缘凸缘接头和绝缘装置可提高安全，而一些国际专家认为船岸接合电缆不安全，可能带来危险，因此不推荐使用。各国对此有争议，应遵守当地港口规定。若坚持使用，需检查电缆的机械和导电性能，确保连接点不在总管区域。码头上应有封闭式绝缘拉闸开关，适用于高危区域，并确保在操作电缆时开关处于切断状态。电缆安装并确保与船体良好接触后，才能合闸。船上值班人员应监督岸方人员在装管前接好电缆，并在货油管拆开后才能拆除电缆。

2. 船岸间的电器绝缘和接地

为防止在接管或拆管过程中（即船岸油管对接时）产生电弧，必须确保金属输油臂或货油软管配备有绝缘法兰或一段非导电软管。同时，应将陆地一侧的金属部分通过导线接地，并将船舶一侧的金属体与船体相连。此外，应避免船岸间所有金属物品的接触，以防止与外部金属接触导致短路，从而避免火花的产生。

3. 输油臂

现代新造的油轮码头，均使用金属输油臂，在使用时应注意以下几点：
(1) 防止因装卸、吃水变化和潮汐等使输油臂超过其自由转动限制而造成过载移位。

(2) 如果装有紧急脱开联接装置，必须随时检查，防止发生意外断开。
(3) 拆装时注意防止货油流出。

4．盛油桶和盛油柜

通常，油轮在其主油管下方设有专门的油收集柜，用于收集在拆卸油管过程中滴漏的货物油品。此外，作为预防污染的措施之一，油轮还配备了一个油收集桶，置于主油管的末端，并准备了锯末等油驱剂，以应对紧急情况。

5．排水孔

在装货之前，应把船上的所有甲板排水孔用木塞或水泥堵死，防止在跑油时流出舷外。

6．消防器材

在装货前，三副负责把灭火器放在总管处，并接妥两根消防皮龙放在附近。

7．围油栏

应监督港方将围油栏施放妥当。

8．通海阀和舷外排放阀

通海阀应关闭，并始终监视，不许使货油从通海阀漏出。

当货油系统与压载系统相连时，必须确保处于闲置状态的阀门完全关闭，并且在必要时进行密封。在管路中缺少盲板的情况下，应插入盲板以彻底封闭通道。如果仅依靠绳索固定液压阀不足以保持其关闭状态，应在该阀门上明确标示"保持关闭"字样或进行铅封。

若有某舱需先排压载水后装货，则在排压载水后，再次检查和确认舷外排放阀已紧闭。

9．测量装置

备妥油位测量装置（包括量尺、浮子仪和电磁式液位计等）。

10．有关阀门

启动阀门液压油动力站操作系统。

11．货油控制室有关装置试验

各种警报系统（声、光），所有有关仪表均应处于良好状态。

12．应急缆

应急缆，亦称作应急脱离索。在多数油港，油轮在装卸油作业期间被严格要求配备两根脱离索，分别位于船首和船尾，确保其端部距离水面至少1米的高度，总长度约为100米，以备不时之需。此外，大多数港口还规定油轮在停泊期间，主机必须持续保持待命状态，以确保不会丧失机动性。

13．惰性系统的使用

除油舱装油和卸压载水（指没有配备专用压载舱的油轮）拟同时进行外，在装载货油之前，一般应该先关闭惰气装置并降低舱内惰气压力。

14．船岸安全检查

应派一名驾驶员陪同港方主管人员参照安全检查表对船舶情况进行检查确认，并由双方主管人员签字。

15．验船

在船岸双方检查完毕后，开始做如下工作：
(1) 确认总管出口阀关闭。

(2) 开启装货油舱的主阀门和有关的下舱阀以及相关的连通阀。

(3) 确认无关阀门均关闭。

(4) 确认当班人员已到岗就位。

(5) 透气阀打开,货舱通风。

此外,所有居住舱的门窗必须保持关闭状态,中央空调系统应切换至内循环模式进行通风,以最大限度地减少对外界空气的吸入。

(十) 船/岸安全检查表

船/岸安全检查表(ship/shore safety check list)是油轮作业前的必要程序,涉及岸方人员与船方的船长或大副在油轮上共同商讨作业事宜。双方需共同核查并确认安全状况,确保共同安全作业有明确的文字依据。该检查表是基于国际惯例综合推荐的方法,并已被众多港口采纳。

船/岸安全检查表旨在确保油轮、码头及其所有人员的安全。由船方负责人与码头代表根据检查表要求共同填写推荐的各个项目,每个项目都必须在实地进行核对、验证和确认,并以记号进行标注。所有适用的项目都应共同检查。此外,船/岸安全检查表中某些项目需要在作业期间多次实地核对,或需要持续的监督检查。船/岸安全检查表必须由当班人员及岸上作业人员签名,并确保其副本张贴于船上办公室的显著位置。

(十一) 油轮装货油前的商检计量和干舱证书

1. 装货前的商检计量

油轮在完成装船、运输和卸船的过程中,实现了原油贸易的交接。在装货港装载原油之前,通常需要对油轮上的底油进行商检计量,这一过程被称为干舱计量,或简称量干舱。干舱计量通常由船方和商检机构或收发货人共同进行,其中商检机构或收发货人负责操作,而船方则负责监督和配合。操作过程包括取样、含水率测定、空距测量、油温测量、压力测量以及累计流量计量等。最终,依据《石油和液体石油产品动态计量 第 5 部分:油量计算》GB/T 9109.5—2017 和《石油计量表》GB/T 1885—1998 所规定的方法,计算出最终的计量结果。

2. 干舱证书

船方需对装货前的商检计量结果进行复核,所采用的数据必须得到商检和船方双方的共同认可,并在干舱证书(dry certificate)文件上签字确认。通常,干舱证书分为商检出具的标准格式和船方自备的格式两种。

(十二) 装货操作与作业管理

在完成装船前的量舱工作并得到船方与发货方的确认后,船方将开启歧管上的阻塞阀,并要求打开各舱的舱阀,这些操作将被记录在状态板上。随后,船方将通知岸方可以开始接油。通过指定的通信频道,船方向岸方发出开始装货的信号,此后,双方将保持在指定频道的监听状态,直至装货过程结束。

油轮的装货作业通常分为三个主要阶段:开始与初期、正常装货以及尾期和结束作业。此外,在装货前和装货过程中,还会进行排卸压载水的辅助作业。

1. 开始与初期阶段

(1) 商检验舱合格后,经岸方主管人员确认可以装货时,船方由大副亲自指挥打开总管主阀(出口阀)。一般是先开货舱阀,再开下舱阀,岸方已准备泵油后,再开出口阀,要确保足够的货舱阀已开和通海阀已紧紧封闭。

(2) 船方通知岸方启泵泵油,但必须以较低的速率进行,船方应检查:
① 货油是否流入预定的货油舱;
② 非预定装货油舱,是否开错阀门;
③ 管系、阀门是否有泄漏现象;
④ 油轮周围海面有无油迹;
⑤ 透气系统是否处于正常状态。

船岸双方还必须对输油管对接处的密封性进行不断检查,直到装货速度或压力达到预定值。

(3) 在第(2)项内容检查完毕正常后 1~2 小时,一般视货油已淹及货舱纵肋骨后,船方大副可以通知岸方稳步提高装货速率,直至达到约定的正常速率或最大速率,此时还应按照第(2)项内容再次逐项检查,以防随着压力升高而可能出现的任何问题。

(4) 在整个装货作业进行时,甲板和货控室一定要有人 24 小时轮值。大副作为船方的总指挥,负责整体指挥工作,而具体操作由驾驶员(二副、三副、值班驾驶员、驾助、泵匠、木匠、甲板值班水手等人员)来承担,如油轮同时装载几种货油时,还需增加必要的人力,最好是每一种货油都指定一名专人负责操作。

(5) 油轮码头作业安全受天气影响,主要因素包括风、雷电和涌浪。风力超过 6 级或涌浪较大时,海事和岸方会要求油轮停作业或离泊。遇到雷电预报或现象,即使货油舱惰化,也应立即停止装货作业,关闭货油舱开口和通风管路阀门,包括货油舱通风系统旁通阀,并采取预防措施。

(6) 装货开始时的有关事项:
① 开始装载油轮货油前,需满足所有初始条件。岸方须征得船方同意,大副确认准备就绪后,双方总管阀门开启,方可开始装货。初期最好利用重力装载,同时检查货油系统,若货油未进入指定舱或有疑问,应停止岸泵泵油。
② 岸泵开始启动泵油,油轮即开始装载货油,船岸双方必须对油轮输油臂或输油管对接处的密闭性进行不断检查和监视,直到装货速率或压力达到预定值。
③ 装货期间的冲击波或骤升压,是由管路内流速急剧变化引起的瞬时高压现象。在装载货油时,若发生这种现象,可能导致管路或软管接头破裂,引发漏油事故。常见的引发冲击压力问题的情况包括自动断油阀、止回阀、蝶形阀的急关闭,以及机动传动阀的急剧关闭和长桥式码头输油。

为防止冲击压力,船岸双方会协商确定最大装载流量和平舱流量,确保装货期间总管阀、旁通阀和装油阀全开。装货时,货油舱阀应避免中途突然减少开度,需制订详细的装油计划和阀门操作流程,依据蝶形阀流速限制(不超过 7 米/秒)来确定最大装载流量和最少全开阀门数,防止流量突变。平舱阶段,换舱时应确保流量不减,通过先开启下一舱阀确认流量后再关闭完成平舱作业的舱阀。

值得一提的是,在卸油过程中一般不会发生这类问题。

2. 正常装货阶段

一旦货油装载的启动和初步阶段的步骤得以完成,油轮便进入常规的装货阶段。在此期间,作为值班驾驶员和水手,需遵循大副所制订的装货计划,确保以下任务得以妥善执行:

(1) 继续进行必要的排压载水工作,并根据装货速度控制排水进度,应注意控制和避免出现不必要的纵倾和横倾,并力争将压载水排尽,以便满载装货。

(2) 监控货油舱液位,货控室装有监测装置,可实时读取空档高度。每2小时根据空档高度计算装货量,并记录。驾驶员需了解装货速率、预定装载量、空档高度、已装货量、总货量、船体浮态和吃水情况。对装货有疑问时,应立即报告大副。

(3) 船方当值驾驶员与岸方主管及操作人员保持有效的通信联络,通常使用对讲机进行通信,并必须确保通信系统迅速、畅通且高效。

(4) 由于装货过程涉及将货油从岸上输送到油轮,因此货油的泵送停止操作由岸方执行。在遇到任何紧急情况时,船方必须立即通知岸方停止泵送并中断作业,同时采取其他必要的安全措施。此外,如果由于切换油罐、雷雨、大风、涌浪或其他类似原因,岸方需要临时停止装货,也应立即通知船方。

3. 尾期和结束作业阶段

(1) 估算装载数量

在所有货油装船之前,一项至关重要的任务是船方大副需要估算已装船的货油量。一种估算方法是通过测量货油舱的空隙和货油的温度,从而计算出已装货油的数量;另一种方法是通过观察船舶的吃水深度来进行已装货油量的估算。

装货完成时,必须检查船舶的吃水深度和干舷高度,以确保油轮没有超载。通常在装货的最后阶段,通过持续对照吃水深度来计算已装货油的数量,这样可以有效避免出现任何误差。

(2) 满载装船

根据租船合同规定,满载装船时,油轮必须按照最大吃水深度进行装载。首先,船方大副在制订装载货油计划时,应尽可能精确地计算出油轮在预期吃水线下对应的最大货油装载量,同时充分考虑货油的API值、油温等参数以及船舶常数、存油水等因素,以防止超载违法和因装载不足而损害船公司的利益。其次,在装载即将完成之际,大副可以通过码头泵油进行精确控制,一旦油轮装载接近预期吃水线,应立即通知岸方停止泵油,终止输油过程。

在装船过程中,应从船舶附近的水域取水样,并使用船上配备的简易密度测量工具来测定其标准密度。这样,便能够计算出船舶在港口码头水域以及海洋区域的吃水深度修正值。

(3) 扫线

在货油装载的结束阶段,当装船数字达到预定值时,岸上的货油泵会停止向油轮输送油品,同时总管线也会被关闭。随后,将执行吹扫输油臂、输油管线等管路内残余油品的作业,即所谓的扫线作业。

通常存在三种扫线情况:第一种是仅对输油臂或软管中的货油进行简单扫线;第二种是彻底清除货油管内的所有货油;第三种情况是岸方为了即将靠泊的油轮做准备,要求船方将管路内充满相同或相似的货油。

前两种扫线作业通常由岸方使用专用的压缩空气或高压氮气,将输油臂或软管中的货油吹扫至总管附近的货油舱。第三种情况与装货作业类似,但需要船岸双方紧密配合,以避免操作失误导致溢油。因此,在装货作业开始前,船方大副必须与岸方确认管线内正常的残油量,以防止装载货油量不足或发生污染事故。

(十三) 装妥后商检计量和拆管

1. 油轮装妥后的商检计量

若双方约定采用油轮货油舱计量方式,船方或其代理人应在装货结束前预先通知港口商检等相关人员,以便及时登船进行货油计量工作。若约定采用岸罐计量方式,船方亦需依照油轮计量的标准程序进行货油计量,并与岸罐数据进行对比。若发现较大差异,应重新进行单独计量,或请求岸方商检人员登船进行计量。最终的计量结果将反映在双方签字确认的空距报告(Ullage Report)文件中。

在进行船舶计量,特别是量取空档和油温时,确保数值的精确性至关重要,以避免任何可能导致误差的情况,这对于计算货油的准确性是必不可少的。当船舶存在纵倾或横倾时,必须进行适当的修正。此外,在油轮计量测量过程中,防静电措施不容忽视,特别是对测量器具的使用,必须严格遵守相关规范。

在完成船舶计量工作后,船方要将全部货油舱舱盖牢固地关闭,之后还要进行检查和确认关闭严密。最后要切断透气系统的旁通阀,并接通呼吸阀。同时,油轮的惰性气体系统应在货油舱内建立正压,即保证惰性气体压力在 1 960 Pa(200 mmH$_2$O)以上以及含氧量低于 8%,以避免航行途中和货油舱内温度下降时货油凝缩而使空气进入。

2. 拆管

油轮经过商检计量和货油计算,船方、岸方或发货人均对已装船数量没有异议后,方可进行拆管作业。

在拆卸输油管之前,必须准备盛油桶或滴盘等防污染设备,并应先清除软管内的残余油品,以防止油品溢出至甲板。开启进气阀和排泄管路的阀门,以便岸方提供的压缩气体将管线内的剩余油品吹扫至收油舱。

在进行拆管作业时,船上的值班驾驶员必须严格监督,确保盛油桶或滴盘放置在接头下方,同时在操作其他起重机械时,必须充分考虑并确保安全。

与接管作业相同,船上的值班驾驶员应准确记录拆管的时间,以证明油轮装货作业的完成。

【案例】 London Arbitration 案中,租约以 Shellvoy5 格式,从埃及装载混合原油到印度的 Sikka 港卸,在装完货的时候,船长签署了 556 594.20 桶的提单。租家按合同第 14 条规定委托了独立的检验人员来确定船存油量,出租人也同意此委托。2005 年 5 月 3 日到 4 日卸货,3 号 1930 接好油管,5 日 0054 解掉,0124 开航。在检验员的报告上,认定 403 桶为 non-liquid(unpumpable)的,即固态不可泵的;3 503 桶为 liquid(pumpable)液态的可泵的。该报告船长签署,但加了如下批注:"The above-mentioned liquid cargo are considered non-liquid."在该报告有如下备注:

LIQUID OIL or FREE FLOWING OIL is usually considered by the Industry as

"Pumpable Cargo". NON LIQUID (Sediment/Sludge) are considered by the Industry as "Unpumpable Cargo".

在测量后,检验员发了如下通知:

After discharge of the subject cargo "Belayim Blend Crude Oil", our inspector observed the following points which could be detrimental to correct quantity ascertainment or where further investigation may be necessary.

租家依据检验人员的报告以及第14条的货物残留条款,从运费中扣除了少货的索赔额141 940.80美元。

出租人辩称,检验人员的报告没有做出从运费中扣除所需的调查结果,但他们只是为了第14条的目的承认有问题的船存原油被证明是液体。出租人继续争辩说,这些船存原油是固态的,不可泵出的,并且船舶所配备的设施无法够着,并且在船上有任何液体货物的情况下,它都限于固态存油中。出租人进一步争辩说,检验人员确定的数量可能归因于货物本身的性质。

租家争辩说,检验人员的报告满足了第14条所要求的所有参数,该报告称他们可以扣除3 503桶船存燃油的CIF价值。

仲裁员认为货物残留条款与完善的英国法律规则背道而驰,即运费是神圣不可侵犯的。虽然租船合同中的措辞有所不同,但条款的一般商业目的是允许租家永久扣减运费。由于检验人员的确定是最终的,租家无需证明他们有权保留通过提出正式货物索赔而扣减的金额。

仲裁员认为第14条的基本要素是,如果独立验船师确定卸货完成后,船舶固定的泵可以到达的可泵送液体货物仍然在船上,那么这种确定有权让租家从运费中扣除液体货物的CIF价值。由于该条款赋予租家一项他们原本不会拥有的权利,租家有责任将自己完全置于该条款措词的条款范围内,该条款必须严格解读。

【裁决】 最终仲裁员裁定,证据向法庭表明,该船在没有排放所有船存液体货物的情况下有过错,而不是货物本身存在问题。出租人负有责任去证明存在如此大量的船存货物不是船舶的过错,但出租人他们没有履行这种举证责任。然而,就数量而言,租家并未向仲裁庭出示令人满意的证据,出租人应对超过检验人员认证的3 503桶液体船存货物的任何短缺负责。因此,租家的反诉不再增加,即与从运费中扣除的数量完全相同。

鉴于该案的特定条款,仲裁员裁定租家有权依据第14条的残留货物条款,从运费中扣减检验人员所确定的短货价值。

(十四) 石油运输中常见的船长声明

(1) 船岸量的差异:装完货后,通常情况下船量和岸量(提单量)会有差异,这种差异无论大小、多少,船长都应提交船长声明;通常情况下,船岸量的差异超过0.3%(航次指令另有要求的除外),船长必须立即报告船东,船东在通报租家并取得租家同意签发提单的书面指示后,方可指示船长签发提单,同时递交相应的货量差异声明。

(2) 航次中任何非船舶/船东引起的时间延迟:包括在港口靠/离泊时间延误、装/卸货作业的时间延误、文件上船时间超过规定的时间和任何其他等待租家指令的时间。

(3) 非船舶原因引起的装、卸货速度慢。

(4) 装货过程中或装完货后发现货舱内有游离水。

(5) 码头使用船量作为提单的数量。

(6) 船舶在开放水域或船舶处于颠簸、移动、不稳定的状态下进行量舱作业。

(7) 短装/溢装声明(short/over loading protest)：装完货后，如果船舶的实际装货量少于(或大于)船长在装货前的宣载量或低于(或大于)航次指令中的最低(最大)装货量，船长应立即与租家或船东取得联系，在得到租家的书面指示后才能签发提单，同时签发短装/溢装声明。

(8) 在使用早离程序(Earth Departure Procedure，EDP)的港口，如果船长在开航前不知道提单量，那么船长应在知道提单数量后，将船岸货量差异声明、短装/溢装声明连同授权代理签发提单的授权书一起发给代理，要求代理在相关部门在上述船长声明上签完字后方可签发提单。

(9) 其他一切船长认为不正常的情况。

(十五) 船间转载作业

船间转载(过驳)作业主要分为两种类型：锚泊转载和在航转载(包括漂航转载)。与停靠码头装卸作业不同，这两种形式均在海上进行，且同时涉及装货与卸货。因此，它们对油轮的状况、转载区域的选择、两船之间的通信、相互系靠、操作安全措施以及使用的设备和工具等方面提出了特定的条件和要求。

1. 认可和区域的选择

船间转载一般由港务局提出作业计划，向当地海事机构申请。

在获得海事机构的批准后，船长及其代理人应与港务局、海事机构共同协商确定两船并靠、转载操作以及离泊方案和相应的安全措施。

船间转载的操作区域通常由港口管理方安排，或者由海事机构直接指定特定水域。此外，也有情况是两艘船的船长相互协商后选择合适区域，并向海事机构申请批准。

在选择操作区域时，一般应考虑以下要素：

(1) 在进行系泊、离泊以及转载作业时，海区和水深必须满足船舶操纵的基本要求。海域应足够宽广，水深至少要大于或等于两艘最大油轮满载吃水深度的10%以上，以确保足够的安全余地。此外，在进行锚泊转载作业时，海区和水深条件还应满足锚泊作业的特定要求。

(2) 可以避风浪，尤其是涌浪。

(3) 通航密度较小的区域。

2. 船间转载操作条件

(1) 水文气象。在进行系靠和转载作业时，尤其是系靠作业，最理想的风力应小于3级，且海面波浪较小，无涌浪。无论如何，只有当两艘船的船长均认为当时的气象条件适宜时，才能执行系靠和转载操作。若两船船长意见不一，应以较大油轮船长的判断为准，他拥有否决系靠和转载操作决定的权力。

(2) 油轮设备的互容性。在转载作业中，两艘船舶在设计和设备方面通常存在差异和限制。因此,在沟通的初期阶段,两船应相互交换船舶资料,确保能够顺利相互系靠,并在设备方面满足相互操作的需求。

(3) 操作管理。两船船长约定,其中一方将担任转载操作的总负责人,另一方则需无条件地遵从该负责人的指挥。

实际操作时,应按受载船的要求进行,诸如装卸速率等。

在转载过程中,两位船长必须持续承担起对所管理的船舶、船员、货物以及设备等所有方面的安全责任。同时,他们不应允许任何第三方、船东或官方机构的行为损害到这些安全措施。

3. 船间转载操作

船间转载操作与靠泊码头装卸货物的过程基本相似,均涉及油轮的装卸作业。主要区别在于前者是两艘油轮之间的作业,而非油轮与码头之间的作业,因此不受码头的约束和管理。

在制订装卸计划时,两艘油轮的大副除了需要考虑通常码头作业时的基本内容外,还必须增加以下计划内容:

(1) 每种货油的数量和转载程序。

(2) 开始时转载速率的限制。

(3) 最大的转载速率或出口压力。

(4) 降低速率信号、停止转载信号和应急停止信号。

(5) 压载/排放压载水的程序等。

4. 作业之前应做好的准备工作

(1) 准备妥当适长的软管及其拆装设备,包括紧急拆卸设备,并进行检查。

(2) 为保证软管的正常使用,需要进行1.4兆帕压力试验。

(3) 用吊杆等适宜装置将软管适当吊起,以往经验提示软管最小弯曲半径是公称内径的6倍。例如,当公称内径为300毫米时,其最小弯曲半径将是1 800毫米。

5. 安全检查

在启动转载作业之前,与码头装卸作业一样,必须执行安全检查程序。两船应遵循"国际油轮和油码头安全指南"所规定的检查项目进行彻底检查,并且还应依据《船间转载/安全检查确认表》进行严格的核对。

6. 船间转载的有关手续

相较于靠泊接卸,船间转载的申报程序更为复杂。首先,海事机构将依据相关法规对船舶状况进行检查,通常情况下,大型船舶会对参与转载的小型船舶(即过驳船)提出具体的预案并进行审批。在进行船间转载作业之前,出于安全的考量,必须先进行确认或指派验船师进行检查。

7. 两船间的通信联络

首先,必须确保在装油前双方拥有一个可靠的通信系统,以便在整个装货过程中保持畅通无阻的联系,这对于转载作业能否顺利且安全地进行至关重要。

(1) 当两船使用的语言非同一语系时,则必须统一使用英语,并应用IMO的"国际标准航海英语"。

(2) 两船间、驾驶台与带缆队之间及两船货油控制系统之间均应备有频率或频道相同的本质安全型对讲机或 UHF/VHF。

(3) 当通信联络装置发生故障时,应立即发出商定的应急信号并立即中止正在进行的转载作业与操作;若在操纵驶近过程中发生,应中止操纵计划和行动。

8. 一般安全

包括日常安全、吸烟与探火、锅炉吹灰、居住室开口、空调、艇靠、两船间通行、无线电、马达、卫通、电报、燃气、应急局面和应急计划等。

(十六) 单点系泊

单点系泊(single point mooring)系统由浮筒和海底管道组成,原油从油轮通过软管进入浮筒,再输送到岸上储罐。浮筒通过锚链固定在海床上,能在一定范围内移动,减少碰撞风险。与传统码头相比,单点系泊码头能在恶劣天气下继续作业,减少气候对原油供应的影响。

单点系泊技术允许大型油轮在近海深水点系泊装卸货物,与固定码头不同。自 1958 年瑞典首次应用以来,该技术在海洋石油开采和海上原油中转等领域得到广泛应用。随着近海石油开发和海上运输业的发展,单点系泊技术迅速成熟,并被全球广泛采用。

作为海上中转的枢纽,单点系泊系统允许大型船舶在此停靠,进行原油或散装矿砂的装卸作业,从而充分利用了大型船舶在运输上的优势。此外,单点系泊系统在海上油田开发中扮演着"浮动油库"的角色,为深海和偏远地区的油田提供了一种经济且高效的储运解决方案。可以说,单点系泊技术为海洋石油开采和海上运输中转带来了革命性的进步,显著促进了海洋石油工业和石油化工业的发展。

1966 年,首艘 FPSU 在墨西哥湾启用,与单点系泊装置和 3 座固定平台构成浮式生产系统。原油通过海底管线和单点系泊装置输送到 FPSU 处理储存。该 FPSU 由排水量 7 166 吨的旧油轮改造而成,单点系泊装置的浮筒直径 7.3 米,由 4 根锚链固定。同年,波斯湾法特油田启用世界上首个大型海上集输装置,拥有 3 座海底油罐,总储量 30 万吨,可同时为两艘穿梭油轮供油。

在 20 世纪 60 年代末期,基于单点系泊原理,同时弥补塔式单点(fixed tower)易受油轮撞击的问题,世界上发展出了单锚腿系泊(Single Anchor Leg Mooring, SALM)系统。随后,深水悬链锚腿式单点系泊系统(Catenary Anchor Leg Mooring, CALM)系统和刚臂单浮筒(Single Buoy Storage, SBS)由此衍生。这些单点系泊系统更能适应恶劣的海洋环境,并且机械化程度更高。然而,它们的检查和维护成本也随之增加。

环保是单点设计的关键考虑因素。为防止海洋污染,新一代单点设计强调部件的密封性和可靠性,采用全焊接水密舱结构的浮筒和双层防污软管。此外,软管快速截断阀(MBC)能在紧急情况下迅速关闭,减少石油泄漏风险。水下软管串也可配备此阀门,以防止污染。

(十七) 海洋平台装货作业

原油的许多产量来自海洋平台,这些原油通过浮式储油和卸载系统(Floating

Production Storage and Offloading System，FPSO）装入穿梭油轮,然后输送到各地。浮式储油和卸载系统实质上是在大型油轮上配备了油气分离设备和输油泵,并配置为单点系泊系统。当穿梭油轮到达并靠泊于 FPSO 系统时,储存的原油便会被泵入油轮中。

海洋平台原油的外输装货作业流程与船舶间的转载（过驳）以及单点系泊作业基本一致。

第六节 液体化学品船航次租船业务

本节主要介绍液体化学品船的航次租船业务。关于航次租船基本业务,本章前五节已有详述,本节主要是以船东视角介绍液体化学品船航次租船的环节及特殊操作。

一、液体化学品运输概述

（一）液体化学品船种类

基于液体化学品所具有的危险性和对环境污染的危险程度不同,载运液体化学品的专用船舶被分为三种类型：Ⅰ船型,用于运输具有最大危险性的化学品船,有着最严格破损标准,用最有效的预防措施来消除化学品的溢漏;Ⅱ型和Ⅲ型船,用于运输危害性相继减少的货品的化学品船。

此外,按货舱结构的不同,可分为整体型货舱化学品船和独立型货舱化学品船。

最后,按船型大小,还可以分为小型化学品船（150～2 000 载重吨）、中型化学品船（2 000～10 000 载重吨）和大型化学品船（10 000～33 000 载重吨）。

（二）我国液体化学品运输发展趋势

上海航运交易所发布的历年《水运形势报告》和国家统计局数据显示,我国化工制造业固定投资保持持续增长,但是随着环保政策密集落地期监管愈加严苛,化工行业环保压力进一步增加。

短期来看,中国化工生产企业面临环保成本提高的压力,将加速落后中小产能退出。长期来看,将加快传统化工向高端化、集群化、园区化和绿色化发展的步伐,推动化工行业向高质量发展迈进。

二、液体化学品船航次租船业务

（一）航次指令

1. 航次租船合同的审核和确认

船东收到航次租船合同（C/P）后,应立即对租船合同中的每一条款进行认真的阅读和研究,如果发现租船合同中的内容与实际情况存在明显的错误,比如船舶资料、船东信息、运费支付账户,或者合同要求的货物数量、种类和隔票要求超出船舶的实际能力等,应及时反馈给租家并协商修改合同条款。

若船东同时经营多条船舶,存在每天同时执行多个航次租船合同的情况,为方便船舶日常操作和监控,一般应将航次租船合同中的主要信息和特殊条款进行登记或记录,包括:

(1) 租家(charterer)。
(2) 租船合同日(C/P date)。
(3) 经纪人(broker)。
(4) 执行船舶(performing vessel)。
(5) 装/卸港(load/discharge port or range)。
(6) 受载期(laycan)。
(7) 装卸时间(laytime)。
(8) 货物(货物的种类、数量、积载和隔票要求)(cargo grade, quantity, requirements of stowage and segregation)。
(9) 货物的加温、保温要求(heating requirements)。
(10) 速度条款(speed clause)。
(11) 运费、滞期费、佣金及支付方式(freight, demurrage, commission/brokerage)。
(12) 港口代理条款(agency clause)。
(13) 放货方式(cargo delivery)。
(14) 卸货要求及泵浦压力要求(discharge cargo / pumping clause)。
(15) 其他特殊条款(other special clauses)。

2. 开航指令和航次确认书

即使船舶的下一航次计划尚未确定,船东也必须在船舶离开最后一个卸货港前,给船长书面的开航指令,明确船舶离港后的去向(如抛锚、漂航等指令或指示船长以经济航速向某个方向航行等)。

船舶的航次租船合同确定后,无论船舶的上一航次任务是否已完成,或者是否已收到租家航次指令,船东都应尽早给船长发布下一航次的航次确认书(voyage fixture),同时抄送船舶管理公司,以便船长和船舶管理公司为执行下一航次任务提前做好各种准备工作。

航次确认书应包括下面内容:

(1) 租船人(charterer)。
(2) 装/卸货港或装/卸货港范围(loading/discharging port or range)。
(3) 受载期(laycan)。
(4) 货物名称和数量(cargo grade & quantity)。
(5) 其他特殊要求(other special requirements)。

3. 核实船况、船位和ETA

航次租船合同确认后,船东应立即根据船长的ETA信息,或根据船舶的当前船位,利用航海里程表(distance table)等测算软件,测算船舶预计抵达装货港的时间;如果预计船舶将在受载期之前抵达装货港,则应立即联系租家确认是否同意早装(early loading),如无早装可能,则应及时通知船长使用最经济的航速航行,但必须保证船舶在受载期前或之内抵港;如果预计船舶不能在受载期之内抵达装货港(missing laycan),则应立即将此信息通知船东,由船东与租家协商延展受载期(extend laycan),如租家同意将受载期展期,应要求租家给出更改受载期的书面通知。

如果船舶将执行前往美国、澳大利亚、欧洲等地的航次,还应核实下列情况:

(1) 船舶的美国 COFR(certificate of financial responsibility,油污责任财务担保证书)、VRP(vessel responsibility plan,船舶反应计划相关文件)、VGP(vessel general permit,船舶一般许可证)等证书是否有效。

(2) 船员的英语水平如何,是否需要安排翻译人员。

(3) 船舶两年之内的 7—9 月份是否挂靠过俄罗斯,是否持有俄罗斯飞蛾检查证书。

4. 核实燃油存量和燃油加装申请

航次租船合同确认后,船东应立即根据船舶燃油存量(ROB)测算出可供航行的天数,以及完成整个航次需要的燃油数量;如果船舶需要补充燃油才能抵达装货港,船东则需要安排燃油加装计划(加装港口和数量)。燃油加装尽可能安排在预备航次(压载航次)进行,如果必须在重载航次中安排加装燃油,船东应核实航次租船合同中是否有船东选择重载航次加装燃油的条款。如有,应及时通知租家计划加装燃油的港口、预计抵达的时间和预计停留的时间;如没有这样的条款,船东应事先通知租家,说明船东为了顺利完成航次任务,不得不在重载航次安排加装燃油,同时告知租家计划加装燃油的港口、预计抵达的时间和预计停留的时间,在取得租家的书面同意后,安排船舶挂靠燃油加装港加装燃油。

5. 航次指令的下达

(1) 航次租船合同确认后,船东应尽快与航次租船合同经纪人(broker)取得联系,并告知船舶的动态和预计抵达装货港的时间(itinerary),要求其催促租家尽快发布航次指令;如果航次租船合同中没有使用船舶经纪人,船东应承担相应的一切业务,及时主动与租家取得联系并报告船舶的动态。

(2) 收到租家的航次指令后,船东应对照航次租船合同进行认真的阅读和审核,审查货物的种类、数量、受载期、装卸货港等是否与租船合同相一致,一旦发现租家航次指令中任何与租船合同不相符的地方(如加温条款、装卸港范围等)或对其中的条款存在疑问、不清楚的地方时,应立即要求租家更改航次指令或进行澄清;如果租家航次指令中存在导致船东风险、责任或费用增加的条款而租船合同中没有相对应的条款时(如要求船舶置换/冲洗岸上管线、要求船舶排净污油水、要求船舶加速等),原则上应拒绝租家的要求,如果船舶可为而又不得不为时,应要求租家出具保函并书面承诺由此产生的风险与费用由租家承担。

(3) 船东在确认租家的航次指令正确无误后,给船舶下达航次指令。航次指令的内容主要包括以下几个方面:

① 租家航次指令的全文。

② 对租家航次指令中重要条款的要求或解释。

③ 本航次租船合同中,需要告知船长的相关条款、特别条款及其要求或解释。

④ 船东对船舶的特殊指令、要求和需要提醒船长注意的事项,包括但不限于下列事项:

a. 配载计划及其要求;

b. 洗舱和验舱要求;
　　c. 货物加温和保温要求(如有);
　　d. 主机转速和航速要求(是否需要使用经济航速、增速、减速等);
　　e. 安排加入海军护航编队的时间、为船舶购买特战险的起始时间(如有);
　　f. 预计抵港时间和ETA的发送要求;
　　g. 签发提单的要求和主要注意事项;
　　h. 船岸量差异需要报告的上、下限量。
　⑤ 拟定加装燃油的港口和加装燃油的数量。
　⑥ 要求船长收到航次指令后予以确认完全清楚航次指令的内容并将遵守执行。
　6. 港口代理的选定
　　根据租船合同中的船舶代理条款,船东应尽快委托装卸港的代理。任何情况下,如果租家代理的港口使费和代理费不符合租船合同中的代理费竞争条款,应要求租家更换代理或降低代理费。
　　对于新港口或没有代理的港口,船东应申请港口临时代理。申请步骤如下:
　　(1) 同时要求该港口2~3家代理公司提供代理资质证明材料、港口使费费率表、港口使费和代理费预估清单等。
　　(2) 对收到的上述(1)中的材料和港口使费报价单进行认真的核实,选择材料齐全、港口使费预估清单明晰、代理费低的代理作为推荐的港口临时代理。
　7. 港口代理的委托
　　(1) 港口代理选定后,应立即向其发送正式的代理委托书,委托书应包含下列内容:
　① 船名、船舶的联系明细;
　② 装/卸货港港名、装卸货货物信息、受载期;
　③ 船舶的抵离港信息;
　④ 其他的航次重要信息;
　⑤ 船舶明细表。
　　(2) 港口代理委托后,应及时将代理的信息通知船长、租家、经纪人和其他相关单位。
　8. 港口使费的审核和确认
　　(1) 发出代理委托书后,通常代理会在短时间内给出港口使费预估清单(Estimated Port Dues Advice,E-PDA),船东应认真审核代理预估清单中的项目和报价,尽量控制拖轮使用的数量和交通船使用的次数,发现不合理的项目和报价要及时予以指出并要求重报;代理费应符合租船合同中的代理费竞争条款,并尽可能争取更大的折扣,以降低船舶营运成本。代理的港口使费预估清单审核无误后,应在合理时间内安排港口使费的支付等相关事宜。
　　(2) 关于港口使费的预付,由于港口使费数额相对较大,代理全额垫付较为困难,则应安排预付港口使费。国外港口通常需要安排预付港口使费,但应控制预付港口使费的比例。
　　(3) 船东的船舶在港口发生的非营运性费用,如更换船员、备件及生活用品供应等费用,应由船东直接与代理洽谈好服务费用,并为其代垫付费用。
　　(4) 一般根据租船合同的规定,同一港口船东只负责船舶一靠一离的费用,如果船舶在

一港的多个泊位装卸货,泊位间的移泊费应由租家承担;这种情况下,可以要求租家直接与代理结算移泊费,但通常是由船东代租家垫付,然后要求租家返还这部分移泊费。船东应要求代理将船舶的移泊费进行单列,申请港口使费预付款时应注明"租家费用,船东垫付"。

(5) 航次结束后,船东应催促代理尽早将港口的最终使费清单(Final Port Dues Advice,F-PDA)和相关的正本发票邮寄回;收到 F-PDA 后,船东要对照代理的 E-PDA、船舶的抵离港报和港口记录(Statement of Fact),认真审核各项费用支出,包括拖轮使用的数量和时间、引航员引航时间、在锚地/泊位停留的时间等。

(二)积载计划的审核和确认

(1) 审核船舶的积载计划前,船东应熟悉和了解下列细节:

① 船舶的夏季满载排水量(displacement),夏季吃水(summer draft),夏季载重吨(dead weight tonnage,DWT),空船重量(light weight),船舶常数(constant),每厘米吃水吨(tones per centimeter immersion,TPC),淡水允许值(fresh water allowance,FWA),液体化学品舱/燃油舱/淡水舱舱容以及目前船舶的燃油、淡水、污油水的存量,计划加装燃油、淡水的港口和数量等;

② 货泵的数量和卸货能力、管线和阀门的布置及船舶自然隔票的情况;

③ 装、卸货港或航行途中对船舶吃水的限制;

④ 船舶载重标尺(deadweight scale)的使用。

(2) 收到船舶的积载计划后,船东应对照租家航次指令的要求审查积载计划的下列情况:

① 积载计划是否满足航次不同种货物间的隔票要求,确认不同货物间不会相互污染;

② 积载计划是否满足租家的航次指令中关于货量上、下限的要求;

③ 是否已无压载水在船或尽可能保持最低量压载水在船;

④ 结合租船合同中的运费条款,如果是按装货量计费时,在条件许可的情况下,应按照合同货量的上限配载,充分利用船舶的舱容,做到满舱或满载;

⑤ 查阅国际载重线区域图,确认船舶是否满足国际载重线公约规定,一般来说,当船舶从低纬度地区向高纬度地区航行且跨度比较大时,应特别注意。

(3) 审查过船长的积载计划后,船东将其传递给租家并要求租家书面确认是否同意船长的积载计划;在收到租家的书面确认后,通知船长按照租家批准过的积载计划向港口相关部门宣载和装货。

(三)洗舱和验舱

大部分液体化学品码头都要求船舶在货舱完全惰化的情况下靠泊,不允许在码头除气、冲惰或洗舱作业。因此,船舶靠泊前,要确认所有货舱适货且处于惰化状态,以避免因验舱不通过或舱内含氧量过高等问题而需要离泊重新洗舱、冲惰。

船东和船长有责任和义务保证船舶适货,船东应十分重视船舶的洗舱程序和验舱程序。在船舶洗舱过程中,应全程跟踪和监控船舶的洗舱进度和洗舱效果,避免因洗舱不通过而耽误船期,或者由于货舱的清洁问题而导致货物污染,引发商务纠纷。

船东在船舶抵港前,应通过代理或直接与指定商检取得联系,确认商检验舱的要求和方法,并及时将商检的意见反馈给船长。如商检需要下舱目视验舱(man-entry/visual inspection),需向商检确认是提供部分样板舱还是全部货舱都要下舱检验,同时应要求代理在船抵港后安排商检在锚地验舱。期租租进船舶,其船东/船长有责任和义务保证船舶适货,操作人员只能对其洗舱计划或程序提出建议,而不应指示船舶如何洗舱,最终决定应由其船东/船长做出,并由其船东/船长对洗舱结果负责。对于期租租出的船舶,同样需注意保证船舶适货是船东/船长的义务,督促管理公司/船长做好船舶的洗舱工作。

(四) 航次指令的执行

1. 船舶日常监控的途径

船东向船舶下达航次指令后,接下来的工作重点是跟踪和监控船舶航次指令的执行情况,并随时协调和处理船舶在执行航次指令中遇到的各种问题。对船舶的航行、锚泊和在港动态应保持不间断地跟踪和监控,其主要途径是依据船舶每日的正午报和各类船舶动态报,其他可以参照代理的港口船舶排队等候情况、靠泊计划报(berthing schedule)、靠泊作业报等,了解船舶在港的靠离泊计划、装卸货作业进度等。如对船舶的位置和动态存在任何疑问,应立即与船长进行确认,同时也可登录查询船舶位置的系统进行核实。

2. 船舶日常监控的内容

任何时候,船东应了解船舶的下列情况:

(1) 是否航行在预定的航线上。
(2) 海上或港口的气象情况,是否对船舶航行或在港作业有影响。
(3) 是否能在受载期内抵达装货港。
(4) 航行速度、主机转速和燃油消耗是否正常。
(5) 洗舱、充惰作业情况是否正常。
(6) 货物的温度是否正常(需保温、加温货物)。
(7) 加装燃油、淡水和物料的安排和供应情况是否正常。
(8) 船舶和代理、港口的联系是否畅通。
(9) 是否按照航次指令的要求发送 ETA 和各类报文。
(10) 是否按时递交了有效的 NOR。
(11) 是否按时靠泊、离泊。
(12) 是否已开始正常装卸货,装卸货速度是否正常。
(13) 是否按时发出了装卸货文件和单证。

一旦发现船舶的运行发生异常或有任何疑问,船东应及时要求船长或代理予以解释。如发现船长或代理的行为与航次指令的要求不符,应立即通知船长或代理纠正,必要时可根据租船合同和航次指令的相关条款,将情况报告租家。

3. 下航次受载期

如果船舶的下航次任务已确定(fixed),船东应密切关注船舶是否能在下航次合同受载期内抵达装货港。目前航次的任何延期都可能导致船舶错过下一航次的受载期(missing laycan)。

(五) 货损、货差的处理

当船舶发生货损、货差事故时,船东应按照以下步骤进行处理:

(1) 船东需要结合相关合同(期租合同、航次合同、保险合同)规定、航次指令、作业实际情况等,将货损、货差的发生事实经过、对相关合同的影响及合同规定的要求等相关事宜了解清楚。

(2) 船东依据合同的约定,将有关情况书面通报给相关货方,如租家、发货人、收货人等。

(3) 船东需要按照合同要求递交包括货损、货差的海事声明及导致时间延误方面的船长声明等。合同一般约定,相关方不得直接从运费或租金中直接扣除货损、货差赔偿款,因此当租家提出此种要求时,不应同意。

(六) 船长海事声明

1. 船长海事声明的作用

通常情况下,海事声明没有其他的法律意义,它只是一种证据。在处理船舶海事或商务纠纷时,一份由船长递交并由相关方会签的详细、综合的海事声明,将作为非常有价值的重要证据,为海事事故或商务纠纷的妥善处理提供依据。同时应注意到,单独由船长递交而没有任何其他方会签(指联合发文后,由各发文部门共同签署)的海事声明,视为没有重要价值的单方面文件。

2. 船长海事声明的种类

(1) 船舶发生海事事故后(如碰撞、搁浅、火灾等),或者船舶遭遇恶劣天气或其他自然灾害后,已经或可能会对船体、船舶设备或货物等产生损害或损失,船长可以代表船东或承运人向有关方提出要求免责、赔偿或保留索赔权利的海事声明。这种海事声明可能条件不允许有其他相关方会签,船长可先通过邮件、电报的方式递交到相关部门,然后请当地代理或事故发生后抵达第一港的代理到港口海事部门办妥签证手续。目前,此类海事声明的处理由公司船壳险的购买部门负责。

(2) 船长在执行航次指令的过程中,对被要求去做的一些事的后果和性质不清楚或存有疑问,船长可以通过递交海事声明的方式来否决被要求去做此事引起的后果,或免除船长、船东、租家等在法律上的责任和义务;或者由于租家、发货人、收货人或码头的任何行为,岸上设施影响船舶的正常靠离泊和装卸货作业时,船长通过递交海事声明,免除船舶、船东的责任并保留索赔的权利。

当然,如果认为只要船长递交了海事声明就会免除船长或船东的责任也是不正确的。比如,即使递交了海事声明,船长倒签提单的责任也是不能免除的;又比如,提单上货物的数量明显大于船舶载货量,船长没有在提单上备注而只是递交一份海事声明也是不能免责的。

(七) 货物文件、单证的处理

1. 装货港货物文件和单证

装货作业完成后,船东应尽快从船舶或代理处取得装货港文件,进行审核并通过经纪人

传递给租家,以便租家安排运费支付和卸货保函。装货文件主要如下:

(1) 提单(B/Ls)。

(2) 舱单(Manifests)。

(3) 装货准备就绪通知书(NOR)。

(4) 数量证书(certificate of quantity)。

(5) 质量证书(certificate of quality)。

(6) 原产地证明(certificate of origin)。

(7) 样品接收证明(receipt of cargo sample)。

(8) 验舱证明(inspection tank report)。

(9) 空距报告(ullage report)。

(10) 事实记录(statement of fact)。

(11) 海事声明(如有)(letter of protest)。

2. 卸货港货物文件和单证

卸货作业完成后,船东同样应尽快从船舶或代理处取得装货港文件,进行审核并通过经纪人传递给租家。卸货文件主要如下:

(1) 装卸准备就绪通知书(NOR)。

(2) 空距报告(ullage report)。

(3) 事实记录(statement of fact)。

(4) 货泵记录(pump log)。

(5) 洗舱记录(COW)。

(6) 干舱证明(dry tank certificate)。

(7) 货物收据(cargo receipt)。

(8) 海事声明(如有)(letter of protest)。

(八) 装/卸准备就绪通知书(notice of readiness)

"装/卸准备就绪通知书"(NOR)是航次中最重要的货物单证之一,船长通过递交 NOR 通知租家/发货人/收货人船舶已经抵港并已做好装、卸货准备。NOR 是船舶装卸时间(laytime)起算的先决条件和重要证据,因此,船舶抵港后船长按时正确地递交 NOR 非常重要。

1. 递交 NOR 的三个条件

(1) 船舶已抵达指定的港口或泊位。

(2) 船舶已准备好装卸货。

(3) 在受载期内。

2. NOR 递交的时间和地点

(1) 船舶在受载期内抵达装货港或船舶抵达卸货港:

① 如船舶抵达后直接靠泊,以船舶抵达港口引航站的时间为 NOR 递交时间。

② 如船舶抵达后不直接靠泊,以船舶抵达港口或租家指定的等待区的时间为 NOR 递交时间;如果港口或租家没有指定等待区,则为到达港口习惯的等待区(锚地),一般以抛锚

时间为 NOR 的递交时间。

（2）船舶在受载期之前抵达装货港：除非有租家的书面指示，船长应在受载期开始时递交 NOR。

3. 递交 NOR 的方式及注意事项

（1）在受载期内抵港的，船舶应在抵达引航站或锚地抛锚后的第一时间以电子邮件、传真等方式向有关方及时递交 NOR。

（2）在受载期前抵达装货港的，船舶应在船舶抵港报中通知各方船舶预计递交 NOR 的时间，等受载期开始后，以电子邮件、传真等方式向有关方及时递交 NOR。

（3）按照上述方式通过无线电递交 NOR 后，船舶还应书面递交 NOR 给发货人、收货人或码头，并将复印件交给代理。有时船方可能不能直接联系到发货人/收货人，习惯上先交给代理签收，然后由代理交给各方。

（4）如果船舶在同一港口多个码头装（或卸）货，则 NOR 应同时递交给所有装（或卸）码头的所有通知方，上一码头装（或卸）完货后，以拆管时间为 NOR 递交时间向下一码头递交 NOR。

（5）如果船舶同一航次在多个港口装货，则只有第一装货港按照租船合同中的受载期的规定时间递交 NOR，接下来的港口抵港后即递交 NOR，无需考虑航次指令中装货窗口期（loading window）规定的时间。

（6）不论由于任何原因致使先前已递交的 NOR 变得无效后，船东应提醒船长及时递交新的 NOR。比如船长递交 NOR 后，商检验舱未能通过，说明船舶不符合递交 NOR 的条件，此时先前递交的 NOR 为无效 NOR，船长应在重新洗舱并通过商检的检验后，立即递交新的 NOR。

（7）如果对于前一次递交的 NOR 的效力存在疑虑或递交 NOR 后长时间没有靠泊计划或根据租家的要求，船长可采取连续或重复递交 NOR 的方法，即每日向相关方递交 NOR，此时的 NOR 应标明为 re-tender NOR，并加备注"NOR re-tendered at time without prejudice to the first tendered NOR at time."。

需要注意的是，很多时候船长忙于业务，按通常思维，到了就递交 NOR。如果到的时候泊位空着，但因为各种原因（例如需等潮水、不能夜航、等里面的船先出来、封港封航等）需在锚地等待，那么这种情况下船长递交的 NOR 就不是一个有效的 NOR。不论何种原因在外面等待多久，无效的 NOR 都不会自动变成一个有效的 NOR，受载期也不会自动开始起算。这种情况下，在合同里加入"berth(s) are reachable upon arrival"条款变得很重要。

【案例】 船从 RASTANURA 装丁烷到 FUJAIRAH 卸，船长在 EOSP 的时候 10:45 就递交了 NOR，12:00 抛锚。

【判决】 法官判 NOR 无效，因为不是到达船；但船东可以索赔损害赔偿金（damages），因为合同里加入了"reachable upon arrival"条款。船舶到达的时候母船还没来，导致无法递交有效的 NOR，租家违约，所以船东可以索赔损失。同时又因递交的 NOR 无效，受载期只能从开始卸货开始起算。

(九) 时间表(time sheet/statement of fact)

(1) 时间表是统计船舶装卸时间(laytime)和计算滞期费(demurrage)的重要依据,在装卸结束时,船长必须对船舶在港口作业细节及每一票货物签发时间表。

(2) 船舶的时间表应在离泊前让商检或托运人/收货人/代理在其上面签字,若相关方不同意签字,船长应及时递交船长声明。

(3) 代理提供的时间表,船长应仔细审核,确认无误后方可签发。

(4) 无论是船舶的时间表还是代理提供的时间表,任何影响作业的时间都必须签注在延误/备注栏内。

(十) 货泵记录(pump log)

(1) 货泵记录是向租家主张船舶滞期费的主要文件之一,尤其是船舶非正常情况下卸货时,应认真填写船舶喉管出口处的压力,卸完货后请商检/收货人/代理在其上签字确认。若相关方不同意签字,船长应及时递交船长声明。

(2) 船舶开航后,应要求船长将货泵记录和其他作业文件一起传递给船东。

(十一) 船舶的空档报告(ullage report)

(1) 装完货后,船舶一般要保持平吃水(even keel)或保持一定程度的尾倾(trim≥0)。如果船舶存在左右的横倾(list),大副会通过调整不同舱内的货物、燃油或压载水的办法消除横倾。

(2) 在调整完船舶的前后吃水差和左右平衡后,大副和商检一起查看船舶的前后实际吃水以计算船舶的前后吃水差(trim)。

(3) 大副和商检一起使用测量设备(UTI 或 MMC)测量每个货舱的空档高度和货物的平均温度(取舱内货物上、中、下三个位置的温度)。

(4) 货量的计算:

① 每个货舱实测的空档高度通过货舱基点修正后得到修正的空档高度(corrected ullage),由修正后的空档高度根据船舶吃水差查船舶舱容表(calculation table)可得到每个货舱货物的观测体积(gross observed volume,GOV);

② 根据每个货舱的平均观测温度查表可得到由观测温度的货物体积修正到标准体积的体积修正系数(volume correction factor,VCF);

③ 每个货舱的货物观测体积×体积修正系数(VCF) = 每个货舱的货物标准体积。

(十二) 验舱报告(tank inspection certificate)

(1) 船舶在装货前应取得由商检、码头或发货人代表签发的验舱报告。

(2) 在船舶抵装货港前,船东应了解船舶将在何种状态下进行验舱,是全部惰化状态、预留部分货舱,还是所有货舱在 gas free 状态下验舱,以便通知船舶提前做好准备。

第七节 液化气船航次租船业务

本节主要介绍液化气船航次租船业务。关于航次租船业务的内容,本章前六节已有详述,且液化气船航次租船业务的主要内容与本章第五节和第六节基本相似。因此,本节主要是以船东视角介绍液化气船作业流程。

一、液化气运输概述

液化气运输船可大体分为 LNG 船和 LPG 船两大系列。

(一) LNG 船

1. LNG 简介

液化天然气(liquefied natural gas,LNG)是通过将天然气加压并冷却至液态而制得的。在相同质量的条件下,LNG 的体积仅为常温常压下天然气体积的 1/600。LNG 主要由甲烷构成,优质 LNG 中甲烷的含量通常超过 90%,其余成分主要包括乙烷、丙烷、丁烷和氮气。

LNG 具有以下理化性质:

(1) 超低温液体(-163℃)。

(2) 易汽化,易蒸发,汽化后的体积为原来的 600 倍左右。

(3) 密度取决于其组分与温度,通常为 430~470 千克/立方米,且甲烷含量越高,温度越高,密度越小,本书中 LNG 密度取 463 千克/立方米。

(4) 无色无味,无毒性,易溶于油,但基本不溶于水。

(5) 化学性质稳定,与空气、水等不发生化学反应。

(6) 易燃,LNG 燃烧热为 51 兆焦/千克,其蒸汽在 25℃的空气中爆炸浓度约为 5.5%~14.0%。

根据全球能源格局统计,天然气约占全球能源消费总量的 20%左右。随着人类对环境保护意识的日益加强,未来对天然气、太阳能以及风能等清洁能源的需求将日益增加。

中国天然气气源包括陆地气田、海洋气田和进口 LNG 及 PNG(piped natural gas,管道天然气,例如从俄罗斯、缅甸等国进口的天然气),近年来还在开发页岩气及可燃冰。从海外进口 LNG 一般通过 LNG 船将 LNG 运至国内已建的 LNG 接收站,再经卸船后送达目的地。

2. LNG 船按舱容分类

(1) 大型船:舱容一般在 12 万立方米以上。

(2) 中型船:舱容一般为 3 万~12 万立方米。

(3) 小型船:舱容在 3 万立方米以下。

国外应用的 LNG 船主流船型为 12.5 万立方米,中小型 LNG 船则主要用于 LNG 的二程转运、城市调峰应急站与储备库及 5 万吨级码头以下的接收站之间的运输。

3. LNG 船按储罐型式分类

LNG 船是在 -163℃ 低温下运输 LNG 的专用船舶,根据储罐型式可分为自支撑型和薄膜型两种。

(1) 自支撑型储罐相对于薄膜型储罐更易建造,能独立支撑舱内液货负重,故钢板用料较多。

(2) 薄膜型储罐由殷瓦钢(36%的镍钢)薄膜制成,不能承重,通过绝缘绝热材料将应力导向船体。

自支撑型储罐,根据其结构可细分为球形(Moss)和菱形(self-supporting prismatic IMO type B,SPB)。早期的 LNG 船以 Moss 型居多,但因 Moss 型 LNG 船甲板建筑受风面积大,遮挡驾驶台视线,不易操纵,故新造的 LNG 船以薄膜型储罐为主。

(二) LPG 船

1. LPG 简介

液化石油气(liquefied petroleum gas,LPG),主要组分是丙烷和丁烷,有少量的烯烃。LPG 在适当的压力下以液态储存在储罐容器中,常被用作炊事燃料,也就是人们经常使用的液化气。液化石油气是在提炼原油时生产出来的,或从石油或天然气开采过程挥发出的气体。

2. LPG 船按舱容分类

(1) 大型船:指 2 万立方米以上舱容的船舶。

(2) 中型船:指 2 万立方米左右舱容的船舶。

(3) 小型船:指几千立方米舱容的船舶。

目前世界上大型 LPG 船的舱容可达 8.3 万立方米,被视为特大型。在 LPG 船的应用方面,2 万立方米及以上舱容的 LPG 船主要在国际用于海运贸易,国内应用的 LPG 船大部分为 1 万立方米以下,用于沿海转运。

(三) 液化气船运输形式

液化气船根据可运输液货的品种可分为单一用途船、双用途船和多用途船。单一用途船、双用途船通常舱容大,多用途液化气船通常舱容偏小。

液化气运输船按货物运输方式一般分为全压式、半冷半压式和全冷式三种。

(1) 全压式:液货舱为常温加压设计,加压需超过常温下压力,使舱内介质处于液态;液货舱为压力容器。

(2) 半冷半压式:液货舱为低温加压设计,加压按低温温度所需,使舱内介质处于液态;液货舱为压力容器。

(3) 全冷式:液货舱为低温微压设计,液货舱需维持低温,使舱内压力处于允许设计压力之内;液货舱可为非压力容器。

二、LNG 船作业流程

在装载 LNG 之前，LNG 船需要完成一系列的准备工作，这些包括氮气清扫绝缘空间、液货舱的干化处理、惰性气体的注入、LNG 蒸汽的扫舱作业，以及管道和液货舱的预冷等关键步骤。完成这些准备工作后，LNG 液货的装载操作随即开始。装载过程中，当货舱容量达到 98% 时，将停止进一步装载，这是为了在液货航行期间考虑到蒸发损失，因此特意预留了一部分舱容。待航行至目的港后，将卸载所装载的全部液货。随后，LNG 船将进行压载航行，返回至装货港，再次进行装载。这就是 LNG 船的典型营运流程。

若 LNG 船发生故障或需进船坞检修，必须在卸载所有货物后，对液货舱执行氮气吹扫、加热、惰性化以及通风等步骤，然后才能进入船坞。完成修理后，需重复初次装货前的准备工作，随后才能恢复正常的营运模式。

（一）绝缘层惰化

当 LNG 船离开船坞后，首要任务是执行氮气清扫以维护绝缘层。确保主绝缘层的空间压力比次绝缘层高出 0.2 千帕，这样做是为了保持液货舱的形状。填充在绝缘层中的氮气能够在液货舱发生泄漏时提供保护，防止液货蒸汽与空气接触，从而避免形成可燃混合气体。这一过程大约需要持续 20 小时。

（二）液货舱干化

惰性气体生成装置具备两种操作模式：干燥空气模式和惰性气体模式。通过船舶配备的惰性气体发生器，可以提供低温干燥的空气，用以替换液货舱和管线内的潮湿空气，从而避免因湿气结冰而导致的管路和设备堵塞。这一过程大约需要 20 小时。

（三）液货舱惰化

利用船舶配备的惰性气体发生器产生的惰性气体（主要成分是氮气和二氧化碳，氧气含量低于 2%），对液货舱和管线内的干燥空气进行置换，从而避免液化天然气（LNG）蒸汽与氧气接触引发爆炸。这一过程大约需要 20 小时。

（四）LNG 气体扫舱

通过船舶自备的 LNG 蒸汽发生器产生的 LNG 蒸汽，可以置换液货舱和管线内的气体，其中 LNG 是从岸站供应的。这一过程大约需要 20 小时。

（五）预冷

在首次装载货物之前，通过岸站储罐泵送 LNG 以预冷船舶管线和液货舱。如果 LNG 船是从压载航行返回，则在抵达港口前 2 天开始进行管线和液货舱的预冷工作。在预冷过程中，如果液货舱内的压力过高，将启动高负载压缩机，将舱内多余的 LNG 蒸汽输送到岸站接收装置；反之，如果液货舱内的压力过低，则启动 LNG 蒸发器，从主液货管路中抽取部分液货进行蒸发,并将蒸发后的气体补充回液货舱,以确保液货舱内的气体压力稳定在 5~15 kPaG(kPaG 表示表压力,其值为绝对压力减去标准大气压,标准大气压取为 101.3 千帕)。这一过程大约持续 12 小时,目标温度为 -130℃。

(六) 装货

LNG 液货从岸站储罐泵出,通过甲板液相管线输送到液货舱,挤压舱内原有的气体空间,并持续汽化产生新的 LNG 蒸汽,从而导致舱内压力上升。高负载压缩机将液货舱内多余的 LNG 蒸汽转移到岸上的接收设备,并调节压缩机向岸站排气的速率以保持液货舱内的压力稳定。装货速率通常从 1 000 立方米/小时逐渐增加至 10 000 立方米/小时,随后进入稳定装货阶段。一旦任一液货舱的液位达到 95%,则通知岸站减缓供货速率;鉴于液货的蒸发,当液位达到该舱的 98% 时,停止向该货舱装货。岸泵停止供货后,利用船上产生的氮气清扫管路中残留的 LNG 液货至四号舱(四号舱预留了额外的 50 立方米扫线舱容),清扫完成后断开装卸臂,装货作业即告完成。一艘 140 000 立方米的 LNG 船的装货时间大约为 17 小时。

(七) 卸货

卸货操作使用与装货相同的管线,但采用液货舱内的主液货泵进行,无需启动高负载压缩机,而是通过岸站回气来维持舱压。一艘载有 140 000 立方米 LNG 的船舶卸货过程大约需要 14 小时。

(八) 氮气扫舱

利用氮气替换液货舱和管线内存留的 LNG 蒸汽。

(九) 液货舱暖化

利用加热器加热产生的温度较高的氮气替换液货舱和管线内的常温氮气,该过程持续约 40 小时。

(十) 液货舱惰化

利用惰性气体替换液货舱和管线内的氮气,该过程持续约 20 小时。

(十一) 液货舱通风

打开透气阀门,将液货舱与外界联通,该过程持续约 20 小时,通风后舱内含氧量应大于 20%。

本章思考题

1. 航次成本的构成都有哪些?
2. 请从多角度考虑为何需要进行航次估算。

3. 航次估算的基本步骤和方法如何？
4. 内河运输与海上运输在航次估算上有什么差异？
5. 在航运经济和航运管理中,"TCE"的含义是什么,有何作用？
6. 作为货主,若自行租船,需要提前进行哪些信息的收集？
7. 租船程序通常有哪几个阶段,以及哪些主要内容？
8. 航次租船合同下的询盘和发盘主要有哪些内容？
9. 定期租船合同下的询盘和发盘主要有哪些内容？
10. 签订航次租船确认书的意义是什么？
11. 订租确认书的内容主要有哪些？
12. 什么叫"SUB 条款"？常见的"SUB 条款"有哪些？
13. 航次租船合同的履行分哪几阶段？
14. 在装货阶段,有哪些履行问题需要引起重视？

第五章 航次租船合同

第一节 船舶概况

船舶概况是航次租船合同中十分重要的一项内容,对于顺利履行航次租船合同起着关键作用。通常情况下,船舶概况包括船舶名称、船舶国籍、船舶船级、船舶吨位、船舶舱容和船舶动态(位置)等内容。

一、船舶名称(name of vessel)

船舶名称是航次租船合同中一项非常重要的内容。选择什么样的船舶完成航次租船合同所规定的运输任务,是双方当事人,特别是租家极其关心的问题。目前,对于一般具体船舶的确定,通常有以下三种办法可供当事人选择。

(一) 指定船舶(named vessel)

所谓"指定船舶",实际上就是在航次租船合同中指定一艘特定的船舶(special ship),如"M/V Gloria"。一旦在合同中确定了船舶,就必须由该艘船舶执行合同规定的航次运输任务,船东无权擅自以其他船舶替代。这是船东的一项合同义务,否则,被认为是违约行为。如果原来指定的船舶沉没或者由于某种原因不能履行合同,则租家有权解除合同,并要求赔偿可能产生的一切损失。而另一方面,如果当合同中原指定的船舶因发生意外事故而无法执行运输任务时,租家因种种原因急需船舶,而要求船东另派其他船舶的情况下,船东没有义务为租家提供合同以外的船舶。当然,这要视"意外事故"发生的原因是否属合同规定的船东免责范围。

(二) 替代船条款(substituted clause)

在实际中,为能顺利地履行合同以及避免因原指定船舶一旦发生意外事故而解除合同,通常在指定船名的情况下,在航次租船合同中加入"替代船条款",如"M/V Gloria or substitute at owner's option",赋予船东"选择权"。由于在签订合同时,船东还不能预料在调配船舶方面可能发生变化的情况,因此船东往往采用这种条款。在合同中没有明确的相反规定时,该项"替代船条款"有利于船东。但是,船东在指定替代船时,必须在船级、船型、位置等方面与原定船舶相符。替代船一经选定,必须立即通知租家,并且这种替代船一经指定,就不能再做更改,即不能进行二次替代。如果指定的替代船由于某种原因不能履行合同,则租家可以解除合同。

(三) 船舶待指定(vessel to be named)

通常,在缔结航次租船合同时以指定船舶为主。当因某些原因致使无法在航次租船合同中确定船舶时,经双方当事人约定在开始履行航次租船合同前的适当时间内,由船东指定具体船舶,并将船名通知租家,这就是所谓的"船舶待指定"。这也是船东的一种"选择船舶的权利"(the owner's option to choose the vessel)。为防止船东利用这种权利任意地选择和派遣不符合租家的运输任务所要求的船舶,双方当事人在合同中一般明确约定"待指定船舶"的具体技术条件、性能及规范。如果船东日后指定的船舶不符合租船合同的要求,租家有权拒绝接受,并因船东违约而解除合同和要求赔偿。

在这种情况下,航次租船合同中不再订立"替代船条款"。这是因为法律所承认的给予船舶所有人的选择权只有一次。只要船东在开始执行合同时指定了船舶并将船名通知租家,则被认为该船东已行使了"选择船舶的权利"。因而,船东在实践中要确保指定船舶的适航性,以免无法执行合同,从而造成赔偿。

二、船舶国籍(nationality of vessel)

船舶国籍是指船舶所属的国籍或船旗(vessel flag)。在租船合同中常指定船籍,或者声明不得悬挂某国国旗。因此,除非合同另有约定,船东不得在合同履行期间擅自变更船舶国籍或更换船旗,否则对于租家构成违约行为。

船舶的国籍或船旗代表了船舶和船旗国的隶属关系,它是船舶是否在战时保持中立的重要标志,直接关系到船舶是否会被交战国扣押、没收、征用、充公等。在和平时代,船籍涉及法律适用、货物保险、港口使费等方面的问题。一般来说,船舶在海上航行时不得同时悬挂两个国家的国旗,也不能不悬挂任何国旗,否则会被视为海盗船处理。根据《中华人民共和国香港特别行政区基本法》及有关法律规定,在香港登记注册的船舶,同时悬挂中华人民共和国国旗和香港特别行政区区旗,以区别于在内地登记、悬挂中华人民共和国国旗的船舶。

三、船舶船级(classification of vessel)

船级是船舶检验机关认定的船舶技术状态的指标。租船合同中的船级是指双方在订立合同时,船舶应实际达到的技术状态的指标,但这并不意味着船东有义务在整个合同履行期间保持这一船级。除合同中另有约定,否则,即使在合同履行期内丧失船级,也不视为违约。合同中记载所要求的船级主要目的是保证船舶的适航性能。英国有些案例表明船级是合同的条件条款,如果违反的话,租家可解除合同。我国一般认为,船级是通过船级证书表现出来的,而船级证书只不过是船舶技术状况的说明,是表面证据。

四、船舶吨位(tonnage)

船舶吨位是船舶规范资料之一,除表示船舶的大小与装载货物的数量关系外,也是港口使费、运河通行费、代理费、吨税等征收的基本参数。因此,租船合同中应记明船舶的登记吨(registered tonnage)和载重吨(deadweight tonnage)。

登记吨是按船舶容积折算的吨位,故又称容积吨位,是指船舶为登记注册的需要,并按有关国际丈量公约或规范所规定的丈量办法和计算公式确定的船舶容积吨位,一个"吨位"等于2.83立方米的丈量容积,又称1个容积吨。

船舶的容积吨根据不同的用途分为总吨、净吨和运河吨。

(1) 总吨(gross tonnage,GT)

容积总吨又称注册总吨,是指船舶所有围蔽处所的总容积,按丈量公约或规范规定的测算公式求出的船舶容积吨位。它是统计船舶吨位,表示船舶大小,区分船舶等级,计算船舶建造、买卖、租用费用,以及处理海事赔偿的依据。

(2) 净吨(net tonnage,NT)

容积净吨又称注册净吨,是指船舶各载货处所的总容积,按丈量公约或规范规定的测算公式求出的船舶容积吨位。它是计算船舶各种港口使费,如引航费、灯塔费、停泊费等各项费用的依据。

(3) 运河吨(canal tonnage)

运河吨位是指苏伊士运河和巴拿马运河等运河管理当局按各自制定的丈量办法计算出来的船舶容积吨位。它是船舶通过这些运河时需要支付运河费的计算依据。

载重吨(deadweight tonnage),又称载货能力(deadweight capacity),表明船舶实际装载货物的能力。合同中载明的数字是指实际可装载的最大货物数量,不包括船舶燃料、物料、淡水、备用品、船舶常数(constant)等。这个载重量是航次租船中计算运费的基础。

由于在洽谈租船业务或缔结航次租船合同时,船东对航次中所需的燃料、物料、备品、淡水、食品等的消耗难以估计准确,因此很难确定本航次实际可以装载货物的确切数量。为解决这一问题,在国际上,航次租船合同中通常只规定一个装载货物的大概数字和可增减的百分比,记为"大约×××吨货物,×%的增减数量(about ××× tons of deadweight of cargo ×% more or less, at the masters of owner's option)"。这是航次租船合同中有关船舶装载货物的"数量增减条款(the more or less clause,MOL)"。可增减的百分比由双方当事人根据不同种类的货物在合同中予以确定。在具体装货之前,船长根据本船的实际装货能力及港口吃水限制等,在该百分比范围内选择船舶能够装载货物的实际数量,并以书面的形式向租家进行"宣载(declaration of cargo)"。宣载书一般包括船舶名称、船舶的载重吨、货物载重量、货舱舱容、燃料数量、淡水数量、船舶常数、船长签名、宣载日期等。

如果船长未在船舶正式开始装货之前进行"宣载",则被认为自动放弃了合同中"数量增减条款"所赋予船东的货物数量选择权。对此,如果届时租家提供装船的货物实际数量没有达到船舶满舱满载(full and complete)的要求,船东不能向租家主张由此而造成的亏舱损失赔偿,而只能按货物装船的实际数量计收运费。

而如果宣载后,货主不能提供船长在"宣载书"中要求的货物数量,除非合同另有明文规定或属于租家免责范围,租家必须承担亏舱损失。

如果船长的"宣载"不在航次租船合同中规定的装载货物的数字范围内,船东应承担由此给货主造成的损失,例如短装损失、额外的仓储费等。

在英美法系国家,一般认为数量增减条款是中间性条款。

五、船舶舱容(ship's capacity)

除了船舶的容积吨位外,船舶容积还包括船舶的货舱容积。

船舶的货舱容积是指船舶货舱内实际能够装载货物的空间,一般分为散装舱容(容积)与包装舱容(容积)两种。

(1) 散装舱容(grain capacity,G/C)

散装容积是指货舱内实际能够装载散装货物的空间。它是由两舷外板内侧、两横隔舱壁和舱底板所包围的理论容积,扣除肋骨、横梁、支柱等所占容积计算出来的。

(2) 包装舱容(bale capacity,B/C)

包装容积是指舱内实际能够装载包装或成件货物的空间。它是由两舷肋骨护板内侧、两横隔舱壁、舱底板和横梁下端所包围的理论容积,扣除空间内的支柱等所占容积计算出来的。包装容积一般要比散装容积小。

六、船舶动态(位置)

船舶动态(vessel's present position)是指订立合同时船舶所处的位置或状态。因为它直接影响船舶能否按期抵达预定的装货港,而租家也要按照有关船舶位置或状态的说明,在船舶到港前备货和安排货物装运工作,所以必须在租船合同中正确地记载船舶的位置。

提供船舶位置的准确情况是船东的一项义务。如果船东所提供的船舶位置不准确,致使船舶不能在合同规定的预期抵港时间内抵达装货港装货,不论是故意行为还是过失,都构成船东的违约。对此,租家有权要求船东赔偿由此造成的损失,甚至解除合同。因此,关于船舶动态的说明应持慎重态度。英国许多判例表明这是一种条件条款,足以看出该条款的重要性。实践中,船东为了避免麻烦,往往不具体注明准确的经纬度,而是以"now trading""now under repair""expected ready to open at ×××port on ××× date"等措词进行说明。

第二节 船东责任

在航次租船合同中,船东与租家之间对货物的责任是根据他们的具体约定来分配的。与《海牙规则》《海牙-维斯比规则》或《汉堡规则》的承运人义务不同,租船合同并没有规定船东的最低义务,且这些国际规则并不适用于租船合同。

根据我国的《海商法》,在航次租船合同下,船东有义务确保船舶在开航前和开航时处于适航状态,并且必须按照合同约定、习惯或地理直接航线将货物运输至卸货港。这是《海商法》对航次租船合同下出租人规定的强制性义务。

【案例】 2006年10月,A公司为运输一批货物,与B公司签订航次租船合同,约定租用C轮。D公司为C轮的光船租家。B公司在履行航次租船合同过程中,根据接收的货物情况,向A公司签发了正本提单。提单上记载A公司为托运人,B公司为承运人。2007年1月22日,C轮大副发表共同海损声明。因货物在运输过程中发生货损,作为货物保险人的E公司在支付A公司货物保险理赔款后,于2009年1月22日代位求偿向某海事法院提起诉讼,要求B公司、D公司连带赔偿货物损失约100万美元。

【争议焦点】 该案的核心争议焦点之一在于D公司作为光船租家是否需要承担连带责任。

【判决】
一审某海事法院判决认为,该案为航次租船合同纠纷,案涉货损发生在承运人责任期间内,承运人应当承担赔偿责任。因此,B公司作为航次租船合同的出租人,应当承担赔偿责任;D公司作为实际承运人,应当与B公司承担连带赔偿责任。

二审某高级人民法院判决认为,该案为航次租船合同纠纷,该案中不存在承运人可以免责的事由,因此B公司、D公司对案涉货损承担连带赔偿责任。

最高人民法院再审判决认为,该案为航次租船合同纠纷。D公司系C轮的光船租家,实际承运案涉货物,但并非案涉航次租船合同的当事方,不应作为航次租船合同出租人承担责任。尽管《海商法》将航次租船合同作为特别的海上货物运输合同在其第四章中予以规定,但并非第四章的所有规定均适用于航次租船合同的当事人,所应适用的仅为海上货物运输合同当事人即承运人与托运人之间的权利义务规定,并不包括实际承运人的规定。在提单证明的海上货物运输法律关系中,法律规定承运人的责任扩大适用于非合同当事方的实际承运人,但实际承运人是接受承运人的委托,而不是接受航次租船合同出租人的委托,实际承运人及其法定责任限定在提单的法律关系中。因此,E公司主张D公司为航次租船合同法律关系中的实际承运人没有法律依据。最高人民法院驳回了E公司对D公司的诉讼请求。

一、"金康94"下的船东责任(owner's responsibility)

在许多标准范本中,船东对货物的责任非常有限。例如,"金康范本"规定"船东对于货物的损失、损害或交付延迟的责任,仅限于因船东或其代理人未能谨慎确保船舶的适航性,以及确保船舶配备了适当的船员、装备和供应品,或由于船东或其代理人的行为或疏忽。对于因其他原因导致的货物损失、损害或延迟交付,即使是由船长、船员或船东雇佣的其他人员的疏忽或不作为引起的,除非本条款另有规定,否则船东不承担这些行为的责任,对于船舶在装卸、开航时或任何其他时刻的不适航性所造成的损失、损害或延迟交付,船东亦不承担责任"。

在该条款下,船东只有在本人或其经理本人的行为或错误引起以及未恪尽职责使船舶适航的情况下才会对货物的损坏、缺少及延误交货负责。

【案例】 "Gundulic"轮以航次租船出租,租船合同含有上述内容的类似条款。由于海水通过舱盖进入货舱导致货物受损,租家要求船东赔偿。

【判决】 法院做出有利于租家的判决。原因是船东未能举证表明货物损失的发生与他们雇佣的轮机监管人员未能恪尽职责无关。

租船运输中比较常见的做法是将该条款删除,然后并入一条首要条款,使《海牙规则》或《海牙-维斯比规则》下承运人对货物责任的规定也适用于租船合同。该条款采用1997年10月BIMCO颁布的标准首要条款,使《海牙规则》《海牙-维斯比规则》也适用于租船合同。这也意味着,船东的责任和免责在租船合同下与提单一致。

二、船舶适航(seaworthiness)

租船合同中通常包含一项条款,要求船东确保船舶处于适航状态。即便合同中没有明确这一条款,根据法律规定或隐含的保证,船东也有责任确保船舶的适航性。

(一)适航概念

适航的概念可以从三个方面理解:技术角度适航、适货和适合特定航线。

技术角度上适航包括船舶设计和船壳及机器条件以及船舶稳性符合相关要求;适货是指船舶适合所装的货物;适合特定航线指的是船舶配备了满足特定航线需求的设备和充足的燃油等。

(二)不适航的后果

若租家发现船舶在航次开始前不适航,且缺陷不能在合理的时间内修正,那么租家可以解除合同。若船舶已经处于航行期间,则租家不能再解除合同,但可以就船舶不适航所造成的任何损失要求船东赔偿。

此外,尽管船舶是不适航的,但若损失并非不适航所造成的,那么船东仍然有权援引租船合同中的除外责任条款。

不适航的案例包括燃油存量不足、船员能力不足、设备存在缺陷或配备不全、货舱清洁或准备工作不到位、船上缺少最新地图和海图、货物装载不当威胁到船舶安全。

【案例】 一票原木根据租船合同自S港运往G港,租船合同规定船东对下述原因所致之货物灭失不负责:①由于不适航,除非是由于船东未能尽谨慎处理使船舶适航的义务所致;②船长驾驶或管理船舶的行为,过失或不履行义务。当船舶开航时,由于甲板货超载,致使该船内在的稳性不足。航行途中,船舶停靠B港添加燃料,在加燃料过程中,船舶自船梁末端处翻沉。没有证据表明添加燃料的行为构成过失。

【判决】 船东未履行其谨慎处理使船舶适航的义务,故应对货物灭失负责。

(三) 适航的法律规定

由于在租船合同中通常包含一条首要条款,使《海牙规则》或《海牙-维斯比规则》适用于租船合同下货物的赔偿责任。因此,有关适航的船东明确义务是:承运人在船舶开航前和开航当时,应谨慎处理,使船舶处于适航状态,妥善配备船员、装备船舶和配备供应品,并使货舱、冷藏舱、冷气舱和其他载货处所适于并能安全收受、载运和保管货物。

三、绕航(deviation)

大多数航次租船合同范本都包含一条印就的绕航条款。该条款有时在提单中使用。"金康范本"绕航条款措词如下:"船舶有权为任何目的以任何顺序挂靠任何港口,有无引航员在船均可航行,在任何情况下拖带和/或救助他船,亦可为拯救人命和/或财产而绕航。"

绕航条款通常做出对租家有利的解释,若船东真的要保障自己绕航的权利,他必须尽可能在洽谈期间和租船合同中明确规定。在租船实务中,多数国家就这一条款做出限制性解释,即船舶只能挂靠在合同规定的港口,或者按地理顺序习惯航线上的港口,以及仅允许合法的绕航。

合法和非法绕航的区别是十分重要的,不过这两个概念之间的界限并不总是那么容易找到。一般来说,为避免对船员、船舶和货物的危险以及为拯救生命或财产安全而绕航,都是合法绕航。当然,绕航必须是合理的。判断绕航是否合理,不仅要考虑船东的利益,还要考虑租家的利益。非法绕航是违反合同的行为,租家有权要求赔偿,并在某些情况下可以解除租船合同。

【案例】 一艘船被承租自 X 港运送石灰至 Z 港。其不必要地偏离通常航线而绕航。在该绕航期间,石灰遭受雨淋致损。

【判决】 租家有权向船东索赔此种损失。

【案例】 一艘船被承租自 X 港驶往 Z 港。在航程中,其前往救助一艘失事船,并同意将该船拖带至 Y 港(偏离了其航线);在拖带途中船舶毁损。陪审团认定该绕航对于救助人命不具有合理的必要性,但对于救助财产具有合理的必要性。

【判决】 此种绕航不合法,货主可以向船东索赔损失。

四、受载期与解约日(laydays and cancelling date)

受载期是指船舶在租船合同规定的日期内到达约定的装货港,并做好装货准备的期限。受载期可以概括为一段时间,船舶应到达装货港,无论是受载期的第一天还是最后一天,船舶抵达装货港并做好装货准备即可。如果船舶未能严守受载期约定,即视为违约。除了船东的可免责原因造成的延误外,租家有权索赔因船舶延误而造成的损失,如仓储费、预期利润损失等。合同中一般订有解约条款,即船舶未能遵守受载期约定,租家有权解除合同。

解约日是指一个日期,如果船舶在此日期之前不能抵达装货港,租家有解除合同的绝对权力。这一规定通常也适用于非船东所能控制的原因引起的延误,即使船东和船长已尽最大努力加速航行。在实践中,有时船东或船长即使明知船舶不能在解约日之前到达装货港并做好装货准备,只要租家不提出解除合同,船舶仍应驶往装货港。有时,租家会在船舶抵达装货港后才宣布解除合同,导致船舶无意义航行。为了减少船期损失,合同中往往订有"质询条款(interpellation Clause)",目的是避免船舶空载行驶到装货港却无法装货的情况发生。

根据"金康94",租家必须在收到船东通知后的至少48小时内宣布是否解除合同。而旧的范本规定,租家需要在船舶预计抵达装货港前的48小时内做出决定。以下是"金康94"合同中关于解约日的条款规定:

(a) 如船舶未能在第21栏规定的解约日做好装货准备(不论靠泊与否),租家有权解除本合同。

(b) 如船东预计虽谨慎处理仍无法在解约日前准备装货,则应立即通知租家其预计准备好的日期,并询问是否解约或同意新的解约日。

租家应在收到该通知后48小时内宣布,如租家未行使其解约权,则本租约视为修改如下:船东在通知中宣布的准备完毕日期后的第7天为新的解约日。

(c) 本条(b)款规定只能适用一次,如船舶再次延误,则租家可选择按本条(a)款解除本租约。

我国《海商法》第九十七条规定:"出租人在约定的受载期限内未能提供船舶的,承租人有权解除合同。但是,出租人将船舶延误情况和船舶预期抵达装货港的日期通知承租人的,承租人应当自收到通知时起四十八小时内,将是否解除合同的决定通知出租人。"这样的条款会改变原有合同中关于解约日的规定,即限制了租家单方面享有的解约权利。

【案例】 原告(租家)与被告(船东)以"金康范本"为蓝本签订了租船合同。被告未能在约定的受载期抵达,结果原告行使其权利,取消租船合同,并寻求另一艘船舶运输货物。原告要求赔偿两份租船合同下运费支付的差价。被告辩称,根据租船合同原告的补救办法是取消合同,原告无权要求赔偿。

【判决】 法院驳回了原告提出的损害赔偿请求,理由是船舶未能在解约日到达,这是由于船东未能履行在特定日期装货的义务所导致的结果。

第三节 装卸港口与装卸费用

一、装卸港口(loading/discharging ports or places)

装卸港口是指航次租船合同中规定的船舶抵达装载货物的港口并将货物运送至指定的卸货港口。租船合同中对装卸港口均有明确的规定说明。

(一) 装卸港口或地点的规定方法

在航次租船运输中,装卸港通常由租家指定或选择,航次租船合同中也将具体港口名称予以记载。目前,国际上约定装卸港的方法有以下 3 种:

1. 明确指定具体的装货港和卸货港

这种方法是在合同中只记载装货港和卸货港的港口名称,而没有确定该港的具体泊位。装卸作业的具体泊位按该港的习惯决定。单航次租船运输时,往往采用这种规定方法。

2. 规定某个特定的装卸泊位或地点

这种方法是在租船合同中,除指定港名外,还要指明港内的装卸泊位或地点;如注明某港某泊位,这是租家为了装卸方便而在租船合同中做出的规定。

3. 由租家选择装货港和卸货港

这种方法通常在合同中注明 2 个或 2 个以上装货港或卸货港,或某个区域,并规定租家在其范围内选择其中的 1 个或 2 个。这个范围必须是在一条连续的海岸线上。对于卸货港而言,这种选择权必须在船东签发提单之前或者抵达第一个被选港之前若干小时内行使,否则,因为租家未及时"宣港"而给船东造成的延误损失,租家应负责赔偿。

当卸货港是 2 个或 2 个以上时,租家应将准备在第一卸货港卸下的货物情况准确告知船长,否则,船东为保持船舶在适航平衡(seaworthy trim)状态下驶往第二卸货港而支付的倒舱、起卸和重装货物的费用,由租家偿付。不论租家是否已将上述情况告知船长,为使船舶处于适航平衡而花费的时间均计入卸货时间。这种条款通常被称为"适航平衡条款"。

我国《海商法》第一百零一条规定:"出租人应当在合同约定的卸货港卸货。合同订有承租人选择卸货港条款的,在承租人未按照合同约定及时通知确定卸货港时,船长可以从约定的选卸港中自行选定一港卸货。承租人未按照合同约定及时通知确定的卸货港,致使出租人遭受损失的,应当负赔偿责任。出租人未按合同约定,擅自选定港口卸货致使出租人遭受损失的,应当负赔偿责任。"

(二) 安全港及安全泊位

1. 安全港和安全泊位的定义

在航次租船合同中,装货港和卸货港通常都是由租家进行指定或选择的,为了保证船舶进、出港口和在港内装卸作业的安全,租家所指定的港口或泊位都必须是能使船舶安全进出,并进行装卸货物的"安全港(safe port)"和"安全泊位(safe berth)"。波罗的海国际航运公会(BIMCO)、国际海事委员会(Comite Meritime International,CMI)、英国船舶经纪人和代理人协会联盟(Federation of National Associations of Shipbrokers and Agents, FONASBA)以及英国海运总会(General Council of British Shipping,GCBS)共同推荐采用的《1980 年租船合同装卸时间定义》(Charter Party Laytime Definition 1980),对"安全港或安全泊位"的定义是:"安全港或安全泊位是指一个港口或泊位能使船舶在抵达、进港、在港停泊和离港的整个相关期内,在未出现某些非常事件的情况下,不会处于运用了良好的航海技术和船艺仍不能避免的危险中。"

2. 安全港和安全泊位的理解

具体地说,"安全港"和"安全泊位"可从以下几方面理解:

(1) 自然条件方面的安全,是指该港口应具有能够使船舶避免恶劣气候等自然现象的危害的必要设施。

(2) 港口设施方面的安全,是指港口应能提供夜间照明、拖轮、引航员、导航灯标、港口航道水深以及必要的锚地等。

(3) 航海方面的安全,是指港口应设置能使船舶安全进出港口所需要的导航灯标等。港口的航道水深及桥梁的高度等都应符合安全航行的要求。

(4) 装卸货物方面的安全,是指能保证船舶在港装卸作业期间,使船舶始终处于安全浮泊状态。

(5) 政治局势方面的安全,是指港口没有战争或战争危险,或暴动或骚乱等危及船舶安全的政治因素。

【案例】 在"The Eastern City"案中,租家安排船舶到摩洛哥的 Mogador 港装货,该船于12月26日抵达锚地抛锚。两天后,由于天气恶化,船长担心走锚,于是决定起锚离开锚地到海上去。但船舶被强力狂风所困导致最终撞到礁石上,船体破损。

【判决】 Mogador 是不安全港口,因为该港口在冬天的时候,会不定时遭受偏南狂风的影响,不稳定的海底底质和有限的锚地空间也会导致船舶走锚。租家违反了合同"one or two safe ports in Morocco"的安全港口保证,应对船东因此造成的损失承担赔偿责任。

(三) 安全港和安全泊位的责任承担

在租船运输实务中,有关"安全港"和"安全泊位"的问题时常发生争议。从英美法系国家的一些著名判例来看,船东或租家对实际承担港口和泊位的安全是否负有责任,要视具体情况而定。

(1) 如果装/卸港口或泊位已在合同中明确规定,除非合同另有约定,通常认为船东对所指定港口的安全性没有异议,即默认该港口是安全的,相应地租家也就没有保证港口安全性的义务。

(2) 如果装/卸港口已在合同中明确规定,但没有列明具体泊位的条件下,则该港口的安全风险由船东负责,而泊位的风险和责任由租家承担。当由于某一事件造成一个港内所有泊位都不安全时,依然作为港口风险处理,由船东承担风险。

(3) 如果在订立租船合同时,租家并没有列明某一个具体的港口,而是采用诸如"port A or port B or port C"等选择性的条款时,那么港口和泊位的风险和责任通常由船东承担。而如果租家的选择范围较广,例如"one port between Singapore and Kobe",这种情况下的风险分摊原则是,船东负责列明的港口或泊位,即本例中的 Singapore and Kobe,租家负责该范围内的未列明的港口或泊位。

(4) 如果装/卸港口或泊位由租家选择或待指定,则租家一般有保证港口或泊位安全的义务。

【案例】 在航次租船合同下,休斯敦轮被要求前往澳大利亚西部的一至两个安全港口,根据指示在一个安全码头装货。船舶被指令到 Geraldton 的一个泊位装货,该泊位暴露于北部大风之中,但通常对于休斯敦轮这类船是安全的。为了降低来自北部大风的风险,两个浮动浮筒和一块防护栏设在码头上。然而,其中一个浮筒送去修理,虽然船长被告知该浮筒会立即返还,但防护栏上还有一块 50 英尺(1 英尺=0.3048 米)的部分缺失。由于缺乏浮筒和防护栏的保护,船舶遭遇北部大风而受损。

【判决】 由于这些缺陷,Geraldton 对于船舶来说是不安全的,船长抵达那里的行为是合理的,显然责任在租家。

(四) 附近港口

船次租船合同对"装卸港"的规定中,一般还有"附近港口条款(near port clause)"。该条款包括两方面的含义:

① 当原定港口变得不安全时,租家应当指定或重新指定临近的港口;
② 若租家不指定或不重新指定时,船东有权将货物卸于原定港口的附近地点。

当港口不安全仅仅是因为暂时的障碍造成时,船东不能依此条款将货物卸至附近港口,必须等待障碍消除,当然以合理等待时间为准。

在航次租船合同中确定了装卸港口,或由租家指定装卸港,则该港口被认为是"契约港口(contractual port)",船东有义务将船舶开往"契约港口"。但当第①条的原因成立时,船东有权根据合同中"附近港口条款",将船舶开到"附近的港口或地点"进行装卸货物。如果航次因此而延长,则租家应支付额外的运费;反之,航次因此而缩短,租家仍应支付原合同规定的运费。

对于"临近(near)"的解释,应依据具体情况和行业的知识及经验确定,距离的长短并非绝对的。"附近港口或地点"在法律上同样被解释为"契约港口"。对此,租家不能以船舶未开到合同中所确定的或其选择的港口为理由,向船东提出损害赔偿。附近港口条款只有当船舶不能正常航行时才有效。而且这种"阻碍或延误"必须是:

① 事先无法预料或预见的(unexpected or unforeseeable);
② 估计会持续很长时间(expected to last for a long period);
③ 发生在港口或港口的周围(occurred in the port or vicinity of the port)。

我国《海商法》第九十一条规定:"因不可抗力或者其他不能归责于承运人和托运人的原因致使船舶不能在合同约定的目的港卸货的,除合同另有约定外,船长有权将货物在目的港邻近的安全港口或者地点卸载,视为已经履行合同。船长决定将货物卸载的,应当及时通知托运人或者收货人,并考虑托运人或者收货人的利益。"

(五) 港口或泊位靠港顺序的选择

在订立合同时,对于港口的数量,往往可以约定由租家进行选择,那么在租家行使自己的选择权时,就无需考虑船东的利益。比如,船舶到中国港口装货,在新加坡港口卸货,租家宣港为大连、黄埔、上海,租家没有义务尽量缩短航程,可按自己的需要调度船舶靠港顺序,诸如靠港顺序为大连、黄埔、上海。而且,一旦租家由于未能备妥货物,其甚至可以通过该条

款解除合同而不用承担责任,即租家在一个范围内进行选择港口时,完全有权选择一个最远的港口,如果船舶是在解约日后才赶到,租家也有权取消合同,甚至索赔损失,即使是船舶可以在解约日前到达该范围内的附近港口也不例外。因此,为了保障船东的利益,通常在合同中加上一条"按港口地理顺序挂港"的规定。

在租船合同中,默认情况下可以使用的港口数量为一装一卸,且每个港口仅可以使用一个泊位。因此,租家在订立合同时,一定要注意是否需要使用多个港口或泊位,并在合同中明确列出。

二、装卸费用(loading/discharging costs)

装卸费用是指将货物从岸边(或驳船)装入舱内和将货物从船舱内卸至岸边(或驳船)的费用。关于装卸费用及风险如何分担的问题,一般依据合同条款的具体约定。如果租船合同中没有做出约定,则由船东负担。

(一) 装卸费用的约定方法

航次租船合同下,装卸费用是由船东还是租家负责取决于合同的约定,常见的约定方法有以下几种。

1. 班轮条款(liner terms)

班轮条款又称"泊位条款(berth terms)"。根据这一条款,装货时,租家把货物交到船边船舶的吊钩下,船东负责把货物装进舱内,并整理好;卸货时,船东负责把货物从舱内卸到船边,由租家或收货人提货。因此,责任和费用的划分以船边为界,船东负责雇佣装卸工人,并负担货物的装卸费用。

2. 舱内收货条款(free in,FI)

舱内收货条款简称 FI 条款,或称船东不负担装货费条款。根据这一条款,在装货港由租家负担装货费用。如果船东仅就装货费不负责,其他费用,如卸货港的卸货费用等仍由船东承担的话,可用"FILO(free in, liner out)"条款,这是 FI 条款的变形。

3. 舱内交货条款(free out,FO)

舱内交货条款简称 FO 条款,或称船东不负担卸货费条款。根据这一条款,装货港由船东负担装货费,在卸货港由租家负担卸货费。如果船东仅就卸货费不负责,其他费用仍承担的话,可用"LIFO(liner in, free out)"条款,这是 FO 条款的变形。

4. 舱内收交货条款(free in and out,FIO)

舱内收交货条款简称 FIO 条款,或称船东不负担装卸费条款。根据这一条款,在装、卸两港由租家雇用装卸工人,并负担装卸费用。

5. 舱内收交货和堆舱、平舱条款(free in and out, stowed and trimmed,FIOST)

舱内收交货和堆舱、平舱条款与班轮条款相反,船东不负担有关装卸的所有费用,装卸费、平舱费和堆舱费全部由租家负担。按此含义,装运重大件货物时,绑扎所需的绑扎材料费用也应由租家负担,为明确起见,在合同中注明"FIOS, Lashed"。若船东还不承担垫舱费用,则加注"FIOS, Dunnages"。

6. 总装卸费、总装货费或总卸货费条款(gross load and discharge or gross load or gross discharge)

根据总装卸费、总装货费或总卸货费条款,船东应负责与装卸、装货或卸货有关的全部费用。与班轮条款不同,这种条款约定船东除了要负担装卸费以外,还要承担货物积载、平舱等费用。不过,该条款在实践中很少使用。

7. 限额条款(scale load and discharge)

在限额条款下,船东应负责一定限额的装卸费,超出部分由租家自行负担。

需要指出的是,上述条款中的装卸费用是指在装货港产生的装货费以及在卸货港产生的卸货费。如果是在避难港产生的或者是因为过运河需要过驳而产生的装卸费用及其他非原来约定的装卸港产生的装卸费,则仍由船东负担。除合同另有约定外,即使是由租家负担的装卸费用,船长对船舶的安全装卸作业仍然负有监管责任。

装卸费用条款应与货物买卖合同的价格术语相衔接。例如:CIF ex ship's hold(CIF,舱底交货)是指买方应在舱底接收货物,并负担卸货费。如果航次租船合同中约定了"liner terms"条款,则卸货费已计入租家支付的运费中。为了避免运费、货款在支付上容易产生的麻烦,载租船合同中最好约定"FO"或"FIO"条款等。

另外,合同还需对谁雇佣装卸工人并承担装卸风险及责任做出明确规定。"金康94"第5条,不仅规定了装卸费用划分,同时规定了风险及责任的划分。在船东不付装卸费用的情况下,装卸作业中第一次开舱和最后一次关舱的工作仍属于船东。

(二) 船上装卸设备(cargo handling gear)的使用

即使是租家承担装卸货物的费用,船东也必须在整个作业中免费提供船上的装卸设备给租家使用,而且该设备必须处于可工作状态,同时如若港口规章允许的话,在租家的要求下,船东应安排船员操纵船上的装卸设备。

第四节 货物与运费

一、货物条款

货物的航次运输需求是由租家提出的,因此,租家享有货物选择权。对合同的货物条款所确定的"货物的种类及数量",租家则必须按合同约定提供货物,即必须承担合同规定的提供货物义务。

(一) 货物的种类

1. 租家提供约定货物的义务

货物的种类与运费率、舱容或吨位的利用以及船舶的适航能力等密切相关。租家为完成某种特定货物的运输,以航次租船的形式签订租船合同。租船合同中记载的特定货物则称为"契约货物（contractual cargo）"，而之外的其他任何货物均为"非契约货物（non-contractual cargo）"。

船舶抵达装货港后，租家只能提供"契约货物"，而不能提供其他任何货物；否则，船长有权拒绝装船，船东还可因租家的违约行为而要求赔偿损失。

我国《海商法》第一百条规定："承租人应当提供约定的货物；经出租人同意，可以更换货物。但是，更换的货物对出租人不利的，出租人有权拒绝或者解除合同。因未提供约定的货物致使出租人遭受损失的，承租人应当负赔偿责任。"

2. 租家提供约定货物义务的免除

在实践中，为了租家贸易上的便利，合同中可能会规定若干种货物或规定某一类货物作为"契约货物"，由租家选择。但在一些情况下，租家可免除提供约定货物的义务：

① 由于签约时不可预见的因素，使之不能供货，如出口国突然禁止出口契约货物，停发出口许可证，租家无法供货；

② 契约货物在装货港有效期内遭受自然灾害全部灭失，无法装运；

③ 出现了合同中规定的免责事项而非由于租家过失等免责原因而不能装船时，租家根据合同约定可以免除提供货物的义务。

除此之外，除非合同另有明确规定，在规定的货物种类中只要有其他货物可以装船，租家仍有提供货物的义务。

如果租家在船东不知情的情况下，提供"非契约货物"（如某些包装货物）装船，一旦由于装运此类货物致使船舶发生损坏或造成其他事件（如海关扣船），租家必须承担一切赔偿责任，任何抗辩或企图免责的理由均无效。

（二）货物的数量

在船舶吨位的有关内容阐述中，已经论述了在航次租船运输的情况下，船舶装运货物的数量确定原则。一般确定"大约数量"或"最多最少数量"。租家有义务按合同确定的数量范围，对船舶提供"满载货物（full and complete cargo）"。所谓"满载货物"，是指船长宣载以后船舶所能实际装运的最大限度货物数量，而不是物理意义上的船舶满载。因此，如果租家不能提供船方所要求的"满载货物"，则被认为是违约行为。视不同情况，租家承担的这种违约责任也是不同的。

1. 不能提供全部数量货物，造成船舶整船亏舱

这种情况在实际中较少发生。当船舶已开始预备航次或抵达装货港时，租家因某种原因（免责原因除外）不能提供全部数量的装船货物，船东有权解除合同，并要求租家按全额运费赔偿所造成的整船亏舱损失。如果船舶能够承揽装运其他货物而取得运费，在计算租家承担的亏舱损失赔偿时，应扣除装运其他货物所取得的这部分运费。

2. 不能提供部分数量货物，造成船舶部分亏舱

这种情况往往是由于租家提供的货物不足，使船舶的舱位达不到满载要求而产生部分亏舱。对此，船东不能解除合同，但有权要求租家承担亏舱损失赔偿，支付"亏舱费（Dead Freight）"。

亏舱费实际上就是"未装船货物的运费（freight on non-delivered quantity）"。在具体

计算这种部分亏舱费时,应减去船东方面节省的费用(less expenses saved on the part of the ship owner),如船东可能负担的货物装船费、税金、港口使费等。

【计算实例】 某船按照合同规定装载 20 000 吨货物,租家实际上提供 19 800 吨货物,亏舱 200 吨,则租家应支付亏舱费为 5 850 美元(即 200×30×97.5% = 5 850,合同规定运费每吨 30 美元,2.5%佣金)。

(三) 提供货物的时间

在英美法系的国家,租家提供货物通常需要迅速进行。若租家未能及时提供货物造成船期延误,通常被视为违反保证条款。若租船合同中规定等待泊位的时间计入装卸时间,租家需通过支付滞期费进行赔偿;若无法计算装卸时间,则通过支付滞留损失进行赔偿。船东有权请求损害赔偿,但通常不能解除合同,除非租家长时间未能提供货物,导致租船合同无法履行,或者租家明确表示不提供货物,构成预期违约。

为了保护自身利益,船东通常会在租船合同中加入"丘比特条款(jupiter clause)",该条款允许船东在租家因不可归责于船东的原因未能按时提供货物时,在装港等待一定时间(如 10 天或 20 天)后,有权选择解除合同,并将船舶开走,同时保留向租家请求损害赔偿的权利。

在"金康 94"中,没有直接规定丘比特条款,而是通过其他条款来替代。具体来说,"金康 94"规定滞期费必须按日支付,并且船东有权在发生滞期后的任何时间开具费用发票。如果租家在收到发票后仍未支付,船东有权发出通知,并在通知后的 96 小时内撤船。这一规定相比一般的丘比特条款,为船东提供了更全面的保护。

二、运费条款

(一) 运费的计收方法

通常情况下,航次租船的运费是按所装运货物的数量计收的,这种形式对船东较为有利。在这种情况下,租船合同中需要标明运费率(rate of freight)。然而,如果租家的谈判实力较强,租船合同中也可能会规定按照卸货数量计收,甚至按照装货数量、卸货数量从小计收。此外,还存在一种包干运输的形式,这种方法按包干运费(lump sum)支付。包干运输是指按提供的船舶商定一笔整船运费,不论实际装货多少,一律照付;但船东必须保证船舶的载重量和装货容积。

(二) 运费的种类

运费是租家支付给船东海上货物运输的报酬。运费分为不同种类。租船合同常见的约定是运费预付。如果没有相反的规定,运费默示是到付的。有时,双方同意包干运费,不论其载货量。在特定情况下按比例支付运费。如果收货方不接收货物,船东有权要求回程运费。如果租家未提供满载货物,需要支付亏舱费。

1. 预付运费

航次运费可预先支付,这意味着运费是在航次装运日期左右支付。事实上,运费可以在签发提单时全部支付或者签发提单后一定日期内支付。航次租船运费还经常按阶段支付，多数情况下90%运费预付，余额留待卸货完毕后一段时间内支付，作为调节滞期费或速遣费使用。例如：90%的运费在签发注明按照租约支付的提单后五个银行工作日支付，余额留待卸货完毕后一个月内支付，作为调节装卸港口使用的装卸时间。

2. 到付运费

到付运费是指交付货物时或在目的港卸货前支付。运费支付和在目的港交付货物是并存的条件。基本原则是只有船东将货物运抵目的地，准备交货时才能赚取。这意味着由于某些原因，若船东无法交付货物，也就无权要求运费。运费的风险由船东承担。若货物在交付时与实际装船的货物在商业上实质上是不同的，则租家不必支付运费。

【案例】 一艘载有大枣的船舶，沉在泰晤士河。大枣被捞回但不适合人类食用。

【判决】 无需支付运费，因为交付的货物从商业角度上看与装运时不同。

3. 包干运费

包干运费与实际装船货物的数量没有直接的关系。它是双方同意为特定航次使用船舶而支付的一笔明确数额的费用。当租家不知道装载多少货物或很难衡量实际装载货物的准确数量时，这可能是确定支付运费最简单的方法。

4. 比例运费

航次租船合同有时会约定运费按比例支付。也就是说，根据部分航程履行或者部分货物交付的情况下相应按比例支付运费。

5. 亏舱费

几乎所有的租船合同都会规定，如果租家没有提供约定的货物数量应支付亏舱费。当租家没有提供约定的货物数量装船，船东通常有权要求其赔偿运费损失，这种赔偿就是亏舱费。在计算亏舱费时，理论上应扣减船东由于少装货物而节省的相关费用。

6. 回程运费

有的航次租船合同会规定，船东有权要求由于收货人或托运人过失而导致货物回程运输的运费，该运费被称为回程运费。

（三）运费的支付与赚取

如上所述，运费通常根据支付时间的不同分为预付和到付两种。

在实际租船业务中，预付运费已形成习惯做法，但是合同当事人在洽订租船合同时仍须就此约定，并在合同中写明。预付运费的预付时间还可具体约定为：

① 装货完毕时支付（payable on completion of loading）；

② 签发提单时支付（payable on signing of B/L）；

③ 装货完毕后若干天后支付（payable certain days after shipment）。

运费支付时间一般是指船东收到运费的日期，而不是租家付出的日期。预付运费有全部预付和部分预付。预付运费的方法对船东有利，特别是在合同带有"不论船货是否灭失，运费概不退还（freight to be discountless and non-returnable, ship and/or cargo lost or not lost）"条款的情况下。对租家而言，则存在一定的风险和利息损失。

运费到付时,其支付时间也可具体约定为:
① 船舶到达卸货港时支付(payable on arrival to destination);
② 卸货完毕时支付(payable on completion of discharging);
③ 交付货物后支付(payable after delivery of cargo)。

在到付运费的情况下,船东必须将货物运送到合同规定或租家选择的卸货港,才有权取得该项运费。如果在运输途中货物灭失,或因发生海损事故在中途卸下货物,除非由船东安排将货物继续运抵目的港,否则船东将丧失取得该项运费的权利。如果在承运过程中部分货物发生灭失,运费应按比例扣除(freight is reduced in proportion)。鉴于这些原因,"到付运费"对船东不利,运费的风险始终是由船东承担。

为了支付一些经常性的费用,如港口费、燃料费、船员给养费用等,通常船东可以要求租家预付一部分费用,这部分费用究竟应该算作租家预付运费还是算作租家对船东的借款,在实际业务中易引起争议。"金康 94"中"以 2%补偿保险费和其他费用"来暗示所收到的是运费。

到付运费时,若交付货物有损坏,租家通常还是要支付运费。若属于船方责任的,收货人可以索赔损失。在航次租船合同中,除了订明运费的支付方式外,还要订明支付的币种、方法、受益人和银行账户等信息。

第五节 装 卸 时 间

装卸时间(laytime)的计算涉及滞期费或速遣费的产生与金额,直接关系到船东和租家的经济利益,是航次租船合同的重要组成部分。不同国家对于装卸时间术语的定义也不尽相同,由此产生租家和船东之间的争议和纠纷。在租船合同实际业务中,已有国际航运组织制定的四个关于装卸时间相关术语和条款的解释规则的文件,供租船双方选择使用:

(1)《1980 年租船合同装卸时间定义》(简称"80 装卸时间定义"),是由波罗的海国际航运公会(BIMCO)、国际海事委员会(CMI)、英国船舶经纪人和代理人协会联盟(FONASBA)以及英国海运总会(GCBS)在早期共同制定。

(2)《1993 年航次租船合同装卸时间解释规则》(简称"93 装卸时间解释规则"),是由波罗的海国际航运公会(BIMCO)、国际海事委员会(CMI)、英国船舶经纪人和代理人协会联盟(FONASBA)、国际干散货船东协会(INTERCARGO)共同制定。

(3)《2003 年波罗的海租船合同与装卸时间术语和缩略语规则》(简称"03 装卸时间术语规则"),是由波罗的海航运交易所在 2000 年为其会员制定的一套装卸时间解释规则,2003 年做了修改。

(4)《2013 年租船合同装卸时间定义》(简称"13 装卸时间定义"),由 BIMCO 文件委员会于 2013 年 5 月在巴黎召开会议时通过,而此后其他几个组织也相继批准了这份新的装卸时间定义。该文件中关于装卸时间的解释与之前三个文件的解释基本相同。

【案例】 在 2005 年 11 月,船东与租家签订了航次租船合同,合同规定船东需提供船舶以运输租家所提供的钢材和设备。该租约由租约要点重述(recap)和经过修订的租家租约格式(charterers' pro forma charterparty with amendments)构成。租约要点重述明确了租约的主要条款以及双方对租家租约格式的修改,而租家租约格式则基于"金康94"条款,并附加了额外条款。根据租约条款,船舶将依次前往中国的鲅鱼圈港和天津新港装载货物,随后驶向阿尔及利亚的奥兰港、西班牙的卡塔赫纳港以及马拉加港进行卸货。双方商定,装卸作业的总时间为15个良好天气工作日,不包括周日和节假日。

租约要点重述明确指出"一旦滞期,永远滞期"。修订后的租家租约格式第21(e)条进一步阐明:从锚地驶向泊位的时间(即移泊时间)不纳入装卸时间计算,若因船舶设备故障导致的时间损失亦不计入装卸时间,即便船舶已进入滞期状态,亦不产生滞期费用;第35条明确指出:船东与租家均不对因不可抗力导致的延误承担责任,不可抗力事件包括但不限于罢工等,在卸货港因不可抗力导致的时间损失将按半数计算,即便船舶已处于滞期状态。另外,租约要点重述后附带了一份问题单(questionnaire),在该问题单中船东确认船舱内无立柱或其他障碍物。

在第一装货港鲅鱼圈,租家在开始装货时发现船舱内存在立柱。这些立柱的存在不仅增加了装货的难度,还迫使原本计划装载于舱内的货物不得不转移至舱面。船舶在第二个卸货港卡塔赫纳卸货完毕后,累计使用的装卸时间达到了约14天14小时。基于此,租家在第三个卸货港马拉加仅剩下9小时的装卸时间。抵达马拉加后,船舶迅速进入滞期状态,但随后又遭遇了移泊、船舶设备故障以及罢工等问题。租家主张应在滞期时间中进行相应的扣减,而船东则认为不应做出任何扣减。

鉴于双方未能通过协商解决分歧,船东依据租约中的仲裁条款向伦敦仲裁机构提交了仲裁申请,随后双方各自指定了仲裁员以组成仲裁庭。船东向租家提出了滞期费的索赔要求,而租家则对船东的索赔予以否认,并提出了反索赔。租家声称船东在关于船舱内立柱的问题上存在误导性陈述(misrepresentation),并因此要求船东赔偿由此产生的损失。

【争议焦点】

(一)问题单是否构成租约的一部分,进而船东是否在船舱有立柱的问题上存在误述?

(二)在船舶进入滞期后,移泊、船舶设备故障和罢工所造成的时间损失是否需要在滞期时间中做相应的扣减?

【裁决及理由】

关于争议焦点(一)"问题单是否构成租约的一部分,进而船东是否在船舱有立柱的问题上存在误述",仲裁庭认为:

租约要点重述声明"PLS FIND THE FULL + COMPLETE CLEAN FIXED RECAP OF THE MTERMS + CP DTLS + QUESTIONNAIRE FOR THIS FIXTURE",这证明了租约由租约要点重述、经修订的租家租约格式和问题单组成,也反映了双方在订约时的意图。即使问题单未被并入租约,从客观的角度解释,双方的订约意图也应是租家有权信赖船东在问题单中的陈述。问题单可以被视为一份租约"附带的合同(collateral contract)",对双方均有约束力。

既然在问题单中做出了船舶没有立柱的表述,船东必然了解该信息将被租家所依赖。因此,船东构成误述,且应承担该误述给租家造成的损失。

关于争议焦点（二）"在船舶进入滞期后，移泊、船舶设备故障和罢工所造成的时间损失是否需要在滞期时间中做相应的扣减"，仲裁庭认为：

"一旦滞期，永远滞期"的表述已经为航运人士熟知，但是它事实上只是一项合同解释的原则。该原则的基本原理是：如果在租约允许使用的装卸时间内，出现了特定的事件造成装卸中断（例如罢工），相应的时间损失依据租约不算装卸时间，但这并不表示在允许的时间用完后，出现同样的事件也可以停止滞期时间的计算。在英国法下，一旦船舶进入滞期，租家只有依据非常明确的免责条款才能主张停算滞期时间。

英国法的合同解释原则是：解释者需要将互相矛盾的条款进行整体解释，并尝试赋予所有合同条款应有的效力，不能仅因合同条款互相矛盾而轻易否认其中某一条款的效力。然而，在本案中，关于租家租约格式的"即使船舶进入滞期（even if the vessel is under demurrage）"与租约要点重述的"一旦滞期，永远滞期"之间的矛盾，仲裁庭认为是无法调和的。

虽然被简要并入（simple incorporation）租约的租家租约格式第21(e)条和第35条是滞期费免责条款，但租约要点重述才是租约的主要条款。其中，"一旦滞期，永远滞期"的表述是对当事人订约意图的总结，明确了装卸时间的免责不能适用于船舶已经进入滞期的情形。因此，租约要点重述的效力优于租家租约格式，移泊、船舶设备故障和罢工仅产生停算装卸时间的效力，一旦船舶进入滞期，则不再适用。基于以上理由，仲裁庭支持船东的滞期费索赔。

一、装卸时间的概念

根据《2013年租船合同装卸时间定义》，装卸时间（laytime）是指"合同当事人双方约定的船东使船舶并且保证船舶适于装卸货物，无须在运费之外支付附加费的时间"。也就是说，租家保证合同货物在装货港全部装完和/或在卸货港全部卸完，船舶在装卸港必要的停留时间。

在合同规定的装卸时间内，船东具有使船舶等待装卸的义务。因为船东在考虑运费时，已将正常的船舶在港停泊期间的营运成本及在港的港口使费作为成本包括在运费之内。因此，如果租家按约定时间装卸完毕，使船舶如期开航、如期结束，则船东不能再向租家要求支付任何报酬。

二、装卸时间的规定方法

货物的种类、数量以及装卸港口的装卸效率直接影响着租船双方对于装卸时间的约定。航次租船合同通常以确切的装卸日数或规定装卸港装卸效率的方式间接约定装卸时间，也有的时候不明确规定装卸时间。

（一）规定确切日数的装卸时间

租船合同中规定租家装卸货物的具体天数。例如，合同规定装货时间为4个晴天工作

日,卸货时间为 6 个晴天工作日;或者规定装卸时间共为 10 个晴天工作日。在此情况下,对装卸时间中"日"的理解显得尤为重要。

1. 日(day)、日历日(calendar day)或连续日(running day)

根据《2013 年租船合同装卸时间定义》的解释,"日"是指连续 24 小时的期间,不足一日按比例计算[DAY shall mean a period of twenty-four (24) consecutive hours. Any part of a Day shall be counted pro rata]。

日历日是指从 00:00 到 24:00 止的连续 24 小时的期间。不足 1 个日历日的时间按比例计算[CALENDAR DAY shall mean a period of twenty-four (24) consecutive hours running from 0000 hours to 2400 hours. Any part of a Calendar Day shall be counted pro rata]。

连续日(running day 或 consecutive day)则是指一天紧接着一天的日数。日或连续日在合同中具有相同含义,即每一天,连续经过、中间不存在中断,也就是说不论是由于天气原因不能装卸货物,还是因为节假日不能装卸货物,装卸时间都连续计算,不做任何扣减。

用"日"或"连续日"作装卸时间,会损害租家的利益。如果遇到坏天气、罢工、节假日等不能继续装卸作业的情况,并把这些特殊日数计入装卸时间,则很有可能造成滞期。

2. 工作日(working day,WD)

根据《2013 年租船合同装卸时间定义》解释,工作日是指根据当地法律和习惯,工作通常进行之日(WORKING DAY shall mean a Day when by local law or practice work is normally carried out)。因为 2013 年版本对 1993 年版本进行了修改,现在"工作日"的定义已经和英国法的判决保持一致。

工作日的正常工作时间,依各港具体情况不同而不同,分别有 8 小时、16 小时、24 小时。我国法律规定"中华人民共和国法定假日和星期日,及例假日前一日上午 6 时以后,例假日次日上午 8 时以前的时间,均不作为装卸时间"。在实际租船合同签订时,租船双方需要明确适用哪一解释规则,并对于港口工作时间有所解释。

3. 晴天工作日(weather working day,WWD)

晴天工作日是指一个工作日或工作日的一部分,而在这段时间内船舶可以在(如果船舶在等待靠泊时,其有可能在)没有天气妨碍的情况下进行装卸货作业。如果天气妨碍发生,或者装卸货作业已经进行而天气妨碍了作业,则装卸时间应参照妨碍持续时间与无妨碍时正常工作时间之比例扣减。

"93 装卸时间解释规则"将 WWD 有关术语合并解释,却明显与实践中发生的各类情况不符。"13 装卸时间定义"在第 15 至第 18 条将多个术语分列并单独给予了解释。所谓"晴天工作日"中坏天气要按比例扣减,要看正常工作时间占一天 24 小时的比例来决定。例如:如果妨碍持续 2 小时,而该天工作时间为 8 小时,则装卸时间应该按比例扣除 6 小时,即该天的装卸时间应该计为 18 小时;如果该天工作时间为 12 小时,则装卸时间应该按比例扣除 4 小时,即该天的装卸时间应该计为 20 小时。如果妨碍为 4 小时,而该天的工作时间为 16 小时,则装卸时间应该按比例扣除 6 小时,即该天的装卸时间应该计为 18 小时。在正常工作时间之外的坏天气不作扣减。

另外,为了明确星期天、节假日排除在晴天工作日之外,避免争执,租船实务中通常会在晴天工作日之后加上不同的表述：如晴天工作日，周日和节假日除外（WWD Sunday and Holiday excepted，WWDSHEX）；晴天工作日，周日和节假日除外，除非已使用（WWD Sunday and Holiday excepted，unless used，WWDSHEXUU）；晴天工作日，周日和节假日除外，即使已使用（WWD Sunday and Holiday excepted，even if used，WWDSHEXEIU）；晴天工作日，周日和节假日除外，除非已使用，但仅按照实际使用时间计算（WWD Sunday and Holiday excepted，unless used，but only time actually used to count）。

4. 连续 24 小时晴天工作日（weather working day of 24 consecutive hours）

根据《2013 年租船合同装卸时间定义》解释，该定义是指一个连续 24 小时的工作日或工作日的一部分，而在这段时间内船舶可以在（如果船舶在等待靠泊时，其有可能在）没有天气妨碍的情况下进行装卸货作业。如果天气妨碍发生，或者装卸货作业已经进行而天气妨碍了作业，则实际妨碍的时间要从装卸时间中扣除。

5. 24 小时晴天工作日（weather working day of 24 hours）

24 小时晴天工作日是指由一个或多个工作日的工作时间加起来构成的 24 小时，而在这段时间内，船舶可以在（如果船舶在等待靠泊时，其有可能在）没有天气妨碍的情况下进行装卸货作业。如果天气妨碍发生，或者装卸货作业已经进行而天气妨碍了作业，则实际妨碍的时间要从装卸时间中扣除。

"24 小时工作日"的计算方法需要把有关港口每天的工作时间全部加起来，总共有了 24 小时才算一天。因此，如果相关约定为 2 个 24 小时工作日（two working days of 24 hours），而每个工作日包含 12 个小时工作时间，则装卸时间实际上应该为 4 个日历日。

根据"93 装卸时间解释规则"，晴天工作日、24 小时晴天工作日和连续 24 小时晴天工作日这三个术语的含义是一致的，即除去天气不良影响船舶装卸任何时间之外的连续 24 小时晴天工作日。因此，洽谈航次租船合同中装卸时间条款时，应明确选用《2013 年航次租船合同装卸时间解释规则》中的用语，或注明按哪个规则解释。

（二）规定船舶装卸效率定额

租船合同中有时并不规定具体的装卸时间日数，而仅规定一定的装卸效率定额，装卸时间则是根据所装货物的具体数量除以一定的装卸效率定额得出的。租船实务中，具体有三种形式。

1. 每日装卸吨（per day）

在规定每日装卸吨的情况下，装卸时间是根据船舶具体装卸货物的数量除以装卸率得出的。例如：合同规定"每个晴天工作日装货 4 000 吨"，船舶共装载 30 000 吨货物，则装卸时间等于 7.5 日（30 000÷4 000＝7.5）。

2. 每日每舱口装卸吨（per day and hatch）

在规定每日每舱口装卸吨用船舶具体装卸货物的数量除以每舱日装卸率乘以船舶舱口数的积可以得出装卸日数。例如：合同规定"每日每舱装货 1 000 吨"，船舶共装载 30 000 吨货物，分装于 5 个舱内，则装卸时间等于 6 日［30 000÷(1 000×5)＝6］。

3. 每日每工作舱口装卸吨（per day per workable/working hatch）

在规定每日每工作舱口装卸吨的情况下以船舶最大货舱载货量除以每舱日装卸率乘以

该舱口数的积可以得出装卸时间。例如:合同规定"每日每工作舱装货 1 000 吨",船舶共装载 30 000 吨货物,分装于 5 个舱内,其中最大货舱装载 10 000 吨货物,且只有一个舱口,则装卸时间等于 10 日(10 000÷1 000 = 10)。

(三) 未明确规定装卸时间

未明确规定装卸时间是指双方当事人在航次租船合同中没有对装卸时间做出具体的规定,租船实务中采用的表述方法通常有两种。

(1) 按港口习惯尽快装卸(customary quick despatch, CQD):该方法没有指定固定的装卸时间,而是按照港口情况尽可能快地进行装卸。如果船东对某一港口的装卸情况及装卸效率不甚了解的话,使用该术语可能不利。

"93 装卸时间解释规则"并未对这两种方法进行解释。根据"80 装卸时间定义",按港口习惯尽快装卸是指租家应尽可能快地进行装卸作业。也就是说,港口拥挤、工人罢工、港口当局干预、第三方的行为以及天气因素带来的时间损失的风险都在船东一方,唯一可归责于租家的原因是租家的过失或违约。

(2) 以船舶能够收货或交货的速度(as fast as the vessel can receive and/or deliver):指船舶处于完全工作状态、能够最大限度进行装卸货的情况下所计算得出的装卸时间,即只从船舶单方面考虑,而不管港口实际装卸效率如何。

很显然,前一种方法有利于租家,后一种方法有利于船东。

三、装卸时间的起算、中断与止算

(一) 装卸时间起算

装卸时间的起算对于计算装卸时间是非常重要的,通常情况下船舶需要满足以下三个条件才能起算装卸时间:一是船舶必须已抵达租船合同规定的装卸地点;二是船舶在各方面做好装卸货物的准备;三是船长或其代理人递交装卸准备就绪通知书(NOR)并被接受。

1. 船舶必须已抵达租船合同规定的装卸地点

租船合同规定的装卸地点通常分为两种情况:一种是合同仅规定装卸港口,即"港口租约(port charter)"或"港口合同(port contract)";另一种是合同规定具体泊位,即"泊位租约(berth charter)"或"泊位合同(port contract)"。

在"港口合同"情况下,即租船合同规定船舶必须到达指定的港口时,船舶一旦到达指定港口,就认为船舶已到达合同要求的地点,无需考虑是否靠泊。目前国际上对于到达港口与否基本上是按照英国判例法(The Johanna Oldendorff)确立的"里德标准"来衡量的,即船舶处于港内并且在租家可立即有效支配的状态下。通常,港内是指船舶抵达港口当局的行政管辖范围之内的区域,根据"里德标准",船舶在港外的锚地不能算港内。为了避免因港口拥挤,船舶到达但不能进入港内,或者有些港口通常等候地点在港外,船东在港口租约中往往会加上"无论是否抵港(WIPON)",从而不受"里德标准"的约束。

在"泊位合同"情况下,只有抵达泊位的船舶才能起算装卸时间,如果船舶没有抵达合同指定的泊位,不论船舶离此泊位有多近,均不算抵达指定的地点,因此也不能起算装卸时间。

在这种情况下,泊位拥挤、天气不良、航道堵塞使船舶不能靠上泊位的时间损失风险由船东承担。为解决这一问题,在航次租船合同中,船东通常订有"无论船舶靠泊与否(WIBON)""到达即可靠泊"和"等泊损失时间计入装卸时间"等的规定。

"无论船舶靠泊与否(WIBON)"是指如果船舶抵达港口后,泊位被其他的船舶占用,船舶可以递交装卸准备就绪通知书,即视为抵达指定地点。该术语通常情况下可以使一个泊位合同变成一个港口合同。但是这种表述方法,根据英国判例法(The Kyzikos 1989),仅仅能表示如果泊位被其他的船舶占着,而使本船无法靠泊,可以起算装卸时间;而如果是泊位空着,由于天气不好等其他外在原因使船舶不得驶入,是不得起算装卸时间的。

"到达即可靠泊"要求租家承担绝对严格的责任,即船舶一抵港,租家就必须提供一个立即可用的泊位。如果租家未能做到,视为违约,并需赔偿船东因此造成的延误损失。这种损失往往不是以滞期费的形式表现,而是表现为滞留损失。该条款特别适用于保护船东免受港口拥挤风险的影响。

"等泊损失时间计入装卸时间"是指如果没有适于船舶装卸货物的泊位,船舶在通常待泊的地点等待泊位的时间损失计入装卸时间。

2. 船舶在各方面做好装卸货物的准备

实质上的准备就绪是指船舶在各个方面为装卸货物做好实际准备。这包括配备足够的船员,确保机器的各个部分、吊杆和其他装卸工具随时可用,以及船舶处于可立即进行装卸的状态。例如,在装货时,货舱需要打扫干净,适合装载货物,如果装载谷物,还需要安装"止动板"来防止谷物移动。货舱必须保持清洁、干燥、无异味、无虫鼠害。如果需要熏舱,还必须在熏舱后取得检验合格证书。

法律上的准备就绪意味着船舶已经获得了所有必要的法律文件,以确保装卸作业不会因为违反法律程序而受阻。一些常规的准备工作,如打开舱盖、拉起吊杠等,不应影响船舶在法律上的准备就绪状态。在某些情况下,甚至不需要所有货舱都准备就绪,只要确保准备装载的货舱已经准备好即可。

进出港口的船舶必须接受海关、边防、卫生检疫、海事局的联合检查。在实际操作中,船舶一旦到达引航站,就会递交准备就绪通知书。甚至在得到联检人员同意的情况下,可以一边进行联检,一边进行装卸作业,以节省时间。

然而,如果租约中设定了特定的先决条件,如"船长在完成检疫后提交准备就绪通知书",那么检疫程序就不再是常规流程,而是成为租约中必须满足的前置条件。只有在所有这些先决条件得到满足之后,才能提交准备就绪通知书。

此外,装卸准备就绪与船舶适航的准备就绪是两个不同的概念。船舶适航方面的不足,如果能在装完货前或一个合理的时间内完成,那么这并不会影响先前的装卸准备就绪。例如,机器损坏需要修理后才能开航,需要添加燃油才能完成本航次,开航前仍需配齐船员等。租家不能因为这些问题可以在开航前解决而拒绝接受船方装货前递交的装货准备就绪通知书,除非该缺陷足以影响到正常的装卸货。

3. 船东或其代理人递交装卸准备就绪通知书(NOR)并被接受

递交装卸准备就绪通知书(NOR)是船舶在抵达合同规定的装卸地点后,船长或其代理人向租家或其代理人发出的通知,表明船舶已在各方面准备就绪,可以开始装卸作业。这一行为的意义在于一方面船东宣布船舶已经准备好进行装卸工作,另一方面意味着装卸时间可以根据合同规定开始计算。如果船舶在与装卸直接相关的方面尚未准备就绪就递交了通知书,那么这份通知书是无效的。

关于从递交和接受 NOR 到开始计算装卸时间的方式,目前国际上没有统一的规定,这完全由合同双方当事人在合同中约定。例如,"金康 94"第 6 条规定,如果 NOR 在 12:00(包括 12:00)之前递交,装卸时间从 13:00 开始计算;如果 NOR 在 12:00 之后递交,装卸时间从次一个工作日的上午 06:00 开始计算。总的来说,目前常用的方法包括:

① 递交和接受 NOR 后 24 小时开始计算装卸时间;
② 上午递交 NOR,于当日下午 2 点开始计算装卸时间;
③ 不论上午或下午递交 NOR,从次日上午 8 点开始计算装卸时间。

船舶抵港后,应在当地的办公时间内递交 NOR。因此,星期天或法定节假日通常不能递交 NOR。各港口的办公时间根据当地习惯而定。然而,如果合同中已明确规定了递交 NOR 的具体时间,船方必须遵守合同规定的时间递交 NOR。原则上,一旦船舶具备上述条件,不论是否实际开始装卸货物,都可以开始计算装卸时间。

(二)装卸时间的中断

在租船合同中,如果规定了装卸时间,无论是直接明确还是通过复杂计算得出,租家都必须在这段时间内完成货物的装卸,否则将构成违约,并可能面临滞期费的索赔。在英美普通法下,并没有规定装卸时间可以中断。然而,在英美判例法中,有一些默认的情况可以导致装卸时间的中断,比如船东的过失或错误导致租家无法继续装卸作业,这段时间可以从允许的装卸时间中扣除。因此,一般情况下,要想中断装卸时间的计算,除了船东的错误外,必须在租船合同中有专门的约定。换句话说,这种中断必须是租船合同中专门针对装卸时间的、单独的除外免责条款。租船合同中的一般免责条款是不能中断装卸时间的计算的。在租船实务中,装卸时间的中断原因通常包括不良天气、节假日、移泊时间、罢工、船东的过错、装卸设备故障等。

(三)装卸时间的止算

在通常情况下,航次租船合同不会明确规定装卸时间的结束点。然而,根据国际惯例,装卸时间通常是以货物装卸完毕的实际时间为准。这里所说的"货物装卸完毕"是指装卸作业完全结束,船舶已经准备好随时启航。因此,即使货物已经装载上船或完全卸载,只要与货物相关的加固、平舱、移除铲车、真空吸粮机或抓斗等后续工作还没有完成,就不能认为装卸作业已经结束。这些后续工作所占用的时间也应该计入装卸时间之内,只有当所有这些工作都完成后,装卸时间才真正结束。

在完成卸货后,即使有少量残留需要清扫或货物损坏导致货方放弃,这并不会影响卸货的完成。自卸货完成之时起,所有风险转移至船东,包括但不限于打压载水、等待潮汐、引航员登船、拖轮就位以及开关舱门等操作。此外,装货完毕后因签发提单导致的任何延迟,都不属于装卸时间的范畴。

四、装卸时间的记录

（一）装卸时间事实记录

装卸时间事实记录是记录船舶从抵达合同指定港口或泊位开始，直至装卸货物完毕期间的实际情况。它详细反映了船舶在抵港后直至装卸完成期间的所有相关活动。这份记录由船东的代理人制作，应包括以下内容：船名、港口、货名、数量、装货效率、船舶抵港或到达指定泊位的时间、货物装卸完毕的时间、装卸时间内的连续状况（包括等泊、等工、等货、装货、卸货、因天气不良停工、起货机故障等）。记录制作完成后，需要由船东和租家共同签字，作为计算装卸时间、滞期费和速遣费的重要依据。由于事实记录中的内容直接关系到装卸时间以及滞期费和速遣费的计算，因此要求记录的文字准确、整洁，避免涂改，记录时间要按日期顺序逐日填写，时间的起止要注意连贯。

（二）滞期费/速遣费计算单

滞期费/速遣费计算单是由船舶代理人根据装卸时间事实记录制作的，用于计算实际使用的装卸时间、滞期时间或速遣时间，以及相应的滞期费和速遣费金额的单证。它主要包括以下内容：船名、装卸货物的名称及吨数、装卸准备就绪通知书的递交时间、装卸货物的开始和结束时间、船舶在港的总使用时间、允许的装卸天数、滞期费率、速遣费率、滞期费或速遣费的总额。滞期费/速遣费计算单是向船东或租家索取速遣费或滞期费的依据。

五、装卸时间的计算方法

在航次租船合同中，装卸时间的计算方法有分别计算和装卸时间统算等方法，作为滞期费或速遣费的核算基础。

（一）装卸时间的分别计算

装卸时间分别计算（separate laytime）是指航次租船合同中关于装卸时间的规定是对装货港的装货时间和卸货港的卸货时间分别规定，单独计算，不能将装货时间和卸货时间加在一起计算，也不能用一个作业中节省的时间抵消另一作业中超用的时间的一种术语。在通常情况下，如果航次租船合同没有特别规定，对装货港和卸货港的装卸时间是分别给予规定和单独核算的。则根据具体的情况分别计算某船在装货港实际使用的时间与允许的装货时间的差别，如果超出，则租家支付滞期费，如果节省则船东支付速遣费。在卸货港也是如此。由于航运惯例为速遣费率是滞期费率的一半，所以在装卸时间单独核算的情况下即便是在装货港滞期两天、在卸货港速遣两天，租家仍然要向船东支付滞期费。

（二）装卸时间的统算

关于装货港和卸货港的装卸时间统算，主要有 3 种约定方法。

1. 装卸共用时间(all purposes)

装卸共用时间,顾名思义是指装货港和卸货港的装卸时间统一合起来使用。例如:租船合同中规定"装卸共用时间为9WWDSHEXUU"(total laytime for loading and discharging 9WWDSHEXUU or 9WWDSHEXUU all purposes)。以这种用语表明的装卸时间统算,一般来说无需装货港或卸货港单独计算装卸时间,可以合并在一起计算。只要装/卸两港实际使用的装/卸总时间未超过合同规定的合计时间,只会产生速遣时间而不会产生滞期时间。反之,如果装/卸两港实际使用的装/卸总时间超过合同规定的合计时间,则只会产生滞期时间而不会产生速遣时间。但如果船舶在装货港已将装/卸两港合计的允许使用时间用完,则在装货港已进入滞期,按照"一旦滞期,永远滞期"的原则,当船舶抵达卸货港后,立即连续计算滞期时间。

2. 可调剂使用装卸时间(reversible laytime)

又称"装卸时间抵算",是指租家有权选择将约定的装货时间和卸货时间加在一起计算。它是一种可以用卸货港的允许使用时间调剂或抵算发生在装货港的速遣或滞期时间的一种装卸时间统算方法。

按照这种约定,租家可将装货港的速遣时间计入卸货港的允许使用时间,而使卸货港的允许使用时间增加,或将装货港的滞期时间在卸货港的允许使用时间中扣除,而使卸货港的允许使用时间减少。

采用这种方法时,应分别规定装货时间和卸货时间,并分别编制装/卸货时间计算表,使卸货港卸货完毕后算出装/卸两港总的滞期时间或速遣时间。即,将装货港装货所节省的时间或滞期时间,计入卸货港的允许使用时间,然后再用卸货港实际使用的时间,与经过调整后的允许使用时间相比较,从而最终计算出滞期时间或速遣时间。这时,必须将已在装货港用于装货的时间记录于根据租船合同签发的提单上,使收货人能明确知道还有多少允许使用的卸货时间。

如果装货港的实际使用时间超过了包括卸货允许使用时间在内的装/卸货全部允许使用时间,即在装货港已经进入滞期,则船舶抵达卸货港时,并不立即连续计算滞期时间,而是在递交装卸准备就绪通知书后,经过一段通知时间,才开始继续计算滞期时间。即在这种情况下,租家仍享有将正常的通知时间排除于装卸时间之外的权利。

3. 装卸时间平均计算(right to average laytime)

又称"装卸时间均算",是指分别计算装货时间和卸货时间,用一个作业中节省的时间抵消另一作业中超用的时间。它与"可调剂使用装卸时间"不同,虽然也分别编制装货时间计算表和卸货时间计算表,但并不以装货港地节省时间和滞期时间来调整原规定的卸货港的可用时间,而是单独根据卸货港的时间表,计算出卸货港产生的滞期时间或节省的时间,再以装货港节省的时间或滞期时间来抵补卸货港的滞期时间或节省的时间。所以,这一方法旨在以装货港节省的时间抵补卸货港的滞期时间,或以卸货港节省的时间抵补装货港的滞期时间,从而减少通常需以速遣费的加倍费率支付滞期费的情况。

(三) 装卸时间计算实例

【例1】 航次租船合同规定"允许的装货时间为12天,允许的卸货时间为10天,按晴天工作日计算。滞期费每天 3 000 美元,速遣费每天 1 500 美元"。船舶装货滞期 3 天,卸货速遣 2 天。

1. 装卸时间分别计算

租家应付船东装货港的滞期费为 3 000×3＝9 000(美元);

船东应付租家卸货港的速遣费为 1 500×2＝3 000(美元);

最终,租家应付船东滞期费为 9 000－3 000＝6 000(美元)。

2. 装卸时间平均计算

装卸时间平均计算是指分别计算装货时间和卸货时间,然后用一个作业中节省的时间去冲抵另一个作业中超用的时间。一般来说,使用这种方法计算对租家比较有利,因为速遣的时间和滞期的时间含金量(费率)是不一样的(通常,速遣费率为滞期费率的一半)。

本例若按装卸时间平均计算,则用卸货港速遣的 2 天去冲减装货港滞期的 3 天,总滞期时间就为 1 天,租家应支付的滞期费为 3 000×1＝3 000(美元)。

3. 可调剂使用装卸时间

可调剂使用装卸时间是指租家有权选择将允许的装货时间和卸货时间加在一起计算,如同规定了两港作业的总时间(total laytime)。一般来说,该方法对租家更为有利。

本例若按可调剂使用装卸时间计算,将两港允许使用时间相加,总共允许使用时间为 22(12＋10＝22)个晴天工作日,实际使用时间＝实际装货时间(12 天＋3 天)＋实际卸货时间(10 天－2 天)＝15＋8＝23(天),实际使用时间－允许时间＝23－21＝1(天),即滞期 1 天,租家应付船东滞期费为 3 000×1＝3 000(美元)。

【例 2】 租船合同规定装货和卸货时间均为 5 个良好天气工作日且分别计算,星期日、节假日、罢工除外。滞期时间连续计算,速遣时间按节省全部时间计算,滞期费每天 10 000 美元,速遣费费率为滞期费费率的一半。假设装货港和卸货港时间事实记录如表 5.1 所示。

表 5.1 船舶装卸时间事实记录

装货港 5WWDSHEX			卸货港 5WWDSHEX		
2/4	Mon.	全天装货	25/4	Wed.	全天卸货
3/4	Tue.	全天装货	26/4	Thu.	全天卸货
4/4	Wed.	全天装货	27/4	Fri.	罢工
5/4	Thu.	全天装货	28/4	Sat.	罢工
6/4	Fri.	全天装货	29/4	Sun.	停工
7/4	Sat.	因雨停工	30/4	Mon.	卸货完毕(至 24 点)
8/4	Sun.	停工	1/5	Tue.	节假日
9/4	Mon.	全天装货	2/5	Wed.	工作日
10/4	Tue.	装货完毕(至 24 点)	3/5	Thu.	工作日

1. 装卸时间分别计算

根据租船合同的规定和上述装卸时间记录,由于滞期时间连续计算,速遣时间按节省全部时间计算,可以得出装货港共滞期4天,而卸货港则速遣3天。租家需要向船东支付4天滞期费共40 000美元,船东支付3天速遣费15 000美元。合计租家需付25 000美元。

如果滞期时间非连续计算,速遣时间按节省工作时间计算,可以得出装货港共滞期2天,卸货港则速遣2天。租家需要向船东支付2天滞期费共20 000美元,船东支付2天速遣费10 000美元。合计租家需付10 000美元。

2. 装卸时间平均计算

为了说明问题,这里采用上述相同的例子。按照装卸可调剂使用时间来计算的话,在装货港共用了7天时间(扣除2天除外时间),那么在卸货港还有3天可用时间,应该到4月30日用完装卸时间(27、28、29三天属于除外时间),恰好卸货完毕,没有滞期或者速遣。

3. 可调剂使用装卸时间

采用上述相同的例子,按照装卸时间平均计算,由于滞期时间连续计算,速遣时间按节省全部时间计算,可以得出装货港共滞期4天,而卸货港则速遣3天。用卸货港节省的时间抵冲装货港产生的滞期时间,总的滞期时间便为1天。租家需支付1天的滞期费10 000美元。如果滞期时间非连续计算,速遣时间按节省工作时间计算,可以得出装货港共滞期2天,卸货港则速遣2天。按照装卸时间平均计算,用卸货港节省的时间抵冲装货港产生的滞期时间,没有滞期或者速遣。

第六节 滞期费与速遣费

【案例】 2013年9月14日,原告(铜陵首运物流有限责任公司)、被告(秦皇岛汇正商贸有限公司)双方签订航次租船合同,从秦皇岛运送煤炭至江苏。合同约定:原告为出租人,被告为租家;受载期为2013年9月19日正负1天;运价为人民币49元/吨,最低计费吨位37 500吨;滞期费为人民币50 000元/天,装货期限与卸货期限各为66小时。合同"特约条款及违约责任"中第5条约定:"自船抵达装卸港锚地起算装卸时间,两港合并使用。一旦滞期,永远滞期。"第7条约定:"船舶抵达装货港锚地48小时内租家未能办好货物报港手续,租家需支付每天人民币50 000元的滞期费,否则出租人有权撤销合同并没收订金并视为货物落空处理。"第9条约定:"若船、货落空,违约方赔偿对方违约金总运费的30%。"

2013年9月19日,"银宝"轮抵达装货港秦皇岛锚地。2013年10月9日,"银宝"轮驶离秦皇岛锚地。另查明,合同订立后案外人白某向原告汇款人民币10万元作为定金。9月23日白某向原告汇款人民币10万元,9月25日被告向原告汇款人民币10万元,均系支付滞期费。

原告诉称,由于被告的违约行为,既导致原告船舶滞期,又导致最终货物落空,扣除被告已支付的款项,请求判令被告向原告支付滞期费及违约金人民币1 101 250元。被告辩称:每天5万元滞期费和运费总额30%的违约金是重复约定;滞期费约定过高,应调整至每天1.5万元,违约金约定亦过高,应调整至运费总额的10%。

【判决】 上海海事法院经审理认为,涉案航次租船合同既对一般情况下的滞期费进行约定,又在合同特约条款第 7 条中对货物存在落空可能时的滞期费进行特别约定,本案的情况应优先适用该特别约定。本案中,合同解除的条件已成就,原告可选择继续等待货物赚取运费,亦可选择解除合同并要求被告承担责任。现原告以撤船行为实际解除合同,其有权要求被告根据合同约定承担相应责任。而除被告已支付的 20 万元以外原告主张的其他滞期费,不应予以支持。

关于被告的赔偿数额能否依其抗辩进行调整,根据合同特约条款第 7 条对滞期费事项的特别约定,被告已支付的滞期费系在货物可能落空时为保留原告船舶而自愿支付的对船舶等待时间的补偿,根据该条支付的滞期费与合同解除后被告承担违约责任之间不构成重复适用。合同中约定的滞期费和违约金是双方真实意思的表示,现被告单方无正当理由要求对双方约定的标准予以调整,对其主张不予支持。综上,判令被告还需向原告承担货物落空的赔偿责任,即合同约定总运费的 30%,人民币 551 250 元。

来源:铜陵首运物流有限责任公司诉秦皇岛汇正商贸有限公司航次租船合同纠纷案,案号:(2013)沪海法商初字第 1734 号。

一、滞期费、速遣费(demurrage and despatch)

根据《2013 年航次租船合同装卸时间解释规则》,滞期费(demurrage money)是指"因不是出租人的责任所造成的,超过装卸时间的船舶延迟而支付给出租人的约定金额,滞期不适用装卸时间的除外规定"。如果租家所用的实际装卸时间超过了合同规定的允许使用时间,超过部分的时间为"滞期时间",租家必须向船东支付"滞期费",以补偿船东因船舶发生滞期而遭受的损失。滞期费等于滞期时间和约定的滞期费率的乘积。

速遣费(despatch money)是指租家在规定的装卸时间内提前完成装卸货物而节省船舶在船在港时间,由船东支付给租家约定的报酬。速遣费等于速遣时间与约定的速遣费率的乘积。租家所用的实际装卸时间少于合同规定的允许使用时间,节省部分的时间即为速遣时间。对此,租家有权向船东主张速遣费。根据国际航运惯例,速遣费率通常是滞期费率的一半(despatch half demurrage,DHD),除非合同另有明确规定。

【案例】 A 将船出租给 B 用于装载满载原木运至英国。租船合同规定在一段固定的时间内装船,超期按确定的滞期费率按日计算滞期费。由于 B 的违约,超出了确定的装货时间,应支付滞期费。如果船舶在确定的时间内装船,船舶本应可以按夏季载重线装货和赚取更高的运费,事实上,由于延误,船舶仅按冬季载重线装货开航。

【判决】 在确定的装货时间届满时,B 已违约;A 除了有权按确定费率索赔滞期费之外,还有权索赔夏季载重线与冬季载重线之间运费差额损失。

(一) 滞期费的计算

滞期时间是通过实际装卸作业使用的时间与合同允许使用的装卸时间相比较得出的。在滞期期间的星期日、节假日,乃至因天气或其他原因停止工作的时间是否也作为滞期时间计算滞期费,常常是争议之处。合同中如果没有明确约定采用哪一种术语计算滞期时间,则通常解释是按照英美普通法下"滞期时间连续计算"的方式计算。但是如果合同双方同意按"滞期时间非连续计算"的话,则必须在合同中订明,否则只能按"一旦滞期,永远滞期"的方式连续计算。

"一旦滞期,永远滞期"是指在装卸时间届满后,滞期时间将连续计算,不论白天和黑夜、周末和工作时间,直到完成货物作业,除非合同中另有明文规定,如"从锚地移泊时间不计为装卸时间或滞期时间"。通常情况下,装卸时间计算中可除外的恶劣天气、周末、节假日等因素,在滞期阶段并不影响滞期时间的连续计算。

【案例】 一艘船被承租"在 X 装货 14 天,卸货按天气允许,节假日除外,每工作日不低于 25 吨速率"。

【判决】 装货时间按连续日计;卸货时间按工作日计。

【案例】 租船合同允许 7 个连续日卸货;船舶于星期六抵达于上午 10 点清关,并提交了卸货准备就绪通知书。租家起初拒绝收货物,但后来在下午 1 点至 4 点当工作已停止时又接收了货物。

【判决】 租家的行为构成了星期六应计入装卸时间的协议,尽管除此以外,他们并没有义务在该日接收货物。

(二) 速遣费的计算

在计算速遣时间的问题上,船东和租家容易发生争议的问题是在节省的时间中是否扣除星期日、节假日及不良天气停止工作的时间。为了防止争议,租船合同也常常采用一些含义明确的用语,表明速遣时间的计算。即"节省全部时间(all time saved,ATS)"或"节省的全部工作时间(all working time saved,AWTS)"。

当合同中没有明确约定采用哪一种用语来计算速遣时间时,通常的解释是按"节省全部工作时间"计算。

二、滞留损失(damages for detention)

(一) 滞留损失的含义

滞留损失又称延滞损失、超滞期等,是指船舶因滞留在港口而应由租家赔偿给船东的一笔金额。滞留损失不同于滞期费。滞期费的发生往往与装卸时间紧密相关,是一种约定违约金,即当租家未能在合同约定的装卸时间内完成装卸货作业,不管船东是否有实际损失,也不管船东的实际损失额是否高于约定的滞期费,租家都必须按合同的约定数额予以赔偿。而滞留损失不是当事双方事先约定的或者不能完全预见到的,而是由于租家的过失或者是租家过失之外的其他原因造成船舶延误而产生的损失,应按船东的实际损失赔偿。延滞可能是租家未及时指定卸货港产生的船舶延误,也可能是租家未及时提供货物产生的延误。一般来说,它与装卸作业无关。因此,滞留损失是一种具有补偿性质的违约赔偿金,不仅包括因延误产生的燃料费、港口使费等营运费用,还包括延滞所造成的船东可能丧失的预期利益等。

(二) 滞留损失产生的原因

(1) 当合同规定的装卸时间届满,而装卸作业尚未完成,如果合同中没有约定滞期费率,而且事后双方也未达成协议,则延滞期间的损失按实际损失计算。

(2) 合同中有关于滞期时间的约定。如"金康76"第7条明确规定滞期时间为10个连续日。当10个连续日过后,装卸作业仍未完成的,则进入滞留损失期间。

(3) 在 CQD 等条款下产生的延滞。CQD 条款及 as fast as the vessel can receive/deliver 条款未规定固定的装卸时间,一旦合理的装卸时间用完,即进入滞留损失的计算——这种条款下,不产生任何滞期费、速遣费的计算问题。

(4) 租家未按时提供货物产生的延滞。实践中因为租家未备好货,或未做好有关文件的准备工作,或因贸易纠纷等原因致使船舶抵港之后不能靠泊装卸货物。如果装卸时间尚未起算,则因此产生的损失为滞留损失,而无法按滞期费计算。

(5) 其他几种产生延滞损失的情况。诸如因无正本提单拒绝交货所产生的延误,或租家未及时宣港产生的延误,或租家违反吃水保证致使船舶不得不等候高潮或者在港外停留过驳减载而产生的延误等。

我国曾有仲裁案例裁定:根据双方当事人签订的航次租船协议第5条关于装卸率"CQD"条款的规定,仲裁庭认为双方关于装卸率的约定是"按港口习惯尽快装卸",如果由于被申请人的过错,如第9条规定的"未备齐货物或货物单证"导致船期延误而给申请人造成损失,被申请人应依照租船协议规定的损失金额承担赔偿责任。因此,仲裁庭认定该案争议应为滞留损失争议而非申请人提出的滞期费争议。

第七节 其他条款

本节将讨论航次租船合同中的一些其他条款,如提单条款、留置权条款、代理条款、佣金条款、法律和仲裁条款等。

一、提单条款(bills of lading)

(一) 提单的签发

租船合同下签发提单可引发新的义务问题,但不使租船合同的义务结束。

1. 提单的签署

提单必须经签署后才产生效力,承运人在接收货物或货物装船后签发提单是承运人的一项法定义务,承运人不得以托运人运费未付等理由拒签提单。提单的签发人应该是承运人,但通常是由承运人的船长签发,也可以是承运人授权或指示船长授权的代理人签发。签发提单时应明确表明签发人身份。一般表示方法有"CARRIER""CAPTAIN/MASTER"或"AS AGENT FOR THE CARRIER/MASTER:×××"等。

2. 提单签发的时间、地点（place and date of issue）

提单中的签发地点通常是在装货港，也可以在船公司所在地或双方约定的其他地方。提单的签发日是唯一的，也就是货物被装上船的日期（date of completion of loading）。但也有时规定为最后拆管时间（time of hose disconnected），视租船合同和航次指令的规定而定，当完货时间和拆管时间不在同一日，特别是跨月时要注意。有时在装货港有多票货或多个托运人时，发货人会要求船长签发多套提单，那么每套提单上的签发时间可以是每票货的完货时间，也可以是全部货物装完的时间。

提单是托运人用于结汇的必需单据，特别是在跟单信用证结汇时，银行要求所提供的单证必须一致，因此提单上所签的日期必须与信用证或合同上所要求的最后装船期一致或先于装船期。如果卖方估计货物无法在信用证上要求的装船期前装上船，应尽早通知买方，要求修改信用证，而不应要求利用"倒签提单""预借提单"等欺诈行为取得货款。船长任何时候不得擅自签发提单日早于完货时间的"倒签提单"或"预借提单"。

3. 提单签发的份数

正本提单的份数一般是按信用证的要求出具的，提单的正面条款中一般会注明签发正本提单的份数[in witness whereof, the master has signed THREE (3) Bills of lading]，并有"其中一份正本提单完成提货后，其余各份一律失效（one of which being accomplished, the others will be void）"的描述。因此，船东应提醒船长在签发提单前一定要注意检查提单正面条款中是否有上述或类似字样的描述，如有不符，船长应拒绝签发提单。

4. 提单上的货物信息

提单作为货物已装上船的接收证明，其标明的所有信息必须是准确无误的，在大部分情况下，有关货物的信息（包括货物的件数、重量和体积）由托运人提供，但即使提单中加入了"重量、体积未知"或"托运人数量"等字样，船长也有义务去核实这些货物信息的真实性。当提单数量和船舶数量存在不合理的差异时（一般情况下，当这种差异大于等于0.3%时），船长应坚持在提单中加入"船舶数量××××吨"的备注；如果发货人不同意在提单中加入船舶数量，船长应立即报告船东或租家，在征得租家同意的前提下签发提单，同时递交船岸货物差异海事声明，必要时船东应要求租家提供货物差异保函。

5. 提单中插入混票条款（commingling clause）

在石油运输贸易中，经常会发生不同目的港或不同收货人的同种货物混装在一个或多个货油舱内，同时船长应租家的要求签发多份提单，但在卸货时由于设备因素不可能完全按各提单量准确将货物卸载的情况。为了保护船东的利益，防止在货物交付时发生短量而被收货人索赔，船东应要求在提单中加入"混票条款"，说明某票货与某票货共同装在某舱内，由于没有进行自然分舱装船，船东对由此混装带来的任何后果不负任何责任（This shipment of … mts was loaded on board the vessel as a part of one original lot of … mts stowed in tanks … with no segregation as one parcels. Neither the vessel nor owner assumes any responsibility for the consequences of such commingling, nor the segregation thereof at time of delivery）。如果托运人/租家不同意在提单中加入混票条款，必须得到租家提供的混装保函。

6. 提单中加入租约并入条款（incorporation clause）

为了使租船合同同样适用于提单持有人，船东往往在提单中加入"租约并入条款"，内容通常为"租船合同中的所有条款、条件和免责事项均适用于本提单,并视为并入本提单"。例如:This shipment is carried under and pursuant to the terms and conditions of the charter party between XXXX as owner and YYYY as charterer, and all the terms and conditions whatsoever of the said Charter Party apply to and govern the rights of the parties concerned in this shipment.

7. 提单中的运费支付方式

船长或船东应检查提单上的运费支付方式是否为"freight payable as per charter party"。如果提单中的运费支付方式为"fright prepaid"或"freight collect",船长在签署前应向船东进行核实;船东在确认运费已全额到账后,才能指示船长签发"freight prepaid"的提单。

8. 提单在租家手中

当租家同时担任托运人角色时,若其收到的提单条款与租船合同存在差异,这两份文件在解释上应视为一个整体。在这种情况下,除非有明确的相反意图,提单通常被视为船东和租家之间关系的初步证据。即便提单中某些内容与租船合同不一致,它也主要作为货物接收的确认凭证。如果租家成为提单的受让人,而提单最初是签发给托运人(即租家自己)的,这种情况下提单的条款并不会自动修改或变更租船合同的原有条款。提单的转让并不影响租船合同的执行和解释。

9. 提单由租家转让给受让人

虽然提单在船东与租家之间仅作为一个收到货物的确认收据,但是在转让情况下,提单在船东与受让人之间构成合同。

根据《海商法》第九十五条规定,"对按照航次租船合同运输的货物签发的提单,提单持有人不是承租人的,承运人与该提单持有人之间的权利、义务关系适用提单的约定"。

(二) 重新签发提单

在某些特定情境下,客户可能会要求重新签发正本提单,这可能是由于商检、发货人或提单制作人的错误,导致提单上出现了错误信息,需要租家进行更正;或者是提单不慎遗失。这种情况可能发生在货物交付之前,也可能在航次结束后的某个时间点。

原则上,一旦在装货港签发了正本提单,船东不应轻易同意租家重新签发提单的请求。然而,如果确实有必要重新签发,通常应遵循以下程序进行操作。

1. 航次未完成时重新签发提单

(1) 要求租家交还已签发的所有正本提单。如果时间不允许,可要求租家将原正本提单交给船长或代理,由船长或代理将原正本提单注销(盖"CANCEL"或"NULL and VOID")后,扫描或传真给船东确认。

(2) 发给租家船东重签提单的保函格式(LOI wording)并审核租家签发的重签提单保函。

(3) 在收回或确认原正本提单已注销后,审核租家提供的新提单的内容(draft B/L),确认无误后指示船长或授权代理签发第二套正本提单。

2. 货物已经卸空,航次已经结束的提单重新签发

在提单已签发并完成货物交付的情况下,通常不允许租家要求重新签发提单。然而,如

果出于某些特殊原因确实需要重新签发,船东应遵循以下方法进行。

(1) 收回已签发的第一套提单并注上"失效"(Cancel or Null and Void)的标志。

(2) 发给租家船东重签提单的保函格式(LOI wording)并审核租家签发的重签提单保函。

(3) 在收回或确认原正本提单已注销后,审核租家提供的新提单的内容(draft B/L)并要求在新提单上加注"VOYAGE ACCOMPLISHED",确认无误后指示船长或授权代理签发新的提单。

3. 重签遗失的提单

提单在传递过程中有时可能会遗失,这时租家可能会要求船东重新签发一套提单。对于船东而言,这种情况存在相当大的风险,因为可能同时存在两套关于同一票货物的提单,这可能会导致一系列的问题和纠纷。因此,船东在处理此类情况时必须格外谨慎。

(1) 必须等到货物卸完后才能同意签发新的提单。

(2) 必须要求租家签发船东保函(LOI),并在保函中注明"正本提单已经遗失,应租家要求签发新的提单"。

(3) 在新的提单中必须注明"DUPLICATE"(第二套正本)和"VOYAGE ACCOMPLISHED"字样。

(4) 租家必须在一份正本提单上背书并交还船东。

注意:任何时候,同一票货只能有一套正本提单在市场流通。

(三) 签发提单的其他注意事项

提单正面内容主要包含对货物和运输事实的描述。由于提单具有物权凭证的特性,并且涉及第三方法律关系,船东在签发提单时必须严格依据实际作业情况对提单上的事实描述进行审核。对于不符合实际情况的描述,船东需要采取相应的措施,比如拒绝签发提单,或者在经过风险评估和控制后同意签发。这些审核和措施主要涉及以下几个方面。

1. 货物描述

由于船东对货物品质的了解有限,且提单上的货量通常依据岸方数据,因此在签署提单时,船东应特别注意以下几点:

(1) 确保货物名称与航次指令上的货物名称一致。如有疑问或合理怀疑,应及时通知租家。

(2) 货物数量应与数量证书上的数量一致,计量单位相同,且船岸数量差异在合同允许的范围内。合同中关于途耗比例和差量处理的规定应严格遵守。

(3) 尽可能使用"SAID TO BE"的形式来描述货物和货量。

如果货物描述与事实不符,而租家要求船东按照发货人的要求签署提单,且这一要求符合合同条款或得到经营部门的同意,船东应获取租家的书面指示和同意承担由此产生责任的明确承诺(如 LOI 或明确的赔偿条款)。

2. 船东描述

总的来说,在签发提单时,船东应遵循"以事实为根据、以合同为准绳"的原则。任何提单上的描述都不得违背事实基础和合同约定。有时合同中可能规定"Master is to sign Bill of Lading as presented",这意味着租家可以出示任何提单供船长签署;但这并不表示发货人可以要求承运人签发违反事实的提单。

(四) 涉及提单签发的法律/条款问题

由于提单涉及的法律关系复杂、条款众多,而每一点又切实关系到船东的法律权利和义务,因此需要对提单的法律关系及正面、背面条款有所了解,一旦发现拟签发的提单含有意义不明确或不理解的条款时,应及时向公司经营部门、商务部门报告,并寻求支持。以下几点需要特别强调。

1. 法律适用及管辖权条款

由于法律适用及管辖权的规定决定了提单争议及解决的基本走向,因此提单应明确法律适用及管辖权。普遍的观点认为,即使有租约并入提单的条款,也不意味着租约中的管辖权条款并入提单。

2. SPENT B/L 规定

一般情况下,提单往往签有 3 套,因此为避免麻烦,每份提单上须包含"one of which accomplished, the others to stand void"的规定,这是船东需要特别小心的。

3. 简式提单的签署

简式提单因其简洁性而在实践中被广泛使用,但其内容的简化也导致了收货人和船东之间的权责规定不够明确,从而可能引发法律纠纷。为了减少这种风险,在签署简式提单时,应尽可能包含租约并入条款或首要条款,以便更清晰地界定各方的权利和责任。

(五) 租船合同并入提单

提单通常包含一些与航次租船合同相互矛盾的条款。为了明确指出制约双方的协议是租船合同而不是提单,船东往往坚持在提单中通过一个并入条款,目的是参照租船合同的部分或所有条款。以下列举几种并入形式的判决摘要:

(1)"运费及所有其他条件按租约"。这是通常使用范围最窄的并入形式。这一条款仅涵盖了租船合同所涉及的收货人履行的条件,或者与卸货和收取货物有关。这样的条款并未将租船合同的除外条款纳入提单。

(2)"所有条件和除外按租约"。明确提及的除外条款,足以使提单受租船合同中除外风险的约束。

(3)"所有的术语规定和除外按租约"。这是应用非常广泛的并入形式,足以将几乎所有的租船合同规定并入提单,但是术语应在提单上下文中讲得通,并且不能与明确规定相违背。

(4)"所有术语、条件、条款和除外按租约"。这一规定也许是使用最广泛的。曾有判决"如果卸货泊位无法立即可用,应支付滞期费"的条款被认为有效地并入提单。

在通常情况下,仲裁条款不会被认为是有效并入提单中。英国法院曾判决:除非提单有一特别涉及适用租船合同的法律和仲裁条款的规定,租船合同有关法律和仲裁条款不一定适用租船合同下签发的提单。

(六) UCP600(跟单信用证统一惯例)关于租船合同提单

(1)表明其受租船合同约束的提单(租船合同提单),无论名称如何,必须由以下人员

签署:
    ① 船长或船长指定的代理人为船长或代表船长;
    ② 船东或船东指定的代理人为船东或代表船东;
    ③ 租家或其租家指定代理人为租家或代表租家。
    船长、船东、租家或代理人的任何签字必须标明其船长、船东、租家或代理人的身份。代理人签字必须表明是否代表船长、船东或者租家的代理人或代表签字。代理人代表船东或租家签字时必须注明船东或租家的名称。

(2) 表明其受租船合同约束的提单租（船合同提单），无论名称如何，必须通过以下方式表明货物已在信用证规定的装货港装上指定船舶：
    ① 预先印就的文字;
    ② 已装船批注注明货物的装运日期。
    租船合同提单的出具日期将被视为装运日期，除非租船合同提单载有已装船批注注明装运日期，此时已装船批注上注明的日期将被视为装运日期。

(3) 信用证规定的装货港运输至卸货港。卸货港也可显示为信用证规定的港口范围或地理区域。

(4) 表明其受租船合同约束的提单（租船合同提单），无论名称如何，必须看似为唯一的正本租船合同提单，或如出具多份正本提单时，租船合同提单应注明全套正本份数。

银行将不审核租船合同，即使信用证要求提交租船合同。

(七) "金康 94"范本规定

根据该条款，首先明确了应使用"金康 94"提单(Congenbill 94)作为签发提单的范本。其次，条款规定了船东在向其代理提供书面授权（并确保租家收到副本）后，代理方可签发提单。

此外，该条款特别强调了，如果租家要求签发的提单内容使得船东承担的责任和义务超出了租船合同的规定，租家需对此造成的损失向船东进行赔偿。这一点为船东提供了明确的赔偿权利，以保护其利益不受损害。在某些情况下，即使没有明确的赔偿条款，法院也可能根据具体情况认定存在默示的赔偿权利。

【案例】 F 向 A 的船舶托运了一批橘子，船舶的代理人曾口头承诺该船将直接开往 Z。船舶先开往 Y，在那里卸下其他货物后才开往 Z，结果延期抵达，F 不但遭受市价跌落之损，且不得不支付增加的关税。签发给 F 的提单含有一条自由绕航的条款，使得船舶可以停靠 Y。

【判决】 口头允诺的证据可以采信，提单本身并非合同，A 应对 F 负责。

【案例】 C 承租 A 的船，"船长按照装货港惯例，不违背租船合同的规定，按任何运费率，签发提单"。C 依据租船合同装运货物，船长签发的提单含有一条租船合同中没有的"船长船员过失"除外条款，货物仍属 C 期间，由于船长的过失而灭失。

【判决】 船长无权在提单中加入此种条款，它不能损害租船合同，而仅是已装船货物的收据，因此，船东应对 C 负责。

【案例】 C与A协议用A的船,按每箱5先令的运价装运橘子。A的船长E随后就装运的橘子签发了运价为每箱4先令的提单。

【判决】 C有义务按每箱5先令支付运费而不能按提单规定免责。

二、留置权条款(lien)

船东因未收取的运费、亏舱费、滞期费、货物费用、共同海损分摊等而对船上装运的货物有留置权。留置权可以依据法律、合同或者提单的明文规定。

在航次租船情况下,通常合同都有一条关于租家在船舶装货后责任终止的条款,其赋予船东一项权利,即可向货主提出任何额外的索赔,如卸货港的滞期费等。通常,责任终止条款与留置权条款合并在一起,统称"留置权条款"。

在此条款下,船东在没有首先就索赔事项向收货人行使留置权时,不能简单地直接向租家提出索赔。同样,船东对收货人能有效行使留置权,则免除租家履行租船合同的责任。

船东在行使留置权前必须了解当地国家和港口法律以及实际可行性与困难。在有些国家,可能从法律上不能对货物行使留置权。

"金康94"留置权的规定与其他合同范本及"金康76"合同范本规定完全不一致。它规定:"船东因未收取的运费、亏舱费、滞期费和损失索赔等所有应付费用包括为取得该笔收入所花的费用而对货物和该批货物的转租运费有留置权。"该规定仅赋予船东货物留置权而没有解除租家的责任。

【案例】 C向A承租了一艘船,在装货港支付1 250英镑运费,在交货时支付1 000英镑,余额以现金在船舶递交进港报告两个月内,交付货物后支付,A为所有的运费拥有绝对留置权。

【判决】 A对租船合同下交付货物后再支付的运费,没有留置权。

【案例】 C向A承租了一艘船驶往L。运费和租金按每吨77先令6便士计,签发提单和海关清关时预付250英镑现金,余额在L交货时支付,船舶为运费、亏舱费和滞期费对货物拥有绝对留置权。在货物装船后,船舶开航前,C破产,他的受信托人放弃租船合同。A为至少250镑主张留置货物。

【判决】 作为预付运费,依普通法或习惯,不存在留置权,且依该租船合同条款不足以赋予其留置权,因为它不是"运费"。

【案例】 C向A承租一艘船,船舶为在交货时应付的按每吨70先令计收的运费,对货物有留置权。C根据提单装运货物,货物运费按照租船合同在L支付,并为价款背书提单给F。

【判决】 船东仅对提单下货物到付运费拥有留置权,对租船合同下的全额运费没有留置权。

三、税和规费条款(taxes and dues)

该条款规定哪一方合同当事人承担对船舶和/或其货物和/或运费征收的税收和规费的

责任。

许多国家的税务制度包括对运费和在该国装卸货物的船舶有关的其他费用征税。谁收取运费谁负责支付这笔税项,而不是支付运费的当事人,因此该税项通常是对船东征收的,通常被添加到该船在港口的使用费中去,通过港口代理支付。

双方必须对谁应支付该项税收做出协议,最好的办法是提前清楚预定航次要被征收哪些税费。事先知道税费可以直接在租船合同加以规定,但也有可能在很短的时间出台新税法。因此,"金康94"第13条规定:

(a) 关于船舶——船东支付所有对船舶征收的使费,费用和税;
(b) 关于货物——租家支付所有对货物征收的使费,费用和税;
(c) 关于运费——租家支付所有对运费征收的税,除非第23栏另有规定。

该条款就双方如何分担有关税费做出规定。作为租家,应格外注意的是(c)款的规定,通常情况下对于运费征收的税款应当由船东负担,但"金康94"规定租家负担,除非在合同中表明由船东负担。

四、代理条款(agency)

船舶代理人在港口操作中扮演着至关重要的角色,他们作为船东在当地的代表,确保船舶和船员在港口的一切需求得到满足。由于船舶和船员可能对港口环境不熟悉,代理人需要提供包括语言沟通、文件传递、拖船和系缆安排、引航员预订、泊位准备以及装卸工人安排等一系列服务。此外,代理人还需要处理与靠港相关的特殊问题和不寻常的港口惯例,并可能代表船东销售货舱舱位,确保货物和船舶在港口的高效衔接。

在船舶抵达和离开港口时,代理人分别是第一个和最后一个登船的人员,负责确保所有必要的准备工作都已完成,并在船舶离开前归还任何未使用的备用金。

在租船合同中,应明确规定由哪一方负责选择代理人。在航次租船的情况下,通常由船东委托代理人并支付代理费,船东有自由选择权并任命自己的装卸港代理。然而,如果根据租船合同,船东需要委托租家指定的代理人,那么这个代理人应提供与船东直接委托的代理人相同的所有正常服务,并且收取的费用不应超过船东直接任命代理的费用。

在定期租船的情况下,由租家指定的代理人应执行所有对船舶和船长应提供的服务,就像在航次租船下由船东聘请的代理人一样。通常,所有的代理服务费由定期租船租家承担。

【案例】 一份由 A、D 和 Co. 实体签署的租船合同,D 签署为"代表 C and Co., D and Co.,代理"。在 A 对 D 之诉中,D 证明在 A 与 D 之间有一明示的口头协议,D 仅是作为代理人签署,因而不应承担委托人之责。

【判决】 抗辩有理。

【案例】 S 是一个分代理人,受 D(租家 C 的代理人)的电报指示,订立了一份 A 与"D 代理租家 C"之间的租船合同,签署为"经 D 电报授权,S 作为代理人"。

【判决】 S 保证他拥有 C 及 D 的授权签署租船合同。

五、佣金条款(brokerage)

租船经纪人的收入通常是基于船东运费收入总额的一定百分比,这部分收入被称为经纪人佣金,由船东支付给所有参与合同订立的经纪人。这与洽租佣金不同,洽租佣金是租家在支付运费时享受的折扣。在干散货租船行业中,通常的做法是从运费、亏舱费和滞期费中扣减洽租佣金,但在油轮运输中这种情况较为罕见。

佣金率通常设定为总运费、亏舱费和滞期费的 1.25%,由船东支付给所有参与合同订立的经纪人。租家往往会从应付运费中扣除这部分佣金,并确保将其支付给自己的经纪人以及其他相关经纪人。如果有两个经纪人参与洽租,佣金率则为 2.5%,三个经纪人为 3.75%,以此类推。

关于船东向经纪人支付佣金的争议,有一个案例是租船合同规定滞期费由租家支付,但滞期费尚未支付。在这种情况下,船东试图用未支付的滞期费来抵消应支付给经纪人的佣金。然而,一审和上诉法庭均判决船东无权要求抵销。

洽租佣金的费率也有所不同,在干散货运输中,总佣金(包括洽租佣金和经纪人佣金)的范围从 1.25% 到 7.5% 不等,甚至可能更高。对于远洋干散货业务,常见的总佣金率约为 3.75% 到 5%。

如果经纪人参与了洽租,他们有权获得佣金。在合同订立后未能履行的情况下,经纪人可能会受到一定的保护。例如,"金康94"规定,经纪人的佣金应按已收取的运费、亏舱费和滞期费支付,费率在合同的第 24 栏中规定,支付给第 24 栏指定的当事人。如果合同不履行,责任方应至少支付按估算的运费确定的佣金的 1/3,作为经纪人所花费用和工作的补偿。在多个航次的情况下,补偿的数额由双方协议确定。

六、法律和仲裁条款(law and arbitration)

为了明确租船合同纠纷应适用的法律以及双方之间的纠纷处理程序,所有租船合同范本都会包含相应的条款。通常,租船合同纠纷会提交仲裁解决,而提单纠纷则更经常提交法院诉讼处理。

(一)"金康94"的规定

法律和仲裁:

(a) 本租船合同适用英国法,如有任何争议应提交至伦敦根据1950年和1979年仲裁法以及随后所做出的修改版进行仲裁。除非双方同意独任仲裁,适用三人仲裁庭,双方各指定一名,第三人由该两人选择,他们或其中任何两人的决断为最终决断。一方收到另一方已指定一名仲裁员的书面通知后,应在 14 天内指定另一名仲裁员,否则已指定的那名仲裁员的决断为最终决断。

如争议金额未超过第 25 栏规定的金额,该仲裁应按伦敦海事仲裁委员会的小额索赔程序进行。

(b) 本租船合同适用美国法典第 9 条和美国海运法,如有任何争议应提交至纽约的三人仲裁庭,双方各指定一名,第三人由两人选择,他们或其中任何两人的决断为最终的决断,为执行该决断,应按法庭规则达成该协议。仲裁应按海事仲裁协会规则进行。

如争议金额未超过第 25 栏规定的金额,该仲裁应按纽约仲裁协会的简易仲裁程序进行。

(c) 本租船合同引起的任何争议应提交至第 25 栏指定的地方仲裁,第 25 栏指定地点的法律适用本租船合同。

(d) 如第 25 栏未填写,适用本条(a)款。

需要指出的是,(a)、(b)和(c)选择其一,并填入第 25 栏。

(二) 中国海事仲裁委员会条款

在我国,中国海事仲裁委员会制定了示范仲裁条款,供双方当事人在订立合同时使用。该条款的具体规定为:"凡因本合同引起的或与本合同有关的任何争议,均应提交中国海事仲裁委员会,按照申请仲裁时该会现行有效的仲裁规则进行仲裁。仲裁裁决是终局的,对双方均有约束力。"

七、罢工条款(strike)

在装卸港口或在航道通行中,可能会由于发生罢工而导致大量的延误和费用。航次租船合同通常包含一个罢工条款来处理和罢工有关的各种问题和费用。罢工条款往往解释起来比较困难。"金康 94"第 16 条普通罢工条款(general strike clause)的内容如下:

(a) 当船舶从上一港口准备启航时,或在驶往装货港的途中,或在抵港后,如因罢工或停工而影响全部或部分货物装船,船长或船东可以要求租家声明同意按没有发生罢工或停工的情况来计算装卸时间。如租家未在 24 小时内以书面(必要时以电报)做出声明,船东有解除合同的选择权。如果部分货物已经装船,则船东必须运送该货物(运费仅按装船数量支付),但有权为自己的利益在途中揽运其他货物。

(b) 当船舶抵达卸货港或港外之时或之后,如由于罢工或停工而影响货物的卸载,并且在 48 小时内未能解决时,收货人可选择使船舶等待到罢工或停工结束,并在规定的装卸时间届满后,支付半数滞期费,或者指示船舶驶往一没有因罢工或停工而延误和危险的安全港口卸货。这种指令应在船长和船东将影响卸货的罢工或停工情况通知租家后 48 小时内发出。在这种港口交付货物时,本租船合同和提单中的所有条款都将适用,并且船舶应和原目的港卸货一样,收取相同的运费,但当到替代港口的距离超过 100 海里时,在替代港所交付的货物运费应按比例增加。

(c) 除了上述规定,租家和船东对任何因罢工或停工而无法装卸货物或影响货物装卸所引起的后果均不负责任。

【案例】 数艘不定期、不定航线的货船(tramp ships)被分别承租,按租家的指示,分别开往多个指名地点之一装运满载散装小麦。租船合同含有一条除外条款规定:"装船日及工作日在装船港,当装货由于罢工或任何无论何种性质超出租家所能控制的其他阻碍而延误时,这段时间不应计算。"租家指令船舶开往温哥华(Vancouver),自2月17日至5月7日,7台可用于装载散装小麦的升降输送带中有5台机器的操作员罢工。有些开航的指令是在罢工之前发出的,有些则是在罢工期间发出的。租家与加拿大小麦协会做了合理和适当的安排(该协会是专营加拿大产小麦出口的法定机构),确保及时向船舶交付小麦。由于罢工,该协会的当地经理将余下的2台升降输送带限于先装班轮,而排除租船的装货(这种做法在此种情况下,属于合理行事)。因此,租船合同下的船舶抵达温哥华后,延误了相当长的一段时间,有些则一直持续至罢工结束之后。

【判决】 在对租家提起的滞期费诉讼中,延误是由于"罢工"或除外条款中的"阻碍"所致,租家对于罢工期间的延误及罢工结束后由于罢工导致的压港所致的延误,均受除外条款的保护。

八、战争风险条款(war risks)

在战争、革命或其他干扰期间,船员、船舶和货物可能受到一定的风险。船员可能因此受伤或死亡,货物和船舶损坏或灭失。此外,还有延误和额外费用的风险。为了确保各方的权利和义务,租船合同通常会包含一个特别的战争条款。"金康94"第17条战争风险的内容如下:

(1) 本条定义:
(a) "船东"指船东、光船租家、实际承运人、船舶经营人或其他管理人员,或船长。
(b) "战争风险"包括任何实际的或预料的战争、敌对行为、军事行动、内战、内乱或革命、破坏活动、海盗行为、侵略行为、敌对或恶意行为、封锁或任何个人、团体、侵略者、政府、交战国或组织宣布为封锁的任何行动(无论是针对所有船舶或某一船旗的船舶,或针对某种货物或船员),且根据船长和/或船东的合理判断,可能或似乎或将对船舶、其货物、船员或船上其他人员构成危险。

(2) 如在船舶开始装货前的任何时候,根据船长和/或船东的合理判断,发现履行合同或任何部分合同将使船舶或船长和船员以及货物在航次任何阶段遭受战争风险,则船东有权告知租家解除本租船合同,或拒绝履行部分合同。如果该租船合同规定了装卸货物港的范围,且租家指定的港口将使船舶、货物、船员或其他船上人员遭受战争风险,船东应首先要求租家指定在范围内的其他港口,仅在租家收到该要求48小时后仍未指定安全港时有权解除租船合同。

(3) 无论在开始装货后或在卸货结束前的航行的任何阶段,根据船长和/或船东的合理判断,发现船舶、货物(或部分货物)、船员或船上其他人员将遭受战争风险,则不能要求船长继续装货或继续航程或部分航程或签发提单,或通过任何运河或水道,或前往或滞留在任何港口。如发生此种情况,船东应通知租家指定卸货的安全港口。如在收到该通知48小时后,租家未指定所述港口,船东有权选择在任何安全港口(包括装货港)卸下货物,并视为合同的全部履行。船东有权从租家那里得到因该卸货的额外支出,如在非装货港卸货,则就像货物运达至目的地一样船东有权收取全部运费,如超过原卸港100海里,则按距离收取额外运费,且船东有权因该支出和运费留置货物。

(4) 如在装货开始后,根据船长和/或船东的合理判断,发现船舶、货物(或部分货物)、船员或船上其他人员将在正常和习惯航线(包括运河和水道)中遭受战争风险,且有一条至卸货港的较长航线,则船东应通知租家他将采用该航线,在此情况下,如总的航行距离超过原航线 100 海里,则船东有权按距离收取额外运费。

(5) 船舶可以:

(a) 服从船旗国或根据法律船东应遵守的国家,或其他政府或团体或组织所发出的有关装载、离港、到港、航线、护航、挂港、停航、目的港、地区、水域、卸载、交货或其他方面的任何命令、指令或建议。

(b) 服从任何个人依据本船的战争险条款有权发出的任何命令、指令或建议。

(c) 服从联合国安理会的提议、欧盟指令,或其他任何有权超国家的团体所发出的指令,船东应遵守的国际法和其他强制性命令和指令。

(d) 在任何港口卸货或部分货物,该货物可能使船舶被视为走私而被没收。

(e) 挂靠任何港口以调换船员或部分船员或船上的其他人员,因有理由认为他们可能被拘留、入狱或受制裁。

(f) 当根据本条规定未装货或已卸货时,船东为其自身利益装运其他货物,并运至其他港口,无论是向前或返回还是与正常或习惯航线相反航行。

(6) 根据本条(2)至(5)款规定而作为或不作为,都不得视为绕航,而应视为本租船合同的完全履行。

九、冰冻条款(ice)

"金康94"第18条普通冰冻条款(general ice clause)的内容如下:

1. 装货港

(a) 当船舶准备从上一港口开航时,或在航程中的任何时候,或者船舶抵达时,因冰冻而不能进入装货港,或者在船舶抵港后发生冰冻,船长可以因担心船舶被冻结而决定不装运货物离港,本租船合同因此失效。

(b) 如在装货过程中,船长因担心船舶被冻结而认为离港更有利时,他可以决定载运已装船的货物离港,并可为船东的利益将船舶驶往任何其他港口揽载货物运至包括卸货港在内的任何其他港口。根据本租船合同已装船的任何部分货物,在不因此增加收货人额外费用的条件下,由船东转运至目的港并承担运费,但运费仍应支付,此运费按支付的货物数量计付(若为整笔运费,则按比例支付),所有其他条件按租船合同。

(c) 如装货港不止一个,并且其中一个或数个因冰冻而关闭,船长或船东可选择在不冻港装载部分货物,并按(a)款规定,为其自身利益而在其他地点揽载货物。如果租家不同意在不冻港装载货物,则宣布本租船合同失效。

(d) 本冰冻条款不适用春季。

2. 卸货港

（a）如船舶因冰冻（春季除外）而不能抵达卸货港，收货人可选择使船舶等候至恢复通航并支付滞期费，或指示船舶驶往一安全并能立即驶入并安全卸货而没有因冰冻而滞留风险的港口。这种指示应在船长或船东向租家发出船舶不能抵达目的港通知后 48 小时内做出。

（b）如在卸货期间，船长担心船舶被冻结而认为离港更为有利时，他可以决定载运船上货物离港，并驶往能驶入并能安全卸货的最近港口。

（c）在此种港口交货时，提单上的所有条件均应适用，船舶应按其在原目的港卸货一样，收取相同运费，但如到达替代港口的距离超过 100 海里，则在替代港口交付货物的运费应按比例增加。

第八节 包运合同主要条款

本节以 BIMCO 于 2004 年发布的 GENCOA 合同范本为例，介绍包运合同的主要条款。

GENCOA 合同范本由栏目和条款两大部分组成。第一部分为栏目，整个表格由 26 栏组成，最后两栏由出租人和租家签名，其余 24 栏为合同事项。第二部分为具体条款，与栏目配套使用，两部分不一致或发生冲突时以第一部分为准，包括一个序言和 20 条条款。

一、总装货量和航次数（total quantity/number of shipments）

GENCOA 第 2 条是关于总装货量和航次数的规定，该条款分为两个可选择的部分，或者是总装货量或者是航次数，双方当事人必须在第一部分第 8 栏中做出明确的选择。

（一）总装货量

货物总量应按照第一部分第 8 栏中规定限额内装运，同时规定在计算总量时，以每航次装船数量为准。如果选择总量的话，应在第 8 栏中规定最低数量和最高数量，以及由谁行使选择权。

同航次租船一样，对于货物的总量有时很难确定具体数量，在很多情况下会确定一个上、下限度（如最低数量和最高数量）等。为了避免争议，该条明文规定合同项下总的货物数量计算，以每航次装船数量为准，而不是以卸货数量为准。

（二）航次数

如果双方当事人没有选择总装货量，而是选择航次数时，也应在第一部分第 8 栏中规定明确共为几个航次。这也是实务中比较实用的一种表述方法。

二、合同期限（period of contract）

GENCOA 第 3 条关于合同期限规定：合同期如第一部分第 9 栏中的"合同期限"所列

明。最初航次的受载期不能早于第 9 栏所规定的合同开始日期,最终航次的解约日不能迟于第 9 栏所规定的合同结束日。

合同期限是包运租船合同的重要内容,它通常构成包运租船合同的框架。在包运租船合同中对合同的履行是有时间限制的,取决于双方当事人的意愿。可能五年或者十年,少则一年或半年。例如,"合同期自 2015 年 1 月 1 日至 2016 年 12 月 31 日"。再如,在油轮包运租船标准格式合同(INTERCOA80)序言中规定"合同期＿＿＿＿年,自指定第一船后,递交通知书后起算"。在 GENCOA 中,当确定合同期间后,同时明确规定,首次航次开始时间不能早于合同开始日期,最终航次的解约日不能迟于合同结束日。

三、每航次装货量(quantity per shipment)

GENCOA 第 4 条关于每航次装货量规定:每航次装货量,根据第一部分第 10 栏所列明的下限和上限,由船东在此限度内决定最终装货量。

合同中规定每航次的装货量,并确定一个范围,由船东在该范围内选择最终装货的数量。赋予船东选择权的原因是他可以为每航次的运输选择合适的船舶。

四、最后航次(final shipment)

GENCOA 第 5 条是关于最后航次装货数量的规定,为了避免争议,第 5 条明确规定船东没有义务装运低于合同规定的最低货量的货物。如果最后的航次所剩余的货量达不到第 11 项中所确定的最低货量,船东可不必承运。

五、航次计划(programme of shipments)

除非第一部分第 12 栏中有明确规定,租家的航次计划数应当按照合同期均匀分布。租家应当在规定的日期内通知船东。

六、装卸港宣港(declaration of loading/discharging port(s))

GENCOA 第 8 条和第 9 条是关于宣港方面的规定。在合同规定几个装货港或者某一区域时涉及装货港的宣港问题,租家有义务指定每一个航次的具体装货港。

七、合同中断(interruption of performance)

GENCOA 第 15 条规定,除非附加的航次租船合同另有规定,船东和租家对由于下列原因引起或导致的任何灭失、损害、延误或者不能履约负责:天灾、战争、恐怖活动、依法扣押、检疫限制、罢工、暴乱、封锁、民变、君主、统治者或人民的扣留或拘禁等。

八、运费和滞期费的支付(freight, demurrage/despatch money, late payment)

GENCOA 第 12 条至第 14 条规定:

① 对于本合同项下的每一个航次的运费,根据第 15 栏中表示的支付方法和第 14 栏约定的费率支付。除非另有规定,租家无权对运费做扣减。对于迟付运费,合同规定,租家按每月 2% 支付利息。

② 滞期费和速遣费根据附加的租船合同并按照第 16 栏约定的费率计算。对于租家接到船东要求支付滞期费通知后 15 日未支付滞期费时,从第 16 日起,租家按每月 2% 支付利息。

③ 如果应付运费、亏舱费和滞期费而未付时,合同进一步规定:出租人无义务履行下列事项:一是制定下一步舱位;二是派遣船舶到装货港;三是开始装船。对由此造成的时间损失,租家应按照滞期费率支付给出租人。出租人暂停履行合同并不影响其解除合同的任何权利。

④ 如果应付运费、亏舱费和滞期费而租家未付时,船东向租家发出通知,除非租家在收到通知后 120 小时内连续支付,否则船东有权解除合同。

九、争议解决(dispute resolution)

GENCOA 第 18 条争议解决条款是 BIMCO 解决争议的标准格式,包括以下两个部分。

(一)法律和仲裁条款内容

① 本租船合同适用英国法,如有任何争议应提交至伦敦,根据 1996 年仲裁法以及随后所作的修订版进行仲裁。除非双方同意独任仲裁,适用三人仲裁庭,双方各指定一名,第三人由该两人选择,他们或其中任何两人的决断是最终的。一方收到另一方已指定一名仲裁员的书面通知后,应在 14 天内指定一名仲裁员,否则已指定的那名仲裁员的决断为最终决断。如争议金额未超过 5 万美元,该仲裁应按伦敦海事仲裁委员会的小额索赔程序进行。

② 本租船合同适用美国法典第 9 条和美国海运法,如有任何争议应提交至纽约的三人仲裁庭,双方各指定一名,第三人由该两人选择,他们或其中任何两人的决断是最终的,为执行该决断,应按法庭规则达成该协议。仲裁应按海事仲裁协会规则进行。如争议金额未超过 5 万美元,该仲裁应按纽约仲裁协会的简易仲裁程序进行。

③ 本租船合同引起的任何争议应提交双方指定的地方仲裁,指定地点的法律适用本租船合同。

(二)调解内容

合同进一步规定,双方当事人可以在任何时间将引起的任何争议提交调解。假设在仲裁开始进行时,下列规定适用:

① 任何一方可在任何时间就争议或者部分争议通过书面通知对方,要求对方同意调解。

② 对方应在收到调解通知后 14 日历天内确认同意调解,在这种情况下,各方应在其后的 14 个日历天之内选择一位调解方。如果未能选出调解方,仲裁法庭指定。调解应当根据当事人同意的地方、程序、条件进行,若在发生分歧时,可由调解员确认。

③ 如果对方不同意调解,当仲裁庭分配当事人之间的仲裁费用时,这一事实可以提请法庭注意,并考虑。

④ 调解,不得影响任何一方寻求救济或采取这些步骤,因为它认为必要的,以保护其利益的权利。

⑤ 任何一方均可通知仲裁庭,他已接受调解。仲裁程序在调解期间继续进行,但仲裁庭会考虑在仲裁过程中设定调解程序时间表。

⑥ 除非另有约定或条件条款中明确规定,各方当事人应承担调解过程中各自产生的费用,调解员的费用由双方当事人平均分担。

十、通知条款(notices)

GENCOA 最后一条即第 20 条为通知条款,也是 BIMCO 制定的标准条款,具体规定为:根据本协议的规定任何一方当事人或他们的代理人给予另一方当事人或他们的代理的所有通知应是书面形式。书面意指任何清晰的联系方法,书面包括但不限于电报、电传、传真、电子邮件、登记的或记录的邮件或个人业务等。

本章思考题

1. 简要罗列航次租船合同的主要条款名称。
2. 航次租船合同关于船舶的条款,其主要内容是什么?
3. "金康94"关于船东的船舶适航责任是如何规定的?
4. "金康94"关于绕航是如何规定的?
5. 阐述预备航次、受载期以及解约日条款的主要内容。"金康94"的解约日条款,其主要内容是什么?
6. 航次租船合同关于装卸港口的条款,其主要内容是什么?
7. 航次租船合同关于货物装卸费用的条款,其主要内容是什么?
8. 航次租船合同关于货物装卸费用的分担通常是如何规定的?
9. 航次租船合同关于货物名称及数量的条款,其主要内容是什么?
10. 简述装卸时间的规定方法和计算方式。
11. 装卸时间计算的步骤有哪些?
12. 装卸时间起算的条件有哪些?
13. 装卸准备就绪通知书被有效接受的条件有哪些?

14. 在装卸时间的计算中,通常哪些时间是可以"除外"的?
15. SOF 和 Time Sheet 的作用有何不同?其内容上主要有哪些区别?
16. 什么是滞期费、速遣费?它们的计算方法有哪些?
17. 航次租船合同下的并入条款,其内容是什么?
18. 如何理解责任终止与留置权条款?
19. 航次租船合同下的仲裁条款,其内容是什么?
20. 简述航次租船合同罢工条款的要点。
21. 简述航次租船合同战争条款的要点。
22. 简述航次租船合同冰冻条款的要点。
23. 包运合同中有哪些和航次租船合同不同的条款?
24. 以 Congenbill 94 为例说明租船与班轮提单的内容有何异同。
25. "金康 2022"与"金康 94"相比,有哪几方面的不同?

第六章 定期租船合同

第一节 船舶、港口和货物说明

一、船舶说明(description of vessel)

一般来说,定期租船合同关于船舶的说明比在航次租船合同中更重要,船舶说明也大多更加详细和精确。租家在与船东洽谈时必须获知所有有关船舶的详细资料,如船舶名称、船旗、船级、登记港、载重吨、舱容、建造年份、航速、燃料、消耗、国籍、吨位等。租家掌握正确和充分的船舶信息是非常重要的,这决定了他们对船舶商业价值的评价,也是决定定期租船合同能否顺利履行的重要因素。

(一) 船舶名称

在英国法下,租船合同中的船舶名称是否被视为条件条款并没有直接明确的说明。然而,《SCRUTTON 租船合同与提单》一书指出,准确的船名是合同的一个重要条件。这意味着,租船合同通常是针对单条指定的船舶,租家不能被要求接受具有相同特征的另一条船。

尽管如此,双方当事人可以自由商议,允许另一艘船取代原先指定的船舶,或同意进行多次替代。当事人还可以同意在任何时候进行替代,无论是在租期开始前、租期期间,还是在指定的或任何替代船舶灭失后。

但是,如果双方意图在船舶灭失后仍有权进行替代,必须在合同中使用特别明确的文字。否则,该租约将被视为因灭失而受阻,并且替代的权利将随着合同的终止而终止。

(二) 船舶载货量

船舶载货量的说明方式与航次租船合同相同,即在大多数情况下以载重吨和/或舱容表示。在某些情况下,也有必要了解船舶载货量的其他信息,例如:在甲板上和舱内分别可以装载多少集装箱。船舶载货量通常对租家是非常重要的,如果租用的船舶无法装载租家想装的所有货物,很显然他将失去预计的市场,或在岸上产生额外的仓库或运输费用以及安排替代运力的费用。

定期租家有权使用所有可用于货物的舱容。NYPE 93 范本表示方式如下:

船舶的所有货舱、甲板和通常装货空间(不超过其能合理安全地积载和装运的范围),以及押运员(如有的话)舱室的全部空间,除仅为高级船员、普通船员、船具、属具、家具、供应品、物料和燃料留有适当和足够的空间外,均归租家使用。

在定期租船合同中,船舶的载货量信息对租家至关重要。因此,船东必须尽可能准确地申报这些细节。通常,关于船舶载货量的表述被视为中间性条款。如果船东提供的关于船舶货物运载能力的信息不准确,可能导致租金被扣除。如果差异较大,租家还有权取消合同并索赔损失。这突显了在租船合同中准确提供船舶载货量信息的重要性。

(三) 航速与燃油消耗(speed and bunker consumption)

在定期租船合同中,由于租家是按照租期时间支付租金的,因此船舶的航速和燃油消耗成为评估船舶经营潜力的关键要素。这两个指标通常与特定的天气条件以及船舶的吃水深度相关联。此外,随着科技的发展,石油提炼技术的提升导致船舶使用的燃油质量下降。这种燃油含有较低的可燃成分和大量的硫黄、泥浆及水分等杂质,不仅影响船速和油耗,还可能对船机造成损害。因此,大部分定期租船合同会包含燃油质量条款,要求租家确保提供的燃油符合租约规定的质量标准。

NYPE 93 范本规定:"在良好天气条件下,风力达到包括最大风力蒲福_____级,船舶满载航行时船速大约_____节,消耗大约_____长吨/公吨的_____(燃油)。"

在航速前加上"大约"或"平均"等限制词,是为了考虑到多种因素,包括油污底和甲壳类生物黏附在船底的情况。这些因素如果严重,会对船速和油耗产生显著影响。

【案例】 一艘以定期租船合同出租的船舶的航速表述为 14.5 节。由于船底被一些软体动物缠绕,船舶仅能达到 10.61 节航速。

【判决】 船东违反保证,但可以受到除外条款的保护。"大约"一词就所表述航速数字给予左右一定幅度,幅度的大小是一个事实问题,而不是法律问题。曾经有争议认为,关于"大约",只有两个浮动可以允许,即 0.5 节或 5%。英国上诉法院对此认为,必须考虑船舶的结构、尺寸、吃水和航行条件等情况。

在英国法下,船舶的航速和燃油消耗通常被视为中间性条款。这意味着,如果这些条款被违反,其后果取决于违约的性质和严重程度。一般情况下,如果船舶的航速降低或燃油消耗超额,租家只能要求赔偿损失。然而,如果违约情况严重,租家有权解除合同。

关于船东是否在合同订立时或交船时对船舶航速提供持续性保证,存在不同的观点。航速保证的目的是确保船舶在开始服务时能够达到保证的速度。但是,如果租船合同订立日期与交船日期之间发生影响航速的事故,船东可以根据免责条款免除责任。实际考虑这个问题时,应以船舶交付日期为准,而不是租船合同订立之日。

二、安全港口与航区限制(safe ports and trading limits)

在定期租船合同中,租家的主要义务是确保指示船舶前往安全的港口。对于安全港口的判断标准,通常航次租船合同中适用的标准也可以应用于定期租船合同。然而,对于采取

定期租船经营的船东来说,安全港口的承诺尤为重要,因为船舶可能被指示前往世界各地的港口。这与航次租船合同中的指定港口、指定航次运输任务不同,定期租船合同中的船舶可能面临更广泛和多变的风险。因此,船东在定期租船合同中更需要安全港口的保障,以保护船舶和船员的安全。

(一) 安全港定义(definition of a safe port)

安全港的定义是指一个港口能够在船舶抵达、进港、在港停泊和离港的整个相关期间,在没有发生某些非常事件的情况下,确保船舶不会陷入即使运用了良好的航海技术和船舶技术也无法避免的危险之中。

如果租家指示船舶前往一个不安全的港口,并且船舶因此遭受损坏,租家需要赔偿船东的损失。然而,如果船长在知道某个港口存在危险的情况下,仍然不合理地决定进入该港,那么租家将不承担损害赔偿的责任。这种情况下,船长的行为被认为是导致损害的主要原因,因此责任应由船东承担。

【案例】"The Sussex Oak"轮以 BALTIME 范本出租,被指令前往汉堡。在船舶过易北河通道时遇到冰,但引航员认为可以安全通过。当船接近汉堡时被一大块冰流阻滞。该船在河中既不能返航,又不能直航,也不能安全锚泊。在引航员的建议下,船舶强行破冰,结果造成损害。事实是船长在没有破冰船协助下,采取行为是适当的。

【判决】租家承担责任,理由是汉堡当时是不安全的港口。租家虽不保证大多数直接的航线或某条航线的港口是安全的,但其指令的航次必须是船长可以使船舶安全的航次。

如租船合同的要求是船舶只能使用安全港口,在租家下达航次指令时该港口必须是预计安全的,即船舶抵达、停留或离开该港时应该是安全的。如果有意外和异常事件发生后导致不安全,并因此导致该船舶延误或损坏,租家不承担责任。

如果定期租家下达航次指令时该港口是预计安全的,而在船舶驶向该港口时出现新情况使港口变为不安全,则租家有辅助性的义务,即取消原先的指令,重新指令船舶到另一个预计安全的港口。

如船舶进入港口,新的情况出现以致港口不安全,则如果是离开港口也不可能避免的危险,租家没有义务再指令另一个港口;但如果是离开港口能够避免的危险,租家必须指令船舶立即离开前往一个安全的港口,而不论船舶是否已完成货物装卸作业。

【案例】"The Evia"轮以定期租船合同出租,合同规定租家只能使用安全港口,该船于1980年3月被指令在古巴装载货物到巴士拉卸货。"The Evia"轮8月20日抵达、靠泊并于9月22日完成卸货。就在那一天,伊朗和伊拉克之间爆发战争,该船因为航行危险无法离开。船东以租家违反安全港义务要求赔偿。

【判决】上议院做出有利于租家的判决,巴士拉在租家下达指令时是预计安全的,由于意外和异常事件变为不安全。租家没有一个继发性义务给予新的指令,因为这种指令将是无意义的。

(二) 航区限制(trading limits)

除了安全港口外,定期租船合同通常还会额外限制船舶在租期内允许航行的区域。由于期租合同下,船舶的营运安排由租家负责,为了保障船舶安全,合同中往往订有一条航行区域限制条款,要么规定只允许船舶在某某范围内航行,要么规定船舶不得在某某水域营运,从而在一定程度上限制了租家自由支配船舶的权利。

较早的 NYPE 46 范本规定:"……允许船舶在下列地区的安全港口之间从事合法运输:英属北美洲和/或美国和/或西印度岛和/或中美洲和/或加勒比海和/或墨西哥湾和/或墨西哥和/或南美洲……和/或欧洲和/或非洲和/或亚洲和/或澳大利亚和/或塔斯马尼亚和/或新西兰,但不包括马格德林河、哈德逊河、10月31日至次年5月15日期间的圣劳伦斯河,以及所有不安全港口,也不包括不当季节时的白海、黑海和波罗的海……"

NYPE 93 范本第5条规定:"船舶应在_____范围内的安全港口和安全地点之间,但不包括_____,根据承租人的指示,从事合法贸易。"

BALTIME 范本第2条规定:"本船只能在第17栏规定的地域内,在其能始终安全浮泊的良好和安全港口或地点之间从事合法运输,承运合法货物……"

我国《海商法》第一百三十四条规定:"承租人应当保证船舶在约定航区内的安全港口或者地点之间从事约定的海上运输。承租人违反前款规定的,出租人有权解除合同,并有权要求赔偿因此遭受的损失。"

如果租家想要船舶能驶往定期租船合同限制外的地方或港口,首先应得到船东许可。而船东为了避免承担极大的风险,首先要查看保险人规定的限制是否包括在租船合同内,通常是"总是在船舶保险人航区限制内"的文字或类似表述。不过,保险人协会规定的航区限制有时并不很充分,许多保险人还有一些额外的限制。

若租家指令船长将船舶驶往航行区域以外的港口或地点,则属于违约,船长有权拒绝执行该指令,并要求租家另行发出指令,而且有权拒绝签发注明卸港在航行区域以外的提单。此外,如果租家坚持船舶驶往航行区域以外的某一地方时,船东可以拒绝继续履行合同并提出损害赔偿。

当然,在合同履行过程中或履行之前,双方可以通过协议来突破原有合同规定的航行区域限制。但租家应按要求支付额外的保险费,并保证对另行指定的区域内的港口的安全性负责。

关于航行区域条款,有如下几个方面须引起特别注意:

(1) 船舶互保协会的 IWL(Institute Warranty Limits)条款规定范围以外的地区。像波罗的海、美国五大湖区等通常属于 IWL 条款以外的地区,如果要去往这些地方,船东要支付一大笔附加保费(additional premium)。因此,如果期租合同没有订明将上述区域排除在外的话,也应订明附加保费由租家支付,否则只能船东自己承担。

(2) 战争区域、类似战争区域、双方有敌对行为地区或类似的危险地区。一是因为船舶要驶往这些区域,需支付附加保费,且价格不菲;二是还要付船员危险津贴(bonus),但是如果有船员坚持不去,便会产生更换船员的费用及船期延误等情况。为了更好地保护船东的利益,最好订一个广泛的战争条款,以限制租家使用船舶。此外,还可以将冰冻区、政治敏感区等排除在外。

(3) ITF 地区。即对方便旗船进行刁难的地区。因为 ITF 地区尚无明确的地域划分,所以最好在条款中订得明确一些,如"ITF 地区,如芬兰、斯堪的纳维亚、澳大利亚、英国等,禁止或不允许船舶前往"。

三、货物(cargo)

(一) 合法货物(lawful merchandise)

定期租船合同与规定特定货物、特定船舶、特定港口的航次租船合同不同。定期租船合同通常不规定特定货物，大多是笼统地规定允许租家装船货物的种类。除了航区限制外，就租家自由地使用和指示船舶最重要的限制是船上装载的货物。允许装船货物的一般表述通常是将某些货物排除在外。租船合同范本通常载有不允许装运某些货物的规定(除外货物)。

NYPE 46 范本规定："……用于装运包括石油或其产品在内的，以适当方式包装的合法货物，但不包括_____（船舶不得用于装运活动物，但承运人可以在甲板上装运少量活动物，并承担其风险及负责所有必要的设备和其他必需品）……"

在 NYPE 93 范本中，这一条款是其第 4 条"危险货物/除外货物(dangerous cargo/cargo exclusions)"，措词如下：

(1) 船舶应被用于运输合法货物，不包括任何危险性、伤害性、易燃性或者腐蚀性的货物，但根据船舶登记国、装货港、卸货港和船舶必经水域的港口或国家的主管当局的要求或者指示运输的除外。此外在不影响上述一般原则的情况下，下列货物应明确除外：任何品名的牲畜、武器、弹药、爆炸物、核材料和放射性材料，_____。

(2) 如果协议运输国际海事组织所属的货物，该货物的数量不应超过_____吨，租家应向船长提供其可能合理要求的表明货物已经根据国际海事组织的规定进行包装、加标、装船和积载的任何证据；否则，船长有权拒绝该货物，或者如果货物已经装船，船长有权将货物卸下，并由租家承担风险和费用。

BALTIME 格式第 2 条规定："……承运合法货物。船舶不得装运活牲畜及有害、易燃或危险货物(如酸性物质、炸药、电石、硅铁、石脑油、汽油、焦油，或其任何制品)。"

相比较而言，BALTIME 格式规定得更详尽一些，对船东更有利。所谓合法货物，是指依据装卸港当地法律、船旗国法律以及期租合同适用法律允许装运的货物，有的甚至允许装运军用品、军需品。此外，船东如果不想装运某种货物，必须在合同中订明，否则很容易产生纠纷。例如：合同中没有明确规定，结果租家装运了化学品货物，因无法清除残余物而造成船舶的损坏；因装运危险品还要付给船员一笔奖金；船员因接触货物而受伤等。再比如，装运废铁会刮掉油漆，甚至使船舶结构受损。尤其是报废汽车压成的大块废铁，可能含有残余的汽油，会引发火灾。另外，许多船舶不喜欢装盐，尤其是新船，因为装盐之前须在舱内加上一层防腐的石灰(lime wash)，但若再装运其他的清洁货，还要把这一层石灰刮掉，从而造成船舶损害。硫黄的危险性表现为爆炸、遇水变成硫酸、严重腐蚀铁板等。煤炭看似无任何危险，但低质煤易自燃。再如秘鲁鱼粉的运输条件非常苛刻，通常要求含水量为 12%～18%，否则容易自燃。矿砂由于含水量过大，运输过程中容易形成自由液面，导致船舶倾覆等。因此，船东切莫对该条款掉以轻心。

如果租家指示船长装运合法货物范围以外的货物，即除外货物，船长有权拒绝装运。在英国的法律实践中，以前的做法是，只要船东发现装有这种除外的货物，不管船长是否同意装运，均有权解除合同。但目前趋向于只有租家违约严重到触及了合同的根基(reach the root of contract)时，才允许船东解除合同。如果租家指示装运这种除外货物，船东在不知情或者知情但提出了抗议(under protest)的情况下，指示船长听从命令，船东仍有权向租家索赔因装运此种货物而遭受的损失。

NYPE 46 范本没有像 BALTIME 格式那样明确地将危险货物排除在外，通常是由双方协议的。但根据英国普通法的规定，即使合同没有明确是否允许装运危险货，租家也有默示义务不装运危险货物(dangerous cargo)。在美国，货主应对装运货物的危险性向船东提出建议，且租家(当他是货物的所有人时)或托运人有默示义务保证装运的货物对于运输而言是合理的、安全的，除非船东知道或应该知道这种危险性时，才无这一默示义务。但有时候危险货物是很难界定的，所以最好由双方在合同中明确规定下来。

我国《海商法》第一百三十五条规定："承租人应当保证船舶用于运输约定的合法的货物。承租人将船舶用于运输活物或者危险货物的，应当事先征得出租人的同意。承租人违反本条第一款或者第二款的规定致使出租人遭受损失的，应当负赔偿责任。"

但对什么是合法货物和危险货物，未做明确解释。

【案例】 "The Fiona"轮因船上一批燃油产生了爆炸性气体而发生爆炸，该燃油本质上是危险品。但爆炸的一个主要原因是该燃油被船舶的上一票货物的剩余货物(residues)污染，而这是船东在装货前没有适当清洗货舱而导致的。

【判决】 法院判决船东不能向租家索赔，因为他没有清洗货舱，船舶实际上是不适航/不适货。

此外，许多租船合同将美国《海上货物运输法》或《海牙规则》(或《海牙-维斯比规则》)并入。当运输危险货物时，可依据上述法律或规则采取以下措施：

第一，当船东并没有同意装运以及不清楚货物性质时，船东有权将易燃、易爆或危险的货物卸下、销毁或使其无害；

第二，租家(托运人)对可能引起的所有的损失和费用负责；

第三，如果船东已同意并知晓其性质，但当对于船或货物有危险时，船东有权按照第一种方式处置。

(二) 货物责任(cargo liability)

在定期租船中，租家和船东可以根据意愿分配对货物的赔偿责任，但提单项下的责任也经常涉及，从法律角度看，情况有时更为复杂。货主通常根据提单提出索赔，第一个问题是，由船东还是租家或二者对货主承担责任；第二个问题是，赔偿责任如何最终在租家与船东之间分配。

1. 责任转移给租家

在没有明文规定的情况下，船东在普通法下有义务将货物装载、积载、平舱以及卸货。NYPE 93 范本将船东这种主要责任转移给租家。它规定"租家在船长的监督下，自负风险和费用负责全部货物的操作,包括但不限于装载、积载、平舱、绑扎、加固、垫舱、解绑、卸载和理货"。

特别是从船舶安全的角度看,船长有权监管货物的作业,不管是否有"在船长的监督下"的字眼。但是,若撇开安全因素的考虑,则船长对租家没有监管的责任。这些观点仅限定 NYPE 93 范本租家关于装卸、积载货物的基本责任。如果双方当事人规定由船东承担货物作业的责任,通常在"监管"之后插入"和责任"一词。这些附加文字被判定为将租家对整个货物装载、积载、平舱和卸货的作业过程的责任转移给船东的表面证据。

2. 协会内部协议

为了避免船东和租家之间无休止的讨论,一些保赔协会以 NYPE 范本为蓝本为定期租船合同下货物责任分配问题达成了一项特别协议。

NYPE 93 范本规定:"出租人和租家之间的货物索赔,应根据 1970 年 2 月纽约土产交易所协会内部协议 1984 年 5 月修正案或其以后的任何修正案或替代案解决。"

协会内部纽约土产交易所协议(Inter-Club New York Produce Exchange Agreement)通常称为"协会内部协议"(ICA),自 1970 年正式推出后,ICA 经历了 1984 年和 1996 年两次修改。第二次修改后,附上 1996 年修改稿的 ICA 被重新命名为保赔协会内部土产格式协议 1996 版(简称"96 版")。此后,ICA 和"96 版"都在海运市场中被使用,而且都能够达到其设计之初的为简化索赔机制的目的。国际保赔协会集团决定在"96 版"中增加一条新的担保条款。请求提供担保的一方在"96 版"第六条规定的时限内向 ICA 合同中的相对方书面提出提供担保的请求,并且提供了相应的反担保,无论双方之间是否有分配责任的义务,被请求担保的一方都需要提供相应的担保。

新的担保条款已成为"2011 版"中的第九条,其他的条款也略有修改,但是较"96 版"没有其他实质性的变更。

1996 年协会内部协议,对责任做了以下分配:

(1) 船舶不适航和/或航行过失或管船过失引起的货物索赔,船东负 100%的责任。除非船东证明不适航是由于装载、积载、绑扎、卸载或其他货物的操作造成的,在这种情况下,应按照第(2)款进行分摊。

(2) 由于装载、积载、绑扎、卸载或其他货物的操作造成的货物索赔,租家负 100%的责任,如果"负责"一词加在第 8 条中或者类似使船长对货物的操作负责的改动,则船东和租家各负 50%责任,除非租家证明未尽适当地装载,积载、绑扎、卸载或货物的操作是由于船舶不适航引起的,在这种情况下,船东负 100%的责任。

(3) 除前两款规定外,短少或溢装引起的货物索赔,船东和租家各负 50%责任。除非有清楚无可辩驳的证据证明货物索赔是由于一方当事人(包括其雇佣人员或分包商)偷窃或行为或疏忽引起的,则该当事人承担 100%的责任。

(4) 所有任何其他货物索赔(包括迟延索赔),船东和租家各负 50%责任。除非有清楚无可辩驳的证据证明货物索赔是由于一方当事人(包括其雇佣人员或分包商)偷窃或行为或疏忽引起的,则该当事人承担 100%的责任。

第二节　合同租期和交还船

定期租船合同常常包括一条说明该合同租期期限的条款。为了避免发生租期纠纷,双方应清楚地订明租用船舶的确切时间以及宽限期。船东必须不得迟于某一特定日期将船舶交付租家,而租家在租期届满必须还船。

一、租期(duration, period of trading)

该内容在 NYPE 46 第 13 行至第 15 行,NYPE 93 中是第 1 条,内容如下:
"1. Duration
The Owners agree to let and the Charterers agree to hire the Vessel from the time of delivery for a period of ＿＿＿＿ within below-mentioned trading limits."

(一) 默示宽限期

当租船合同规定一定期间如"3 个月"或"6 个月"而没有明确任何宽限期时,那么法院将默示其适用一个合理的宽限期。原因是任何人都无法精确计算最后航行结束之日。当这种默示宽限期适用时,如果租家安排船舶最后航次时合理地预计会超出规定的租期但没有超出默示宽限期,则没有违反合同。租家安排船舶最后航次可能超过规定租期几天是合法的。如果船舶超过规定租期而市场价上涨,租家只负责按合同规定的费率支付直到还船时的租金。

(二) 没有明示或默示宽限期

各方当事人可以通过明示或默示的方式在租船合同中自由订立条款以达到"没有宽限期"的目的,即规定确定的最短和最长租期。在这种情况下,法院将不会给予超出最长期的宽限期,租家必须确保船舶在上述期间内还船。如果租家未能做到并且市场租金上涨,则其必须支付额外的租金。也就是说,租家必须按合同规定的费率支付租金至租期结束,其后按市场价支付租金。

(三) 明示宽限期

实务中比较常见的做法是明示宽限期,即各方当事人可以在租船合同中自由订立条款以实现"明确的宽限期"。例如,增加的宽限期为"或多或少 20 天"(20 days more or less)。相较于默示宽限期,这种明示宽限期的做法更为稳定,不存在宽限期多少天才算合理的争论。可见,明示宽限期的做法优于任何通常的默示宽限期。为了避免租期纠纷,建议在合同中明确规定租期以及宽限期。

(四) 租期延长

若在租期中发生停租事件,租家无权延长租期,除非在租船合同中有明确规定。如果有这样的条款并入租约,最好也规定租家打算利用其选择权延长租期最迟应通知船东的时间期限。此外,还应明确延长租用期间的租金支付问题以及若延长租期发生停租是否给予租家另外延长租期的权利。

【案例】 "The Mareva"轮以 NYPE 范本出租一个航次。在附录第 1 条中规定了租期延长至 5 个月,租家选择 20 天的宽限期。随后,订立了另一个附录,进一步规定从"5 个月零 20 天租期结束后,租家可以继续租船为最低 2 个月以上,最多 3 个月"。

【判决】 对于其后 3 个月租期没有宽限期。

二、交还船日期(date of delivery and redelivery)

(一) 交船日期(date of delivery)

对于交船日期,通常表述为一段时间,即所谓的受载期,例如"3 月 1 日至 10 日"。如果该船到达太早,租家没有义务在受载期前接船;如果到达太晚,租家有权取消租船合同。

船东应提前通知租家预计交船日期,至少提前几天,例如"预计交船日期通知:7/5/3/2/1 天"。

NYPE 93 第 16 条(delivery/cancelling):

"如船舶未在承租人规定日期之前或不晚于规定日期内准备交付,则承租人有权取消合同。

如果出租人保证其尽到谨慎处理,但船舶仍不能在解约日之前做好交船准备,只要出租人能明确一个船舶将做好交船准备的合理的确定日期,则最早在船舶预计驶往交船港口或地点的前七天,出租人可以要求承租人宣布是否解除本租船合同。如果承租人选择不解除合同,或在两天内或解约日之前(以二者中较早者为准)未做出答复,则以出租人通知的预计做好交船准备日后的第七天替代原来的解约日。如果船舶进一步延期,出租人根据本条规定有权要求承租人再次做出声明是否解约。"

我国《海商法》第一百三十一条规定:

"出租人应当按照合同约定的时间交付船舶。出租人违反前款规定的,承租人有权解除合同。出租人将船舶延误情况和船舶预期抵达交船港的日期通知承租人的,承租人应当自接到通知时起四十八小时内,将解除合同或者继续租用船舶的决定通知出租人。因出租人过失延误提供船舶致使承租人遭受损失的,出租人应当负赔偿责任。"

【案例】 "The Alaskan Trader"轮以纽约土产格式期租 24 个月并于 1979 年 12 月交船。1980 年 10 月,该船主机遭受严重故障,很明显需要几个月的时间来修复。租家表示不再使用该船舶,而船东仍然进行维修。1981 年 4 月完成维修工作,租家拒绝给船长发布任何指令,并说他们认为合同已经结束。船东没有把租家的行为看作是合同终止,继续保持船舶处在租家处置之下,船员在船并待命开船,直到 1981 年 12 月合同期满。后来船舶被出售拆解。租家在不妨碍的基础上支付整个租期的租金。租家在船东已经接受终止的基础上要求收回支付的租金并要求赔偿损失。

【裁定】 仲裁员裁定,船东没有义务接受租家在 1980 年 10 月的解除,但他们应该在 1981 年 4 月接受,因为租家最终拒绝接受该船舶使得合同已经终止。仲裁员进一步指出,船东纠缠租家并非其合法权利,其所采取的做法不如直接索赔损失。

(二) 还船日期(date of redelivery)

该内容在 NYPE 46 第 54 行至 57 行,NYPE 93 中是第 10 条的后半部分:

"… hire shall continue until the hour of the day of her redelivery in like good order and condition, ordinary wear and tear excepted, to the Owners (unless Vessel lost) at _____ unless otherwise mutually agreed. The charterers shall give the Owners not less than _____ days notice of the Vessel's expected date and probable port of redelivery."

1. 提早还船

租家应当在约定的还船日期或期间还船。然而,在市场下跌或者受到各种限制,如期租合同余下的租期很短、租约下可装货物品种与航行地区限制等,导致找下一票生意困难时,租家有时会比约定的还船日期或期间提早还船。

如果租家早于约定的还船日期还船,船东不能拒绝接收船舶,即便是租家一方违约。船东有责任通过其他方法尽量减少损失,但如果不能减少损失,或者比先前合同的收入低的话,船东有权从租家处获得补偿。然而,该赔偿金额的计算方法并非很清楚,易产生争议。

【案例】 2006 年 9 月 19 日,Isabella Shipowner SA(以下简称 Isabella 公司)作为船东,Shagang Shipping Co Ltd.(以下简称沙钢)作为租家,双方以 NYPE 范本订立期租合同,租期约定为 59 至 61 个月。该租约明确约定,租家保证不会在 59 个月内提前还船。

2011 年 7 月 6 日,沙钢提出将提前还船,并于同年 8 月卸货结束后发出还船通知,实际还船时间提前了 94 天。Isabella 公司拒绝接受租家的提前还船,并于 2011 年 7 月 25 日提起仲裁。

【裁定】 2011 年 9 月 6 日,英国仲裁庭裁决,认定租家胜诉,船东必须接受提前还船,并且有权向租家索赔实际损失。船东 Isabella 公司对裁决不服提出上诉,2012 年 4 月 18 日,英国高等法院作出判决,推翻了仲裁庭裁决,通过援引 1962 年的 White Carter 案的规则,认定船东有权选择拒绝提前还船,并有权收取合同剩余租期的全部租金。

2. 合法最后航次

当租家根据租船合同来安排最后航次时,必须考虑到该船应当按照合同规定还船。由于往往难以事先确定什么时候该船可交还,租船合同范本通常有一个关于最后航次的特别条款。

如果租家在发布最后航次指令时合理预计将在租期结束时完成航行,则船东必须服从指令。如果船舶并非任何一方原因而产生延误,则不论当时市场租金率上涨或下跌,租家都应按照合同规定来支付租金,直至还船。

【案例】 "The London Explorer"轮以纽约土产格式期租12个月,15天宽限期由租家选择。租家安排最后航次并能在合同期间还船,由于不可预见的罢工延长至期满后还船。当时航运市场租金下降,租家试图证明是自己违约造成的推迟还船,打算按照市场租金率支付超期损失,而不是按照整个租期规定的租金率(较高)支付。

【判决】 英国上议院拒绝了这一说法,认为没有违约。最后航次的指令是适宜的,合同并未因为意外延误而终止,在任何情况下应根据合同规定的租金率支付租金,直至还船。

3. 非法最后航次

如果租家指示船舶航行而不能合理预期在租船合同时间内完成,船东有权拒绝这一指令,要求新的指令。如果租家拒绝,船东可以把租家的行为视为违反合同,并诉请赔偿损失。

如果船东同意租家发布的航次命令,其有权要求以当前市场租金率支付超期部分租金。我国《海商法》第一百四十三条规定:

"经合理计算,完成最后航次的日期约为合同约定的还船日期。但可能超过合同约定的还船日期的,承租人有权超期用船以完成该航次。超期期间,承租人应当按照合同约定的租金率支付租金;市场的租金率高于合同约定的租金率的,承租人应当按照市场租金率支付租金。"

三、交还船港口或地点(port or place of delivery and redelivery)

该内容在NYPE 46第18行,NYPE 93中是第2条款的上半部分:

"2. Delivery

The vessel shall be placed at the disposal of the Charterers at _____. The vessel on her delivery shall be ready to receive cargo with clean- swept holds and tight, staunch, strong and in every way fitted for ordinary cargo service, having water ballast and with sufficient power to operate all cargo- handling gear simultaneously."

交还船港口或地点有多种规定方法。有时指定某个确定港口或泊位(如:at the available/reachable berth,在可抵达的泊位交船,又称"泊位交船"),有时指定一定区域或范围(如:在地中海交还船)。当指定一个地区或一个范围时,通常是由船东选择交船地点,由租家决定还船地点。

交还船不一定发生在船舶在港口靠泊的情况下。租船合同通常的交还船条款有"船舶到达一个安全港引航站交还船""船舶在一个安全港引航员上船时交还船""船舶在一个安全港引航员下船时交还船"等。其中:

(1)"到达引航站交还船(on Arrival Pilot Station,APS)"标志着到达一个港口的引航站时,船舶交付租家或还船给船东。

(2)"引航员登轮交还船(on Taking Inward Pilot,TIP)"标志着到达一个港口,当引航员登船时,船舶交付租家或还船给船东。

当用于描述交船地点时,两个术语相较而言,"到达引航站交还船"有利于船东,因为引航站一般都在外港,船舶只需抵达此而无须入港即算履约,从而规避因港口拥挤等可能给船东带来的风险;而"引航员登轮交还船"则有利于租家,因为在此术语下,由于领港服务停止或引航员延迟登船的风险和费用由船东承担。

(3)"引航员下船交还船(on Drop off Pilot,DOP)"一般标志着船舶从港口向外航行,引航员下船时船舶交付租家或还船给船东。

各地港口条件和操作方式经常大不相同,在许多港口或地点,还可能分成两个或三个阶段进行强制引航或非强制引航。在合同中描述交还船地点时,直接采用上述条款可能还不够清楚并可能导致争议。因此,有关各方应尽可能在合同中对交还船地点做出准确界定,并提前检查合同安排与实际情况是否相匹配。例如,可以使用"最后一个引航员下船时交还船"或类似的术语表明所有引航业务完成后船舶交付租家或还船给船东。

【案例】 承租双方订立定期租船合同,约定船东按租家指示在加纳或尼日利亚港口交船,如果在2007年10月31日之前船舶未能做好交船准备或未能置于租家控制之下,租家有权解除租船合同;合同签署之后,因船舶需要修理,双方同意将交船日期延长至2007年11月15日。2007年11月16日,租家发出解约通知,理由是船舶停泊在希腊港口,未能如期交付。

庭审中,船东提出:租家有义务在交船范围内指定具体的交船港口,合同有关船东交船义务的约定是建立在租家指定了具体交船港的基础上的。只有在2007年11月15日或前后指定了具体交船港,租家才能行使解除权。

本案法官认为,租家无须指定具体交船港口即可解约,理由是:

(1)本租船合同中不存在租家必须指定具体交船港口才能行使解除权的明示或默示约定。

(2)在合同订立时及约定交船日延长至2007年11月15日时,双方当事人都知道船舶正在希腊港口进行修理,要求租家在船舶修理完成前指定具体交船港无任何意义。只有当船舶从希腊港口驶出并通过直布罗陀海峡到达非洲西海岸的帕尔玛斯海角(Cape of Palmas)(此时船舶即将到达合同约定的交船地:加纳、尼日利亚)时,船东才需要租家指定实际交船港。而在租家解约时,船舶还未航行至该地点,仍在希腊港口停留。

【判决】 综上,法官认为租船合同未约定指定交船港是租家行使解除权的先决条件,也未要求租家过早地指定交船港,而且本案中租家指定具体交船港的期限并未来临。因此,租家无须指定交船港,可以解除合同。

四、交还船条件(state on delivery and redelivery)

船舶交还时的状态和条件也是定期租船合同中的主要条款之一,合同都会对交还船时船舶的状况有一些要求。

(一) 交船条件(state on delivery)

船舶交给租家时应当适航以及与合同要求一致。例如:NYPE 93 第2条款规定"在交船时,船舶应做好接收货物的准备,货舱须打扫干净,船体紧密、坚实、牢固,并在各个方面适合于普通货物的运输。船舶应装备有压载水舱,同时具有启动所有装货设备的足够的动力"。

如果船舶不符合合同要求的状况,在解约日条款下不能按时交船,则在合同允许的时间届满后,租家可以行使其选择权解除合同。如果船舶的状况是由于船东违反任何合同义务,致使租家遭受了损失,通常租家有权获得损害赔偿。

"做好接收货物的准备,货舱须打扫干净"一语是航次租船下的概念,与装卸时间的起算密切相关。通常认为,航次租船合同制定的基本主张也适用于定期租船合同,即要求船舶须准备就绪,可装载或接收货物。

"船体紧密、坚实、牢固,并在各个方面适合于普通货物的运输"构成一个明确的适航义务。在租期开始时的明确适航义务降低了绝对适航义务,即船东有一个谨慎处理使船舶适航的义务,包括要求船舶必须具备某些种类的文件、必须提供足够的和符合要求的船员等要求。

我国《海商法》第一百三十二条规定:"出租人交付船舶时,应当做到谨慎处理,使船舶适航。交付的船舶应当适于约定的用途。出租人违反前款规定的,承租人有权解除合同,并有权要求赔偿因此遭受的损失。"

【案例】 "The Madeleine"轮以BALTIME范本出租3个月。合同规定的解约日期为5月10日。5月6日该船的免予除鼠证书过期。5月9日船舶完成进口货物的卸货。但在检查船舶后,港口当局拒绝签发一份新的免予除鼠证书,必须在船舶熏蒸后才会签发新的免予除鼠证书。由于缺少一个有效的免予除鼠证书,船舶不能在合同期间营运,熏蒸无法在5月12日前完成。5月10日早上8点,租家通知船东其取消合同,并且在下午8点48分又给了船东一份取消合同的通知。免予除鼠证书于5月12日签发,船东声称租家的解约行为不合法。

【判决】 船舶必须按照规定(在各个方面适合于普通货物的运输意味着处于适航条件)交船,由于该船未能在5月10日下午6点处于适航状态交船,租家有权解除合同。

(二) 还船条件(state on redelivery)

就还船而言,通常使用的术语是"船舶在合同期满时以交船时的同样良好状态(正常损耗除外)还船"。

许多租船合同范本都规定,船舶应按照交船时相同良好状况还船。如果租家违反任何合同义务使得还船情况比交船时情况要差,租家将承担损害赔偿责任,但正常损耗除外。

这并不意味着租家在修理船舶前不能交付船舶。一般情况下,船东不能拒绝接受受损的船舶。租家可在租期结束时将受损船舶有效地还给船东并结束支付租金的义务,即使是租家违约造成的船舶损坏。船东不能拒绝还船,但可以提出损害赔偿要求。如果租家对船舶损坏负责任,延误维修船舶,船东可以连同时间损失一道对租家提出索赔。

我国《海商法》第一百四十二条规定:"承租人向出租人交还船舶时,该船舶应当具有与出租人交船时相同的良好状态,但是船舶本身的自然磨损除外。船舶未能保持与交船时相同的良好状态的,承租人应当负责修复或者给予赔偿。"

五、交还船检验(on-off hire survey)

当根据合同交船时,对例如燃油费、港口费和代理费等费用的责任从船东转移到租家。

还船时,对这些费用的责任重归于船东。

为了确定费用分配的基准,起租和停租检验报告通常在交还船时签发。在这些报告中对交还船时间和船上燃料及柴油数量都做出记录。通常,船舶损坏及其一般情况也做出说明。这种损害报告往往对讨论租期内还是租期外损害的责任划分起到一个重要作用。

租家及船东可以进行各自的检验,但通常他们会同意由一个独立验船师开展联合检验。双方当事人协商谁将负责检验费用以及花费的时间。

以下是 NYPE 93 第 3 条关于起租和停租检验的条款内容:

"除另有约定外,在交船和还船前,双方当事人应自付费用指定各自的验船师,分别在船舶到达第一个装货港/最后一个卸货港之前进行交船/还船联合检验,以确定船上所存的燃油量和船舶状态。每次检验后做出一份联合检验报告,并由每名验船师签字,该报告并不妨碍验船师提交一份其上列有其不同意见的事项的独立报告的权利。如果一方当事人未能派代表参加检验,并未能在联合检验报告上签字,该当事方应受另一当事人方做出的任何报告中的调查结果的约束。交船检验由租家承担时间损失,还船检验由出租人承担时间损失。"

六、交还船燃油(bunkers)

关于交还船时船上燃油情况,应该在租船合同中说明船上尚存燃油的数量和价格。

NYPE 93 第 9 条规定:"承租人在交船时,出租人在还船时,应接受并支付下述船上所述的所有燃油和柴油。交船时船上所存燃油为＿＿＿＿吨,油价为＿＿＿＿/吨;柴油为＿＿＿＿吨,油价为＿＿＿＿/吨。还船时船上所存燃油为＿＿＿＿吨,油价为＿＿＿＿/吨;柴油为＿＿＿＿吨,油价为＿＿＿＿/吨。"

对于燃油,租家一定要特别注意自己能提供的燃油是否适合特定船舶上的主机类型。因为租家在合同期间提供的燃油属于他们的财产。

【案例】 以 NYPE 租约格式,船舶规范中关于燃油的部分描述为"IF 180CST"。在接收并使用租家安排的燃油后,燃油的喷射设备出现问题,随后导致气缸套和活塞顶损坏;最终船舶不得不绕航进行修理。仲裁员认为,租家提供符合船舶机器规范要求的燃油的责任是绝对的。但租家抗辩说,合同已经明确规定提供指定的"IF 180CST",这个是包含在合同中唯一的燃油标准,因此租家只需提供该规范的燃油即可。船东认为,租家安排的燃油必须适用于船舶的主机。

【判决】 租家所提供的燃油总体质量必须是合格的,适合特定船舶所装备的机型。最终法官做出对船东有利的判决。

第三节　租金支付和撤船权利

租金是定期租家支付给船东雇佣其船舶的货币支出。租金支付基本规则是,租金应从船舶交付租家时起支付,至合同终止还船给船东时止。在某些情况下,主要是停租条款下,定期租家可解除向船东支付租金的义务。

定期租船合同范本往往都会确认船东收到租金的重要性,从而包括一项规定:如果租家在到期时不支付或未适当支付租金,允许船东终止合同。因此,本节将讨论两个问题:租金的支付(payment of hire)和船东撤船的权利(right of withdrawal)。

一、租金率(rate of hire)

租金在定期租船合同中一般计算和表述为日租金费率(美元),例如"每日8 000美元,不足一日按比例计算"。因此,租船10天12小时将有权获得84 000美元的总租金。

另一种较少使用的计算方法是按照船舶每夏季载重吨每30天的美元费率。例如"每夏季载重吨每30天6美元",则对于4万吨夏季载重吨的散货船,等同于合同租金率为每天8 000美元,计算如下:

6美元/夏季载重吨/30天 × 40 000夏季载重吨 ÷ 30天 = 8 000美元/天

NYPE 93范本规定了以上两种方式,供双方当事人选择其中之一。

二、租金支付时间(time of hire payment)

几乎所有的定期租船合同都规定租金预付,即每月或每半月或每隔15天预付。通常的做法是每隔15天提前支付租金,随后将继续每隔相同期间支付,不论该月是28天、29天、30天或31天。

租金预付意味着,租家应在每个定期付款到期之前,但不得迟于到期日向船东支付租金。在没有明确协议或结算实务的情况下,租家应在到期日的午夜前支付。预先支付租金的义务同样适用于以后的各个付款期。如果付款到期日适逢星期日或非银行工作日,则租家必须提前支付。

三、最后租金支付(last hire payment)

如果租船合同没有相反的明文规定,则租家应提前一个月或半个月全额预付最后一期租金,即便是船舶将在本月末或半月末之前还船。在大多数情况下,最后期限租金支付并不与租期相符。此外,租家在还船时通常会对船上剩余的燃油向船东提出索赔。这些条款通常都包含在租船合同范本中。NYPE 93范本的规定是:

"在最后一期租金和/或倒数第二期租金应付之时,船舶在驶往还船港的航程中,船东和租家可能同意为完成该航程所估计的必要时间支付租金,考虑船上实际储存的燃油,由船东接收,还船前预计的港口使费由船东负担。该租金不足以支付实际租用的时间时,差额租金应按时每天支付。还船后有余额的,由船东退还;不足的,由租家支付。"

四、租金支付地点(place of hire payment)

租金支付通常通过银行进行。在多数情况下,租金没有到达船东账户则不算有效支付。因此,定期租船的租金必须从租家的银行账户及时移交至船东的银行账户。如果租金没有及时到达,在技术上讲,租家违约,船东可以撤船。

【案例】 银行因疏忽而没有及时为租家把租金汇出,导致船东撤船,从而带来200万美元损失。

【判决】 地方法院认为这些损失应由银行负责,但上诉庭推翻了这项判决,认为应由租家负责。上诉庭认为,对于不涉及租船业务的银行来说,这种损失显得过于遥远。

总而言之,在支付租金的整个流程中,只要钱一刻未到达船东账户,租家都要对此流程中的过失与延误负责,而且后果会很严重。只有船东收款银行的过失才由船东负责,因为该银行是船东的代理人,船东负有替代责任(vicarious liability)。

【案例】 关于银行的疏忽,"The Afouos"一案的情况是:租家的银行把钱电汇给船东收款银行——芝加哥第一国民银行(First Chicago Bank)。但由于该银行的电传号码有改动,并忘记了更改国际电传号码登记册(directory),结果租家银行根据登记册上的旧电传号码做出通知把钱汇出,而原来旧电传号码已改配给另一家公司使用,汇钱银行也没有认真复核对方回号(answerback),以为已把钱汇出。结果,船东以到期未收到租金为由撤回了该船舶。

【判决】 法院认为其实双方均有错误,租家银行错在没有核实对方电传回号,而船东银行却错在没有更改国际电传号码登记册。法院判船东胜诉。理由是租家银行没有核实对方电传回号违反了一般电传操作最基本的行为守则,所犯错误较严重。

【案例】 船东经核实收款银行确未准时收到租金,马上通知租家行使撤船的权利。之后才发觉原来是自己收款银行搞错了,租金已经准时汇到。换言之,船东错误撤回该船舶(wrongful withdrawal),这是毁约,要赔偿租家损失——大约500万~600万美元。船东称自己错误撤船亦完全是根据银行所提供的错误资料做出的,银行应对此事件负责。

【判决】 虽然该结果是收款银行的疏忽,但在此案件中,判银行无须负责,因为其疏忽与船东错误撤船的损失之间没有因果关系。银行在当天稍后即发觉搞错了并及时告知船东已收到租金,之前消息不确实。租家也另有告知船东租金已汇出,希望船东收回撤船命令,但船东却顽固坚持不肯收回(也可能有其他背后的原因,如船东已经很快订了下一个租约而无法脱身),这才造成后来租家的高额索赔。

五、租金扣减(cash advances)

租家预付租金时,经常想同时就之前租用期间的停租、代理人支付给船长的现金、船东负责的港口使费以及其他可以向船东索取的款项做扣减。由于拖欠可能会使船东有权解除租约,不可轻易为之,对租家来说,最重要的是依据租船合同的条款使他们有权做出这种扣减。通常情况下,洽租佣金和/或经纪人佣金、港口使费、燃油费等是可以在租金支付中扣减的。

当交船地点离船舶原来的位置有一定距离时,船东可以就空放费与租家洽谈,以支付船舶由原来的位置到交船地点所花的费用。

除了空放费外,还可能有其他补贴,如押运员的费用、港口工人的膳食费用、电台信息费用、货舱清洁费用等。

【案例】 在"The Mihalios Xilas"案中,合同有一条款,允许租家从最后一期租金扣除各种项目(船东开支、还船估计燃油费用等)。船舶在美湾尚未装货,租家要付第 9 期租金时把各种项目扣除了,船东趁机撤船。

【判决】 法院支持船东,根据对最后航次的合理估计,第 9 期租金不应被视为最后一期租金。因此,租家在支付第 9 期租金时进行扣除是不符合合同规定的,船东有权撤船。

六、撤船权利(withdrawal)

如果租家未能在到期日当日或之前支付租金,船东有权依据撤船条款撤回其服务的船舶,从而使租船合同结束。

船东撤船的权利不会因为船东发出通知前租家补足逾期租金而消灭。如果租家未能及时支付租金,即为其过失,滞后交付租金不能改变这一立场。当然,船东也可以接受逾期租金,按准时支付对待。但是如果船东这样做了,将被认为已放弃了撤船的权利。

【案例】 某船以期租形式出租给租家,合同规定租金以现金形式每半月预付,未能准时全额支付租金时,船东可随意撤船。租家支付租金晚了一天,船东撤回船舶。

【判决】 上议院判决:船东有权这样做。对预付租金义务的违反不能以随后的支付所代替。没有证据表明船东弃权。

船东有权撤船可能对租家非常苛刻,仅仅由于租家或其银行微小的错误都可能会造成失去宝贵的租约和蒙受重大损失。因此,租船合同中往往会订立一条"反技术性条款"来应对这一类问题,其内容在于修改撤船条款的严格性,通常规定发生违约后,在撤船前,船东应向租家提供 48 小时或 72 小时通知。NYPE 46 范本或 BALTIME 范本没有这种规定,NYPE 93 范本直接对这一问题做出了规定。

实际业务中,撤船权利的行使也会带来一些其他问题。例如,撤船后船东能否向租家索赔在船货物的卸货费用?若船东撤船时租家的货物仍在船上,则船东能否向租家索赔直到卸货完成为止发生的损失?

【案例】 在"The E. N. E. Kos v. Petroleo Brasileiro S. A. (Petrobas)"案中,定期租船合同下船东因租家未支付租金于 2008 年 6 月 2 日撤船,但此时船舶正在巴西某港为租家装货,已有部分货物装载于船上。租家获悉船东的撤船行为后安排了卸货,船东提出索赔,要求租家承担:①撤船后卸货完成前,船舶的滞留损失;②撤船后卸货完成前,燃油的消耗损失。

针对船东的索赔理由,法官分别提出了自己看法:

第一,船东主张其有权根据租船合同第 13 条的约定提出索赔(由于服从租家的指令造成损害,船东有权向租家索赔)。船东认为本案中货物是根据租家的指令装载于船上的,在撤船之前货物必须从船上卸载,该过程中的损失属于第 13 条约定的范围。法官认为这一主张不成立,该损失不属于第 13 条约定的范围。因为造成涉案损失的直接原因是船东的撤船命令,而不是租家的装货指令。

第二,船东将其船舶的滞留损失和卸货的时间损失归于租家未付租金的违约行为。对此,法官认为租家未付租金的行为即使被认定为违约,也不能说明其是造成涉案损失的原因;船东的撤船命令破坏了因果关系链,撤船命令才是造成损失的直接原因。

第三,船东认为其有权根据默示条款,对从撤船到卸货完成时的船舶使用费及燃油消耗向租家索赔。法官认为船东基于默示条款要求租家付款的义务是推论出来的,不能成立,本案事实是当事人并没有明确约定此种情况下租家的付款义务,则可知订约时双方当事人并没有使租家承担此种责任的意图。

第四,船东认为双方在撤船后交流往来的函电形成了一个合同。法官认为:要判定船东的这一说法是否成立就必须回答一个问题,即该行为是否是船东应租家要求而采取的?法官认为船东不是根据租家的要求做出的这一行为,船东之所以如此是因为船舶装载了租家的货物,不卸载则船舶无法继续营运。除此之外,船东没有其他选择。

第五,船东认为其作为货物的保管义务人有权索要其在履行职责过程中产生的费用,这一说法得到了法官的认可。法官认为,当合同解除后,涉案货物仍留在船上,此时船东对货物负有保管义务,并为租家取回货物提供便利。因此,船东有权为其因履行保管义务而发生的费用向租家索赔,如燃油消耗和船舶停留时间的租金损失。

【判决】 综上所述,最后船东获得了租金损失赔偿和燃油消耗赔偿。

第四节 停租条款

停租条款是对租家在整个租船合同期间不断支付租金首要义务的除外规定。租家只有在租船合同中停租条款规定的延误事项下,才有权停付租金。

一、停租(off hire)及其原因

定期租船合同通常规定在特定事件下租家可以停付租金。NYPE 93 范本第 17 条规定:

"如果由于船员不足和/或船员罢工,或物料不足,船舶发生火灾,船体、船机或设备发生故障或损害,船舶搁浅,船舶被扣押而延误(因租家、其雇佣人员、代理人或分合同人应负责的事件被扣押时除外),或船舶或货物发生海损事故而延误(因货物的潜在瑕疵,质量或缺陷引起的除外),船舶为检验或漆底而进入干船坞,或由于任何其他类似原因阻碍船舶的充分

工作时,对因此所损失的时间停付租金和加班费(如有的话)。船舶在航行中,不是由于货物发生事故或下述第257至258行允许情况的任何其他原因,违反租家的指示或命令,而发生绕航或返航,则从船舶绕航或返航之时起,至船舶再次驶回相同航线或距目的港等距离的地点时止,租家停止支付租金,并且航次从那时开始。停租期间所使用的所有燃料由租家承担。

由于恶劣天气,船舶被迫驶入港口或锚泊时,驶往浅水港或带有沙滩的河流或港口,所产生船舶的任何延误和/或由此延误所产生的费用由租家承担。如果船舶在航行时,由于船体、船机或设备的任何部分的缺陷或故障而使船速下降,因此损失的时间,任何因此额外消耗的燃料费用和全部经证实的额外费用,可以从租金中扣减。"

二、一些术语含义

(一)人员或储备不足(deficiency of officer or crew)

这里的人员包括在船上工作的船长、高级船员及其他船员。不足的含义包括两个方面:一方面是实际工作人数不足,另一方面是推定数量上的不足。

1. 实际工作人数不足

船员人数必须满足船舶安全最低配员的标准,如核定船员为30人,而实际船员人数为20人,就构成实际船上工作人员数量上的不足。但是只有这种人员数量上的不足致使船舶不能处于充分有效的工作状态的情况下,才可以停租,否则仅仅是数量上的不足还不构成停租事项,还需考虑缺少人员的职务及其对船舶工作的影响等诸多因素。

2. 推定数量上的不足

指船上有完全胜任的足够数量的船员,也满足船舶核定人数的要求,只是由于一些其他原因,造成船舶不能处于正常的工作状态。例如:由于发生传染病,数名船员生病不能正常工作;或者船员有不良的生活习惯,如酗酒过度而影响工作;或者是政治方面的原因等。

【案例】 一条船舶在卸货港延误是由于警方调查不明船舶碰撞韩国渔船并致其沉没。问题在于:船舶是否构成停租?

【判决】 船舶停租两天。该船没有船长及轮机长无法航行,因此属于NYPE 93范本第17条所指的人员不足。

(二)船壳、机器或设备的故障或损坏(breakdown of, or damage to hull, machinery or equipment)

通常认为,不论是由于船壳、机器或设备的潜在缺陷造成的,还是由于其他原因造成的船舶故障或损坏,租家都可以此为由停租。其他原因通常是指船舶发生碰撞、搁浅等海损事故。只有上述原因实际造成租家时间损失(应该在连续3个小时以上)时,才可停租。

(三)船舶或货物安全海损事故而产生的延误(detention by average accidents to the vessel or cargo)

海损事故延误不仅意味着海损事故结果导致的延误,还必须存在一些能够从实质上限制船舶航行的情况，或者在地域上对船舶航行产生限制。如需要在港口额外停留或者维修或者出现其他滞留情况时，可以进行停租。但如果海损事故的发生是由于租家的过错造成的，即使有滞留情况发生，也不能停租。

【案例】 某船以 NYPE 范本出租，从美国海湾装载谷物到阿尔及尔。由于舱口盖有缺陷，货物因渗漏水导致湿损。由于货物损害，在阿尔及尔卸货比平时多出 15 天。但在任何时候，船舶能完全履行对其需要的每项服务能力，特别是充分的卸货能力。

【判决】 该船不是因为海损事故导致货物延误，因此不能停租。

（四）阻止船舶处于充分工作状态下的任何其他类似原因（any other similar cause preventing the full working of the vessel）

"阻止船舶处于充分工作状态下"不仅包括任何其他类似的原因，也包括租约所提到的所有原因。这里的原因必须是"阻止船舶充分工作"或船舶无法向租家提供服务。与船舶完全无关的外来因素导致租家的时间损失，比如找不到下一票货物或者分租，租家都不可据此停租。

【案例】 "The Aquacharm"轮按照 NYPE 范本期租一个航次。船舶被命令装载至最大吃水通过巴拿马运河。由于船长疏忽，没有考虑到在通过淡水湖泊（构成了运河的一部分）时船舶的船首吃水将增加，该船因此被拒绝进入运河。只能将部分货物卸载至另一艘船，随后通过运河后重新加载，这导致较长的延迟。租家争议该船应停租，因为其吃水导致无法履行立即需要的服务。

【判决】 该船是适合履行立即需要的服务的，因此不能停租。上诉法院维持该判决。

【案例】 "Roachbank"轮以 NYPE 范本出租，其中第 15 条做了修改，在"任何原因"后加了"无论如何"字样。在南中国海，该船遇到一条遇难船，救上大量难民。当船舶抵达某港时，当局拒绝让难民上岸，并要求该船在港口范围之外停泊。租家声称时间损失应停租。

【判决】 法院认为，既不存在有船上的难民，也不存在难民的人数阻止船舶履行立即要求的服务，也就是进入港口和装载货物。因此，该船的充分工作没有被阻止，不能停租。

司法观念似乎有利于这种观点，"任何其他原因"的范围应根据同类原则做限制性解释，或者至少在合同中和在停租条款中是受限制的。如果在停租条款中在"任何原因"后加了"无论如何"字样，同类原则不适用。

（五）为检验或漆底而入干坞（drydocking for the purpose of examination or painting bottom）

船舶在营运中通常可能会遇到临时航修和定期入干坞进行船底检查、油漆检查或进行适当的维修保养，这也是为了保证船舶安全，满足船级证书要求而必须做的事项。特别是在航行中怀疑曾与不明物体擦伤或接触过时。由于这是正常的营运风险，即使是船东安排营运也需要定期安排船舶入干坞，因此通常合同都规定允许停租。但如果是由于租家违约的原因致使船舶受损，一般不可停租，除非合同上另有规定。

【案例】 租家争辩认为，因为船东取消了原定的入坞安排，所以浪费了他的时间去找分租,应该可以停租。

【裁决】 仲裁员判船东没有不合理取消入坞,但就算有这样做,也不可算作停租原因。"入坞"当然代表船舶真正入坞,不包括取消了原定的入坞安排所导致的任何时间损失。这种损失只能以违约索赔,但船东入坞的安排与事后取消不一定与违约有关系。

三、时间损失（loss of time）

该内容在 NYPE 46 第 15 条,NYPE 93 中是第 17 条:
"In the event of loss of time from deficiency and/or default and/or strike of officers or crew, or deficiency of stores, fire, breakdown of …"

租家并不是只要有时间上的损失就一定能够主张停租。在租船过程中,如发生机械故障,这一情况本身并不会自动使租家获得中断租金支付的权利,必须能够证明其结果造成租家的时间损失,方可停租。

因此,如果在装卸货物期间发生主机机械故障,通常不会使船舶停租。此外,还必须考虑到在相关时间内船舶需要的特别工作,只有在受到影响时,停租才可能发生。因此,如当船舶因海上推进器机械故障而停租后,如果故障已修复且机器不再与租家下一个需求的特别服务有关,可立即恢复起租。

根据 NYPE 范本停租条款,租金在部分效率低下的情况应予以扣除,但仅限于时间损失是由于部分效率低下的情况所导致的。

四、起始点规则

许多定期租船合同范本都有起始点的规定:只有在船舶被妨碍或阻止超过规定的时间（通常为 12 或 24 小时）时,租家才有权停租。该障碍必须持续若干个小时,如船舶因主机故障已停止运营 35 小时,停租时间就是 35 小时,而不是 11 小时(35 减 24)。NYPE 范本没有给予船东这种"优待"。

我国《海商法》第一百三十三条规定:"船舶在租期内不符合约定的适航状态或者其他状态,出租人应当采取可能采取的合理措施,使之尽快恢复。船舶不符合约定的适航状态或者其他状态而不能正常营运连续满二十四小时的,对因此而损失的营运时间,租家不付租金,但是上述状态是由租家造成的除外。"

另一个需思考的问题是:从何时起再付全额租金? 也就是租金从该船再次恢复充分有效时支付还是船舶回到事件发生状况时支付。这取决于具体案件的具体情况。按英国法,似乎更倾向于租金应从该船再次恢复有效时支付。在 NYPE 93 范本中,若违反租家命令发生船舶绕航,则租金是从其绕航开始,直到其再一次回到相同或等距的地点停付。

五、船舶被海盗扣押下的停租问题

英国高等法院 Gross 大法官在"The Saldanha(2011)1 Lloyd's Rep. 187"一案中做出了

支持船东的判决,判决海盗劫持船舶后释放,船舶不视为停租。

【案例】 "Saldanha"轮以 NYPE 范本出租 47 到 50 个月。2009 年 2 月 22 日,船舶被索马里海盗劫持。海盗强迫船长将船舶开往索马里海域并停留,直到 4 月 25 日才释放该船。5 月 2 日,船舶回到被劫持地点。租家拒绝支付 2 月 22 日到 5 月 2 日这段时间的租金,声称根据 NYPE 第 15 条,船舶在此期间处于停租状态。NYPE 第 15 条的措词是:如果由于船员不足和/或船员罢工,或物料不足,船舶发生火灾,船体、船机或设备发生故障或损害,船舶搁浅……因此损失的时间,任何因此额外消耗的燃料费用和全部经证实的额外费用,可以从租金中扣减。

租家争辩,海盗劫持事件可以被认为是以下三种情况中的一种:

① 由于船舶或者货物造成非全损损失的事故而导致的延迟(average accidents to ship or cargo);

② 船员不足(default and/or deficiency of men);

③ 任何其他阻止船舶完全正常营运的原因(any other cause)。

【判决】 英国高等法院 Gross 大法官做出了支持船东的判决,认为海盗劫持事件不属于租家所提出的三种情况中的任何一种,因此租家在船舶被海盗劫持期间仍然需要继续支付租金。理由如下:

(1) 被海盗劫持是否构成由于船舶或者货物造成非全损损失的事故而导致的延迟

双方争议关键在于船舶被海盗劫持是否能被认为是一个船舶或者货物造成非全损损失的事故,法院认为不能。首先,根据"The Mareva AS(1977)1 Lloyd's Rep. 368",海损事故(average accidents)是指对船舶造成损坏的事故。但是在本案中,船舶没有遭到损坏。其次,事故(accident)的参与者没有主观意图使该事故发生而海盗袭击具有明显的计划性、故意性和暴力性,不属于事故(accident)。再次,"average"这个词的含义在海上保险里面是"除全损之外的损失",也是损坏(damage)的意思。在这个案子里面不应该有什么不同。第 15 条的"average accidents to ship or cargo"的含义是"对船舶或者货物造成非全损损失的事故",而本案发生的情况与此不符。

(2) 被海盗劫持能否构成人员不足

租家认为,本案中,船长和船员事前没有采取反海盗的措施,以及在海盗袭击中没有奋力抵抗,可以被视为船员过错和不足(主要是能力不足)。Gross 大法官没有支持租家的理由。大法官认为,首先,人员不足(deficiency of men)是指数量上的不足(numerical insufficiency),而在本案中,这个情况不存在;其次,从这个条款起草的背景和意图来看,人员不足应该特指船长、船员罢工或者拒绝履行义务的情况[Royal Greek Government v. Minister of Transport (1949) 82 L1 L. Rep. 196]。船长和船员在海盗的胁迫下不能履行其义务的情况不能被视为拒绝履行。

(3) 是否构成任何其他阻止船舶完全正常营运的原因

根据 Rix 大法官在"The Laconian Confidence (1997) 1 Loyd's Rep 139"一案中的观点,在解释相关事件是否是"any other cause"的时候,必须适用同义解释(ejusdem generis)原则且要综合考虑整个条款和租船合同的语境。综合之前的判例法,NYPE 第 15 条的"any other cause"并不包括任何使船舶无法工作的完全的外来因素(entirely extraneous cause)。而本案中,海盗劫持船舶就是一个完全的外来因素,不在第 15 条"any other cause"的涵盖范围之内。根据第 15 条,完全的外来原因阻止船舶工作的情况,应该由租家承担时间损失的风险。

综上所述,租家请求被驳回,船东在海盗劫持船舶期间可以请求继续支付租金。Gross 大法官在判决最后提出,如果租家想把海盗劫持的情况列为停租事件,首先,他们可以修改 NYPE 第 15 条,把海盗劫持的情况列明;其次,修改 NYPE 第 40 条,把海盗劫持的情况列明;再次,把第 15 条"any other cause"修改为"any other cause whatsoever",使之范围更广。

第五节 其他条款

一、转租条款(sublet)

该内容在 NYPE 46 第 16 行至第 17 行,NYPE 93 中是第 18 条:

"18. Sublet

Unless otherwise agreed, the Charterers shall have the liberty sublet the Vessel for all or any part of the time covered by this Charter Party, but the Charterers remain responsible for the fulfillment of this Charter Party."

BALTIME 格式第 20 条:"租家有权转租船舶,但应给予船东预期通知,并且原租家始终对本租船合同的适当履行向船东负责。"

期租合同中大多规定租家有权转租船舶。在转租租约的情况下,同一艘船舶同时受到至少两份租约的影响,原船东(head owners)与原租家(head charterers)之间的原合同(head C/P),及原租家现在变为拥有船舶的营运权而可以把这船舶转租的"二船东"(disponent owners)与分承租人(sub-charterers)之间的转租合同(sub C/P)。

但转租合同(sub C/P)对原合同(head C/P)中的船东不发生任何合同效力,即转租租家(sub-charterer)不能依据原合同或转租合同向原船东索赔;反之,原船东也不能依据原合同或转租合同向转租租家主张权利。即合同不能赋予权利或强加义务给一个非合同当事人,原船东与转租租家之间没有直接的租船合同关系。如果在发生转租的情况下,原船东签发了提单,且原船东和转租租家均为提单的当事方时,二者之间即存在提单证明的运输合同关系,相互之间可以依据提单进行索赔。

原船东承担的义务、享有的权利应以原合同为主,即不能因为转租的存在,而使原船东增加义务或减少权利。另外,虽然租家有权转租,也应在转租时及时通知船东有关转租事宜,但转租之前不必征得船东的书面同意。

我国《海商法》第一百三十七条规定:"承租人可以将租用的船舶转租,但是应当将转租的情况及时通知出租人。租用的船舶转租后,原租船合同约定的权利和义务不受影响。"

需要注意的是,我国《海商法》关于转租的规定不同于《民法典》的相关规定。我国《民法典》第七百一十六条规定:"承租人经出租人同意,可以将租赁物转租给第三人。承租人转租的,承租人与出租人之间的租赁合同继续有效;第三人造成租赁物损失的,承租人应当赔偿损失。"《民法典》强调是以同意为条件,未明确是书面同意还是口头同意;而《海商法》强调的是"通知"义务。根据《民法典》第十一条"其他法律对民事关系有特别规定的,依照其规定",因此期租合同下的转租问题,仍适用《海商法》。

【案例】 原船东拒绝装载一船香蕉,理由是原租约不允许,然而这个论点存在争议。这导致香蕉无法及时运输,最终全部损坏。但对于承受损失的承租人来说,索赔变得困难,因为二船东的倒闭和租约链的中断。承租人不能绕过中间租约直接向原船东索赔,因为这并不涉及侵权疏忽或托管问题。唯一可行的办法是承租人起诉二船东,作为其债权人,然后通过清算人代表二船东起诉原船东。但这种方法既费时又费力,结果承租人可能不得不放弃,而原船东则可能因此逃脱最终责任。

这种情况可能会给违约方带来意想不到的结果。

二、救助报酬条款(salvage)

1946 年 NYPE 格式第 19 条规定:"所有无主物和救助报酬,在扣除船东和租家所花费用及船员应得份额后,由船东和租家平均分享……"

BALTIME 格式第 19 条规定:"由于对其他船舶的救助和救援而获得的所有报酬,在扣除船长和船员应得的份额以及所有法定的和包括根据租船合同为救助所损失的时间而支付的租金在内的其他费用,以及损害修理费和所消耗的燃煤费或燃油费后,由船东和租家平均分享。租家应对船东为得到救助报酬及确定其数额而采取的措施承担责任。"

根据国际公约和法律规定,当一艘船只在海上救助遇险的其他船只及其财产时,有权获得救助报酬。在期租合同的情况下,船东和租家之间的运营风险分配发生变化,因此在履行期租合同过程中进行海难救助时,船东和租家双方可能会承担不同程度的风险。因此,在获得救助报酬后,扣除双方为此产生的费用和损失,然后由双方平均分配,是合理和公平的。从规定的内容来看,BALTIME 格式规定更为详细和合理。

我国《海商法》第一百三十九条规定:"在合同期间,船舶进行海难救助的,承租人有权获得扣除救助费用、损失赔偿、船员应得部分以及其他费用后的救助款项的一半。"这里须引起注意的是,我国《海商法》规定是"救助款项"的一半,而不是上述标准合同中规定的"救助报酬"的一半。依我国《海商法》第一百七十二条第(三)项的规定:"'救助款项',是指依照本章规定,被救助方应当向救助方支付的任何救助报酬、酬金或者补偿。"这里的补偿指的是特别补偿(special compensation)。即依据我国《海商法》的规定,被救助船的船东支付的特别补偿,也可在扣除相关费用之后,由船东、期租租家平均分享。造成差异的主要原因在于,特别补偿的概念是在《1989 年国际救助公约》中首次出现的,我国是该公约成员国,所以,我国《海商法》的相应规定也是依据该公约制定的。但是继《1989 年国际救助公约》之后进行修订的 1993 年 NYPE 格式仍然沿用"救助报酬"一词,而不是"救助款项"。期租合同下船东和租家双方负担的营运风险不同于航次租船合同等海上货物运输合同的营运风险。而发生海难救助时,虽然可能是租家发出的指示,但实际从事救助作业的仍然是船东雇佣的船长、船员。而救助公约中提及的酬金和特别补偿,前者主要针对人命救助而言,后者针对防止、减轻海洋环境污染威胁,因此这两种形式的支付款,应该付给实际救助人,由船东和租家进行平均分配也是不合适的,有悖于特别补偿设立的初衷。

三、佣金条款(commission/brokerage)

期租合同很多情况下是通过租船经纪人(chartering broker)进行的,所以合同中也常常规定佣金条款,明确经纪人应得到的报酬。

1946年NYPE格式第27条规定:"根据本租船合同以及根据本租船合同的继续期间或延长期间所获取并支付的租金,本船及船东应支付租金的2.5%作为佣金。"第28条规定:"依本租船合同获取并支付的租金的2.5%,应向_____支付回扣佣金。"

其中,"获取并支付"(on hire earned and paid)表明船东只有在获取全部租金的情况下,才有支付佣金的义务。如果由于某种原因,租家未向船东支付租金,则依据NYPE格式的规定,船东也无义务支付佣金,而不管经纪人是否已经有实际费用发生或是否遭受实际损失。

BALTIME格式第25条规定:"出租人根据本租船合同,在获取租金的基础上,向××支付××租金。但在任何情况下,佣金不得少于经纪人的实际开支和其工作的合理报酬。若由于任何当事一方违约而全部租金未付,则对此负责的一方应赔偿经纪人的佣金损失。若当事双方协议解除本租船合同,则船东应赔偿经纪人的佣金损失。但在此种情况下,佣金不超过按一年的租金计算的经纪人费用。"

BALTIME格式的规定对经纪人的保护更多一些,内容比较详尽。作为租船经纪人,如果船东擅自不支付佣金,经纪人是不能直接以船东违约为由去向船东索赔的。因为租船经纪人不是期租合同的当事人。根据英美法,经纪人在未收到佣金时,可以委托租家,代为向船东索赔并主张权利。如果租家拒绝,则经纪人可以将租家、船东列为共同被告起诉。在美国,经纪人索取佣金的请求通常不属于海事、海商案件,而且不会产生船舶优先权(maritime lien)的问题。

作为租船经纪人,为了更好地保护自己的利益,最好在合同中使用明确、具体的条款来规定自己所能享有的权利,类似于BALTIME格式中的做法。

四、仲裁条款(arbitration)

期租合同大多都订有仲裁条款,实践中有关期租的争议约有80%以上是通过仲裁的方式解决的。一方面因为仲裁与诉讼相比较,费用较低,结案迅速,而且当事人对仲裁庭组成人员可以进行选择,使得仲裁比较具有人情味,也比较专业化。另一方面,由于多数国家都是1958年《纽约公约》的成员国,根据有效的仲裁协议做出的裁决更易于在其他国家执行,也符合租船业务的涉外性和国际性的特点。

该内容在NYPE 46第17条第107行至第109行,NYPE 93中是第45条:

"45. Arbitration

(a) NEW YORK

All disputes arising out of this contract shall be arbitrated at New York in the following manner, and subject to U. S. Law …

(b) LONDON

All disputes arising out of this contract shall be arbitrated at London and …"

NYPE 46 格式第 17 条规定:"若出租人与租家之间发生争议,争议事宜应提交纽约三名仲裁员进行仲裁。其中,当事方各指定一名仲裁员,第三名仲裁员则由当事方指定的两名仲裁员指定。他们或其中两人所做的裁决是终局的。为执行裁决,按本协议当事方可申请法院做出裁定。仲裁员应为商人。"

BALTIME 格式第 23 条规定:"本租船合同引起的任何争议应在伦敦(或第 24 栏约定的其他地点)提交仲裁。船东指定一名仲裁员,另一名仲裁员由租家指定。如该两名仲裁员不能达成一致意见,则以由其指定的裁判长的决定为准。仲裁员或者裁判长的裁决是终局的,对双方均有约束力。"

各国的仲裁法和仲裁机构关于仲裁庭的组成、人员构成以及如何指定仲裁员等方面的规定各不相同。但是,对于仲裁条款,多数国家的仲裁法规定,只要明确了请求仲裁的意思表示、仲裁事项和仲裁地,仲裁机构就可以受理仲裁案件。我国的《仲裁法》还要求仲裁条款中要明确选定的仲裁委员会。这一点与航运惯例不同,也导致一些仲裁条款根据我国的《仲裁法》被认定无效,无法进行仲裁。例如,"在伦敦仲裁"的规定根据英国仲裁法是有效的,但"在北京仲裁"的条款在我国就被认定为无效,这影响了我国仲裁机构的受案率。据统计,70%的海事争议在伦敦仲裁,20%在纽约仲裁,剩下的 10%在巴黎、东京、北京、香港等地仲裁。因此,如果合同双方愿意选择在中国由海事仲裁委员会或各地仲裁委员会进行仲裁,就必须明确所选择的仲裁机构。

中国海事仲裁委员会曾推荐使用示范仲裁条款如下:

"Any dispute arising out of or in connection with this contract shall be submitted to China Maritime Arbitration Commission for arbitration in Beijing in accordance with the existing arbitration rule of the Commission. The arbitration award shall be final and binding upon the parties."

【案例】 在"Egon Oldendorff v. Libera Corporation(No. 2)"案中,法院认为双方选择伦敦仲裁在某种程度上是暗示(inference)适应中国法。虽然这不是唯一因素,但法院认为一方德国公司与一方日本公司,同意在一个中立的第三国家(英国)解决争议,而运用一份英文合同,以一份非常适合用英国法解释的标准格式,所以判英国法适用。

五、首要条款(paramount clause)

首要条款最初用于提单,通过将《海牙规则》等国际公约或国内法的一部分内容并入提单,以此调整和约束提单的当事方。在期租合同中,例如 1946 年 NYPE 格式的第 24 条,也包含了类似的首要条款,常见的是并入《海牙规则》、美国《哈特法》或英国和美国的《海上货物运输法》，从而改变船东和租家之间的权利和义务。如果合同中只写了"paramount clause"而没有明确具体并入的法规，根据英美法的解释，并入的是《海牙规则》。

首要条款对租船合同的影响和作用大小，取决于被并入的法规内容和首要条款本身的规定。一般认为，租船合同下船东的责任和免责事项将会受到影响。

1946 年 NYPE 格式第 24 条同时并入 1893 年美国《哈特法》和 1936 年美国《海上货物运输合同法》(COGSA)。虽然 1936 年 COGSA 的大部分内容与《哈特法》相同或相似，但二者仍有一些不同之处。主要区别在于：

（1）1936 年 COGSA 的适用范围是从货物装上船到货物卸离船舶的这段时间；而《哈特法》除了上述适用范围外，还适用于"装前卸后"的时间，即从承运人接收货物开始，直到交付货物为止。

（2）《哈特法》只适用于进出美国的航线，而 1936 年 COGSA 不受此限制，适用于任何航线，不受地理位置的限制。

以下是以 NYPE 格式的首要条款为例，说明首要条款对租船合同的影响：

（1）首要条款将交船时的绝对适航义务降低到尽谨慎处理使船舶适航。根据首要条款援引的法律规定，承运人应谨慎处理使船舶适航。由于首要条款的效力大于一般格式条款，因此交船时的适航义务在程度上有所降低。

（2）NYPE 格式中没有明确要求船东在租期内每一航次开始时保证船舶适航，只有保证最初交船适航和义务。并入首要条款后，船东必须保证在租期内每一航次开航前和开航时，谨慎处理维持船舶适航。

（3）被并入的法律调整租家和船东之间的权利和义务，尤其是那些除外责任的适用。但这并不影响租船合同中已经明确规定好的双方责任的划分。例如，NYPE 格式下租家要对装货、积载等作业负责，并入首要条款后，租家仍有此义务，不能转移给船东。被并入的法律只是提供了一个标准，衡量租家在履行这些义务时是否符合法律要求，是否有降低标准之嫌，但不能转由船东承担并负责装货和积载等工作。

（4）当并入条款的内容与其他条款发生冲突时，并入的首要条款要优先适用。

除了上述条款外，针对不同的航线、装运的不同货物等，租家和船东还可以在标准的合同格式条款之外，增加一些附加条款来解决具体问题。实践中常见的附加条款有 BIMCO 国际船舶安全营运和防止污染管理规则条款、BIMCO 期租合同战争险条款、波尔蒂姆战争条款、期租合同有关偷渡问题的条款、OPA 1990 条款、装卸工人造成损害条款等。其中有些条款是时代的产物，如针对 2000 年计算机问题的"千年虫条款"；有的针对特殊航线及特别法律规定，如"OPA 1990 条款"；有的则既适用于期租合同，又适用于航次租船合同，如战争条款、装卸工人造成损害条款、ISM CODE 条款等。以下本书仅就 OPA 1990 条款及 ISM CODE 条款做一介绍。

ISM CODE 条款在 1994 年 6 月召开的国际海事组织缔约国大会上，以公约修正案的形式被引入《国际海上人命安全公约》(简称 SOLAS 公约)，从而成为强制性规则。该规则要求从事国际航运的客船、载客高速船、500 总吨及以上的油船、化学品船、液化气体船、散货船和载货高速船，应不迟于 1998 年 7 月 1 日满足规则要求；500 总吨及以上的其他货船和移动或近海钻井装置应不迟于 2002 年 7 月 1 日满足规则要求。届时船公司和船舶将分别取得

"符合证明"(Document of Compliance:Doc)和"安全管理证书"(Safety Management Certificate:SMC)。未取得上述证书的公司和船舶则不能从事国际航运业务。针对这种情况,BIMCO 推荐使用下述条款,即 BIMCO ISM CODE 条款,其内容如下:

"From the date of coming into force of the International safety Management (ISM) Code in relation to the vessel thereafter during the currency of this charter party. The Owners shall produce that both the vessel and the 'company' (as defined by ISM code) shall comply with the requirement of the ISM Code. Upon request the Owners shall provide a copy of the relevant Document of Compliance (DOC) and safety Management Certificate (SMC) to the Charterers.

Except as otherwise provided in this Charter Party, loss, damages, expenses or delay caused by failure on the part of the Owners or 'the company' to comply with the ISM Code shall be for the Owner's account."

美国《1990 年油污法》(Oil Pollution Act, OPA),针对去往美国航线的油船船东规定了较高的油污损害赔偿责任,该责任限额甚至高于《1969 年国际油污损害民事责任公约》(CLC1969)的规定。因此,针对这种情况,常见的附加条款内容如下:

"Owners warrant that the vessel has a valid certificates of financial responsibility on board as required under the Oil Pollution Act of 1990 Law and is valid after 27th December, 1994 for the entire time the vessel is operating is US waters.

Owners undertake to indemnify charterers for any loss, damage, expense incurred directly therefrom Owner's breach of this warranty."

六、燃油质量条款(bunker quality)

市场上低质量燃油的持续出现可能导致燃油质量问题引发的争议不断增加。燃油质量不达标可能会影响船舶主机的正常运行,后果可能包括主机或其他机械设备损坏,甚至可能引发船舶火灾,造成全船损毁。在期租合同中,由于租家通常负责提供燃油,船东通常会要求明确燃油的质量标准和要求,租家必须确保提供的燃油符合这些标准,否则将构成违约。对于因燃油不符合标准而导致的事故、航速下降或油耗增加等情况,租家需要承担相应的责任。

在期租合同中,船东通常会要求租家确保提供的燃油适合船舶主机使用,并明确燃油的质量标准,例如重油应符合"ISO 8217:2005 RMG380"或"ISO 8217:2005 RME180",轻油应符合"DMB, ISO 8217"等;同时还会限定其他条件,比如"max 3.5% sulphur""0.5% water""free of polypropylene and any other substance or chemical waste, which either jeopardizes the safety of ship, adversely affects the performance of machinery, is harmful to personnel, and/or contributes to overall air pollution"等。

关于加油的样本,租约也会有相关规定,如"the fuel samples shall be retained by the vessel for XX days after the date of delivery or for whatever period necessary in the case of a prior dispute and any dispute as to whether the bunker fuels conform to the agreed specification(s) shall be settled by analysis of the sample(s) by DNV or by another mutually agreed fuels analyst whose findings shall be conclusive evidence as to conformity or otherwise with the bunker fuels specification(s)"。一般谨慎的船东都会在加油时于燃油供应商的见证下，从输油管连接船上的 bunker manifold 处以滴漏的方法取几个样本，并予签字加封，其中一个样本会即时送交化验所化验；其他样本一般留存船上至少 90 天（MARPOL 规定加油时需取样本并保存在船上两年）或者双方都认可燃油质量为止。

"The Owners reserve their right to make a claim against the Charterers for any damage to the main engines or the auxiliaries caused by the use of fuels not complying with the agreed specification(s). And the owners shall not be held responsible for any reduction in the Vessel's speed performance and/or increased bunker consumption nor for any time lost and any other consequence."一旦发现租家提供的燃油质量与合同约定的标准不符，船东应及时向租家提出索赔要求。船东也不应为由此造成的船速降低、耗油增加以及所引起的时间和其他损失负责。

同时，由于国际海事组织海上环境保护委员会第 70 届会议（MEPC70）审议了燃油可获得性指导委员会提交的研究报告及相关国家和组织提交的研究结果，并综合考虑了会上相关代表团及组织的意见，已将 2020 年 1 月 1 日作为船舶全球 0.5% m/m 燃油硫含量标准的实施时间，并以 IMO 决议形式予以发布。

因此，涉及该时间节点之后的期租合同中，船东也往往会增加相应条款，例如："Without prejudice to anything else contained in this charter party, the Charterers shall supply fuels of such specifications and grades to permit the Vessel, at all times, to comply with the maximum sulphur content requirements of any emission control zone when the Vessel is ordered to trade within that zone."

第六节 油轮期租合同主要条款

关于期租合同的主要条款，在本章前几节已有明确解释，本节主要阐述油轮定期租船合同中特有的几个条款。

一、租期（period of trading）

在油轮运输合同中通常使用"××月，或多或少××天由租家选择"字样，例如："6 months, 10 days more or less at the charterers' option"。此种情况下，双方除了订明租约期还加上了一个明示的宽限期，因而也就会被认定是一个严格的租约期。

此种租期的规定下，自交船之日起，船东和租家精确计算租期和预计还船的日期，同时还应注意租约中的停租条款（off-hire）也有可能对租期的时间变化产生影响，通常在停租条款中的最后一条，双方都会约定对停租的时间如何处理。有的租约中约定"Time during which the vessel is off-hire under this charter shall count as part of the charter period."也就是说，如果在整个租期中有停租的时间，应该将合计停租的时间从总的租期时间中扣除。而有的合同约定停租时间不构成租期，因此合同期限相应延展。

总之，对于船东和租家来说，精确计算整个租期和计时对于确保船舶能否在规定的租期内及时还船至关重要。有时，当市场租金高于租约租金时，租家可能会尽力安排一个航次，使船舶使用至最后期限。然而，航次长度受多种因素影响，如果在最后约定日期和还船地点交还船舶给船东，延迟还船的风险较高。相反，当市场租金低于租约租金时，租家可能会希望尽早还船，以免支付较高的租金，即使还未达到约定的最早还船日期。这种策略和考量在航运市场上时刻发生。因此，无论是船东还是租家，都应该注意提前计算、判断、通知和提醒。

二、交还船日期(date of delivery and redelivery)

(一) 交船日期(laydays/cancelling clause)

在油轮期租合同中，交船日期通常为一段时间，例如"The vessel shall not be delivered to Charterers before June 1st 2024 and Charterers shall have the option of cancelling this charter if the vessel is not ready and at their disposal on or before August 30th 2024."因此，交船日期通常与解约日有着密切的联系，若船东未按照合同约定的日期到达交船港交付船舶，只要超过了解约日，租家就可以解除合同，并可就船舶晚到而给租家造成的损失向船东索赔，除非是船东因合同规定的免责事项造成了船舶的延迟交付。为了做好交接船舶的准备工作，有的合同还会明确规定船东应在预计交船日期之前的若干天内向租家递交书面通知，如"Owners to narrow to a seven(7) days spread latest 15 days prior to the first day of the narrowed laycan. Owners start to update vessel itinerary after all management subs lifted."则船东应按照约定给租家发送书面通知。

(二) 还船日期(date of redelivery)

尽管合同中通常会有关于租期的明确规定，但在实际操作中，很少有船舶的最后航次结束日期恰好与租期届满日期一致。因此，可能会出现延迟还船或提前还船的情况。为了应对这种情况，期租合同中通常会对还船前的通知做出规定。例如，租家可能需要在还船前的一定天数内发出还船通知，而且这个通知的发出不应受到假期或周末的影响。

在实际操作中，租家通常会坚持只需提供预期的(expected)或估计的(estimated)还船通知。这种做法是明智的，因为船期的掌握具有不确定性，所以租家在租约中或实际操作中同意提供 21 天、14 天等不同天数的"确定"通知(definite notice)，或者在通知上不保留说明，只提供"估计"通知(approximate/expected/estimated)，都可能会带来风险。

【案例】"The Golden Victory"案是一个关于提早还船的重要先例。在这个案例中，船东将船舶期租给日本著名船公司 NYK，租期为 7 年。由于市场下跌，NYK 在租约还剩

4年时提前还船并毁约。船东因此向NYK提出租约剩余4年的损害赔偿。

在该租约中,第33条款是一条"因战争能取消租约条款"(War Cancellation Clause),规定如果在一些列明的国家之间发生战争,船东和租家均有权中断合同。具体内容如下:

"If war or hostilities break out between any two or more of the following countries: USA, former USSR, PRC, UK, Netherlands, Liberia, Japan, Iran, Kuwait, Saudi Arabia, Qatar, Iraq, both Owners and Charterers shall have the right to cancel this charter …"

在NYK毁约后的14个月,即2003年3月,爆发了第二次海湾战争。这被仲裁庭认定为美国、英国与伊拉克之间的战争。这意味着NYK可以根据第33条款中断租约。这样一来,毁约损失的计算会有很大差别,因为如果按照毁约当天计算,损失将是4年,而如果按照战争爆发后计算,损失则只有14个月。从公平合理的角度看,船东的实际损失应该只有14个月,因为NYK很可能会利用这个机会中断租约。

【判决】 仲裁、一审法院和上诉庭都认为应以毁约当天的市场租金计算损失,这样不仅容易计算,而且可以准确反映船东因NYK毁约所遭受的实际损失。上诉庭的Mance大法官表示:

"Although certainty, finality and ease of settlement were important general considerations, they would have, so far as necessary, to yield to the greater importance of achieving an assessment of damages and compensation which more accurately reflected the actual loss which the owners could now be seen to have suffered as a result of the charterers' repudiation."

2007年3月28日,贵族院做出了最终判决,支持上诉庭的判决。不同意见认为,"违约日期规则"过于简单和绝对;而多数意见认为,这只是一个表面的计算规则,它必须服从于更重要的损失赔偿原则,即尽量用损失来补偿无过错一方,使其回到违约未发生的状态。

【评析】 这个重要判决在合同毁约损失计算和公共政策方面具有重要意义。比较而言,根据毁约一天或尽量接近的市场(只要有买卖或租船市场)价格或租金作为基础,更容易计算,也有利于双方当事人尽快达成庭外和解,这也有利于公共政策,避免或减少诉讼。这也意味着,无需等到原租约全部完结就能算出损失。正如本案,租约期较长,毁约后还有4年未完成的租约期,而在这4年中市场一定有波动,受害者的盈亏情况可能会波动剧烈,这与短期经营或短期出租大不相同。但这些都是船东自己的选择,与较早前毁约的损失计算无关,因果关系(causation)已经被打断。也有可能船东在毁约后随即又签订了另一个长达4年的期租(当时市场上,7年的长期租并不常见)。因此,上述两种情况下以毁约时的市场租金为准,可以迅速计算出因毁约可能产生的损失。

以毁约一天或尽量接近的市场(只要有市场)价格或租金作为基础,另考虑实质毁约后所发生的事件,从而计算出受害方真正的损失,这符合公平的大原则,也是损失赔偿最基本的复原原则。但这也会带来不确定性和过多的诉讼,包括毁约受害方是否在毁约后减少损失等。还有一个问题是,毁约方可能会尽量拖延诉讼,以求出现变数,例如发生了第二次海湾战争带来一个可能中断原租约的机会。当然,这在大部分的提早还船案件都不是问题,因为通常提早还船不会像本案那样还剩长达4年的租约期,通常也只会是几天,最多1、2个月,特别在租家找不到适合剩下租约期长短的最后航次时,就提前将船舶归还给船东。如此,双方仲裁的过程中,剩下的短暂租约期应已过,即使要将毁约后发生的事件一并考虑损失,问题也不大。

比较复杂的是,剩下的租约期还比较长,那么毁约方就会希望拖延。开庭审理应该把已经发生的事实一并考虑。例如,若涉及的是一艘老船,拖延下去会有机会发生沉船或者海难等事故;又或者该老船虽未发生全损,但海难后甚至不大的事故也要修理一段很长的时间,而发生毁约的原租约却有一条款说明修理超过15天或20天租家可中断租约。

正常情况下,类似提早还船的责任划分是明显的,赔偿金额也容易计算,不建议租家去诉讼,成本较高,尽快和解即可。The Golden Victory 先例的情况有所不同——在长期租约并且仍剩余较长尚未完成的时间,而租约中又有类似第33条款或其他可让租家有选择权去中途中断租约的条款,又或者船舶老龄残旧,毁约的租家就有可能在面对大金额索赔的情况下去拖延,也愿意承担较多的律师费用,有"赌博"的成分,但毁约租家的风险却很小。相反,如果毁约租家不拖延诉讼,而在裁决或判决后不久后发生了沉船事故或者战争等情况,案件也无法重审了。①

三、交还船条件(state on delivery and redelivery)

(一) 交船条件(state on delivery)

在期租合同中,由于油轮通常会装载不同种类的油品,因此洗舱成为一个常见的问题。为了确保船舶在装载不同油品时不会发生污染或混合,合同中通常会包含额外的规定,要求船舶必须满足一定的条件。例如,船舶必须装有清洁的压载水,货舱必须保持惰化状态,不得含有污油水。对于一些成品油轮,还可能要求货舱和管线都必须保持清洁状态。

此外,船舶还应有加温设备和加温能力[shall be in every way fitted for burning at sea-fuel oil with a maximum viscosity of Centistokes at 50 degrees Centigrade/any commercial grade of fuel oil ("ACGFO") for main propulsion, marine diesel oil/ACGFO for auxiliaries in port-marine diesel oil/ACGFO for auxiliaries]以及持有相关的船舶证书(shall have on board all certificates, documents and equipment required from time to time by any applicable law to enable her to perform the charter service without delay)。

如果交付的船舶不符合合同规定的条件,租家有权拒绝接受该船舶,并可以索赔因此遭受的损失。为了防止双方对交付船舶的状况产生争议,合同中通常会规定对交付的船舶进行检验。一般来说,交船时的船舶检验费及所花时间由租家和船东共同承担。然而,也有一些合同规定交船时的船舶检验费及所花时间由租家承担,而还船时的船舶检验费及所花时间由船东承担。船舶验船师将对交付的船舶或交还的船舶进行检验,并根据船舶的状况出具相应的证书或文件。

【案例】 在 The "Elli" 及 The "Frixos" 案中,这两艘油轮都是单壳油轮;在 Exxon

---

① 杨大明.期租合同[M].大连:大连海事大学出版社,2007.

Valdez 轮发生事故之后，MARPOL 公约要求所有油轮都必须是双壳的。因此，这两艘油轮不再符合要求，租家以此为由取消合同。

【判决】 租家有权取消合同。

(二) 还船条件(conditions of redelivery)

交还船舶的条件包含两个层面的要求：首先，船舶应保持与交船时相同的良好状态，不考虑自然磨损(in like good order and condition, ordinary wear and tear excepted, as on delivery …)。其次，还船时船上剩余燃油量也有特定规定，具体内容可参考交船时关于燃油问题的部分。

要确定交还的船舶是否处于交船时的良好状态，需要进行检验。通过比较交船时进行的详细共同检验(joint on-hire survey)和还船时进行的共同检验(joint off-hire survey)，可以得出结论。

如果还船时发现船舶受损严重，导致不适航且无法立即投入运营，船东可以要求损害赔偿，包括船舶修理费和净营运损失。如果船舶损害是由于船员过失造成的，租家需对这种损害承担责任。

此外，还船位置并不是一个条件条款。即使船舶在错误的位置被还船，这并不妨碍租家有效还船；租家在错误的位置还船仅构成违约，船东有权要求相应的损害赔偿。

四、交还船时的燃油问题(bunkers on delivery and redelivery)

期租合同中通常会对交船时船上剩余燃油的数量做出明确规定，可能具体规定"不少于×××吨，不多于×××吨"，或者规定"还船时剩余的燃油数量应与交船时大致相同"。

在 SHELL TIME4 规定中，交船和还船时，接受船舶的一方必须接受船上剩余的所有燃油，并根据加装燃油的价格发票支付剩余燃油的价款。由于在期租合同中，燃油费用由租家支付，因此如果交船时船上剩余燃油过少，租家可能需要支付额外费用并花费精力补充燃油，以确保船舶适航。此外，如果交船港或其附近港口没有合适的燃油供应，租家在安排营运时可能会遇到麻烦。还船时也会出现类似的情况。因此，双方通常会约定燃油存量应足够使船舶航行至下一装货港。

如果交船时船上剩余燃油过多，一方面可能影响租家安排的货载，导致船舶载重能力下降；另一方面，如果交付船舶前加装的燃油价格过高，而交船时燃油价格迅速下降，租家可能会承担额外的经济负担。还船时也会出现类似的情况。

此外，双方还可能在交船和还船时进行燃油检验，并约定检验时间和费用由双方各承担一半，或者由船东承担交船时的检验时间和费用，租家承担还船时的检验时间和费用。租船合同还会规定交船和还船时的燃油价格，并在租金中支付。

【案例】 在 The Pantanassa 案中，租约中有关交船燃油的条款规定"… to be delivered with bunkers as aboard at the current Moji price, plus barging (expected about 6/700 tons)…"。然而，在实际交船时，燃油量为 936 吨。尽管船东的经纪人在合同中关于油量的

条款中加入了"in good faith",但 Diplock 勋爵认为船东没有合理预估燃油量。

【判决】 法院判决船东违约,并认为船东应对其预估不准确负责。

在这种情况下,租家显然有权索赔损失,这不仅包括可能以较低价格购买的燃油的油价差,还包括由此产生的运费索赔,因为多出的燃油导致装货量减少。然而,运费索赔只有在船舶吃水受限制或能够满载的情况下才会出现;如果船舶不满载,则不存在运费索赔的问题,因为无论船东多交了多少燃油,都不会影响租家的最大装货量。

五、船速和油耗(speed and bunker consumption)

期租合同下,船东会在合同中提供船速,包括重载和空载时的最大航速(maximum speed)、经济航速(economic speed)、服务航速(service speed)等相对应的主机和辅机耗油数量,以及在港装卸货(loading/discharging)、抛锚(anchoring/standby)、加温(heating)、充惰(inerting)、洗舱(cleaning/COW)时的主机和辅机的耗油数量。

由于船速的计算非常复杂,一般不能直接用航速与合同规定的数值进行比较,因为航速并不是船舶"真实船速"的反映,还必须考虑天气、风浪、流向、流速、污底等诸多因素,从而推导出船舶的实际船速。再用该船速与期租合同中规定的数值比较,以确定船东是否违约,是否应承担赔偿责任。

另外,还有几个需要注意的问题:

(1) 租家命令的停航(stoppage)、减速(low steaming)或合理的停航、减速,或租家提供的燃油质量低劣所引起的时间损失不能计入,即租家不可就此提出索赔。

(2) 船舶在港内、航道、狭水道或内陆水域不能按正常速度航行的航程,在计算平均速度时,应从总航程中扣除。

(3) 因船舶没有尽到合理速遣或没有维持船舶处于适航状态而使航速降低,由此产生的时间损失,租家可以提出索赔。

六、租金支付及垫支船东费用(hire payment and disbursements)

(一) 租金支付

租金支付条款是期租合同中的重要条款之一,通常要对租金率、租金支付方式、时间、地点、币种等在合同中予以明确规定。

SHELL TIME 4 中规定"payment of hire shall be made in immediately available funds to ×××(受益人账号)in ×××(币种)per calendar month in advance",除去以下情况:

(1) 停租时间的租金(any hire paid which Charterers reasonably estimate to relate to off-hire periods)。

(2) 替船东垫付的费用和船东应支付的佣金(any amounts disbursed on Owners' behalf, any advances and commission thereon charges which are for Owners' account

pursuant to any provision hereof)。

其还规定：租家在收到船东的租金发票后 7 天内支付租金给船东，否则船东有权依据撤船条款将船舶撤回，从而终止合同；如果租家未按时付租金，那么船东有权按照合同中规定的利息费率计算并收取租金利息。"Owners shall notify Charterers of such default and Charterers shall within seven days of receipt of such notice pay to Owners the amount due including interest, failing which Owners may withdraw the vessel from the service of Charterers without prejudice to any other rights Owners may have under this charter or otherwise."

（二）垫支船东费用

在期租合同中，船东通常不需要在港口委托代理人，因为船舶由租家运营，船东在港口通常没有特别需要协助的事项，最多只是处理一些船员的日常事务，如提供备件和海图、更换船员、安排船员上岸、带病船员就医等。因此，船东通常会省去委托港口代理人的费用，而是利用租家的港口代理人顺便处理这些事务。租家通常也不会介意，因为这通常不会增加他们委托港口代理人的费用。

尽管租家没有绝对的义务垫付船舶使费，但在实际操作中，租家通常会先行垫付这些费用，然后在船东确认所有相关单据后，从租金中扣除。然而，即使租家愿意承担这一义务，由此产生的风险也不应由租家负担，因为合同条款通常表明租家对使费的"运用"不承担责任。

七、石油公司检查

在油轮期租合同中，由于油轮运输的特殊性，租家通常会在合同中加入关于石油公司检查的条款。这些条款旨在确保租赁的船舶能够满足石油公司对码头靠泊船舶的检查要求，从而保证船舶的有效营运。

合同中会明确写出船舶目前拥有的最新且有效的 SIRE 报告，以及获得哪些石油公司的认可（approval）。租家会要求船东在整个租期内确保船舶始终获得至少两到三家主要石油公司的认可，如 SHELL、BP、CHEVRON、EXXONMOBIL 等。如果由于船东未能满足这一条件导致租家无法找到合适的货源，租家有权将损失的时间视为停租时间。

满足石油公司检查所产生的一切费用通常由船东承担。然而，有时租家在船东满足合同中关于石油公司检查的要求后，可能会提出额外的检查要求。为了配合租家，船东可能会安排这些检查，但为了保护自己，船东会在合同中注明此种情况应由租家承担相应的时间和费用。如果船舶未能通过这些额外的检查，也不应成为停租的理由。

八、租家的命令和指示（orders and directions of the charterers）

在期租合同中，虽然船长是由船东雇用的，但他需要遵循租家的命令和指示，实际上相当于租家的代理。

(一) 租家能够向船长做出的命令及指示是有局限的

(1) 租家不能发出与租约无关或在租约下无权做出的命令及指示。例如,租家不能安排超出合同期限的非法最后航次,也不能指示船舶前往租约规定以外的港口或不安全的港口/泊位,或装运租约不允许的货物。如果租家的指令与合同不符,船长有权拒绝执行。

(2) 租家不能发出有关船舶安全、航行或危害船舶的命令及指示。租家向船长下达的有关雇用的命令及指示,经常会与船长拥有的有关船舶安全与航行的传统权力发生矛盾。例如,租家下令船长卸完货马上启航去下一个港口,但船长判断附近有台风,不适宜马上启航。显然,这类关乎船舶安全与航行的决定,船长不必依从租家的命令及指示。不过,船长的这一行为必须合情合理,船东才可以避免责任。

(3) 租家的命令及指示必须是合情合理的。合情合理的标准需要根据每个案件的具体情况来判断(reasonable must be reasonable under all the circumstance of the case)。当船东和租家就命令的合理性发生争议时,应寻求客观的意见或第三方专家的支持。

(4) 租家的命令及指示必须是合法的。即使是与租约营运有关的命令及指示,也必须合法。例如,命令及指示船长倒签提单(back-dating B/L)、货物有外观破损但要签清洁提单、所签提单记载货量大于实际装船货量、无正当理由而下令船长非法绕航、不在提单目的港卸货、向卸港当局虚报货物来源等,对于这类命令及指示船长均有权不予执行,因其很可能是不合法的。

(二) 无单放货的命令及指示

在油轮业务中,由于航次较短且频繁,无单放货的条款在租约中相当常见。与航次租船合同中一样,在期租合同中租家也会要求无单放货,而船东往往也会接受这样的操作,但会要求担保要用 P&I Club 的格式文字,并将格式附在合同后面。

"The master … shall be under the orders and direction of Charterers as regards employment of the vessel … Charterers hereby indemnity Owners against all consequences or liabilities that may arise from … (… delivery of cargo without presentation of Bills of Lading …) … Letter of Indemnity to Owners' P&I Club wording to be incorporated in this Charter-Party."

(三) 船长不必马上依从

若船长未能遵循租家正当或合理的有关营运方面的命令及指示,则构成了违约。船东作为船长的雇主,应对其雇员的过错承担赔偿责任。以下是一些可能导致船东承担赔偿责任的情况:船长没有及时递交准备就绪通知书;船长没有满载待装的货物;船长无故延迟签发提单;船长没有依照租家的安排去加足燃油,导致延误或绕航以补足燃油;船长在安全允许的情况下拒绝进港;船长无故延误启航;船长向海关错误宣布货物品名,导致不必要的时间及金钱损失。

为了避免因时间上的损失而导致租家向船东索赔,船长应理智地尽快依从租家根据合同有权发出的合理合法的命令及指示。然而,这里的"尽快"并不意味着"立即

(immediate)",而是指船长在做出反应时应保持谨慎和合理。例如,如果船长对一条不明确或不合常理的指令要求租家解释清楚,即使没有立即依从,租家亦不能事后索赔该段时间的损失。

在某些情况下,船长不需要立即执行租家的命令和指示。在依从之前,船长可以进行合理的询问和调查。比如:有关命令及指示是否来自租家的授权(Whether such orders were duly authorized by charterers);有关命令及指示是否合法或租约所允许(Whether such orders were lawful and/or permitted by the charter-party);有关命令及指示是否与船舶、船员与船上货物的安全要求一致(Whether such orders were consistent with the obligation of the master and the owners and her cargo);有关命令及指示是否与船东对船上货物的所有人的义务/责任一致(Whether such orders were consistent with owners' obligations to the owners of the cargo and those entitled to delivery thereof)。

九、转租(sublet)

1. 背靠背(back-to-bcak)租约

在国际租船业务中,转租是一种常见做法,即使是大型租家和大石油公司也经常采用这种方式来提高运营的灵活性和效率。例如,如果一艘船在波斯湾没有货物可装,而在委内瑞拉有货物待运,租家可能会选择将波斯湾的船舶转租给其他需要船舶的用户,然后在委内瑞拉附近租用另一艘船来装载货物。这样做可以避免将空船从波斯湾航行到委内瑞拉,从而节省时间和燃料成本,同时提高船舶的使用效率和经济收益。

租家通常在租约中保留这样的转租权利,除非租约中有特别的禁止条款。这种转租的权利为租家提供了必要的灵活性,以便根据市场需求和货物分布情况调整船舶的部署,从而实现船舶的最高使用效率和最大经济效益。

2. 以"二船东(disponent owner)"名义租出/租入船舶的好处

在租船业务中,合同相互关系原则(privity of contract)意味着只有合同当事人之间才能根据合同条款提出索赔或采取救济措施。因此,为了保护自身利益,一些船东或租船人可能会选择使用皮包公司进行交易,而不是直接以自己的名义。这样做可以避免在发生重大事故或争议时,整个公司的资产和船舶被扣押的风险。

例如,在"Exxon Valdez"漏油事件中,以及在"Maritime Limited. Pakistan Shipping Corporation and HR Wallingford Limited(2004)"案件中,原船东被索赔的金额超过60亿美元。如果原船东是一家大型航运企业,如马士基,那么以公司名义直接进行交易可能会导致其名下所有船舶被扣押,甚至在抗辩成功之前,企业就可能已经陷入困境。

即使是巴拿马单船公司,如果其拥有的船舶价值很高,也可能因为租约争议而被扣押。在这种情况下,互保协会可能不会承担这一方面的责任,也不会轻易提供保函以释放被扣押的船舶。

为了规避这些风险,船东可能会选择以另一家皮包公司或一家不拥有船舶但规模较大的公司作为原租家或二船东。具体操作是,船东先将船舶租给自家的皮包公司或相熟的公司,并与之签订租约。然后,这家皮包公司作为二船东,再将船舶转租给真正的租家,即分承租人。通过这种安排,原船东可以避免分承租人在索赔时直接向其施加压力。

同样地,如果一家大型船公司如马士基以自己的名义租入船舶并发生争议,例如被指控因装载危险品导致违约,那么其名下所有船舶都可能面临被扣押的风险。为了避免这种风险,最好也是以一家皮包公司或规模较大但不拥有船舶的公司出面,而自己仅作为分承租人。

这种做法可以有效地保护船东的资产,并在发生争议时限制责任。然而,这种策略也必须谨慎使用,以确保遵守相关法律法规,并避免被视为欺诈行为。

【案例】 1989年3月24日,"Exxon Valdez"油轮在美国阿拉斯加州威廉王子海峡的布莱暗礁发生泄漏,溢出超过1 100万加仑原油。这是美国历史上最严重的溢油事故之一,对当地商业性渔业的食物链、海鸟、水獭和其他海洋生物造成了严重威胁。

在清除溢油的过程中,工作人员使用了燃烧、机械清除和化学分散剂三种方法。由于天气不适宜,燃烧尝试未能成功。机械清除受到漂油厚度和海藻的阻碍,进展缓慢。分散剂的使用也因为缺乏设备和波浪不足而未能有效。

在清除行动的初期,工作人员就开始保护敏感区域,对海豹产子区和鱼类产卵区给予高度重视。尽管及时启动了岸线清除行动,但由于援救野生动物的资源没有及时运抵,许多鸟类和动物因直接接触溢油或失去食物资源而死去。

"Exxon Valdez"油轮事故的后果推动了1990年油污法案的通过,该法案要求海岸警卫队加强对油轮和油轮所有人及经营人的管理。如今,双壳油轮在类似溢油事故中能提供更好的保护,船长和船舶交管中心的通信也进一步优化,使航行更安全。①

【判决】 当地法庭曾判决Exxon赔偿约2.87亿美元的损失及50亿美元的罚款。经过不断上诉,2002年美国第9巡回法庭将罚款的数目大幅下降至5亿美元,但此间Exxon已经为清污工作和补偿当地居民支付了约38亿美元。这些赔款中有很大一部分是由保险公司赔付的(在Exxon的律师的努力下,保险赔付是由货运险保单的Debris Removal条款响应的,律师的解读背离了该条款的本意,也间接导致了该条款的修改)。②

第七节 航次期租合同主要条款

一、航次期租合同的概念

航次期租(TCT,Time Charter Trip,Time Charter on Trip Basis,Trip Charter,Time Trip Charter)是一种介于航次租船和定期租船之间的租船方式。它基本上是指租家为了一个特定航次运输货物,以定期租船的形式租用船舶。因此,航次期租合同是为了履行特定或预计范围内的航次运输而订立的,租家按使用船舶期间向船东支付租金,船东则履行

---

① Dave Lenckus. Exxon Seeks More Spill Cover. Business Insurance. 21 January 1996.
② Beller D. Margo. Debris Cleanup Clause: What It Really Means. JOC. 21 September 1997.

货物航次运输的合同。

航次期租可以看作是定期租船的一种简单形式。在租船期间，船东按照约定的日租金率收取租金，例如每天2万美元。船舶在租家的指令下驶往特定地点装卸货物。对租家来说，采用航次期租比航次租船运输指定货物有更大的灵活性。对于船东来说，采用航次期租的好处是避免船舶在港口时间损失的风险。

就双方当事人使用船舶一个或两个航次的意愿而言，航次期租类似于航次租船。航次期租的租期取决于航次而不像定期租船那样确定租期。船东和租家的角色与定期租船合同相同。没有为航次期租标准纯粹设计的租船合同范本，通常以定期租船合同范本为蓝本进行洽谈，并做适当修改。航次期租合同仍具有定期租船合同的重要特征，虽然租船期限取决于合同航次，租家根据履行航次所使用的时间支付租金。

二、航次期租合同的基本特征

航次期租合同是一种结合了航次租船合同和定期租船合同特点的租船方式，但与它们也有具体差别。以下是航次期租合同的主要特征：

（1）船舶用于货物的航次运输，租船期限不是以单一的时间来确定，而是取决于航次距离，这对于整个租期具有重要影响。

（2）租家按实际使用船舶的时间向船东支付租金，而不是按照运费支付。

（3）合同通常规定船舶在一定的航区范围内履行预定的航次货物运输，除了个别合同限定明确而具体的航次外。

（4）租家对于船舶航次运输的营运调度往往具有控制和指示的权利，但仅限于合同规定的航次运输范围内，且无权做出营运指示以外的指示。

（5）船东负责船舶的固定费用，如船舶保险费和船员工资等，而租家负责船舶的营运费用，如燃油费、港口使费、运河费等。

TCT合同的最主要特征在于租家以期租的形式租用船舶用于货物的一个航次运输，因此，航次履行时间对于租期具有重要影响。租家在船舶租用期间支付租金，而不是运费。

三、航次期租合同的主要内容

以散货运输的航次期租合同为例，其主要内容包括出租人和租家的名称、船舶和船舶规范、船速、油耗条款、交还船区域或地点、受载期、TCT航次描述、租金率、交还船、燃油、货物除外、航区除外、中间扫舱费、船员相关费用、交船时货舱状态、回扣和佣金、仲裁和法律适用等条款。

【案例】船东以NYPE范本把船舶TCT给租家，从Pipavav装载水泥熔渣到印度西海岸或Trincomalee（亭可马里，斯里兰卡东北部港）。该轮于4月10日在Jafarabad Roads、离Pipavav约5海里的地方交船给租家。租家在船靠泊Pipavav后，安排量油检验员上船量油，测得4月10日16:00的时候船上燃油IFO 368.625MTS／DO 58.057MTS，推算到交船时间，交船时的燃油量为IFO 368.625MTS／DO 59.600MTS。合同的相关条款如下：

Clause 61: On-hire and off-hire survey of bunkers to be ascertained according to Master's statement in conjunction with charterers nominated surveyors.

Clause 67: Vessel to have sufficient bunkers for whole duration of charter with charterers paying estimated consumption together 1st 15 days hire. Bunkers on delivery: about 410 mts IFO 180 CST and about 70 mts MDO. Prices: USD120 pmt for IFO and USD220 pmt for MDO. Bunker on redelivery as onboard and charterers not required to replenish bunkers on redelivery.

4月24日，船抵达卸港Trincomalee,抵港量油后，船长发报称交船的时候IFO油数应该是377.800MTS,而不是368.625MTS。租家在卸港安排了还船检验，双方对还船油数IFO 279.60MTS没有争议。争议出现在租家坚称交船的时候已经委托检验员量油，而且有船长和轮机长签字，交船的时候油量数可信，应该被采纳。但按租家说法，则重载航次只消耗IFO 89.025MTS。船东则坚称从24日离Pipavav到29日抵达Trincomalee,重载海上航行4.33天，按合同船舶描述日消耗24吨计算，应该消耗约104吨IFO。

【判决】 法官最终裁定，船东在租赁合同中对于船舶每日燃油消耗的描述并未过度夸大。根据航海常规，一艘船在良好天气条件下日常航行消耗大约24吨燃油是符合常理的。根据检验报告，如果重载状态下的日消耗量比合同规定少3.5吨，这确实显得不寻常，该报告的可靠性因此受到质疑。法官最终接受了船东的解释，即船舶在空载和重载时的吃水深度差异较大，因此每日消耗IFO 24吨是合理的。法官还接受了重载航次消耗IFO 98.2吨的记录，并据此认定交船时的燃油数量为船长修正后的377.800MTS。

四、航次期租合同的法律性质

航次期租合同的性质认定在确定合同双方权利和义务的法律适用方面具有至关重要的意义。合同性质的不同认定将导致适用不同的法律，进而影响当事人的权利和义务。

我国《海商法》对租船合同规定了三种类型：航次租船合同、定期租船合同和光船租赁合同。其中，航次租船合同被归类为海上货物运输合同，而定期租船合同和光船租赁合同则属于船舶租用合同。然而，《海商法》对航次期租合同并未做出明确规定。

由于航次期租合同兼具航次租船和定期租船的特点，因此在性质认定上存在两种观点。一种观点认为，航次期租合同（TCT合同）应视为定期租船合同。另一种观点则认为，航次期租合同的性质取决于其具体条款，可能是定期租船合同，也可能是航次租船合同。这一观点表明，航次期租合同的法律性质并非固定不变，必须结合合同的具体条款进行综合考量。

五、航次期租合同与航次租船合同的区别

（一）双方当事人支付费用的比较

在航次租船合同中，除了少数特定费用（如装卸费）在合同中明确由一方承担外，航次中的固定费用和变动费用通常由船舶出租人负责支付。以"金康94"条款为例，装卸费用由租

家支付。在航次期租合同中,船舶出租人支付的费用类似于定期租船合同,其中航次中的固定费用,如船员工资、给养和船舶保险费用,仍由出租人承担。而变动费用,如燃油费和港口使用费,一般由租家承担。

在航次租船合同中,租家支付给出租人的报酬被称为运费。而在航次期租合同中,租家支付给出租人的报酬则被称为租金。

(二)装卸港口、航线和营运范围的比较

在航次租船合同中,通常都会明确指定特定的港口和泊位,船东必须按照合同规定在这些港口和泊位进行挂靠,并且挂靠的港口和泊位数量也必须严格遵循合同条款。这一特点使得航线非常明确,如果船东偏离了规定的航线,可能会构成不合理绕航,租家因此可以要求赔偿相应的损失。有时,合同会规定由一方负责指定装卸港,一旦指定,该港口就相当于合同最初列明的港口,不得再更改。

在航次期租合同中,对于港口的规定可能会有所不同。有些合同会详细列出港口,有些则只规定大致的港口范围,或者允许租家根据需要指定港口。在航线方面,有些合同可能会有大致的规定,而有些则没有具体规定航线。租家在合同约定的范围内有权利选择航线并指导船舶的运营。

(三)运输货物的比较

在航次租船合同中,运输的货物通常在合同中有明确的描述,货物是特定的,出租人的责任仅限于运输租家提供的、合同中约定的货物。这意味着出租人没有义务运输合同之外的货物。

相比之下,在航次期租合同下,租家负责按照合同规定装运货物并安排运输,而出租人则按照合同的约定履行货物运输的责任。这种合同形式给予了租家更多的灵活性来决定运输的货物,而出租人则负责确保货物按照租家的指示和合同条款进行运输。

(四)租期、合同的开始和终结

在航次租船合同中,通常没有租期这一概念。对于出租人来说,船舶实际投入服务的时间取决于航次的长度,而航次的长短又受多种因素影响,包括装卸港口的拥挤程度、装卸速度以及航程的距离等。

相比之下,TCT合同则包含了租期的概念。租期从交船开始,到还船结束。租期的长短根据合同中关于航次和租期时间的规定来确定。这意味着,在TCT合同中,租家和出租人需要明确约定租期的长度,以及与航次相关的具体条款。

六、航次期租合同与定期租船合同的区别

(一)双方当事人支付费用的比较

在航次期租合同下,船舶出租人支付的费用类同于定期租船合同,航次中固定费用,如船员工资、给养、船舶保险费用仍由出租人承担。而变动费用,如燃油费、港口使费等一般由

租家承担。TCT 合同下的费用分担基本上与期租一致。

(二) 装卸港口、航线和营运范围

在定期租船合同下,出租人负责根据租家的指示和调度安排船舶的挂港和靠移泊,只要这些操作在合同允许的航区范围内。因此,在定期租船合同中,通常不存在固定的装卸港口问题,出租人完全听从租家的安排。

相比之下,TCT 合同在挂靠港口和航线方面与定期租船合同存在一些差异。TCT 合同可能更为详细地规定挂靠港口,或者规定一个大致的港口范围,甚至可能允许租家根据需要指定港口。在航线方面,TCT 合同可能有大体的规定,也可能没有具体规定,租家在合同约定的范围内有权利选择航线并指导船舶的运营。

总体来看,TCT 合同下的营运范围通常比定期租船合同更为狭窄,而且有时会规定特定的航线,这在定期租船合同中是不常见的。这些差异反映了 TCT 合同在灵活性和控制方面的特点,既给予租家一定程度的操作自由,同时也设定了一些限制。

(三) 船舶营运权的比较

在期租合同下,船舶调遣主要是租家的权利,船长船员对于船舶营运方面的指示也听从租家的安排。当船舶营运与船舶或航行安全相冲突时,出租人也有绝对的权利,不必听从租家的指示和调遣。TCT 合同下船舶营运调度权也在租家,基本类似于期租合同,但由于船舶用途受到局限,因此租家的营运调度权也较为局限。

(四) 运输货物的比较

期租合同中,船舶为租家排他地使用,由租家决定装什么样的货物、装货多少,而出租人在租期内无权使用船舶用以运输其他人的货物。此外,租家也完全可以不履行任何货物运输,只要在合同规定的用途范围内使用,只要按时支付租金。在 TCT 合同下,由承租人按照合同的规定装运货物并安排运输,出租人按照合同约定履行货物运输,在租期内无权使用船舶运输其他人的货物。因此,虽然 TCT 下租家对船舶的使用类似于定期租船合同,但是用途范围小于定期租船合同。

(五) 租期、合同的开始和终结

期租合同始自交船,终至还船,按照合同约定的具体期限使用船舶。TCT 合同与期租合同一样,始自交船,终至还船。然而,租期长短的描述方式与期租存在差别,即并非以时间来描述,而往往以航次和时间来共同描述。

七、航次期租合同操作程序

在航次期租合同下,租船合同的签订只是租船业务的前期工作,后续还有大量的具体工作需要船东和租家来完成。以下是船东和租家在纯粹航次期租合同角度(不涉及转租问题)的具体操作程序。

(一) 仔细研读租船合同、密切联系各有关方

航次期租合同是船东与租家双方自愿接受法律约束的协议,双方有义务遵守。签订了租船合同,意味着双方当事人必须按照租船合同所规定的内容履约,即使任何一方未按照租船合同履行自己的义务而出现纠纷,双方也须按照租船合同的约定进行处理。所以,航次期租合同订立以后,双方当事人都要仔细研读合同条款,理清各方的关系、责任和权限。

一项租船业务的履行,除了双方当事人按照合同履行各自的义务外,还涉及各有关方的协助和配合,如收发货人、船长、代理人、港方、理货公司等。租船合同签订之后,绝不意味着从此可高枕无忧。在履约阶段可能会产生许多令人意想不到的事情,如果不妥善加以解决,会后患无穷。所以要随时跟踪船舶动态,了解装卸进度、运费收支情况,以及提单签发、货物交付等具体事宜。一旦产生争议,应和各有关方保持密切联系,紧急磋商,并积极设法予以解决,不可懈怠,任由事态扩大。

(二) 船东、租家向船长发布航次指示

船舶是顺利履行航次期租合同的关键,船长又是船舶的最高指挥官,所以在合同开始前,出租人、租家必须向船长发布航次指示,由于管理上的某些原因,船长一般不能获得合同副本,这样,航次指示便成为执行合同的准则。

租家发布的航次指示中包含了船舶资料、起始时间、即将装运的货物及其积载要求、装卸港口及代理资料、签发提单的相关要求或建议、燃油数量及油耗、航速等。这些指示是船长在执行航次任务时的工作准则和要求,若能把这些要求落到实处,租家和船东就皆大欢喜,否则的话,极易引发争议。

船东同时也向船长发布航次指示,告知航次期租合同相关条款,交还船时间地点,并通知船长下航次任务,告知该船长需配合租家在此航次的履行中的责任和义务,其中最重要的是关于该航次的 NOR 递交、B/L 签发的规定,要求船长每天报告船舶动态,并递交船舶抵港离港报告等。

(三) 租家委托代理

在航次期租合同下,一般营运费用由租家负责,船舶进出港费用也由租家负责,所以,通常情况下,代理由租家委托,并承担费用。船舶代理人受租家的委托,为租家代办船舶挂靠港口所需各种业务,诸如办理清关、安排拖轮、引航员及装卸货物等事宜。租家应告知船舶代理人船舶来港的具体事宜,包括船名、船籍、船舶规范、船舶吃水、吨税执照的期限、来港和去港名称、货物的种类、重量和性质、包装、捆扎、装卸费用的负担以及租船合同主要条款等,以便代理人安排货物的装卸作业;如需要的话,租家还应告知船舶代理人有关船舶的扫舱、洗舱、油料、淡水、垫料、伙食、航次修理、检疫等事宜,以便代理人以安排供应服务工作等。另外,租家将船舶备用金提前汇至代理人处,以便支付船舶在港所发生的各项费用。

(四) 交船时间与地点

交船和还船是 TCT 十分重要的内容,由于涉及租金燃油数量、约定费用等的结算,因而,当

到达航行指示中指定的交船和还船地点时,船长应把船舶抵达的日期、时间、地点、当时在船的燃油数量等向船东、承租人及指定代理报告。通常情况下,交船和还船地点订得比较详细,如自离开某港口的码头开始起算,或者在某地最后一处引航站等。作为出租人的船长应弄清楚具体的地点,若有疑问,应尽快弄清楚。如在印尼、菲律宾,有些地名是一样的。船舶必须交付租家的时间不得迟于某一特定日期,任何超过解约日的延误都可能使租家解除合同。航次还必须毫不延迟履行,如果船舶延误的原因是机械故障或其他特定原因,将可能导致停租,时间上给予扣减,停租期间不支付租金。不过,根据定期租船合同,船东基本上不承担非船舶原因造成延误的责任。

如果在 TCT 合同里没有规定交还船检验,则均以船长的报告为依据。如果在合同中规定了交还船检验,则先委托检验公司,以检验公司出的检验报告为依据。交船时要注意交船时燃油数量、交船时间、交船地点、交船时船舶状态等是否符合租约规定。这些都是履行 TCT 合同重要的依据,因为燃油数量决定了履行此航次的加油数量。作为一个航次期租,装港卸港均已确定,所需的航次时间也能计算出来,而船舶每天的油耗也基本上是稳定的,这样就能计算航次的加油数量,下一步在哪里加油也可依据航线来定。另外,交船时间是计算租金的主要依据,合同中规定第一期租金在交船后的×××工作日内支付。

(五) 船舶在港作业

船舶在装卸港作业时,船员应将船舶吊具准备就绪以避免任何延误,值班船员应当照料货物作业,尽最大努力避免由船舶引发的停工或码头工人造成货物损坏。

根据船舶上航次存油情况,考虑航线、卸港目前泊位吃水等情况,计算是否需要在中途加油,必要时即使油价贵也可考虑在装港直接加油。如果船舶加油,应向租家确认按收据收到的确切数量、加油开始和完毕时间等信息。

船舶装完货后,收集各种装货单证(NOR、M/R、SOF、M/F 等),审核 B/L,请注意提单的签发方式——是通过代理人签署还是船长亲自签署。船长应当清楚,不论使用何版本提单,最终的货物责任都可能是实际承运人,即船东。因此,如果待签提单的去港名称、实际装船货物数量、状况以及完货时间等描述与实际不一致,船长无权自己决定,应立即联系公司经营主管,由他们作出决定。

(六) 还船

在租期结束时,租家必须在规定的地点还船。既要在租船期间的最后部分有效使用船舶,又要在特定日期还船,这对于租家通常较难。因此,租船合同通常包括超期的规定,期满后合理时间内租家有权使用船舶,支付规定的租金,或者提前还船,租家有权比合同规定的日期提早还船。承租双方应关注还船时间、还船地点、还船时船上剩余燃油等,并结算最终租金。

本章思考题

1. 简要罗列定期租船合同的主要条款名称。
2. 定期租船合同关于船舶说明的条款,其主要内容是什么?

3. 为什么在定期租船合同中会存在航速和燃油消耗索赔的约定?
4. 如何理解"安全港",应由谁来对港口的安全问题承担相应责任?
5. 什么叫"航区限制"?
6. 定期租船合同关于"合法货物"的规定,其主要内容是什么?
7. 定期租船合同下交还船条款,其内容是什么?
8. 定期租船合同下,交还船时对船舶状况的要求有哪些?
9. 何为"合法"或"非法"的最后航次?
10. 对超期还船,通常有哪些对策?
11. 定期租船合同关于租期与租金支付的条款,其主要内容是什么?
12. NYPE 93 关于租金的支付时间是如何规定的?
13. NYPE 93 关于船东撤船的权利是如何规定的?
14. 定期租船合同下,哪些情况会构成撤船权的放弃?
15. 定期租船合同中关于停租事项的通常规定有哪些?
16. 定期租船合同下有关燃油的条款,其内容是什么?
17. 定期租船合同中下,船舶维修保养的费用和时间通常如何约定?
18. 航次期租合同中有哪些和一般定期租船合同不同的条款?
19. 为什么说定期租船合同兼具运输合同和租赁合同两方面特征?
20. NYPE 2015 与 NYPE 93 相比,有哪几方面的不同?

第七章 光船租赁合同

第一节 光船租赁合同概述

一、光船租赁合同的定义和性质

我国《海商法》第一百四十四条规定:"光船租赁合同,是指船舶出租人向承租人提供不配备船员的船舶,在约定的期间内由租家占有、使用和营运,并向出租人支付租金的合同。"虽实务中常称"光船租船合同",但其在法律性质上是一种租赁合同而非运输合同。

根据《民法典》第七百零三条规定:"租赁合同是出租人将租赁物交付承租人使用、收益,承租人支付租金的合同。"光船租赁合同中,租家拥有船舶的占有、使用、收益权,出租人拥有船舶所有权之下的处分权和收取租金等收益权,符合《民法典》的租赁合同规定,所以光船租赁合同是财产租赁合同而不是运输合同。反过来讲,在这种性质下船东仅作为船舶登记的所有人,租家完全占有船舶。租家以自己的名义完全占有、绝对控制和使用船舶,并作为船东身份面对第三方,行使船东权利和履行船东义务。

二、光船租赁的主要内容

光船租赁合同的主要内容包括:出租人和租家的名称、船名、船籍、吨位、容积、航区、用途、租船期间、交船和还船的时间和地点及条件、船舶检验、船舶的保养维修、租金及其支付、船舶保险、合同解除的时间和条件等。

三、光船租赁合同的特点

1. 船东向租家提供满足合同约定条件的船舶,且是无船员的"空船"

在光船租赁的情况下,船东的责任仅限于向租家提供符合合同条件的船舶以及所需的证书。在约定的租期内,租家负责安排船长、船员和其他相关人员。相应地,船舶的运营责任也由租家承担,包括直接控制船舶、配备船员、负责船舶的维修和保养、承担船舶运营中的风险和责任,以及支付船舶运营的所有费用(包括为船舶投保保险)。

2. 租家拥有船舶占有权、使用权和收益权，船东保留船舶的处分权

一旦船舶在合同约定的时间和地点完成交接，租家就有权指派船长和船员，并控制船舶的运营。租家因此拥有船舶的占有权、使用权和收益权，实质上成为船舶的"事实船东"。同时，船东保留对船舶的所有权，包括处分权和收取租金的权利。租家在租期结束时，必须按照合同约定将船舶以交船时的状态返还给船东。

3. 在债权债务关系下，租家享有的光船租赁权具有一定的物权属性

租家在租期内享有的租赁权受到法律保护，船东和任何第三人都不得非法干涉。根据"买卖不破租赁"的原则，即使船东将船舶所有权转让给第三方，租家的租赁权也不会受到影响。作为对价，租家需要履行合同规定的义务，如投保船舶险、负责船舶的日常维护和修理，以及按时支付租金。

4. 光船租船需要依法进行登记

光船租赁合同下的租赁权设立、转移和消灭都必须依法办理登记手续。我国采用"登记对抗"原则，即未经登记的光船租赁合同不能对抗第三人。因此，如果未进行光船租赁登记，船东可能面临因船舶事故而承担的责任风险。

【案例】

原告：香港畅鑫船务有限公司

被告：八马汽船株式会社

2006 年 12 月 16 日，涉案船舶"Cape May"轮与"畅达 217"轮在长江口定线制"B"警戒区内水域发生碰撞，"畅达 217"轮右舷船头撞上"Cape May"轮左舷船尾。经查明，碰撞前两船形成交叉相遇局面，"Cape May"轮于 20：50 时左右发现"畅达 217"轮在其左舷行驶，后者于 20：57 时发现前者在其右舷行驶。两轮遂采取避让，"Cape May"轮连续向右改变航向以避让，"畅达 217"轮于 21：03 时采取左满舵避让。碰撞发生后，"畅达 217"轮靠泊吴淞锚地接受调查，并于 12 月 21 日离开去广州进行修理。"畅达 217"轮因碰撞产生修理费 76 302 美元，靠泊代理费 33 410 元，船期损失 55 000 美元，海事调查费 500 美元以及燃油损失 10 000 美元。

在碰撞事故发生时，"畅达 217"轮船东是福州市华隆船务有限公司，"Cape May"轮的所有人是日本邮船株式会社，原、被告分别是上述船舶的光船租家，并实际负责管理和运营船舶。其中，被告与日本邮船株式会社的光船租赁合同未在船舶登记机关进行登记，但被告确认其应承担光船租家的权利义务。另外，就涉案船舶碰撞事故，被告也对"畅达 217"轮的船东和原告提起诉讼，要求承担赔偿责任。

原告诉称：被告的"Cape May"轮违反《1972 年国际海上避碰规则》和事故发生地有关航行规则，应承担 80%的碰撞责任，故请求判令被告向原告赔偿损失。

被告辩称：原告的"畅达 217"轮应就涉案事故承担主要碰撞责任。

【裁决】 上海海事法院经审理认为，"畅达 217"轮瞭望疏忽、采取避让措施错误、未能履行让路义务是导致本次碰撞事故发生的主要原因，应承担责任；"Cape May"轮因瞭望疏忽，未能及时采取有效的避让措施是导致本次碰撞事故的次要原因，应承担 30%的责任。故被告应对涉案船舶事故造成原告的损失承担 30%的赔偿责任，判令被告向原告赔偿损失 42 540.26 美元和人民币 10 023 元，对原告其他诉讼请求不予支持。原、被告双方均未上诉。

来源：赵红.上海海事法院三十年案例精选(1984—2014)[M].北京：法律出版社，2015.

第二节 光船租赁合同主要条款

本节以 BARECON 2001 范本为例，简要介绍光船租赁合同的主要条款。BARECON 2001 范本由五个部分组成：第一部分为表格形式，共 48 栏，列出合同事项和双方签署栏；第二部分是光船租赁的基本条款明细，与表格配套使用；第三部分是新造船舶光船租赁的附加条款；第四部分是光船租购的附加条款；第五部分是针对光船租赁合同登记的附加条款。

BARECON 2001 范本第二部分共有 31 个条款，包括定义、租期、交船、交船时间、解约日、航区限制、交还船检验、检查、财产目录和消耗的油和供应品、保养和营运、租金、抵押、保险和修理、保险、修理和船级、还船、无船舶留置、赔偿、留置、救助、残骸的迁移、共同海损、转让和光船转租、运输合同、银行担保、征用/买进、战争、佣金、合同终止、占有、争议解决、通知条款等。

一、交船（delivery）

船东应按约定的时间、地点和条件，将船舶交给租家使用。如果船东不能依约交付船舶，租家有权解除合同，如有损失还可以请求损害赔偿。

（一）交船标准

船东在交船时需要确保三个方面：首先，船舶必须适航，并且适合合同中约定的用途；其次，所有必要的文件和证书必须齐全；最后，船东需要在交船前和交船时履行其职责，确保船舶在各个方面准备好投入合同项下的服务。第 3 条具体规定如下：

（1）船东应在交船前和交船时恪尽职责，确保船舶适航，并且船壳、机器和设备的各个方面都准备好投入本合同项下的服务。船舶将在合同第 13 栏中列明的港口或地点的备妥泊位由船东交付租家并由租家接收。

（2）船舶在交付时应具备合同第 5 栏列明的船旗国法律所要求的各项有效合格证书，并且符合第 10 栏所要求的船级。船舶交付时应当具备有效检验，而且贸易和船级证书的有效期不低于第 12 栏列明的月份数。

（3）一旦船舶交付给租家并被租家接收，视为船东已完全履行了本第 3 条的义务。此后，租家无权就船东对该船任何明示或默示的条件、陈述、保证向船东提出任何索赔要求。但是，船东应负责由于该船舶交付时存在的船舶、船舶机器或装置的潜在缺陷所引起的修理和换新的费用（相应的时间损失船东不负担），但这些缺陷必须是在交船后 12 个月内出现，除非对此在第 32 栏另有订明。

（二）交船时间和通知

在租船合同中，通常会明确约定交船的时间，并且要求船东提前通知租家关于交船的具

体时间。第 4 条具体规定如下:

除非经租家同意,交船时间不得早于第 14 栏中列明的日期,同时船东应当恪尽职责不晚于第 15 栏中列明的日期交付船舶。除第 18 栏另有约定外,船东要给租家不少于 30 个连续天的初步通知和不少于 14 天的船舶备妥交付日期的准确通知。

(三) 解除合同

为解决迟延交船以及可能引发的问题,同其他租船合同一样,光船租赁合同也就解约问题做出具体规定。第 5 条具体规定如下:

(1) 如果船舶最迟不能在第 15 栏订明的租船合同取消日期前交付,租家通过该日期后连续 36 个小时内给予船东解除本合同通知的方式行使解除本租船合同的权利,若租家未在上述时间内给予通知,则本合同依然有效。

(2) 如果船舶会延迟到租船合同取消日期之后才可交付,船东应在能够合理确定船舶将于何日备妥时尽快给租家发出通知,询问租家是否将行使他们取消租船合同选择权,而租家必须在收到该通知后的 168 小时或者解约日后 36 小时内(在二者较早的时间)宣布其选择决定,如果租家不行使其取消合同的选择权,那么船东通知中的船舶备妥日期之后的第 7 天将认为是本条款中的一个新的租船合同取消日期。

(3) 第 5 条项下的解约将不损害租家依本合同向船东索赔。

二、交还船检验(surveys on delivery and redelivery)

在租船合同中,交船和还船时的检验是一个重要的环节。船东和租家将各自指定验船师来测定并书面证明船舶在交付时和还船时的状态。起租检验的费用或时间损失(如果有的话)由船东承担,而退租检验的费用或时间损失则由租家承担。如果出现时间损失,应按照每天的租金率或按比例计算。

为了防止将来在交船状态的问题上产生争议,合同第 3 条第 3 款规定:一旦出租人按照约定将船舶交付给租家,并且船舶已被租家接收,租家此后不能以出租人对船舶概况的说明有误或违反保证为由,再向出租人提出索赔。当然,如果将来发现了在交船时所不能发现的潜在缺陷,出租人应负责消除或弥补。

三、检查(inspection)

船东有权在任何时候对船舶进行检查、检验或授权验船师代表其进行检验:

(1) 以此查明船舶状况和确信船舶获得正常的修理和保养。此种检验费用应由船东支付,除非船舶被发现需要进行修理或保养以达到所要求的水准。

(2) 如果租家未按第 10(g)条安排船舶进坞,则此种检查或检验费用由租家负担。

(3) 因任何其他商业原因他们认为有必要时(并且这种检查或检验不会对船舶的正常商业运行造成不正当的干扰或影响),此种检查或检验费用由船东负担。

所有检查、检验和修理的时间作为租期的一部分并且由租家负担时间损失。

当船东提出要求时,租家应容许船东检查船舶的航海日志;当船东需要时,租家应向其提供伤亡事故或其他事故及船舶遭受损坏的全部情况。

四、航区限制(trading restrictions)

关于航区范围,租船合同第6条通常会有详细的规定,内容如下:

(1) 船舶将用于进行合法的贸易,在合同第20栏内列明的航行区域范围内载运合适的合法货物。

(2) 租家保证,未经船舶保险人同意,不使用本船舶,也不会让本船舶被用于与船舶保险合同(包括任何明示的或默示的保证)不相符的情形下。如果经保险人同意,则租家应满足如支付额外保费或其他保险人提出的条件。

(3) 租家保证,不使用本船舶,也不会让本船舶被用于与任何该船所航行国家禁止的贸易和经营,不从事任何的违法贸易和经营,不载运任何违法或禁止的货物或以任何形式以免置该船于被定罪、毁灭、查封、没收之境地。

(4) 无论本租船合同中有无其他条款规定,双方协议本租船合同中准予装载或运输的货物中明确排除核燃料或放射性产品或原料。但对使用于或拟使用于工业、商业、农业、医药或科学方面的放射性同位素不在排除之列,但要事前取得船东对装运的批准。

五、保养和营运(maintenance and operation)

(一) 保养维修(maintenance and repairs)

(1) 在租期内,船舶将完全为租家占有和由租家全权安排作各种用途,并在各个方面处于其完全控制之下。租家应对船舶、船机、锅炉、装置和备件进行良好的保养维修,使之处于有效营运状态,并要按照良好的商业保养做法进行保养。另除了第14条(1)所规定者外,由他们自行负担费用使第10栏内提到的船级不过期并保持其他必需的证书始终有效。

(2) 新船级及其他安全要求。除非另有规定,如果由于船级方面有新的要求,或由于实施强制性的法规,为了维持船舶正常营运,必须对船舶进行改进、改变结构或添置费用较多的新设备,且该费用(不包括租家的时间损失)超过第23栏内列明依第29栏船舶水险价值计算得出的百分比,若第23栏为空,则以5%计;若有超出,租金将相应调整为满足上述要求而支出的费用应由船东及租家依据本合同项下的剩余租期协商分担;若双方未能达成一致,则参考第30条的争议解决条款。

(3) 经济担保。为了使船舶不受处罚或交付费用,合法地进入、停留或驶离任何港口、地点、任何国家、州或市的水域或毗连水域,无任何延误地执行本租船合同,租家须应对依任何政府包括联邦、州或市政府或其他主管部门要求的第三方责任提供经济担保或承担经济责任。不论有关政府或主管部门是否已合法地提出这些要求,这种义务均是存在的。租家应安排这方面的付款保证或做其他必需的安排以满足这方面的需要,费用由租家单独负担。如租家没有做到或没有能力做到这一点,则船东所受的一切后果(包括时间损失)均应由租家给予赔偿。

（二）船舶营运(operation of the vessel)

租家应为船舶配备人员、供应伙食并承担船舶航行、营运、燃料供应和在租期内随时需要的修理费用。同时，租家应支付船舶的使用和营运的各种费用，包括外国一般的市政和州级税款。船长、高级船员和一般船员即使由于某种原因系船东所委派，但他们应为租家的雇员。租家应遵守船旗的登记国和其他适用法律的关于高级船员和一般船员的有效规定。

（三）相关信息告知

经合理要求，租家应向船东及抵押权人告知雇佣、干坞及重要的船舶修理计划。

（四）船旗和船名(flag and name of the vessel)

在租船期内，租家可自由用其确定颜色油漆船舶，装置或使用他们的烟囱标记和悬挂他们的公司旗。经船东同意但船东不应无理阻碍，租家可以自由更换船旗或船名。若船东要求，油漆或重新油漆、装置或重新装置、登记及重新登记的费用均由租家支付，且所花时间损失由租家负担。

（五）船舶变动(changes to the vessel)

依第10(a)(ii)条，在未先征得船东同意前，租家不得对船舶进行结构改变或对机器、锅炉、装置或备件进行变动。如船东同意，租家应在租期结束前将船舶恢复原样（如果船东有此要求的话）。

（六）船上装备、设备和装置的使用(use of the vessel's outfit, equipment and appliances)

在租船合同中，租家对船舶上原有的装备、设备和装置的使用和保养负有责任。具体规定如下：

（1）租家有权使用船舶在交付时船上所有的装备、设备和装置，条件是在还船时需将这些装备等以与同样良好的状态还给船东，正常损耗除外。

（2）在租期内，如果设备项目损坏或耗损至无法正常使用，租家应及时进行调换。租家应确保修理和调换的备件或设备不会因工艺和材料导致船舶价值降低。

（3）租家有权自己支付费用并承担风险增添设备。但租期结束时，如果船东有要求，租家应拆除这些设备。

（4）对于船舶在交船时船上所有租来的设备（包括无线电设备），租家应予保存和维修。租家应履行船东签署的有关租赁合同中的义务和责任，并偿还船东支付的所有相关费用和为符合无线电规定所需要的新设备的费用。

（七）定期进坞(periodical dry-docking)

租家应在需要时安排船舶进坞，清洁和油漆船舶的水下部分，但不得少于第19栏所列的期限1次，若第19栏空白，则视为交船后60个日历月或依船旗国及船级社的要求。

六、租金(hire)

(1) 租家应当依本合同的约定按时向船东支付租金。

(2) 租家应按第 22 栏列明的每连续 30 天以预付形式向船东支付包干金额的租金,第 1 笔租金应于船舶向租家交付的当日、当时交付。租金应当在租期内连续性交付。

(3) 租金应当依第 25 栏列明的币种和形式、依第 26 栏列明的地点用现金支付,不打折。

(4) 最后 1 个月的租金如不足 30 个连续日,则交船前的天数和小时按比例计算,并照此预付。

(5) 如船舶灭失或失踪,从船舶灭失及最后一次收到船舶信息的日期起停止支付租金。船舶被视为灭失或失踪的日期,定为该船舶最后一次报告日起 10 天后的当日,及劳氏公布其失踪的日期,以这两个日期中最先发生的为准。所预付的租金做相应的调整结算。

(6) 若延迟支付租金,船东有权按第 24 栏列明的年息收取利息。若第 24 栏为空白,则英国银行协会于租金到期日引用的利息增加 2%将适用。

(7) 第 11(f)条下利息的支付将在船东列明需付利息数额的发票做出后 7 日内支付,或者无发票时在下一期租金支付日支付。

七、抵押(mortgage)

在租船合同中,通常会有条款规定船东保证船舶在交付给租家时未设定任何抵押,并且在租船期间,未经租家事先书面同意,船东不得对船舶设定任何抵押权。对此,我国《海商法》第一百五十一条规定:"未经承租人事先书面同意,出租人不得在光船租赁期间对船舶设定抵押权。如果出租人违反上述规定,致使承租人遭受损失的,应当负赔偿责任。"

八、保险和修理(insurance and repairs)

在租船合同中,关于船舶保险和修理事宜的责任通常由租家承担。具体规定如下:

(1) 除合同第 29 栏明确适用第 14 条(由船东负责保险、维修和船级事宜)外,租家应按照第 13 条的规定,负责租期内的船舶保险和修理事宜。

(2) 在租期内,租家应负责为本船投保船体和机械、战争和保赔险[以及为本船的运营而必须投保的任何风险,包括根据第 10(a)(iii)条维持财务担保],保单格式须经船东书面批准,船东不得无理拒绝批准。该保险应由租家安排,以保护船东、租家及抵押权人(如有)双方的利益,并且租家有权通过该保险保护其委任的任何管理人的利益。

(3) 根据金融工具的规定(如有)以及船东和保险公司的批准,租船人应进行所有投保的修理,并应在本合同规定的保险范围内,对与此类修理有关的所有费用以及保险费用、费用和责任进行结算和偿还。

(4) 对所有其他未包括在保险范围内的和/或不超过该保险任何可能的免赔额的维修,租家还应继续负责并进行维修和结算。

(5) 根据第 13(a)条的规定进行修理和根据上述第 3(c)条进行潜在缺陷修理花费的所有时间,包括任何偏差,应由租船人承担。

九、还船(redelivery)

租期届满时,租家应按合同约定的时间、地点和条件将船还给船东。还船的根本要求是,要使船舶处于和交船时同样的状态,但自然损耗除外。为了确定还船时的状态,船东和租家可以各自指定验船师,实施船舶检验,检验的费用和花费的时间,通常由租家承担。同交船时一样,在还船时双方也要对船舶的各种设备、剩余燃料、物料等列出清单,并由船东按还船时当地的市场价格,购买船上剩余的燃油、淡水、润滑油和食品等。

第 15 条具体规定如下:

(1) 租家应于租船合同到期时按第 18 栏列明的一个安全和不冻的港口的一个船东指定的泊位还船。租家应给船东不少于 30 天的初步通知和不少于 14 天的确切通知,预告预计还船日期、还船港口区域或还船港,以后船期有任何变化应立即通知船东。

(2) 租家保证,不允许船舶执行这样的航次,即该航次结束时不可能合理地预期在租期期间内按时交船。尽管有如上规定,若租家超过合同约定的租期还船的,就超出租期使用船舶的天数,租家应当按 22 栏列明的租金另加 10%或者市场价中高价者按日支付租金。所有本合同的条款、条件及约定继续适用。

(3) 依第 10 条的约定,船舶在还船时应具有与交船时一样好的结构状况和条件,自然损耗不影响船级的除外。还船时,船舶的检验有效期应该持续至当时,而且船级及贸易经营证书应至少还有双方协议的第 17 栏那几个月的有效期。

十、无船舶留置(non-lien)

租家既不承受也不同意延续任何由他们或他们的代理人招致的可能对船东的船舶所有权和利益有优先权的留置权或债务。租家同意在租期内在船舶醒目的地方牢固张贴或悬挂一个内容如下的通知:"本船是(船东名)的财产,租给(租家名),按照租船合同的条款,租家或船长均无权利、权力和许可造成、招致或允许任何留置权强加在本船。"

十一、赔偿(indemnity)

(1) 租家保证,因租家对船舶的营运,以及在租期内对船的任何性质的留置不会给船东带来任何的损失、损害或费用。如果船舶由于租家营运船舶产生索赔或留置而扣船,租家应负担费用,采取所有合理的措施使船在一个合理的时间内获释,并负担保释金和其他相关费用。在不损害前述普遍原则的情况下,租家保证船东不会因船长、船员或代理签发提单或其他单证而承担任何后果或责任。

(2) 若船舶因船东被索赔的原因而扣船,则船东应当负担费用,采取所有合理的措施使船舶在一个合理的时间内获释,并负担保释金和其他相关费用。

在此情况下,船东应保证租家不因船舶被扣押或置留而发生任何损失、损害或费用(包括依本合同所付的租金损失)。

十二、留置(lien)

关于本租船合同下所有的索赔,船东可以留置所有货物、扣留第二租家付给原租家的运费和承运货物的运费及任何第三方的提单运费,而租家若已预付船东未赚取的钱款,则有权留置该船舶。

十三、转让、转租和卖船(assignment, sub-charter and sale)

(1) 除非事前取得船东书面同意,租家不得在光船基础上将本租船合同转让,亦不得将船舶转租,但船东不得无理地不予同意。上述转让、光船转租要以船东所批准的条款和条件为准。

(2) 船东在本合同有效期内不应卖出船舶,除非经过租家的书面同意,但租家不得无理地不予同意,但条件是船舶购买人接受本合同转让给他。

以上规定仅限于光船转租的情况。如果租家只是以定期租船或航次租船的方式转租,是否也应事先征得船东同意,我国《海商法》并没有明确规定。参照定期租船合同的若干法律规定,似乎这种情况下,租家不必事先征得船东书面同意,只要转租后通知一下船东即可。

除上述内容外,光船租赁合同通常还订有救助报酬、共同海损、清除残骸、提单、船舶征用、战争、佣金、法律适用和仲裁等条款。

第三节 光船租购合同

一、光船租购合同的概念与性质

船舶租购合同(bare boat charter with hire purchase),又称光船租购合同,是一种结合了光船租赁和船舶购买的合同形式。在这种合同中,船东向租家提供一艘不配备船员的船舶,租家在约定的期间内占有、使用和营运该船舶,并在租赁期结束时支付最后一笔租购费后,无需归还船舶,而是成为该船舶的新所有人。

光船租购合同通常通过在光船租赁合同中加入租购条款(hire-purchase clause)来实现,该条款明确了出租人和租家在租赁和购买标的船舶过程中的权利和义务。这种合同形式允许租家通过分期支付租金的方式,逐步支付船舶的购买价格,从而实现船舶融资的目的。

由于光船租购合同通常租期较长,船东在租赁期限内可以收取成本和利润。租家在支付最后一笔租购费之后,无需归还船舶,而是获得船舶的所有权。因此,光船租购合同的租金率通常比单纯的光船租赁合同的租金率要高。

光船租购合同作为一种船舶融资的新型方式,其主要优势在于解决购船方在资金方面的短缺问题。通过将大额的购船资金转化为定期的小额租购费,购船方可以在长期内享有标的船舶的占有、使用和经营权,以满足自己的航运需求,同时缓解资金运转的困难。而对于出租人而言,这种方式也使得闲散的资金得到了利用和增值。

在这种租赁和买卖的双重属性下,光船出租人实际上扮演了船舶卖方的角色,而光船租家则成为船舶买方。

二、光船租购合同的特别规定

船舶租购合同通常是在光船租赁合同基础上,设立租购条款而达成的。因此,船舶租购合同的大部分内容与光船租赁合同相同或相似,但仍订有关于船舶买卖的如下特别规定。

(一) 船舶所有权与风险的转移

租期届满时,如果租家履行了全部合同规定的义务,则在其支付最后一期租金并付清全部购买船舶价款后,船舶连同属于船上的一切财产的所有权,立即转移至租家。对此,我国《海商法》第一百五十四条规定:"订有租购条款的光船租赁合同,承租人按照合同约定向出租人付清租购费时,船舶所有权即归于承租人。"在船舶租期届满交付给租家之前,船舶连同属于船舶的一切财产的风险和费用,由船东承担。但是一经进行船舶买卖交接,这种风险便转移至租家。有的合同规定,在船舶交接后,船东对船舶可能存在的缺陷,不再负责。

(二) 船东(卖方)的保证

船东(卖方)应保证在船舶买卖交接时,除由于租家(买方)的行为产生的债务和已告知租家的船舶抵押权外,船舶不存在任何基于由船舶优先权、其他担保物权而需保证清偿的债务,亦无其他任何债务负担。如果船舶在买卖交接后,因此前产生的债务,债权人对船舶行使债权,船东(卖方)应赔偿租家因此遭受的损失,但以船东(卖方)对这种债务负有清偿责任为限。

(三) 船舶文书

在租家(买方)支付最后一期租金时,船东(卖方)应当向租家(买方)提供一份经过适当公证的船舶合法卖据(bill of sale)。在船舶买卖交接时,船东(卖方)应向租家(买方)提供船舶已经注销登记的证明,以及船东(卖方)持有的船级证书及各种其他船舶文件和图表等。

(四) 其他事项

因注销船舶国籍登记而产生的一切税费,由船东(卖方)承担;因购买船舶和租家(买方)重新进行船舶国籍登记而产生的一切税费,由租家(买方)负担。

在船舶买卖交接时,船上所配备的无线电设备和航海设施应一并移交,租家(买方)无须对此额外支付购买价款。

如果船长、船员及其他人员由船东(卖方)任命(appointed),则租家(买方)应负责上述人员的遣返费或相应的差旅费。

三、光船租购合同与船舶融资租赁合同的区别

1. 合同概念上的区别

我国《民法典》第七百三十六条规定:"融资租赁合同是出租人根据承租人对出卖人、租赁物的选择,向出卖人购买租赁物,提供给承租人使用,承租人支付租金的合同。"这一规定揭示了融资租赁合同的三层含义:

第一,租赁物是按租家的要求由船东专门准备的,这不同于传统租赁模式,船东在签订合同之前就已经准备好租赁物。在融资租赁中,船东是在签订合同之后,向租家指定的出卖人购买指定的租赁物。

第二,租赁物是船东"租"给租家使用的,这是融资租赁合同中"租赁"的核心内容。

第三,租家指定租赁物并使用的对价是支付租金。

船舶融资租赁合同是融资租赁合同的一种,以船舶为标的物。需要注意的是,船舶融资租赁合同与船舶融资租赁交易是两个不同的概念,后者涉及整个交易过程,包括船舶买卖合同和其他相关合同,以及第三方如出卖人。而在船舶融资租赁合同中,主体只有船东与租家,出卖人仅是双方约定的事项,并非合同主体。

光船租购合同作为光船租赁合同的一种特殊形式,与船舶融资租赁合同存在本质上的差别。我国《海商法》第一百五十四条明确规定:"订有租购条款的光船租赁合同,承租人按照约定向船东付清租购费时,船舶所有权即归于出租人。"这表明光船租购合同具有分期付款买卖的性质,租家有船舶所有权的期待权。

相比之下,在船舶融资租赁合同中,租家并不享有船舶所有权的期待权,船舶期末的归属仅是出于合同的约定,租家并不当然地在期末取得船舶的所有权。在一些国家(如美国),出于税收角度考虑,并不承认订有期末所有权归属租家条款的合同为融资租赁合同,而认其为买卖合同。

从租家取得船舶所有权的方式来看,在租购交易中,只涉及一个合同和两方当事人,租家按照约定向船东付清租购费时,船舶所有权即归于出租人。而在融资租赁交易过程中,租家与出租人签订融资租赁合同之前或当时,船东并不拥有租家所选择的船舶的所有权,而是在合同签订之后向第三方购买,以取得船舶的所有权,在融资租赁合同履行完毕后再将船舶所有权转移给租家。

2. 船舶融资租赁合同中出租人的特定性

船舶融资租赁作为一种重要的融资方式,各国法律对其中的出租人资格通常有一定的限制。在我国,这类限制体现在部门规章中。例如,2000年6月30日,中国人民银行(简称央行)发布了《金融租赁公司管理办法》,对融资租赁公司的设立条件及程序进行了具体规定。根据该办法,由央行审批成立的融资租赁公司被视为非银行金融机构,并持有央行颁发的《经营金融业务许可证》和《经营外汇业务许可证》。

对于中外合资的融资租赁公司,虽然它们不是金融机构,也没有央行颁发的相关许可证,但它们可以从事融资租赁业务,因为它们是经外经贸部审批,并根据《中华人民共和国中

外合资经营企业法》设立的。

这种规定意味着,有资格与租家签订融资租赁合同的两类融资租赁公司都必须经过相应的审批程序,因此船舶融资租赁合同中的出租人具有其特定性。

相比之下,各国法律对于船舶光租(光船租赁)通常采取合同自由主义原则,对合同双方和合同条款没有强制性的规定。尽管在光租合同中添加租购条款可以使其具有融资性能,但这并不涉及合同主体的特定性问题,体现了合同双方的意思自治。任何拥有船舶所有权的公司都可能成为光租合同中的出租人,但并非所有公司都有资格成为船舶融资租赁合同的出租人。如果主体不适格,可能会导致合同无效。因此,两类合同在主体上的差异性是明显的。

3. 两类合同中出租人承担的义务不同

在光船租赁合同中,出租人一般是船舶的所有人,了解航运市场,他与租家之间是一种租赁关系。我国《海商法》第一百四十六条规定:"出租人在交船时,应谨慎处理使船舶适航,包括船体、船机和设备在各方面适合于约定的用途。"出租人对交船时船舶存在的潜在缺陷,应负责弥补,但以租家在一定时间内发现为限。而在船舶融资租赁合同中,船舶是由租家基于自己的技能进行选择,由出租人向第三方购买,出租人在签订融资租赁合同前并不预先拥有船舶,甚至可能对船舶以及航运业一无所知,所以,出租人按租家的指示完成约定的义务之后,并不负有光船租赁合同中出租人所负的上述义务,我国《民法典》第七百四十七条规定:"租赁物不符合约定或者不符合使用目的的,出租人不承担责任。但是,承租人依赖出租人的技能确定租赁物或者出租人干预选择租赁物的除外。"同时,《民法典》第七百四十一条规定:"出租人、出卖人、承租人可以约定,出卖人不履行买卖合同义务的,由承租人行使索赔的权利。承租人行使索赔权利的,出租人应当协助。"

在船舶融资租赁合同中,出租人主要起到的是融资的作用,而非直接关心船舶的使用权或船舶本身。出租人的核心利益在于确保租金的收回,并在合同履行过程中保留船舶的所有权,这主要是作为确保其债权实现的一种手段。出租人签订融资租赁合同的主要目的是为了投资并获取合理的利润,租金通常由本金、筹资成本和参与利润构成。在这种情况下,如果再要求出租人承担由租家选定的船舶的瑕疵担保义务,将是不公平的,因为出租人已经承担了资金筹措和融资风险。

相比之下,在光船租赁合同中,出租人与租家之间的关系是一种传统的财产租赁关系。出租人通过让渡船舶的使用权来收取租金,租金是作为让渡使用权的对价。在这种关系中,出租人自然关心船舶的使用权,因为这直接影响到租金的市场价位和出租人的利益。由于租金是基于船舶使用权收取的,出租人因此负有确保船舶无瑕疵的担保义务。

四、BARECON 2001 格式关于光船租购的内容

BARECON 2001 格式合同是适用于光船租赁的一种标准格式,其中包含了关于租购合同的具体规定。这些规定在合同的第一部分第 42 项中可以填写,并由双方当事人表明该合同增加租买协议,适用于合同的第四部分条款。以下是关于租购合同的具体规定,这些规定与 1989 年格式中的规定基本相同:

(1) 租购协议的生效条件:合同到期时,且租家依照第一部分、第二部分和第三部分(如

有适用)履行其义务,租家在支付最后一期租金时,已购得船舶及其上所有属于船舶的物品,且船价已经完全付清。

(2) 为防止概念混淆,合同中对双方当事人进行了明确的定义:船东被称为卖方,租家被称为买方。船舶于租约到期时,租买协议生效,由卖方移交且由买方接收。

(3) 卖方的担保义务:卖方须担保,船舶交付时,除属于买方原因的债务或经协议在船交付时暂不付清的现存的抵押外,船舶无任何债务及海事优先权或任何类型债务。对于在交船以前已发生的对船舶主张的索赔诉求,如果经证明属卖方责任范围,卖方需就该索赔所产生的所有后果向买方提供切实保证。

(4) 费用承担:任何税捐、公证费用、领事费用及其他与船舶买卖及买方船籍登记有关的费用或花费由买方负担。任何税捐、领事费用及其他与卖方注销船籍登记有关的费用或花费由卖方负担。

(5) 买卖契据和注销船籍登记:作为最后一月租金分期款的交换条件,卖方应提供买方一份经正式证明且有效的买卖契据,以及列出登记债务(如有)的证明。于船舶交船时,卖方注销船舶的船籍登记,并将注销证明交给买方。

(6) 船级证明和图样:卖方应于交船时,将所拥有的所有船级证明(船体、引擎、锚、链等)及所有图样移交给买方。

(7) 无线电设备及航行仪器:无线电设备及航行仪器,除系租用外,应包含于本买卖中,不另外支付费用。

(8) 风险和费用承担:船舶及属于船舶的任何物品,于移交给买方前,在依照本契约规定之情况下,其风险及费用由卖方承担。船舶及属于船舶的任何物品应以交船时的状况交船及接船,在交接之后,卖方即对任何可能出现的缺陷或瑕疵不负责。

(9) 遣返费用:卖方所指派的船长、高级船员及其他人员遣送回光船租船合同第三条(第二部分)所指定港口的遣返费用,由买方同意支付,或支付同等之差旅费用以便于其前往其他任何地点。

本章思考题

1. 简要罗列光船租赁合同的主要条款名称。
2. 光船租赁与定期租船在合同条款方面有何不同?
3. 光船租赁中,船东的权利与义务主要有哪些?
4. 光船租赁中,租家的权利与义务主要有哪些?
5. 船舶融资租赁合同与光船租购合同有何区别?
6. 光船租购合同与按揭购船合同有何不同?
7. 光船租购合同中有哪些和一般光船租赁合同不同的条款?
8. 光船租赁合同是否兼具运输合同和租赁合同两方面特征?
9. 我国《海商法》对光船租赁合同有哪些主要规定?
10. BARECON 2001 与之前的版本相比,有哪几方面的不同?

附录一
GENCON 94 范本

1. Shipbroker	RECOMMENDED THE BALTIC AND INTERNATIONAL MARITIME COUNCIL UNIFORM GENERAL CHARTER (AS REVISED 1922, 1976 and 1994) (To be used for trades for which no specially approved form is in force) CODE NAME: "GENCON" Part I
	2. Place and Date
3. Owners/Place of business (Cl. 1)	4. Charterers/Place of business (Cl. 1)
5. Vessel's name (Cl. 1)	6. GT/NT (Cl. 1) /
7. DWT all told on summer load line in metric tons (abt.) (Cl. 1)	8. Present position (Cl. 1)
9. Expected ready to load (abt.) (Cl. 1)	
10. Loading port or place (Cl. 1)	11. Discharging port or place (Cl. 1)
12. Cargo (also state quantity and margin in Owners' option, if agreed; if full and complete cargo not agreed state "part cargo") (Cl. 1)	
13. Freight rate (also state whether freight prepaid or payable on delivery) (Cl. 4)	14. Freight payment (state currency and method of payment; also beneficiary and bank account) (Cl. 4)
15. State if vessel's cargo handling gear shall not be used (Cl. 5)	16. Laytime (if separate laytime for load. and disch. is agreed, fill in a) and b). If total laytime for load. and disch., fill in c) only) (Cl. 6)
17. Shippers/Place of business (Cl. 6)	(a) Laytime for loading
18. Agents (loading) (Cl. 6)	(b) Laytime for discharging
19. Agents (discharging)(Cl. 6)	(c) Total laytime for loading and discharging
20. Demurrage rate and manner payable (loading and discharging) (Cl. 7)	21. Cancelling date (Cl. 9)
	22. General Average to be adjusted at (Cl. 12)
23. Freight Tax (state if for the Owners' account (Cl. 13) (c)	24. Brokerage commission and to whom payable (Cl. 15)
25. Law and Arbitration (state 19 (a), 19 (b) or 19 (c) of Cl. 19; if 19 (c) agreed also state Place of Arbitration) (if not filled in 19 (a) shall apply) (Cl. 19) (c) Other (state applicable law and arbitration venue in text box) (a) State maximum amount for small claims/shortened arbitration (Cl. 19)	26. Additional clauses covering special provisions, if agreed

It is mutually agreed that this Contract shall be performed subject to the conditions contained in this Charter Party which shall include Part I as well as Part II. In the event of a conflict of conditions, the provisions of Part I shall prevail over those of Part II to the extent of such conflict.

Signature (Owners)	Signature (Charterers)

This document is a computer generated GENCON 1994 form printed by authority of BIMCO. Any insertion or deletion to the form must be clearly visible. In the event of any modification made to the pre-printed text of this document which is not clearly visible, the text of the original BIMCO approved document shall apply. BIMCO assumes no responsibility for any loss, damage or expense as a result of discrepancies between the original BIMCO approved document and this computer generated document.

PART II
"Gencon" Charter (As Revised 1922, 1976 and 1994)

1. It is agreed between the party mentioned in Box 3 as the Owners of the Vessel named in Box 5, of the GT/NT indicated in Box 6 and carrying about the number of metric tons of deadweight capacity all told on summer loadline stated in Box 7, now in position as stated in Box 8 and expected ready to load under this Charter Party about the date indicated in Box 9, and the party mentioned as the Charterers in Box 4 that:
The said Vessel shall, as soon as her prior commitments have been completed, proceed to the loading port(s) or place(s) stated in Box 10 or so near thereto as she may safely get and lie always afloat, and there load a full and complete cargo (if shipment of deck cargo agreed same to be at the Charterers' risk and responsibility) as stated in Box 12, which the Charterers bind themselves to ship, and being so loaded the Vessel shall proceed to the discharging port(s) or place(s) stated in Box 11 as ordered on signing Bills of Lading, or so near thereto as she may safely get and lie always afloat, and there deliver the cargo.

2. **Owners' Responsibility Clause**
The Owners are to be responsible for loss of or damage to the goods or for delay in delivery of the goods only in case the loss, damage or delay has been caused by personal want of due diligence on the part of the Owners or their Manager to make the Vessel in all respects seaworthy and to secure that she is properly manned, equipped and supplied, or by the personal act or default of the Owners or their Manager.
And the Owners are not responsible for loss, damage or delay arising from any other cause whatsoever, even from the neglect or default of the Master or crew or some other person employed by the Owners on board or ashore for whose acts they would, but for this Clause, be responsible, or from unseaworthiness of the Vessel on loading or commencement of the voyage or at any time whatsoever.

3. **Deviation Clause**
The Vessel has liberty to call at any port or ports in any order, for any purpose, to sail without pilots, to tow and/or assist Vessels in all situations, and also to deviate for the purpose of saving life and/or property.

4. **Payment of Freight**
(a) The freight at the rate stated in Box 13 shall be paid in cash calculated on the intaken quantity of cargo.
(b) *Prepaid*. If according to Box 13 freight is to be paid on shipment, it shall be deemed earned and non-returnable, Vessel and/or cargo lost or not lost.
Neither the Owners nor their agents shall be required to sign or endorse bills of lading showing freight prepaid unless the freight due to the Owners has actually been paid.
(c) *On delivery*. If according to Box 13 freight, or part thereof, is payable at destination it shall not be deemed earned until the cargo is thus delivered. Notwithstanding the provisions under (a), if freight or part thereof is payable on delivery of the cargo the Charterers shall have the option of paying the freight on delivered weight/quantity provided such option is declared before breaking bulk and the weight/quantity can be ascertained by official weighing machine, joint draft survey or tally.
Cash for Vessel's ordinary disbursements at the port of loading to be advanced by the Charterers, if required, at highest current rate of exchange, subject to two (2) per cent to cover insurance and other expenses.

5. **Loading/Discharging**
(a) *Costs/Risks*
The cargo shall be brought into the holds, loaded, stowed and/or trimmed, tallied, lashed and/or secured and taken from the holds and discharged by the Charterers, free of any risk, liability and expense whatsoever to the Owners. The Charterers shall provide and lay all dunnage material as required for the proper stowage and protection of the cargo on board, the Owners allowing the use of all dunnage available on board. The Charterers shall be responsible for and pay the cost of removing their dunnage after discharge of the cargo under this Charter Party and time to count until dunnage has been removed.
(b) *Cargo Handling Gear*
Unless the Vessel is gearless or unless it has been agreed between the parties that the Vessel's gear shall not be used and stated as such in Box 15, the Owners shall throughout the duration of loading/discharging give free use of the Vessel's cargo handling gear and of sufficient motive power to operate all such cargo handling gear. All such equipment to be in good working order. Unless caused by negligence of the stevedores, time lost by breakdown of the Vessel's cargo handling gear or motive power - pro rata the total number of cranes/winches required at that time for the loading/discharging of cargo under this Charter Party - shall not count as laytime or time on demurrage.
On request the Owners shall provide free of charge cranemen/winchmen from the crew to operate the Vessel's cargo handling gear, unless local regulations prohibit this, in which latter event shore labourers shall be for the account of the Charterers. Cranemen/winchmen shall be under the Charterers' risk and responsibility and as stevedores to be deemed as their servants but shall always work under the supervision of the Master.
(c) *Stevedore Damage*
The Charterers shall be responsible for damage (beyond ordinary wear and tear) to any part of the Vessel caused by Stevedores. Such damage shall be notified as soon as reasonably possible by the Master to the Charterers or their agents and to their Stevedores, failing which the Charterers shall not be held responsible. The Master shall endeavour to obtain the Stevedores' written acknowledgement of liability.
The Charterers are obliged to repair any stevedore damage prior to completion of the voyage, but must repair stevedore damage affecting the Vessel's seaworthiness or class before the Vessel sails from the port where such damage was caused or found. All additional expenses incurred shall be for the account of the Charterers and any time lost shall be for the account of and shall be paid to the Owners by the Charterers at the demurrage rate.

6. **Laytime**
* (a) *Separate laytime for loading and discharging*
The cargo shall be loaded within the number of running days/hours as indicated in Box 16, weather permitting, Sundays and holidays excepted, unless used, in which event time used shall count.
The cargo shall be discharged within the number of running days/hours as indicated in Box 16, weather permitting, Sundays and holidays excepted, unless used, in which event time used shall count.
* (b) *Total laytime for loading and discharging*
The cargo shall be loaded and discharged within the number of total running days/hours as indicated in Box 16, weather permitting, Sundays and holidays excepted, unless used, in which event time used shall count.
(c) *Commencement of laytime (loading and discharging)*
Laytime for loading and discharging shall commence at 13.00 hours, if notice of readiness is given up to and including 12.00 hours, and at 06.00 hours next working day if notice given during office hours after 12.00 hours. Notice of readiness at loading port to be given to the Shippers named in Box 17 or if not named, to the Charterers or their agents named in Box 18. Notice of readiness at the discharging port to be given to the Receivers or, if not known, to the Charterers or their agents named in Box 19.
If the loading/discharging berth is not available on the Vessel's arrival at or off the port of loading/discharging, the Vessel shall be entitled to give notice of readiness within ordinary office hours on arrival there, whether in free pratique or not, whether customs cleared or not. Laytime or time on demurrage shall then count as if she were in berth and in all respects ready for loading/discharging provided that the Master warrants that she is in fact ready in all respects. Time used in moving from the place of waiting to the loading/discharging berth shall not count as laytime.
If, after inspection, the Vessel is found not to be ready in all respects to load/discharge time lost after the discovery thereof until the Vessel is again ready to load/discharge shall not count as laytime.
Time used before commencement of laytime shall count.
* Indicate alternative (a) or (b) as agreed, in Box 16.

7. **Demurrage**
Demurrage at the loading and discharging port is payable by the Charterers at the rate stated in Box 20 in the manner stated in Box 20 per day or pro rata for any part of a day. Demurrage shall fall due day by day and shall be payable upon receipt of the Owners' invoice.
In the event the demurrage is not paid in accordance with the above, the Owners shall give the Charterers 96 running hours written notice to rectify the failure. If the demurrage is not paid at the expiration of this time limit and if the vessel is in or at the loading port, the Owners are entitled at any time to terminate the Charter Party and claim damages for any losses caused thereby.

8. **Lien Clause**
The Owners shall have a lien on the cargo and on all sub-freights payable in respect of the cargo, for freight, deadfreight, demurrage, claims for damages and for all other amounts due under this Charter Party including costs of recovering same.

9. **Cancelling Clause**
(a) Should the Vessel not be ready to load (whether in berth or not) on the cancelling date indicated in Box 21, the Charterers shall have the option of cancelling this Charter Party.
(b) Should the Owners anticipate that, despite the exercise of due diligence, the Vessel will not be ready to load by the cancelling date, they shall notify the Charterers thereof without delay stating the expected date of the Vessel's readiness to load and asking whether the Charterers will exercise their option of cancelling the Charter Party, or agree to a new cancelling date.
Such option must be declared by the Charterers within 48 running hours after the receipt of the Owners' notice. If the Charterers do not exercise their option of cancelling, then this Charter Party shall be deemed to be amended such that the seventh day after the new readiness date stated in the Owners' notification to the Charterers shall be the new cancelling date.
The provisions of sub-clause (b) of this Clause shall operate only once, and in case of the Vessel's further delay, the Charterers shall have the option of

This document is a computer generated GENCON 1994 form printed by authority of BIMCO. Any insertion or deletion to the form must be clearly visible. In the event of any modification made to the pre-printed text of this document which is not clearly visible, the text of the original BIMCO approved document shall apply. BIMCO assumes no responsibility for any loss, damage or expense as a result of discrepancies between the original BIMCO approved document and this computer generated document.

PART II
"Gencon" Charter (As Revised 1922, 1976 and 1994)

cancelling the Charter Party as per sub-clause (a) of this Clause.

10. Bills of Lading
Bills of Lading shall be presented and signed by the Master as per the "Congenbill" Bill of Lading form, Edition 1994, without prejudice to this Charter Party, or by the Owners' agents provided written authority has been given by Owners to the agents, a copy of which is to be furnished to the Charterers. The Charterers shall indemnify the Owners against all consequences or liabilities that may arise from the signing of bills of lading as presented to the extent that the terms or contents of such bills of lading impose or result in the imposition of more onerous liabilities upon the Owners than those assumed by the Owners under this Charter Party.

11. Both-to-Blame Collision Clause
If the Vessel comes into collision with another vessel as a result of the negligence of the other vessel and any act, neglect or default of the Master, Mariner, Pilot or the servants of the Owners in the navigation or in the management of the Vessel, the owners of the cargo carried hereunder will indemnify the Owners against all loss or liability to the other or non-carrying vessel or her owners in so far as such loss or liability represents loss of, or damage to, or any claim whatsoever of the owners of said cargo, paid or payable by the other or non-carrying vessel or her owners to the owners of said cargo and set-off, recouped or recovered by the other or non-carrying vessel or her owners as part of their claim against the carrying Vessel or the Owners. The foregoing provisions shall also apply where the owners, operators or those in charge of any vessel or vessels or objects other than, or in addition to, the colliding vessels or objects are at fault in respect of a collision or contact.

12. General Average and New Jason Clause
General Average shall be adjusted in London unless otherwise agreed in Box 22 according to York-Antwerp Rules 1994 and any subsequent modification thereof. Proprietors of cargo to pay the cargo's share in the general expenses even if same have been necessitated through neglect or default of the Owners' servants (see Clause 2).
If General Average is to be adjusted in accordance with the law and practice of the United States of America, the following Clause shall apply: "In the event of accident, danger, damage or disaster before or after the commencement of the voyage, resulting from any cause whatsoever, whether due to negligence or not, for which, or for the consequence of which, the Owners are not responsible, by statute, contract or otherwise, the cargo shippers, consignees or the owners of the cargo shall contribute with the Owners in General Average to the payment of any sacrifices, losses or expenses of a General Average nature that may be made or incurred and shall pay salvage and special charges incurred in respect of the cargo. If a salving vessel is owned or operated by the Owners, salvage shall be paid for as fully as if the said salving vessel or vessels belonged to strangers. Such deposit as the Owners, or their agents, may deem sufficient to cover the estimated contribution of the goods and any salvage and special charges thereon shall, if required, be made by the cargo, shippers, consignees or owners of the goods to the Owners before delivery.".

13. Taxes and Dues Clause
(a) *On Vessel* -The Owners shall pay all dues, charges and taxes customarily levied on the Vessel, howsoever the amount thereof may be assessed.
(b) *On cargo* -The Charterers shall pay all dues, charges, duties and taxes customarily levied on the cargo, howsoever the amount thereof may be assessed.
(c) *On freight* -Unless otherwise agreed in Box 23, taxes levied on the freight shall be for the Charterers' account.

14. Agency
In every case the Owners shall appoint their own Agent both at the port of loading and the port of discharge.

15. Brokerage
A brokerage commission at the rate stated in Box 24 on the freight, dead-freight and demurrage earned is due to the party mentioned in Box 24.
In case of non-execution 1/3 of the brokerage on the estimated amount of freight to be paid by the party responsible for such non-execution to the Brokers as indemnity for the latter's expenses and work. In case of more voyages the amount of indemnity to be agreed.

16. General Strike Clause
(a) If there is a strike or lock-out affecting or preventing the actual loading of the cargo, or any part of it, when the Vessel is ready to proceed from her last port or at any time during the voyage to the port or ports of loading or after her arrival there, the Master or the Owners may ask the Charterers to declare, that they agree to reckon the laydays as if there were no strike or lock-out. Unless the Charterers have given such declaration in writing (by telegram, if necessary) within 24 hours, the Owners shall have the option of cancelling this Charter Party. If part cargo has already been loaded, the Owners must proceed with same, (freight payable on loaded quantity only) having liberty to complete with other cargo on the way for their own account.
(b) If there is a strike or lock-out affecting or preventing the actual discharging of the cargo on or after the Vessel's arrival at or off port of discharge and same has not been settled within 48 hours, the Charterers shall have the option of keeping the Vessel waiting until such strike or lock-out is at an end against paying half demurrage after expiration of the time provided for discharging until the strike or lock-out terminates and thereafter full demurrage shall be payable until the completion of discharging, or of ordering the Vessel to a safe port where she can safely discharge without risk of being detained by strike or lock-out. Such orders to be given within 48 hours after the Master or the Owners have given notice to the Charterers of the strike or lock-out affecting the discharge. On delivery of the cargo at such port, all conditions of this Charter Party and of the Bill of Lading shall apply and the Vessel shall receive the same freight as if she had discharged at the original port of destination, except that if the distance to the substituted port exceeds 100 nautical miles, the freight on the cargo delivered at the substituted port to be increased in proportion.
(c) Except for the obligations described above, neither the Charterers nor the Owners shall be responsible for the consequences of any strikes or lock-outs preventing or affecting the actual loading or discharging of the cargo.

17. War Risks ("Voywar 1993")
(1) For the purpose of this Clause, the words:
(a) The "Owners" shall include the shipowners, bareboat charterers, disponent owners, managers or other operators who are charged with the management of the Vessel, and the Master; and
(b) "War Risks" shall include any war (whether actual or threatened), act of war, civil war, hostilities, revolution, rebellion, civil commotion, warlike operations, the laying of mines (whether actual or reported), acts of piracy, acts of terrorists, acts of hostility or malicious damage, blockades (whether imposed against all Vessels or imposed selectively against Vessels of certain flags or ownership, or against certain cargoes or crews or otherwise howsoever), by any person, body, terrorist or political group, or the Government of any state whatsoever, which, in the reasonable judgement of the Master and/or the Owners, may be dangerous or are likely to be or to become dangerous to the Vessel, her cargo, crew or other persons on board the Vessel.
(2) If at any time before the Vessel commences loading, it appears that, in the reasonable judgement of the Master and/or the Owners, performance of the Contract of Carriage, or any part of it, may expose, or is likely to expose, the Vessel, her cargo, crew or other persons on board the Vessel to War Risks, the Owners may give notice to the Charterers cancelling this Contract of Carriage, or may refuse to perform such part of it as may expose, or may be likely to expose, the Vessel, her cargo, crew or other persons on board the Vessel to War Risks; provided always that if this Contract of Carriage provides that loading or discharging is to take place within a range of ports, and at the port or ports nominated by the Charterers the Vessel, her cargo, crew, or other persons onboard the Vessel may be exposed, or may be likely to be exposed, to War Risks, the Owners shall first require the Charterers to nominate any other safe port which lies within the range for loading or discharging, and may only cancel this Contract of Carriage if the Charterers shall not have nominated such safe port or ports within 48 hours of receipt of notice of such requirement.
(3) The Owners shall not be obliged to continue to load cargo for any voyage, or to sign Bills of Lading for any port or place, or to proceed or continue on any voyage, or on any part thereof, or to proceed through any canal or waterway, or to proceed to or remain at any port or place whatsoever, where it appears, either after the loading of the cargo commences, or at any stage of the voyage thereafter before the discharge of the cargo is completed, that, in the reasonable judgement of the Master and/or the Owners, the Vessel, her cargo (or any part thereof), crew or other persons on board the Vessel (or any one or more of them) may be, or are likely to be, exposed to War Risks. If it should so appear, the Owners may by notice request the Charterers to nominate a safe port for the discharge of the cargo or any part thereof, and if within 48 hours of the receipt of such notice, the Charterers shall not have nominated such a port, the Owners may discharge the cargo at any safe port of their choice (including the port of loading) in complete fulfilment of the Contract of Carriage. The Owners shall be entitled to recover from the Charterers the extra expenses of such discharge and, if the discharge takes place at any port other than the loading port, to receive the full freight as though the cargo had been carried to the discharging port and if the extra distance exceeds 100 miles, to additional freight which shall be the same percentage of the freight contracted for as the percentage which the extra distance represents to the distance of the normal and customary route, the Owners having a lien on the cargo for such expenses and freight.
(4) If at any stage of the voyage after the loading of the cargo commences, it appears that, in the reasonable judgement of the Master and/or the

This document is a computer generated GENCON 1994 form printed by authority of BIMCO. Any insertion or deletion to the form must be clearly visible. In the event of any modification made to the pre-printed text of this document which is not clearly visible, the text of the original BIMCO approved document shall apply. BIMCO assumes no responsibility for any loss, damage or expense as a result of discrepancies between the original BIMCO approved document and this computer generated document.

附录一
GENCON 94 范本

PART II
"Gencon" Charter (As Revised 1922, 1976 and 1994)

Owners, the Vessel, her cargo, crew or other persons on board the Vessel may be, or are likely to be, exposed to War Risks on any part of the route (including any canal or waterway) which is normally and customarily used in a voyage of the nature contracted for, and there is another longer route to the discharging port, the Owners shall give notice to the Charterers that this route will be taken. In this event the Owners shall be entitled, if the total extra distance exceeds 100 miles, to additional freight which shall be the same percentage of the freight contracted for as the percentage which the extra distance represents to the distance of the normal and customary route.

(5) The Vessel shall have liberty:-
(a) to comply with all orders, directions, recommendations or advice as to departure, arrival, routes, sailing in convoy, ports of call, stoppages, destinations, discharge of cargo, delivery or in any way whatsoever which are given by the Government of the Nation under whose flag the Vessel sails, or other Government to whose laws the Owners are subject, or any other Government which so requires, or any body or group acting with the power to compel compliance with their orders or directions;
(b) to comply with the orders, directions or recommendations of any war risks underwriters who have the authority to give the same under the terms of the war risks insurance;
(c) to comply with the terms of any resolution of the Security Council of the United Nations, any directives of the European Community, the effective orders of any other Supranational body which has the right to issue and give the same, and with national laws aimed at enforcing the same to which the Owners are subject, and to obey the orders and directions of those who are charged with their enforcement;
(d) to discharge at any other port any cargo or part thereof which may render the Vessel liable to confiscation as a contraband carrier;
(e) to call at any other port to change the crew or any part thereof or other persons on board the Vessel when there is reason to believe that they may be subject to internment, imprisonment or other sanctions;
(f) where cargo has not been loaded or has been discharged by the Owners under any provisions of this Clause, to load other cargo for the Owners' own benefit and carry it to any other port or ports whatsoever, whether backwards or forwards or in a contrary direction to the ordinary or customary route.
(6) If in compliance with any of the provisions of sub-clauses (2) to (5) of this Clause anything is done or not done, such shall not be deemed to be a deviation, but shall be considered as due fulfilment of the Contract of Carriage.

18. General Ice Clause
Port of loading
(a) In the event of the loading port being inaccessible by reason of ice when the Vessel is ready to proceed from her last port or at any time during the voyage or on the Vessel's arrival or in case frost sets in after the Vessel's arrival, the Master for fear of being frozen in is at liberty to leave without cargo, and this Charter Party shall be null and void.
(b) If during loading the Master, for fear of the Vessel being frozen in, deems it advisable to leave, he has liberty to do so with what cargo he has on board and to proceed to any other port or ports with option of completing cargo for the Owners' benefit for any port or ports including port of discharge. Any part cargo thus loaded under this Charter Party to be forwarded to destination at the Vessel's expense but against payment of freight, provided that no extra expenses be thereby caused to the Charterers, freight being paid on quantity delivered (in proportion if lumpsum), all other conditions as per this Charter Party.

(c) In case of more than one loading port, and if one or more of the ports are closed by ice, the Master or the Owners to be at liberty either to load the part cargo at the open port and fill up elsewhere for their own account as under section (b) or to declare the Charter Party null and void unless the Charterers agree to load full cargo at the open port.

Port of discharge
(a) Should ice prevent the Vessel from reaching port of discharge the Charterers shall have the option of keeping the Vessel waiting until the re-opening of navigation and paying demurrage or of ordering the Vessel to a safe and immediately accessible port where she can safely discharge without risk of detention by ice. Such orders to be given within 48 hours after the Master or the Owners have given notice to the Charterers of the impossibility of reaching port of destination.
(b) If during discharging the Master for fear of the Vessel being frozen in deems it advisable to leave, he has liberty to do so with what cargo he has on board and to proceed to the nearest accessible port where she can safely discharge.
(c) On delivery of the cargo at such port, all conditions of the Bill of Lading shall apply and the Vessel shall receive the same freight as if she had discharged at the original port of destination, except that if the distance of the substituted port exceeds 100 nautical miles, the freight on the cargo delivered at the substituted port to be increased in proportion.

19. Law and Arbitration
* (a) This Charter Party shall be governed by and construed in accordance with English law and any dispute arising out of this Charter Party shall be referred to arbitration in London in accordance with the Arbitration Acts 1950 and 1979 or any statutory modification or re-enactment thereof for the time being in force. Unless the parties agree upon a sole arbitrator, one arbitrator shall be appointed by each party and the arbitrators so appointed shall appoint a third arbitrator, the decision of the three-man tribunal thus constituted or any two of them, shall be final. On the receipt by one party of the nomination in writing of the other party's arbitrator, that party shall appoint their arbitrator within fourteen days, failing which the decision of the single arbitrator appointed shall be final.
For disputes where the total amount claimed by either party does not exceed the amount stated in Box 25** the arbitration shall be conducted in accordance with the Small Claims Procedure of the London Maritime Arbitrators Association.

* (b) This Charter Party shall be governed by and construed in accordance with Title 9 of the United States Code and the Maritime Law of the United States and should any dispute arise out of this Charter Party, the matter in dispute shall be referred to three persons at New York, one to be appointed by each of the parties hereto, and the third by the two so chosen; their decision or that of any two of them shall be final, and for purpose of enforcing any award, this agreement may be made a rule of the Court. The proceedings shall be conducted in accordance with the rules of the Society of Maritime Arbitrators, Inc..
For disputes where the total amount claimed by either party does not exceed the amount stated in Box 25** the arbitration shall be conducted in accordance with the Shortened Arbitration Procedure of the Society of Maritime Arbitrators, Inc..

* (c) Any dispute arising out of this Charter Party shall be referred to arbitration at the place indicated in Box 25, subject to the procedures applicable there. The laws of the place indicated in Box 25 shall govern this Charter Party.
(d) If Box 25 in Part I is not filled in, sub-clause (a) of this Clause shall apply.
* *(a), (b) and (c) are alternatives; indicate alternative agreed in Box 25.*
** *Where no figure is supplied in Box 25 in Part I, this provision only shall be void but the other provisions of this Clause shall have full force and remain in effect.*

This document is a computer generated GENCON 1994 form printed by authority of BIMCO. Any insertion or deletion to the form must be clearly visible. In the event of any modification made to the pre-printed text of this document which is not clearly visible, the text of the original BIMCO approved document shall apply. BIMCO assumes no responsibility for any loss, damage or expense as a result of discrepancies between the original BIMCO approved document and this computer generated document.

附录二
CONGENBILL 94 范本

CODE NAME: "CONGENBILL". EDITION 1994	BILL OF LADING
Shipper	TO BE USED WITH CHARTER-PARTIES
	B/L No.
	Reference No.

Consignee

Notify address

Vessel | Port of loading

Port of discharge

Shipper's description of goods | Gross weight

(of which   on deck at Shipper's risk: the Carrier not being responsible for loss or damage howsoever arising)

Freight payable as per CHARTER-PARTY dated	SHIPPED at the Port of Loading in apparent good order and condition on board the Vessel for carriage to the Port of Discharge or so near thereto as she may safely get the goods specified above.
FREIGHT ADVANCE. Received on account of freight:	Weight, measure, quality, quantity, condition, contents and value unknown.
	IN WITNESS whereof the Master or Agent of the said Vessel has signed the number of Bills of Lading indicated below all of this tenor and date, any one of which being accomplished the others shall be void.
Time used for loading days hours.	FOR CONDITIONS OF CARRIAGE SEE OVERLEAF
Freight payable at	Place and date of issue
Number of original Bs/L	Signature

Printed by BIMCO's idea

This document is a computer generated CONGENBILL 1994 form printed by authority of BIMCO. Any insertion or deletion to the form must be clearly visible. In the event of any modification made to the pre-printed text of this document which is not clearly visible, the text of the original BIMCO approved document shall apply. BIMCO assumes no responsibility for any loss, damage or expense as a result of discrepancies between the original BIMCO approved document and this computer generated document.

BILL OF LADING

TO BE USED WITH CHARTER-PARTIES
CODE NAME: "CONGENBILL"
EDITION 1994
ADOPTED BY
THE BALTIC AND INTERNATIONAL MARITIME COUNCIL (BIMCO)

Conditions of Carriage

(1) All terms and conditions, liberties and exceptions of the Charter Party, dated as overleaf, including the Law and Arbitration Clause, are herewith incorporated.

(2) **General Paramount Clause.**
(a) The Hague Rules contained in the International Convention for the Unification of certain rules relating to Bills of Lading, dated Brussels the 25th August 1924 as enacted in the country of shipment, shall apply to this Bill of Lading. When no such enactment is in force in the country of shipment, the corresponding legislation of the country of destination shall apply, but in respect of shipments to which no such enactments are compulsorily applicable, the terms of the said Convention shall apply.

(b) Trades where Hague-Visby Rules apply.
In trades where the International Brussels Convention 1924 as amended by the Protocol signed at Brussels on February 23rd 1968 - the Hague-Visby Rules - apply compulsorily, the provisions of the respective legislation shall apply to this Bill of Lading.

(c) The Carrier shall in no case be responsible for loss of or damage to the cargo, howsoever arising prior to loading into and after discharge from the Vessel or while the cargo is in the charge of another Carrier, nor in respect of deck cargo or live animals.

(3) **General Average.**
General Average shall be adjusted, stated and settled according to York-Antwerp Rules 1994, or any subsequent modification thereof, in London unless another place is agreed in the Charter Party.
Cargo's contribution to General Average shall be paid to the Carrier even when such average is the result of a fault, neglect or error of the Master, Pilot or Crew. The Charterers, Shippers and Consignees expressly renounce the Belgian Commercial Code, Part II, Art. 148.

(4) **New Jason Clause.**
In the event of accident, danger, damage or disaster before or after the commencement of the voyage, resulting from any cause whatsoever, whether due to negligence or not, for which, or for the consequence of which, the Carrier is not responsible, by statute, contract or otherwise, the cargo, shippers, consignees or the owners of the cargo shall contribute with the Carrier in General Average to the payment of any sacrifices, losses or expenses of a General Average nature that may be made or incurred and shall pay salvage and special charges incurred in respect of the cargo. If a salving vessel is owned or operated by the Carrier, salvage shall be paid for as fully as if the said salving vessel or vessels belonged to strangers. Such deposit as the Carrier, or his agents, may deem sufficient to cover the estimated contribution of the goods and any salvage and special charges thereon shall, if required, be made by the cargo, shippers, consignees or owners of the goods to the Carrier before delivery.

(5) **Both-to-Blame Collision Clause.**
If the Vessel comes into collision with another vessel as a result of the negligence of the other vessel and any act, neglect or default of the Master, Mariner, Pilot or the servants of the Carrier in the navigation or in the management of the Vessel, the owners of the cargo carried hereunder will indemnify the Carrier against all loss or liability to the other or non-carrying vessel or her owners in so far as such loss or liability represents loss of, or damage to, or any claim whatsoever of the owners of said cargo, paid or payable by the other or non-carrying vessel or her owners to the owners of said cargo and set-off, recouped or recovered by the other or non-carrying vessel or her owners as part of their claim against the carrying Vessel or the Carrier.
The foregoing provisions shall also apply where the owners, operators or those in charge of any vessel or vessels or objects other than, or in addition to, the colliding vessels or objects are at fault in respect of a collision or contact.

For particulars of cargo, freight, destination, etc., see overleaf.

This document is a computer generated CONGENBILL 1994 form printed by authority of BIMCO. Any insertion or deletion to the form must be clearly visible. In the event of any modification made to the pre-printed text of this document which is not clearly visible, the text of the original BIMCO approved document shall apply. BIMCO assumes no responsibility for any loss, damage or expense as a result of discrepancies between the original BIMCO approved document and this computer generated document.

附录三
NYPE 93 范本

Code Name: "NYPE 93"

Recommended by:
The Baltic and International Maritime Council (BIMCO)
The Federation of National Associations of
Ship Brokers and Agents (FONASBA)

TIME CHARTER©
New York Produce Exchange Form
Issued by the Association of Ship Brokers and Agents (U.S.A.), Inc.

November 6th, 1913 - Amended October 20th, 1921; August 6th, 1931; October 3rd, 1946;
Revised June 12th, 1981; September 14th 1993.

THIS CHARTER PARTY, made and concluded in	1
this day of 19	2
Between	3
	4
Owners of the Vessel described below, and	5
	6
	7
Charterers.	8
Description of Vessel	9
Name Flag Built (year).	10
Port and number of Registry	11
Classed in	12
Deadweight long*/metric* tons (cargo and bunkers, including freshwater and	13
stores not exceeding long*/metric* tons) on a salt water draft of	14
on summer freeboard.	15
Capacity cubic feet grain cubic feet bale space.	16
Tonnage GT/GRT.	17
Speed about knots, fully laden, in good weather conditions up to and including maximum	18
Force on the Beaufort wind scale, on a consumption of about long*/metric*	19
tons of	20
* Delete as appropriate.	21
For further description see Appendix "A" (if applicable)	22
1. **Duration**	23
The Owners agree to let and the Charterers agree to hire the Vessel from the time of delivery for a period	24
of	25
	26
	27
within below mentioned trading limits.	28
2. **Delivery**	29
The Vessel shall be placed at the disposal of the Charterers at	30
	31
	32
The Vessel on her delivery	33
shall be ready to receive cargo with clean-swept holds and tight, staunch, strong and in every way fitted	34
for ordinary cargo service, having water ballast and with sufficient power to operate all cargo-handling gear	35
simultaneously.	36
The Owners shall give the Charterers not less than days notice of expected date of	37

This Charter Party is a computer generated copy of the NYPE 93 form, printed under license from the Association of Brokers & Agents (U.S.A.), Inc., using the BIMCO Charter Party Editor. Any insertion or deletion to the form must be clearly visible. In event of any modification being made to the preprinted text of this document, which is not clearly visible, the original ASBA approved document shall apply. ASBA/BIMCO assume no responsibility for any loss or damage caused as a result of discrepancies between the original ASBA document and this document.

delivery.

3. **On-Off Hire Survey**

Prior to delivery and redelivery the parties shall, unless otherwise agreed, each appoint surveyors, for their respective accounts, who shall not later than at first loading port/last discharging port respectively, conduct joint on-hire/off-hire surveys, for the purpose of ascertaining quantity of bunkers on board and the condition of the Vessel. A single report shall be prepared on each occasion and signed by each surveyor, without prejudice to his right to file a separate report setting forth items upon which the surveyors cannot agree.
If either party fails to have a representative attend the survey and sign the joint survey report, such party shall nevertheless be bound for all purposes by the findings in any report prepared by the other party.
On-hire survey shall be on Charterers' time and off-hire survey on Owners' time.

4. **Dangerous Cargo/Cargo Exclusions**

(a) The Vessel shall be employed in carrying lawful merchandise excluding any goods of a dangerous, injurious, flammable or corrosive nature unless carried in accordance with the requirements or recommendations of the competent authorities of the country of the Vessel's registry and of ports of shipment and discharge and of any intermediate countries or ports through whose waters the Vessel must pass. Without prejudice to the generality of the foregoing, in addition the following are specifically excluded: livestock of any description, arms, ammunition, explosives, nuclear and radioactive materials,

(b) If IMO-classified cargo is agreed to be carried, the amount of such cargo shall be limited to   tons and the Charterers shall provide the Master with any evidence he may reasonably require to show that the cargo is packaged, labelled, loaded and stowed in accordance with IMO regulations, failing which the Master is entitled to refuse such cargo or, if already loaded, to unload it at the Charterers' risk and expense.

5. **Trading Limits**

The Vessel shall be employed in such lawful trades between safe ports and safe places within

excluding

as the Charterers shall direct.

6. **Owners to Provide**

The Owners shall provide and pay for the insurance of the Vessel, except as otherwise provided, and for all provisions, cabin, deck, engine-room and other necessary stores, including boiler water; shall pay for wages, consular shipping and discharging fees of the crew and charges for port services pertaining to the crew; shall maintain the Vessel's class and keep her in a thoroughly efficient state in hull, machinery and equipment for and during the service, and have a full complement of officers and crew.

7. **Charterers to Provide**

The Charterers, while the Vessel is on hire, shall provide and pay for all the bunkers except as otherwise agreed; shall pay for port charges (including compulsory watchmen and cargo watchmen and compulsory garbage disposal), all communication expenses pertaining to the Charterers' business at cost, pilotages, towages, agencies, commissions, consular charges (except those pertaining to individual crew members or flag of the Vessel), and all other usual expenses except those stated in Clause 6, but when the Vessel puts into a port for causes for which the Vessel is responsible (other than by stress of weather), then all such charges incurred shall be paid by the Owners. Fumigations ordered because of illness of the crew shall be for the Owners' account. Fumigations ordered because of cargoes carried or ports visited while the Vessel is employed under this Charter Party shall be for the Charterers' account. All other fumigations shall be for the Charterers' account after the Vessel has been on charter for a continuous period of six months or more.

The Charterers shall provide and pay for necessary dunnage and also any extra fittings requisite for a special trade or unusual cargo, but the Owners shall allow them the use of any dunnage already aboard the Vessel. Prior to redelivery the Charterers shall remove their dunnage and fittings at their cost and in their time.

8. Performance of Voyages

(a) The Master shall perform the voyages with due despatch, and shall render all customary assistance with the Vessel's crew. The Master shall be conversant with the English language and (although appointed by the Owners) shall be under the orders and directions of the Charterers as regards employment and agency; and the Charterers shall perform all cargo handling, including but not limited to loading, stowing, trimming, lashing, securing, dunnaging, unlashing, discharging, and tallying, at their risk and expense, under the supervision of the Master.

(b) If the Charterers shall have reasonable cause to be dissatisfied with the conduct of the Master or officers, the Owners shall, on receiving particulars of the complaint, investigate the same, and, if necessary, make a change in the appointments.

9. Bunkers

(a) The Charterers on delivery, and the Owners on redelivery, shall take over and pay for all fuel and diesel oil remaining on board the Vessel as hereunder. The Vessel shall be delivered with: long*/metric* tons of fuel oil at the price of   per ton; tons of diesel oil at the price of   per ton. The vessel shall be redelivered with: tons of fuel oil at the price of   per ton; tons of diesel oil at the price of   per ton.

* Same tons apply throughout this clause.

(b) The Charterers shall supply bunkers of a quality suitable for burning in the Vessel's engines and auxiliaries and which conform to the specification(s) as set out in Appendix A.

The Owners reserve their right to make a claim against the Charterers for any damage to the main engines or the auxiliaries caused by the use of unsuitable fuels or fuels not complying with the agreed specification(s). Additionally, if bunker fuels supplied do not conform with the mutually agreed specification(s) or otherwise prove unsuitable for burning in the Vessel's engines or auxiliaries, the Owners shall not be held responsible for any reduction in the Vessel's speed performance and/or increased bunker consumption, nor for any time lost and any other consequences.

10. Rate of Hire/Redelivery Areas and Notices

The Charterers shall pay for the use and hire of the said Vessel at the rate of $ U.S. currency, daily, **or** $ U.S. currency per ton on the Vessel's total deadweight carrying capacity, including bunkers and stores, on   summer freeboard, per 30 days, commencing on and from the day of her delivery, as aforesaid, and at and after the same rate for any part of a month; hire shall continue until the hour of the day of her redelivery in like good order and condition, ordinary wear and tear excepted, to the Owners (unless Vessel lost) at

unless otherwise mutually agreed.

The Charterers shall give the Owners not less than   days notice of the Vessel's expected date and probable port of redelivery.

For the purpose of hire calculations, the times of delivery, redelivery or termination of charter shall be adjusted to GMT.

11. Hire Payment

(a) *Payment*

Payment of Hire shall be made so as to be received by the Owners or their designated payee in   , viz

                                                                                                  in   currency, or in United States Currency, in funds available to the Owners on the due date, 15 days in advance, and for the last month or part of same the approximate amount of hire, and should same not cover the actual time, hire shall be paid for the balance day by day as it becomes due, if so required by the Owners. Failing the punctual and regular payment of the hire, or on any fundamental breach whatsoever of this Charter Party, the Owners shall be at liberty to withdraw the Vessel from the service of the Charterers without prejudice to any claims they (the Owners) may otherwise have on the Charterers.

At any time after the expiry of the grace period provided in Sub-clause 11 (b) hereunder and while the hire is outstanding, the Owners shall, without prejudice to the liberty to withdraw, be entitled to withhold the performance of any and all of their obligations hereunder and shall have no responsibility whatsoever for any consequences thereof, in respect of which the Charterers hereby indemnify the Owners, and hire shall continue to accrue and any extra expenses resulting from such withholding shall be for the Charterers' account.

(b) *Grace Period*

Where there is failure to make punctual and regular payment of hire due to oversight, negligence, errors or omissions on the part of the Charterers or their bankers, the Charterers shall be given by the Owners   clear banking days (as recognized at the agreed place of payment) written notice to rectify the failure, and when so rectified within those   days following the Owners' notice, the payment shall stand as regular and punctual.

Failure by the Charterers to pay the hire within   days of their receiving the Owners' notice as provided herein, shall entitle the Owners to withdraw as set forth in Sub-clause 11 (a) above.

(c) *Last Hire Payment*

Should the Vessel be on her voyage towards port of redelivery at the time the last and/or the penultimate payment of hire is/are due, said payment(s) is/are to be made for such length of time as the Owners and the Charterers may agree upon as being the estimated time necessary to complete the voyage, and taking into account bunkers actually on board, to be taken over by the Owners and estimated disbursements for the Owners' account before redelivery. Should same not cover the actual time, hire is to be paid for the balance, day by day, as it becomes due. When the Vessel has been redelivered, any difference is to be refunded by the Owners or paid by the Charterers, as the case may be.

(d) *Cash Advances*

Cash for the Vessel's ordinary disbursements at any port may be advanced by the Charterers, as required by the Owners, subject to 2½ percent commission and such advances shall be deducted from the hire. The Charterers, however, shall in no way be responsible for the application of such advances.

12. Berths

The Vessel shall be loaded and discharged in any safe dock or at any safe berth or safe place that Charterers or their agents may direct, provided the Vessel can safely enter, lie and depart always afloat at any time of tide.

13. Spaces Available

(a) The whole reach of the Vessel's holds, decks, and other cargo spaces (not more than she can reasonably and safely stow and carry), also accommodations for supercargo, if carried, shall be at the Charterers' disposal, reserving only proper and sufficient space for the Vessel's officers, crew, tackle, apparel, furniture, provisions, stores and fuel.

(b) In the event of deck cargo being carried, the Owners are to be and are hereby indemnified by the Charterers for any loss and/or damage and/or liability of whatsoever nature caused to the Vessel as a result of the carriage of deck cargo and which would not have arisen had deck cargo not been loaded.

14. Supercargo and Meals

The Charterers are entitled to appoint a supercargo, who shall accompany the Vessel at the Charterers' risk and see that voyages are performed with due despatch. He is to be furnished with free accommodation and same fare as provided for the Master's table, the Charterers paying at the rate of   per day. The Owners shall victual pilots and customs officers, and also, when authorized by the Charterers or their agents, shall victual tally clerks, stevedore's foreman, etc., Charterers paying at the rate of   per meal for all such victualling.

15. Sailing Orders and Logs

The Charterers shall furnish the Master from time to time with all requisite instructions and sailing directions, in writing, in the English language, and the Master shall keep full and correct deck and engine logs of the voyage or voyages, which are to be patent to the Charterers or their agents, and furnish the Charterers, their agents or supercargo, when required, with a true copy of such deck and engine logs, showing the course of the Vessel, distance run and the consumption of bunkers. Any log extracts required by the Charterers shall be in the English language.

16. Delivery/Cancelling

If required by the Charterers, time shall not commence before   and should the Vessel not be ready for delivery on or before   but not later than   hours, the Charterers shall have the option of cancelling this Charter Party.

Extension of Cancelling

If the Owners warrant that, despite the exercise of due diligence by them, the Vessel will not be ready for delivery by the cancelling date, and provided the Owners are able to state with reasonable certainty the date on which the Vessel will be ready, they may, at the earliest seven days before the Vessel is expected to sail for the port or place of delivery, require the Charterers to declare whether or not they will cancel the Charter Party. Should the Charterers elect not to cancel, or should they fail to reply within two days or by the cancelling date, whichever shall first occur, then the seventh day after the expected date of readiness for delivery as notified by the Owners shall replace the original cancelling date. Should the Vessel be further delayed, the Owners shall be entitled to require further declarations of the Charterers in accordance with this Clause.

17. Off Hire

In the event of loss of time from deficiency and/or default and/or strike of officers or crew, or deficiency of stores, fire, breakdown of, or damages to hull, machinery or equipment, grounding, detention by the arrest of the Vessel, (unless such arrest is caused by events for which the Charterers, their servants, agents or subcontractors are responsible), or detention by average accidents to the Vessel or cargo unless resulting from inherent vice, quality or defect of the cargo, drydocking for the purpose of examination or painting bottom, or by any other similar cause preventing the full working of the Vessel, the payment of

---

This Charter Party is a computer generated copy of the NYPE 93 form, printed under license from the Association of Brokers & Agents (U.S.A.), Inc., using the BIMCO Charter Party Editor. Any insertion or deletion to the form must be clearly visible. In event of any modification being made to the preprinted text of this document, which is not clearly visible, the original ASBA approved document shall apply. ASBA/BIMCO assume no responsibility for any loss or damage caused as a result of discrepancies between the original ASBA document and this document.

hire and overtime, if any, shall cease for the time thereby lost. Should the Vessel deviate or put back during a voyage, contrary to the orders or directions of the Charterers, for any reason other than accident to the cargo or where permitted in lines 257 to 258 hereunder, the hire is to be suspended from the time of her deviating or putting back until she is again in the same or equidistant position from the destination and the voyage resumed therefrom. All bunkers used by the Vessel while off hire shall be for the Owners' account. In the event of the Vessel being driven into port or to anchorage through stress of weather, trading to shallow harbors or to rivers or ports with bars, any detention of the Vessel and/or expenses resulting from such detention shall be for the Charterers' account. If upon the voyage the speed be reduced by defect in, or breakdown of, any part of her hull, machinery or equipment, the time so lost, and the cost of any extra bunkers consumed in consequence thereof, and all extra proven expenses may be deducted from the hire.

18. **Sublet**

Unless otherwise agreed, the Charterers shall have the liberty to sublet the Vessel for all or any part of the time covered by this Charter Party, but the Charterers remain responsible for the fulfillment of this Charter Party.

19. **Drydocking**

The Vessel was last drydocked

*(a) The Owners shall have the option to place the Vessel in drydock during the currency of this Charter at a convenient time and place, to be mutually agreed upon between the Owners and the Charterers, for bottom cleaning and painting and/or repair as required by class or dictated by circumstances.

*(b) Except in case of emergency no drydocking shall take place during the currency of this Charter Party.

* *Delete as appropriate*

20. **Total Loss**

Should the Vessel be lost, money paid in advance and not earned (reckoning from the date of loss or being last heard of) shall be returned to the Charterers at once.

21. **Exceptions**

The act of God, enemies, fire, restraint of princes, rulers and people, and all dangers and accidents of the seas, rivers, machinery, boilers, and navigation, and errors of navigation throughout this Charter, always mutually excepted.

22. **Liberties**

The Vessel shall have the liberty to sail with or without pilots, to tow and to be towed, to assist vessels in distress, and to deviate for the purpose of saving life and property.

23. **Liens**

The Owners shall have a lien upon all cargoes and all sub-freights and/or sub-hire for any amounts due under this Charter Party, including general average contributions, and the Charterers shall have a lien on the Vessel for all monies paid in advance and not earned, and any overpaid hire or excess deposit to be returned at once.

The Charterers will not directly or indirectly suffer, nor permit to be continued, any lien or encumbrance, which might have priority over the title and interest of the Owners in the Vessel. The Charterers undertake that during the period of this Charter Party, they will not procure any supplies or necessaries or services, including any port expenses and bunkers, on the credit of the Owners or in the Owners' time.

24. **Salvage**

All derelicts and salvage shall be for the Owners' and the Charterers' equal benefit after deducting Owners' and Charterers' expenses and crew's proportion.

25. **General Average**

General average shall be adjusted according to York-Antwerp Rules 1974, as amended 1990, or any subsequent modification thereof, in   and settled in   currency.

The Charterers shall procure that all bills of lading issued during the currency of the Charter Party will contain a provision to the effect that general average shall be adjusted according to York-Antwerp Rules 1974, as amended 1990, or any subsequent modification thereof and will include the "New Jason Clause" as per Clause 31.

Time charter hire shall not contribute to general average.

26. **Navigation**

Nothing herein stated is to be construed as a demise of the Vessel to the Time Charterers. The Owners shall remain responsible for the navigation of the Vessel, acts of pilots and tug boats, insurance, crew, and all other matters, same as when trading for their own account.

27. **Cargo Claims**

Cargo claims as between the Owners and the Charterers shall be settled in accordance with the Inter-Club New York Produce Exchange Agreement of February 1970, as amended May, 1984, or any subsequent modification or replacement thereof.

28. **Cargo Gear and Lights**

The Owners shall maintain the cargo handling gear of the Vessel which is as follows:

providing gear (for all derricks or cranes) capable of lifting capacity as described. The Owners shall also provide on the Vessel for night work lights as on board, but all additional lights over those on board shall be at the Charterers' expense. The Charterers shall have the use of any gear on board the Vessel. If required by the Charterers, the Vessel shall work night and day and all cargo handling gear shall be at the Charterers' disposal during loading and discharging. In the event of disabled cargo handling gear, or insufficient power to operate the same, the Vessel is to be considered to be off hire to the extent that time is actually lost to the Charterers and the Owners to pay stevedore stand-by charges occasioned thereby, unless such disablement or insufficiency of power is caused by the Charterers' stevedores. If required by the Charterers, the Owners shall bear the cost of hiring shore gear in lieu thereof, in which case the Vessel shall remain on hire.

29. **Crew Overtime**

In lieu of any overtime payments to officers and crew for work ordered by the Charterers or their agents, the Charterers shall pay the Owners, concurrently with the hire   per month or pro rata.

30. **Bills of Lading**

(a) The Master shall sign the bills of lading or waybills for cargo as presented in conformity with mates or tally clerk's receipts. However, the Charterers may sign bills of lading or waybills on behalf of the Master, with the Owner's prior written authority, always in conformity with mates or tally clerk's receipts.

This Charter Party is a computer generated copy of the NYPE 93 form, printed under license from the Association of Brokers & Agents (U.S.A.), Inc., using the BIMCO Charter Party Editor. Any insertion or deletion to the form must be clearly visible. In event of any modification being made to the preprinted text of this document, which is not clearly visible, the original ASBA approved document shall apply. ASBA/BIMCO assume no responsibility for any loss or damage caused as a result of discrepancies between the original ASBA document and this document.

(b) All bills of lading or waybills shall be without prejudice to this Charter Party and the Charterers shall indemnify the Owners against all consequences or liabilities which may arise from any inconsistency between this Charter Party and any bills of lading or waybills signed by the Charterers or by the Master at their request.

(c) Bills of lading covering deck cargo shall be claused: "Shipped on deck at Charterers', Shippers' and Receivers' risk, expense and responsibility, without liability on the part of the Vessel, or her Owners for any loss, damage, expense or delay howsoever caused."

31. Protective Clauses

This Charter Party is subject to the following clauses all of which are also to be included in all bills of lading or waybills issued hereunder:

(a) CLAUSE PARAMOUNT
"This bill of lading shall have effect subject to the provisions of the Carriage of Goods by Sea Act of the United States, the Hague Rules, or the Hague-Visby Rules, as applicable, or such other similar national legislation as may mandatorily apply by virtue of origin or destination of the bills of lading, which shall be deemed to be incorporated herein and nothing herein contained shall be deemed a surrender by the carrier of any of its rights or immunities or an increase of any of its responsibilities or liabilities under said applicable Act. If any term of this bill of lading be repugnant to said applicable Act to any extent, such term shall be void to that extent, but no further."

and

(b) BOTH-TO-BLAME COLLISION CLAUSE
"If the ship comes into collision with another ship as a result of the negligence of the other ship and any act, neglect or default of the master, mariner, pilot or the servants of the carrier in the navigation or in the management of the ship, the owners of the goods carried hereunder will indemnify the carrier against all loss or liability to the other or non-carrying ship or her owners insofar as such loss or liability represents loss of, or damage to, or any claim whatsoever of the owners of said goods, paid or payable by the other or non-carrying ship or her owners to the owners of said goods and set off, recouped or recovered by the other or non-carrying ship or her owners as part of their claim against the carrying ship or carrier.

The foregoing provisions shall also apply where the owners, operators or those in charge of any ships or objects other than, or in addition to, the colliding ships or objects are at fault in respect to a collision or contact."

and

(c) NEW JASON CLAUSE
"In the event of accident, danger, damage or disaster before or after the commencement of the voyage resulting from any cause whatsoever, whether due to negligence or not, for which, or for the consequences of which, the carrier is not responsible, by statute, contract, or otherwise, the goods, shippers, consignees, or owners of the goods shall contribute with the carrier in general average to the payment of any sacrifices, losses, or expenses of a general average nature that may be made or incurred, and shall pay salvage and special charges incurred in respect of the goods.

If a salving ship is owned or operated by the carrier, salvage shall be paid for as fully as if salving ship or ships belonged to strangers. Such deposit as the carrier or his agents may deem sufficient to cover the estimated contribution of the goods and any salvage and special charges thereon shall, if required, be made by the goods, shippers, consignees or owners of the goods to the carrier before delivery."

and

(d) U.S. TRADE - DRUG CLAUSE
"In pursuance of the provisions of the U.S. Anti Drug Abuse Act 1986 or any re-enactment thereof, the Charterers warrant to exercise the highest degree of care and diligence in preventing unmanifested narcotic drugs and marijuana to be loaded or concealed on board the Vessel.

Non-compliance with the provisions of this clause shall amount to breach of warranty for consequences of which the Charterers shall be liable and shall hold the Owners, the Master and the crew of the Vessel harmless and shall keep them indemnified against all claims whatsoever which may arise and be made against them individually or jointly. Furthermore, all time lost and all expenses incurred, including fines, as a result of the Charterers' breach of the provisions of this clause shall be for the Charterer's account and the Vessel shall remain on hire.

Should the Vessel be arrested as a result of the Charterers' non-compliance with the provisions of this clause, the Charterers shall at their expense take all reasonable steps to secure that within a reasonable time the Vessel is released and at their expense put up the bails to secure release of the Vessel.

The Owners shall remain responsible for all time lost and all expenses incurred, including fines, in the event that unmanifested narcotic drugs and marijuana are found in the possession or effects of the Vessel's personnel."

and

(e) WAR CLAUSES
"(i) No contraband of war shall be shipped. The Vessel shall not be required, without the consent of the Owners, which shall not be unreasonably withheld, to enter any port or zone which is involved in a state of war, warlike operations, or hostilities, civil strife, insurrection or piracy whether there be a declaration of war or not, where the Vessel, cargo or crew might reasonably be expected to be subject to capture, seizure or arrest, or to a hostile act by a belligerent power (the term "power" meaning any de jure or de facto authority or any purported governmental organization maintaining naval, military or air forces).

(ii) If such consent is given by the Owners, the Charterers will pay the provable additional cost of insuring the Vessel against hull war risks in an amount equal to the value under her ordinary hull policy but not exceeding a valuation of   . In addition, the Owners may purchase and the Charterers will pay for war risk insurance on ancillary risks such as loss of hire, freight disbursements, total loss, blocking and trapping, etc. If such insurance is not obtainable commercially or through a government program, the Vessel shall not be required to enter or remain at any such port or zone.

(iii) In the event of the existence of the conditions described in (i) subsequent to the date of this Charter, or while the Vessel is on hire under this Charter, the Charterers shall, in respect of voyages to any such port or zone assume the provable additional cost of wages and insurance properly incurred in connection with master, officers and crew as a consequence of such war, warlike operations or hostilities.

(iv) Any war bonus to officers and crew due to the Vessel's trading or cargo carried shall be for the Charterers' account."

32. **War Cancellation**

In the event of the outbreak of war (whether there be a declaration of war or not) between any two or more of the following countries:

either the Owners or the Charterers may cancel this Charter Party. Whereupon, the Charterers shall redeliver the Vessel to the Owners in accordance with Clause 10; if she has cargo on board, after discharge thereof at destination, or, if debarred under this Clause from reaching or entering it, at a near open and safe port as directed by the Owners; or, if she has no cargo on board, at the port at which she then is; or, if at sea, at a near open and safe port as directed by the Owners. In all cases hire shall continue to be paid in accordance with Clause 11 and except as aforesaid all other provisions of this Charter Party shall apply until redelivery.

33. **Ice**

The Vessel shall not be required to enter or remain in any icebound port or area, nor any port or area where lights or lightships have been or are about to be withdrawn by reason of ice, nor where there is risk that in the ordinary course of things the Vessel will not be able on account of ice to safely enter and remain in the port or area or to get out after having completed loading or discharging. Subject to the Owners' prior approval the Vessel is to follow ice-breakers when reasonably required with regard to her size, construction and ice class.

34. Requisition

Should the Vessel be requisitioned by the government of the Vessel's flag during the period of this Charter Party, the Vessel shall be deemed to be off hire during the period of such requisition, and any hire paid by the said government in respect of such requisition period shall be retained by the Owners. The period during which the Vessel is on requisition to the said government shall count as part of the period provided for in this Charter Party.

If the period of requisition exceeds   months, either party shall have the option of cancelling this Charter Party and no consequential claim may be made by either party.

35. Stevedore Damage

Notwithstanding anything contained herein to the contrary, the Charterers shall pay for any and all damage to the Vessel caused by stevedores provided the Master has notified the Charterers and/or their agents in writing as soon as practical but not later than 48 hours after any damage is discovered. Such notice to specify the damage in detail and to invite Charterers to appoint a surveyor to assess the extent of such damage.

(a) In case of any and all damage(s) affecting the Vessel's seaworthiness and/or the safety of the crew and/or affecting the trading capabilities of the Vessel, the Charterers shall immediately arrange for repairs of such damage(s) at their expense and the Vessel is to remain on hire until such repairs are completed and if required passed by the Vessel's classification society.

(b) Any and all damage(s) not described under point (a) above shall be repaired at the Charterers' option, before or after redelivery concurrently with the Owners' work. In such case no hire and/or expenses will be paid to the Owners except and insofar as the time and/or the expenses required for the repairs for which the Charterers are responsible, exceed the time and/or expenses necessary to carry out the Owners' work.

36. Cleaning of Holds

The Charterers shall provide and pay extra for sweeping and/or washing and/or cleaning of holds between voyages and/or between cargoes provided such work can be undertaken by the crew and is permitted by local regulations, at the rate of   per hold.

In connection with any such operation, the Owners shall not be responsible if the Vessel's holds are not accepted or passed by the port or any other authority. The Charterers shall have the option to re-deliver the Vessel with unclean/upswept holds against a lumpsum payment of   in lieu of cleaning.

37. Taxes

Charterers to pay all local, State, National taxes and/or dues assessed on the Vessel or the Owners resulting from the Charterers' orders herein, whether assessed during or after the currency of this Charter Party including any taxes and/or dues on cargo and/or freights and/or sub-freights and/or hire (excluding taxes levied by the country of the flag of the Vessel or the Owners).

38. Charterers' Colors

The Charterers shall have the privilege of flying their own house flag and painting the Vessel with their own markings. The Vessel shall be repainted in the Owners' colors before termination of the Charter Party. Cost and time of painting, maintaining and repainting those changes effected by the Charterers shall be for the Charterers' account.

39. Laid up Returns

The Charterers shall have the benefit of any return insurance premium receivable by the Owners from their underwriters as and when received from underwriters by reason of the Vessel being in port for a minimum period of 30 days if on full hire for this period or pro rata for the time actually on hire.

40. Documentation

The Owners shall provide any documentation relating to the Vessel that may be required to permit the Vessel to trade within the agreed trade limits, including, but not limited to certificates of financial responsibility for oil pollution, provided such oil pollution certificates are obtainable from the Owners' P & I club, valid international tonnage certificate, Suez and Panama tonnage certificates, valid certificate of registry and certificates relating to the strength and/or serviceability of the Vessel's gear.

41. Stowaways

(a) (i) The Charterers warrant to exercise due care and diligence in preventing stowaways in gaining access to the Vessel by means of secreting away in the goods and/or containers shipped by the Charterers.

(ii) If, despite the exercise of due care and diligence by the Charterers, stowaways have gained access to the Vessel by means of secreting away in the goods and/or containers shipped by the Charterers, this shall amount to breach of charter for the consequences of which the Charterers shall be liable and shall hold the Owners harmless and shall keep them indemnified against all claims whatsoever which may arise and be made against them. Furthermore, all time lost and all expenses whatsoever and howsoever incurred, including fines, shall be for the Charterers' account and the Vessel shall remain on hire.

(iii) Should the Vessel be arrested as a result of the Charterers' breach of charter according to sub-clause (a)(ii) above, the Charterers shall take all reasonable steps to secure that, within a reasonable time, the Vessel is released and at their expense put up bail to secure release of the Vessel.

(b) (i) If, despite the exercise of due care and diligence by the Owners, stowaways have gained access to the Vessel by means other than secreting away in the goods and/or containers shipped by the Charterers, all time lost and all expenses whatsoever and howsoever incurred, including fines, shall be for the Owners' account and the Vessel shall be off hire.

(ii) Should the Vessel be arrested as a result of stowaways having gained access to the Vessel by means other than secreting away in the goods and/or containers shipped by the Charterers, the Owners shall take all reasonable steps to secure that, within a reasonable time, the Vessel is released and at their expense put up bail to secure release of the Vessel.

42. Smuggling

In the event of smuggling by the Master, Officers and/or crew, the Owners shall bear the cost of any fines, taxes, or imposts levied and the Vessel shall be off hire for any time lost as a result thereof.

43. Commissions

A commission of   percent is payable by the Vessel and the Owners to

on hire earned and paid under this Charter, and also upon any continuation or extension of this Charter.

44. Address Commission

An address commission of   percent is payable to

on hire earned and paid under this Charter.

45. **Arbitration**

(a) NEW YORK
All disputes arising out of this contract shall be arbitrated at New York in the following manner, and subject to U.S. Law:

One Arbitrator is to be appointed by each of the parties hereto and a third by the two so chosen. Their decision or that of any two of them shall be final, and for the purpose of enforcing any award, this agreement may be made a rule of the court. The Arbitrators shall be commercial men, conversant with shipping matters. Such Arbitration is to be conducted in accordance with the rules of the Society of Maritime Arbitrators Inc.

For disputes where the total amount claimed by either party does not exceed US $ ** the arbitration shall be conducted in accordance with the Shortened Arbitration Procedure of the Society of Maritime Arbitrators Inc.

(b) LONDON
All disputes arising out of this contract shall be arbitrated at London and, unless the parties agree forthwith on a single Arbitrator, be referred to the final arbitrament of two Arbitrators carrying on business in London who shall be members of the Baltic Mercantile & Shipping Exchange and engaged in Shipping, one to be appointed by each of the parties, with power to such Arbitrators to appoint an Umpire. No award shall be questioned or invalidated on the ground that any of the Arbitrators is not qualified as above, unless objection to his action be taken before the award is made. Any dispute arising hereunder shall be governed by English Law.

For disputes where the total amount claimed by either party does not exceed US $ ** the arbitration shall be conducted in accordance with the Small Claims Procedure of the London Maritime Arbitrators Association.

*Delete para (a) or (b) as appropriate

** Where no figure is supplied in the blank space this provision only shall be void but the other provisions of this clause shall have full force and remain in effect.

If mutually agreed, clauses   to   , both inclusive, as attached hereto are fully incorporated in this Charter Party.

APPENDIX "A"

To Charter Party dated
Between   Owners
and   Charterers

Further details of the Vessel:

附录四
《2013年租船合同装卸时间定义》原文及参考译文

LAYTIME DEFINITIONS FOR CHARTER PARTIES 2013
PREAMBLE

Words, phrases, acronyms and abbreviations ("Words and Phrases") used in a Charter Party shall be defined, for the purposes of Laytime only, in accordance with the corresponding Words and Phrases set out below, when any or all such definitions are expressly incorporated into the Charter Party.

"Charter Party" shall include any form of contract of carriage or affreightment including contracts evidenced by bills of lading.

Singular/Plural
The singular includes the plural and vice versa as the context admits or requires.

List of Definitions

1. PORT shall mean any area where vessels load or discharge cargo and shall include, but not be limited to, berths, wharves, anchorages, buoys and offshore facilities as well as places outside the legal, fiscal or administrative area where vessels are ordered to wait for their turn no matter the distance from that area.

2. BERTH shall mean the specific place where the Vessel is to load or discharge and shall include, but not be limited to, any wharf, anchorage, offshore facility or other location used for that purpose.

3. REACHABLE ON ARRIVAL shall mean that the charterer undertakes that an available loading or discharging Berth be provided to the Vessel on arrival at the Port which the Vessel can reach safely without delay.

4. ALWAYS ACCESSIBLE shall mean that the charterer undertakes that an available loading or discharging Berth be provided to the Vessel on arrival at the

Port which the Vessel can reach safely without delay. The charterer additionally undertakes that the Vessel will be able to depart safely from the Berth and without delay at any time before, during or on completion of loading or discharging.

5. LAYTIME shall mean the period of time agreed between the parties during which the owner will make and keep the Vessel available for loading or discharging without payment additional to the freight.

6. ER HATCH PER DAY shall mean that the Laytime is to be calculated by dividing the quantity of cargo by the result of multiplying the agreed daily rate per hatch by the number of the Vessel's hatches. Thus:

$$Laytime = \frac{Quantity\ of\ cargo}{Daily\ rate \times Number\ of\ hatches} = Days$$

Each pair of parallel twin hatches shall count as one hatch. Nevertheless, a hatch that is capable of being worked by two gangs simultaneously shall be counted as two hatches.

7. PER WORKING HATCH PER DAY or PER WORKABLE HATCH PER DAY shall mean that the Laytime is to be calculated by dividing the quantity of cargo in the hold with the largest quantity by the result of multiplying the agreed daily rate per working or workable hatch by the number of hatches serving that hold. Thus:

$$Laytime = \frac{Largest\ quantity\ in\ one\ hold}{Daily\ rate\ per\ hatch \times Number\ of\ hatches\ serving\ that\ hold} = Days$$

Each pair of parallel twin hatches shall count as one hatch. Nevertheless, a hatch that is capable of being worked by two gangs simultaneously shall be counted as two hatches.

8. DAY shall mean a period of twenty-four (24) consecutive hours. Any part of a Day shall be counted pro rata.

9. CALENDAR DAY shall mean a period of twenty-four (24) consecutive hours running from 0000 hours to 2400 hours. Any part of a Calendar Day shall be counted pro rata.

10. CONVENTIONAL DAY shall mean a period of twenty-four (24) consecutive hours running from any identified time. Any part of a Conventional Day shall be counted pro rata.

11. WORKING DAY shall mean a Day when by local law or practice work is normally carried out.

12. RUNNING DAYS or CONSECUTIVE DAYS shall mean Days which follow one immediately after the other.

13. RUNNING HOURS or CONSECUTIVE HOURS shall mean hours which follow one immediately after the other.

14. HOLIDAY shall mean a Day other than the normal weekly Day(s) of rest, or part thereof, when by local law or practice work during what would otherwise be ordinary working hours is not normally carried out.

15. WEATHER WORKING DAY shall mean a Working Day or part of a Working Day during which it is or, if the Vessel is still waiting for her turn, it would be possible to load/discharge the cargo without interruption due to the weather. If such interruption occurs (or would have occurred if work had been in progress), there shall be excluded from the Laytime a period
calculated by reference to the ratio which the duration of the interruption bears to the time which would have or could have been worked but for the interruption.

16. WEATHER WORKING DAY OF 24 CONSECUTIVE HOURS shall mean a Working Day or part of a Working Day of 24 consecutive hours during which it is or, if the vessel is still waiting for her turn, it would be possible to load/discharge the cargo without interruption due to the weather. If such interruption occurs (or would have occurred if work had been in progress) there shall be excluded from the Laytime the period during which the weather interrupted or would have interrupted work.

17. WEATHER WORKING DAY OF 24 HOURS shall mean a period of 24 hours made up of one or more Working Days during which it is or, if the Vessel is still waiting for her turn, it would be possible to load/discharge the cargo without interruption due to the weather. If such interruption occurs (or would have occurred if work had been in progress), there shall be excluded from Laytime the actual period of such interruption.

18. (WORKING DAY) WEATHER PERMITTING shall have the same meaning as

WEATHER WORKING DAY OF 24 CONSECUTIVE HOURS.

19. **EXCEPTED** or **EXCLUDED** shall mean that the Days specified do not count as Laytime even if loading or discharging is carried out on them.

20. **UNLESS SOONER COMMENCED** shall mean that if turn-time has not expired but loading or discharging is carried out, Laytime shall commence.

21. **UNLESS SOONER COMMENCED, IN WHICH CASE ACTUAL TIME USED TO COUNT** shall mean that actual time used during turn-time shall count as Laytime.

22. **UNLESS USED** shall mean that if Laytime has commenced but loading or discharging is carried out during excepted periods, actual time used shall count as Laytime.

23. **TO AVERAGE LAYTIME** shall mean that separate calculations are to be made for loading and discharging and that any time saved in one operation is to be set off against any excess time used in the other.

24. **REVERSIBLE LAYTIME** shall mean an option given to the charterer to add together the time allowed for loading and discharging. Where the option is exercised the effect is the same as a total time being specified to cover both operations.

25. **NOTICE OF READINESS** shall mean the notice to the charterer, shipper, receiver or other person as required by the Charter Party that the Vessel has arrived at the Port or Berth, as the case may be, and is ready to load or discharge.

26. **TIME LOST WAITING FOR BERTH TO COUNT AS LOADING OR DISCHARGING TIME** or **AS LAYTIME** shall mean that if no loading or discharging Berth is available and the Vessel is unable to tender Notice of Readiness at the waiting-place then any time lost to the Vessel is counted as if Laytime were running, or as time on Demurrage if Laytime has expired. Such time ceases to count once the Berth becomes available. When the Vessel reaches a place where she is able to tender Notice of Readiness, Laytime or time on Demurrage resumes after such tender and, in respect of Laytime, on expiry of

any notice time provided in the Charter Party.

27. **WHETHER IN BERTH OR NOT (WIBON) or BERTH OR NO BERTH** shall mean that if the designated loading or discharging Berth is not available on arrival, the Vessel on reaching any usual waiting place at the Port, shall be entitled to tender Notice of Readiness from it and Laytime shall commence in accordance with the Charter Party.

28. **WHETHER IN PORT OR NOT (WIPON)** shall mean that if the designated loading or discharging Berth and the usual waiting place at the Port are not available on arrival, the Vessel shall be entitled to tender Notice of Readiness from any recognised waiting place off the Port and Laytime shall commence in accordance with the Charter Party.

29. **VESSEL BEING IN FREE PRATIQUE** shall mean that the Vessel complies with port health requirements.

30. **DEMURRAGE** shall mean an agreed amount payable to the owner in respect of delay to the Vessel once the Laytime has expired, for which the owner is not responsible. Demurrage shall not be subject to exceptions which apply to Laytime unless specifically stated in the Charter Party.

31. **DESPATCH MONEY or DESPATCH** shall mean an agreed amount payable by the owner if the Vessel completes loading or discharging before the Laytime has expired.

32. **DESPATCH ON ALL WORKING TIME SAVED or ON ALL LAYTIME SAVED** shall mean that Despatch Money shall be payable for the time from the completion of loading or discharging until the expiry of the Laytime excluding any periods excepted from the Laytime.

33. **DESPATCH ON ALL TIME SAVED** shall mean that Despatch Money shall be payable for the time from the completion of loading or discharging to the expiry of the Laytime including periods excepted from the Laytime.

附录四
《2013年租船合同装卸时间定义》原文及参考译文

参考译文

1. 港口(port)是指船舶装货或者卸货的任何区域,包括但不限于泊位、锚地、浮筒和近海设施;同样也包括船舶被指令等待依次进港的区域,而不论该区域与港口的法律、税收或行政区域的距离远近。

2. 泊位(berth)是指船舶准备装货或卸货的特定区域,包括但不限于泊位、锚地、近海设施或其他以装卸货为目的的地点。

3. 到达后即可抵靠(reachable on arrival)是指承租人保证当船舶抵达港口时,有可利用的装货或卸货泊位供船舶安全且无延迟地抵靠。

4. 始终可以进入(always accessible)是指承租人保证当船舶抵达港口时,有可利用的装货或卸货泊位供船舶安全无延迟地抵靠。承租人额外保证船舶能在装货或卸货之前、之中或者完成之后的任何时间都能安全无延迟地离开泊位。

5. 装卸时间(laytime)是指当事人约定的一段期限,在该期限内,船东不能对船舶装货或卸货作业收取运费之外的费用。

6. 每日每舱口(per hatch per day)是指装卸时间的计算是用货物数量,除以每天每舱口约定装卸率乘以船舶舱口数,即装卸时间＝货物数量/(日装卸率＊舱口数)。每对平行的舱口按一个舱口计算,但能够由两个工班同时进行作业的舱口则按两个舱口计算。

7. 每日每工作舱口(per working hatch per day,WHD)或 每日每可工作舱口(per workable hatch per day,WHD),是指装卸时间的计算适用最大货舱载货量,除以每天每工作舱口或每可工作舱口约定装卸率乘以该货舱服务的舱口数,即装卸时间＝最大货舱载货量(每舱口日装卸率＊该货舱服务的舱口数)。每对平行的舱口按一个舱口计算,但能够由两个工班同时进行作业的舱口则按两个舱口计算。

8. 日(day)是指连续24小时的期间,不足一日的时间按比例计算。

9. 日历日(calendar day)是指从00:00时起到24:00时止的连续24小时的期间。不足一日历日的时间按比例计算。

10. 约定日(Conventional Day)是指从任一可识别的时间开始起算的连续24小时的期间。不足一约定日的时间按比例计算。

11. 工作日(working day)是指根据当地法律和习惯,工作通常进行之日。

12. 连续日(running days/consecutive days)是指一个紧接着另一个的天数。

13. 连续时(running hours/consecutive hours)是指一个紧接着另一个的小时数。

14. 节假日(holiday)是指每周正常休息日以外的日期或该日不足一天的时间,按照当地法律和习惯,在这个本属正常的工作时间内一般不做相应工作。

15. 晴天工作日(weather working day)是指一个工作日或工作日的一部分,在这段时间内船舶可以在(如果船舶在等待靠泊时,其有可能在)没有天气妨碍的情况下进行装卸货作业。如果天气妨碍发生,或者装卸货作业已经进行而天气妨碍了作业,则装卸时间应参照妨碍持续时间与无妨碍时正常工作时间之比例扣减。

16. 连续24小时晴天工作日(weather working day of 24 consecutive hours)是指一个连续24小时的工作日或工作日的一部分,在这段时间内船舶可以在(如果船舶在等待靠泊

时,其有可能在)没有天气妨碍的情况下进行装卸货作业。如果天气妨碍发生,或者装卸货作业已经进行而天气妨碍了作业,则实际妨碍的时间要从装卸时间中扣除。

17. 24 小时晴天工作日(weather working day of 24 hours)是指由一个或多个工作日的工作时间加起来构成的 24 小时,在这段时间内,船舶可以在(如果船舶在等待靠泊时,其有可能在)没有天气妨碍的情况下进行装卸货作业。如果天气妨碍发生,或者装卸货作业已经进行而天气妨碍了作业,则实际妨碍的时间要从装卸时间中扣除。

18. (工作日)天气许可和连续 24 小时晴天工作日意思相同。

19. 除外或扣除(excepted or excluded)是指在某些特定时间装货或卸货,该特定时间也不计算为装卸时间。

20. 除非提前开始(unless sooner commenced)是指当准备就绪通知书已经递交之后而合同约定的装卸时间尚未起算之前,但装货或卸货作业已经进行的情况下,装卸时间开始起算。

21. 除非提前开始,实际使用时间应当计入(unless sooner commenced, in which case actual time used to count)是指准备就绪通知书已经递交之后而合同约定的装卸时间尚未起算之前这段时间内实际使用的时间应当计为装卸时间。

22. 除非使用(unless used)是指装卸时间已经开始起算,但装货或卸货作业在除外的时间内进行,则此段实际使用时间要计为装卸时间。

23. 装卸时间均分计算(to average laytime)是指分别计算装货时间和卸货时间,用一个作业中节省的时间抵消另一作业中超用的时间。

24. 装卸时间合并计算(reversible laytime)是指承租人有权选择将约定的装货时间和卸货时间加在一起计算。行使了选择权的结果,就如同约定了一个装卸作业的总时间。

25. 准备就绪通知书(notice of readiness,NOR)是指按租船合同的要求,向承租人、发货人、收货人或其他人递交的关于船舶已经到达港口或泊位并已准备就绪进行装货或卸货的通知书。

26. 等泊损失的时间计为装货或卸货时间或装卸时间(time lost waiting for berth to count as loading or discharging time or as laytime)是指如果没有空闲的装货或卸货泊位而船舶无法在等候的地点递交准备就绪通知书时,船舶损失的时间如同装卸时间已经起算一样计为装卸时间,如果装卸时间已经届满,则计为滞期时间。这种时间一直计算到有了泊位为止。当船舶抵达能够递交准备就绪通知书的地点时,装卸时间或滞期时间应在递交该通知书后继续计算,但就装卸时间而言,则在租船合同规定的通知时间届满之时继续计算。

27. 无论在泊与否或有无泊位(whether in berth or not,wibon,berth or no berth)是指船舶抵达后指定的装货或卸货泊位没有空闲时,船舶抵达港口的任何通常等候地点即有权递交准备就绪通知书,装卸时间应按租船合同规定开始起算。

28. 无论在港与否(whether in port or not,WIPON)是指如果船舶抵达后指定的装货或卸货泊位以及港口的通常等候地点都没有空闲时,船舶有权在任何港口之外的认可的等候地点递交准备就绪通知书,装卸时间应按租船合同规定开始起算。

29. 船舶通过检疫(vessel being in free pratique)是指船舶符合港口的卫生要求。

30. 滞期费(demurrage)是指因不是船东的责任所造成的超过装卸时间的船舶迟延而需要

支付给船东的约定费用。除非租船合同另有约定,否则装卸时间的除外规定不能适用于滞期费。

31. 速遣费(despatch money)是指船舶在装卸时间届满前完成了装货或卸货,船东需要支付的约定费用。

32. 按节省的(全部)工作时间计算速遣费(despatch on all working time saved,WTS)或按节省的全部装卸时间计算速遣费(despatch on all laytime saved)是指对从装货或卸货完毕之时起至装卸时间届满之时为止,扣除装卸时间之外的这段时间所支付的速遣费。

33. 按节省的全部时间计算速遣费(despatch on all time saved,ATS)是指从装货或卸货完毕之时起至装卸时间届满之时为止,包括装卸时间之外的时间在内的这段时间所支付的速遣费。

参考文献

[1] 陈舜,苏同江,王学锋.租船运输理论与实务[M].上海:上海交通大学出版社,2013.
[2] EVI PLOMARITOU, ANTHONY PAPADOPOULOS. Shipbroking and chartering practice (Eighth Edition) [M]. London:Informa Law,2018.
[3] 郭萍.租船实务与法律[M].3版.大连:大连海事大学出版社,2014.
[4] MARTIN STOPFORD. Maritime economics (3rd edition) [M]. London and New York:Routledge,2009.
[5] STEWART C BODY, ANDREW S BURROWS, DAVID FOXTON. SCRUTTON 租船合同与提单[M].20版.郭国汀,译.北京:法律出版社,2001.
[6] 杨良宜.租约[M].大连:大连海事大学出版社,1994.
[7] 杨良宜.航次租船合同与租船实务[M].上海:百家出版社,1994.
[8] 杨良宜.滞期费[M].大连:大连海事大学出版社,1995.
[9] 杨良宜.期租合约[M].大连:大连海事大学出版社,1997.
[10] 杨良宜.国际商务游戏规则——英国合约法[M].北京:中国政法大学出版社,2000.
[11] 苏同江.租船运输实务与法律[M].2版.大连:大连海事大学出版社,2015.
[12] 赵刚.国际航运管理[M].大连:大连海事大学出版社,2006.
[13] 孙明,王学锋.多式联运组织与管理[M].2版.上海:上海交通大学出版社,2022.
[14] 孙明.国际货运代理实务[M].3版.上海:同济大学出版社,2020.
[15] 司玉琢.海商法[M].3版.北京:法律出版社,2015.
[16] 吕靖,李晶,宫晓婷.国际航运经济学[M].大连:大连海事大学出版社,2023.
[17] 郭萍.租船缩略语与常用条款[M].大连:大连海事大学出版社,2010.